THE RISE OF GREAT POWERS

大国崛起

朱东来◎主编　李秋发　时　刚◎副主编

图书在版编目（CIP）数据

大国崛起 / 朱东来主编. -- 北京：北京联合出版公司，2016.2（2019.9重印）

ISBN 978-7-5502-7140-1

Ⅰ.①大… Ⅱ.①朱… Ⅲ.①政治－研究－中国 Ⅳ.①D6

中国版本图书馆CIP数据核字（2016）第020921号

大国崛起

作　　者：朱东来
总 发 行：北京时代华语国际传媒股份有限公司
出 品 人：唐学雷
责任编辑：牛炜征
封面设计：红杉林文化
版式设计：王文鹏
责任校对：许　罡

北京联合出版公司出版
（北京市西城区德外大街83号楼9层　100088）
北京温林源印刷有限公司印刷　新华书店经销
字数350千字　700毫米×1000毫米　1/16　25印张
2016年3月第1版　2019年9月第13次印刷
ISBN：978-7-5502-7140-1
定价：56.00元

未经许可，不得以任何方式复制或抄袭本书部分或全部内容
版权所有，侵权必究
本书若有质量问题，请与本社图书销售中心联系调换。电话：010-63788823

目　录

前　言

第一章　殖民帝国"先锋"——葡萄牙

一、"再征服运动"与王权的做大 ……………………………… 001
二、向海洋进军的先行者 ………………………………………… 008
三、葡萄牙殖民帝国的建立 ……………………………………… 015
四、教皇子午线与瓜分世界 ……………………………………… 025
五、葡萄牙的盛极而衰 …………………………………………… 030
六、结语 …………………………………………………………… 036

第二章　"太阳永不落"帝国——西班牙

一、光复运动中王权的不断增强 ………………………………… 041
二、地理大发现与海洋霸权的确立 ……………………………… 047
三、美洲殖民帝国的建立 ………………………………………… 054
四、西班牙的争霸战争 …………………………………………… 059
五、"黄金时代"及其终结 ……………………………………… 064
六、结语 …………………………………………………………… 075

第三章　17世纪的海上马车夫——荷兰

　　一、尼德兰革命建立主权国家 079
　　二、经济发展的"黄金时代" 089
　　三、"海上马车夫"地位的确立 099
　　四、在竞争中衰落的荷兰帝国 106
　　五、结语 113

第四章　"日不落帝国"——英国

　　一、"光荣革命"与君主立宪制的确立 117
　　二、工业革命与"世界工厂"的确立 125
　　三、"岛国心理"与"光荣孤立"政策 131
　　四、争夺世界霸权与殖民帝国的建立 139
　　五、英帝国的陨落与转型 145
　　六、结语 153

第五章　追求欧陆霸主梦想的法国

　　一、百年战争与法兰西民族国家形成 159
　　二、路易十四的欧洲霸权争夺战 164
　　三、法国大革命的原因和进程 172
　　四、盛极一时的拿破仑帝国 174
　　五、波旁王朝复辟与第二帝国的衰败 179
　　六、第三共和国的最后辉煌 185
　　七、戴高乐主义与"第三种力量" 191
　　八、结语 197

第六章　欧洲"丛林"中奋起的德国

　　一、神圣罗马帝国衰落与普鲁士的崛起 199
　　二、俾斯麦的"铁血政策"与德国的统一 208
　　三、"世界政策"的推行与德意志帝国的崩溃 215
　　四、第二次世界大战与纳粹德国的覆灭 222
　　五、战后德国的分裂与再造 227
　　六、德意志的文化特质及其嬗变 237
　　七、结语 243

第七章　东方资本主义强国——日本

　　一、明治维新与日本的现代化改造 246
　　二、争霸东亚与东方霸主地位的确立 254
　　三、军国主义扩张和日本帝国主义的败亡 261
　　四、战后的经济立国与重新崛起 268
　　五、冷战后日本经济与政治的结构转型 276
　　六、菊与刀并存的文化特质 281
　　七、结语 288

第八章　横跨欧亚大陆的大国——俄罗斯

　　一、从莫斯科公国到沙皇俄国 291
　　二、彼得大帝西化改革与俄罗斯扩张 297
　　三、叶卡捷琳娜二世的扩疆拓土 301
　　四、十月革命与苏联的社会主义建设 305
　　五、斯大林模式的确立及其成败 310
　　六、戈尔巴乔夫改革与苏联解体 314
　　七、普京的俄罗斯复兴之路 320
　　八、东西文化结合的代表 325
　　九、结语 330

第九章　当今世界唯一超级大国——美国

一、独立战争与美利坚合众国的建立 332

二、西进运动与美洲霸主地位的确立 340

三、南北战争与工业化的加速推进 345

四、从"进步运动"到罗斯福新政 350

五、两次世界大战与"美国世纪"的确立 358

六、战后经济社会改革与华盛顿共识的演进 361

七、冷战结束与对单极霸权的追求 366

八、金融危机与美国单极霸权的削弱 371

九、结语 374

参考文献 379

后记 385

前　言

习近平总书记关于"四个全面"的战略布局描绘了一幅实现中华民族伟大复兴的中国梦释放出更多的信号的宏伟蓝图。改革开放30多年来，中国高速发展，已经跻身同期世界最快发展国家之列甚至达到世界第一，成为世界第二大经济体。2014年我国GDP达到人民币63.6万亿元，成为第二个GDP总量超过10万亿美元的国家，超过排名第三的日本一倍多。随着国家的日益发展强盛，我国更多地参与国际规则制定，国际影响力和国际地位日益提升，前所未有地接近实现中华民族伟大复兴的目标。

目前我国正处于实现中华民族伟大复兴的决胜阶段。国富不等于国强，我国历史反复地证明了这一点。1840年中国GDP居世界第一，占世界总额的30%以上，却被一支只有4000人的英军打败。1890年中国的GDP约为当时日本的5倍，却在甲午战争中败北。1900年中国GDP仍居世界第三，却被几万人的八国联军攻陷京城烧杀抢掠。当前，尽管我国各方面发展都取得了很大成就，但离真正的强国还有不小差距。我国经济体量虽已很大，但人均GDP仅排在世界第90名左右，发展中国家的性质仍然没有变。我国经济发展速度很快，但资源、环境、人口等压力越来越大，发展中不平衡不协调不可持续问题依然突出。作为联合国安理会的常任理事国，我国综合实力也一直不断上升，但军事国防实力却与我国国际地位、国家安全和发展利益要求不相适应。我国尚未实现完全统一，周边安全面临的现实威胁呈上升趋势，一些西方国家不断加剧对我国的战略遏制。

大国兴衰的历史经验教训说明，经济总量处于世界第二的位置，正是面临风险压力最大的时候。当年的苏联、日本就是典型。世界经济发展的历史经验教训说明，一个国家处于人均GDP3000~10000美元的时期，往往是容易陷入中等收入陷阱的危险期，走不好就会像一些拉美国家那样深陷泥潭。目前我国正是处于这样一个推车上坡、不进则退的关口阶段，改革发展深层次矛盾叠加凸显，维护社会稳定的任务艰巨繁重，如何顺利越过"中等收入陷阱"，如何全面深化改革、全面依法治国、全面从严治党，推进国家治理体系和治理能力现代化，实现"两个一百年"目标和中华民族伟大复兴中国梦，是摆在我们面前至关重要的现实课题。从外部环境看，一方面中国的快速发展对国际体系产生的张力急剧扩大；另一方面，面临的外部风险和挑战也急剧增多。中国的快速崛起与金融危机后国际体系大变局并立而行。国际斗争变得错综复杂。

在这一关键发展阶段，总结借鉴历史上其他国家崛起的成功经验和衰落的教训，意义之大不言而喻。

观诸人类社会进入"世界史"以来，从第一个可称之为具有全球性影响的大国葡萄牙，到当今世界唯一超级大国美国，9个先后在不同历史时期成为世界大国的国家，它们崛起为大国的道路可谓既具有某些共同规律又各具特色。

近代以来世界性大国崛起的共性主要有：

第一，尽一切可能实现国家主权独立和统一。实现国家崛起，一个国家的独立和国家事务的自主权是必需条件。现代历史上任何一个大国在其崛起之前都须尽一切可能争取国家的独立和自主，否则其国家的崛起将很容易为外敌所打断。同时，一个大国的发展，如果没有主权统一，也就没有和平发展的基础,其国家的崛起将被内乱分裂所打断。只有国家统一、民族团结,一个国家才能集中力量去实现科技的进步和制度的创新,才能集中力量发展经济,才有可能成为世界性的大国。历史上德国的统一使得德国迅速发展成为世界一流强国。美国也是破除了国家分裂的危险、维护了国家的独立统一才开始真正走上大国崛起的道路。

第二,发达的科技和经济。雄厚的科技和经济实力是大国实现国家崛起的物质基础。进入近代以来,国家间的竞争转变为以科技和经济为中心的国力竞争。科学技术是第一生产力,崛起国家几乎毫无例外地都把科技作为对外竞争、走向大国行列的支柱。自近代以来,社会的发展往往是跳跃式加速的,若干新的发明一旦应用到生产之中就会产生新的力量,直接推动国力的提高。葡萄牙、西班牙、荷兰凭借海洋探险和殖民地扩张取得了世界性海洋帝国的地位。英国的崛起既立足于海洋霸权,更是以其工业革命带来的强大基础为支撑的。作为两次科技革命"领头羊"的美国,正是抓住机遇一跃成为世界头号强国的。德、日战后重新崛起成为经济大国,背后依托的也是其世界一流的工业技术实力。德、日战后把战前先进的军工技术向民用技术转移,保护民族工业,在成为经济大国的同时其军事工业能力也得到了。

第三,强大的军事实力。只有拥有强大的武力,才能保证国家稳定发展不被打断,才有资格参与到世界秩序的制定中去。从既往大国兴衰的历史中,我们可以发现强大的军事实力是大国崛起关键的一环:大国崛起中可能经济、政治、文化、科技、地缘等某种或几种因素较弱甚至缺少,但不能缺少强大的军力。历史上有经济文化落后而靠军事发达而崛起的大国,但从未有经济文化发达而军事力量弱小而崛起的大国;有因好战而亡国或者衰落者,但从来没有惧怕战争而能强大者。20世纪初的美国,经济力量已居世界第一,但它的军事与外交影响力却乏善可陈,所以当时并不算是世界大国。

第四，制度创新和体制改革。国家发展与崛起需要多方面的基础条件，制度创新和体制改革无疑是突破"瓶颈"的关键。国家要持续健康地发展，其上层建筑必须与之相适应相配套。因为制度创新和体制改革突破的是经济结构、政治结构和意识形态的限制，可促使一国直接进入发展的快车道。制度创新和体制改革促使社会政治经济体制及其运行方式产生根本性转变，使制度因素与经济、科技等要素处于相互促进、相互推动的关系中。日本的"明治维新"便使日本"脱亚入欧"，与欧洲列强为伍，成为世界大国之一。俄国彼得一世的改革，用欧洲的先进技术实现了富国强兵的目的，废除农奴制后，为工业化和对外扩张提供了充足的劳动力和兵员，最后成了欧洲事务的仲裁者。美国在第二次世界大战后更是创造了一种以结构自由主义为基础的集合性世界霸权。

第五，强大的综合国力。综合国力是一个主权国家所拥有的全部实力及国际影响力的体现，是衡量一个国家在世界体系中地位的根本标尺，也是实现主权国家利益的基础所在，实际反映的是其追求和实现战略目标的综合能力。在人类社会发展的不同阶段，综合国力的内涵和要素存在着很大差异。国家崛起从本质上而言就是在世界体系中获得强国地位，强国不仅要有世界级的物质力量，还要具有世界级的文化力量，特别是思想力量。就历史经验而言，硬实力是国家崛起的基础，以硬实力为基础的软实力则是获得崛起合法性与合理性的支撑，也常常成为制约崛起的瓶颈。另外，一个国家的崛起，其准确的国家定位和正确的国家战略规划是绝对必要的。正确地辨析当时的世界大环境，并据此作出合理的对外战略决断，处理好对外关系也是实现崛起的关键环节。美国在取代英国成为全球霸主的过程中，就是审时度势，作出了正确的国家对外发展战略决策，没有直接挑战英国霸权，而是成为英国的盟友，在英国的逐步衰落中渐渐取而代之。

总结近代大国兴衰、轮替的主要原因，无外是过分依赖某一单一要素，特别是过分依赖武力甚至走向侵略战争、穷兵黩武以及超支国力殖民扩张、追求霸权。通过国家军事实力过度膨胀"速成"崛起是一种急功近利的恶性崛起，通过这种方式崛起的大国，主要有德国、日本等。在历史上，这些国家为了达到快速崛起、后来居上的目的，在崛起之初往往并不注重政治、经济制度的创新与完善，而是将注意力放在军事上，依靠军事手段走战争侵略的道路，以战争的方式开拓市场、聚敛财富。这些国家虽然在历史上也曾一时崛起，但在昙花一现之后，却总是伴随着国破家亡、遭受失败的命运，"不得善终"。不仅是依靠掠夺殖民地和武力争霸崛起，已被历史证明结局并不美好，而且那些奉行扩张政策、极力追求霸权的国家，也往往因为超支国力而为他们的衰败埋下祸根。历史事实证明，一个国家无论拥有多么巨大的领土面积和超级经济实力，无论其军事实力多么的强大，只要它一直对外侵略扩张，搞霸权主义，谋求将自己的意志强加于他国，到头来只能是遭到失败的下场。

今天，中华民族要实现伟大复兴，当然首先要遵循大国崛起的一般性规律，但中国也有自身的特殊条件和具体情况，中国必须把大国崛起的一般性规律与自身特性结合起来作出合适的战略选择：

第一，坚持发挥中国特色社会主义优势。坚持中国共产党的领导和坚持中国特色社会主义是我们的政治优势。中国共产党坚持以经济建设为中心，实现了国内政治的长期稳定，和平环境与政局稳定是集中精力搞建设的重要前提条件。中国特色社会主义坚持以人为本、社会和谐、公平正义、共同富裕的科学发展道路和价值取向，从根本上确立了人民利益与国家利益的一致性，从而具有强大凝聚力和社会动员力。中国特色社会主义立足于社会主义初级阶段，大力发展社会主义市场经济。中国特色的社会主义市场经济坚持公有制为主体、多种所有制共同发展，既可建立起发达的市场经济体系，又可建立起发达的政府调控体系，具有明显的相对于资本主义的优势和发展潜力。中国特色社会主义为实现中国崛起提供了先进的文化理念和思想活力，"四个全面"战略布局等新理念新思想新战略，为实现中国崛起提供了基本理论和行动指南。

第二，坚持和平崛起发展道路。中国要坚持走和平发展、构建和谐世界的新道路，必须摒弃近代以来后起大国依靠侵略战争打破原有国际体系、依靠实行对外扩张以争夺霸权的传统崛起道路。这是一条争取和平的国际环境发展自己，又以自身的发展来维护世界和平的后起大国和平崛起之路。中华民族是爱好和平的，中国作为社会主义国家一直具有和平发展、合作共赢的战略取向，中国是当今世界维护世界和平的一支重要力量。中国的崛起不损害世界人民的利益，同时为构建和谐世界尽我们的力量。由于历史等诸多原因，中国同个别周边国家存在着一些矛盾和分歧。随着中国的崛起，这些矛盾和分歧有可能进一步。因此，中国只有处理好同周边国家的关系，才能实现和平崛起。

第三，以发展作为执政兴国的第一要务。一个国家崛起的首要标志是综合国力的提高，其核心是经济实力的增强，中国的崛起也不例外。崛起国必须首先实现国家的统一，保持领土完整，在经济上具有坚实基础，在政治上拥有独立的合法性主权，在文化上建构统一的民族认同，有行之有效且可持续的发展机制，推行正确的内外政策，能够破解"中等收入陷阱"，而且还需要与同期的其他大国进行博弈，要在制度层面塑造世界。过去我们对崛起的理解存在着一定的片面性，一是片面追求高速度，二是片面追求有限的经济指标。现在看来，衡量一个国家发展水平最根本的是实现经济、政治、军事、社会、科学技术、教育和人口素质的全面协调发展。为此，必须树立新的发展观，坚持创新发展、协调发展、开放发展、绿色发展和共享发展，既要注重发展速度，提升综合国力的积累，更要注重发展质量，提升国家综合国力的结构水平。只有实现了经济社会的协调发展、可持续发展，在人均GDP、科学文化教育、国防和军事实力、人口素质、资源利用、环境保护等方面都达到了中等发达国家的水平，逐渐进入世界先进国家行列，并且具有国际影响力和国际秩序制定权，中国才能谈得上是个世界强国。

第四，把握好重要战略机遇期。历史上大国崛起的成功大多依赖于一定的历史条件和历史机遇。葡萄牙、西班牙和荷兰最早抓住了海洋探险和海洋贸易，建立了海洋殖民帝国。英国抓住了以蒸汽机为标志的第一次产业革命机遇，美国则在电力为标志的第二次产业革命中占得先机，并领导了二战后的第三次科技革命，从而奠定了其冷战后一超独霸的地位。因此，我国在发展的关键阶段，必须牢牢把握发展的重要战略机遇期。在经济发展的"调结构，转方式"的重要转型期，必须注重坚持创新发展，依托正在迅猛发展的科技革命，实现跨越式发展，在以信息技术为标志的第三次产业革命中，在世界财富、经济中心从欧洲、北美转移至亚太地区的21世纪，要切实推进第三产业和高新技术等的发展，提升我国的综合国力，增强我国的国际竞争力。

纵观中华民族发展史，她既创造了连绵不断的灿烂的中华文明，创造了无数的辉煌，又经历了无数磨难与困苦。中国共产党领导中国人民经过近28年的新民主主义革命，推翻了"三座大山"，实现了国家独立、民族解放，为中华民族伟大复兴奠定了坚实的政治与制度基础。新中国成立后30多年的发展不仅确立了社会主义基本制度，而且建立了比较完备的国民经济体系，各领域建设都取得了一定的成就，为探索民族复兴之路积累了正反两方面的丰富经验。改革开放30多年来，我们党带领全国人民创造性地探索出了中国特色社会主义道路，用"中国道路"创造了中国新的辉煌。

"凡是过去，皆为序章。"中国的崛起，前后相续，站在新的历史交汇点上，向着"两个一百年"奋斗目标奋力迈进，向着中华民族伟大复兴昂扬进军，我们该从世界大国崛起的文明中汲取怎样的经验呢？

世界期待着下一个中国故事，历史期待着我们这一代人的回答。

第一章　殖民帝国"先锋"——葡萄牙

葡萄牙是近代世界历史上首个称霸全球的海洋帝国。在成为海洋帝国之前,葡萄牙不过是位于伊比利亚半岛西南部西班牙的一部分。在西欧各封建王国相互吞并和领土争夺中,葡萄牙率先从西班牙分离出来,于1143年建立了统一的封建王权国家。就是这样一个封建王权小国,首开历史先河,通过海洋探险和殖民扩张,最早地将欧、亚、非三大洲连接在一起。16世纪中叶,葡萄牙几乎垄断了东西方海上的主要贸易活动,成为西欧最大的帝国之一。在短短的一个世纪时间里,葡萄牙建立起人类历史上第一个横跨美洲、非洲和亚洲的全球性帝国。

一、"再征服运动"与王权的做大

"再征服运动"是指公元8—15世纪伊比利亚半岛的基督教小王国为收复失地,同伊斯兰入侵者摩尔人进行的战争。6世纪以后,伊比利亚半岛的罗马帝国日趋衰落,日耳曼人的一支西哥特王国逐渐取而代之。8世纪,伊比利亚半岛被生机勃勃的阿拉伯帝国侵占。信奉基督教的西欧封建诸王国,不甘心外族统治,展开了旷日持久的反对伊斯兰教徒的斗争,直到最后把伊斯兰教徒赶出西班牙,过直布罗陀而终。这场反对伊斯兰教徒的战争和东部的十字军东侵差不多同时进行,持续数世纪之久,参加者除西班牙封建主外,还有法国和意大利的骑士,并得到了教皇的支持。"再征服运动"同时夹杂着西欧各封建王国相互之间的吞并和扩张活动。在这种相互并吞的斗争中,葡萄牙在具有雄心大略的阿方索一世的领导下,首先脱离了卡斯提尔王国(西班牙)的统治,于1143年建立了统一的王权政权,从而为葡萄牙最早进行海外殖民扩张奠定了基础。

摩洛哥自家门前的摩尔人。摩尔人源于古代的毛里人或毛里塔尼亚人。他们受过文明熏陶,聪明,身体健壮。摩尔妇女一般很漂亮,有钱人穿艳丽的绫罗绸缎。

(一)摩尔人对伊比利亚半岛的统治

伊比利亚半岛位于欧洲西南角,是欧洲面向大西洋的窗口,南部隔着直布罗陀海峡与非洲相望。半岛东部、东南部濒临地中海,北临比斯开湾。位于半岛东北部的比利牛斯山脉成为半岛与欧洲大陆的天然界限。大约在公元前1000年,分别来自北非和中欧的伊比利亚人和凯尔特人进入伊比利亚半岛,征服了原住民。此后,腓尼基人、希腊人、迦太基人先后在沿海地区建立了商业据点和城市,但没有深入内地。公元前201年,罗马人战胜了迦太基人。此后的600年间,罗马人成为伊比利亚半岛的主宰者。公元5世纪初,由于罗马军事力量开始衰弱,日耳曼人侵入了伊比利亚半岛。5世纪后半期,日耳曼人中的一支西哥特人统治了半岛绝大部分地区。当时,西哥特王国正处于封建化的过程中,由于实行采邑制,封地内的各领主拥有政治权利、经济权利、司法权和自己的武装。根据当时的法律，国王有权要求贵族提供服务，宣誓效忠，但国王也有义务保证贵族的合法权利。这就意味着国王对全国土地的所有权实际上被分解为无数贵族的土地实际占有权，国家分解为无数个独立的地方政治实体。由于国王地位不是世袭而是由贵族选举产生，这导致各国争夺王位的斗争异常激烈。因此，公元7世纪末8世纪初，伊比利亚半岛上的西哥特王国处于分散、动荡和混乱的状态。这种状况为与隔地中海相望的北非伊斯兰教徒，也就是摩尔人的入侵提供了可乘之机。

历史上的摩尔人主要指在欧洲的伊斯兰教征服者，大多由埃塞俄比亚人、西非黑人、阿拉伯人和柏柏尔人组成。伊斯兰教发源于西亚，公元8世纪初的时候传入北非，相对先进的阿拉伯文明开始在北非这块贫瘠的土地上生根发芽，茁壮成长。受阿拉伯文明的影响，北非各部族多种文化也开始渐渐融合到一起。由于北非隔地中海与西欧相望，具有扩张野心的阿拉伯人又把目光抛向了海峡对面的伊比利亚半岛。为弄清对方力量的虚实，公元711年，阿拉伯大帝国辖下的北非部族中有人试探性地跑到海对面的伊比利亚半岛。令人啼笑皆非的是，派去的500人居然就打败了西哥特王朝的边防官兵，占领了整个塔里法半岛。随后，阿拉伯驻北非的统治者穆萨派遣塔里格率12000人渡过直布罗陀海峡，登陆伊比利亚半岛。西哥特国王罗得里克以25000人迎战，但西哥特国王的政敌倒向阿拉伯一方，向国王进攻，国王军队一触即溃，国王本人也失踪了。[①] 最初，阿拉伯人将统治的中心设在托莱多。公元714至716年，他们的势力已经达到了埃武拉、圣塔伦和科因布拉。从那时起，伊比利亚半岛的阿拉伯人从哈里发帝国中分离出来。半年工夫，绝大部分的伊比利亚半岛就纳入了阿拉伯帝国的版图。往东，阿拉伯势力的入侵受到了查理曼大帝的阻挡。732年查里曼击退

---

① 唐晋主编：《大国崛起》，人民出版社2007年版，第19页。

了阿拉伯人对法兰克的进攻，迫使阿拉伯帝国的势力止步于比利牛斯山脉。

阿拉伯人对葡萄牙这块土地及其人民的影响比西哥特人要大得多。与西哥特人的统治相比，阿拉伯人为半岛带来了更多的活力。阿拉伯人在西班牙大兴水利工程，变荒野为良田，精耕细作，许多东方作物，如水稻、甘蔗、桑树、棕榈等，相继被引入半岛种植。养羊业获得长足发展，其优质羊毛蜚声西欧各地。采矿、冶金、金属加工制造、玻璃、造纸、纺织业等工业相当发达，数百个城镇拔地而起。首都科尔多瓦，户11万，人口50万，是当时欧洲最大的都市，与君士坦丁堡、巴格达、长安并称当时世界的四大名都。

在此期间，阿拉伯人在西班牙发展了灿烂的文化。这种文化在很多方面使基督教的欧洲文化大为逊色。在文学、教学、医学和艺术方面，盎格鲁—撒克逊人、法兰克人、日耳曼人甚至意大利人，似乎都相形见绌。这时，葡萄牙处在一个盛极一时的伊斯兰文化地区的边缘，因此也分享到一定的好处。[①]

（二）葡萄牙摆脱摩尔人统治的斗争

尽管阿拉伯人对伊比利亚的统治带来了本地区的发展和繁荣，但这终究改变不了穆斯林是外来征服者的事实。事实上，基督徒反对外来征服者的斗争从来就没有停止过。公元8世纪，阿拉伯人大规模入侵伊比利亚半岛。面对大规模的军事征服，基督徒无力抵抗，为保存力量，他们逐渐退居到自然条件恶劣的半岛北部边陲的荒凉山区，逐渐形成了阿斯特亚、那瓦尔等独立的小封建政权。这些小的封建政权互相竞争兼并，到10世纪时形成卡斯提尔、莱昂等封建国家。公元11世纪，卡斯提尔兼并莱昂，建立

---

① 顾为民：《"以天主和利益的名义"——早期葡萄牙海洋扩张的历史》，社会科学文献出版社2013年版，第12页。

卡斯提尔王国，这就是西班牙和葡萄牙的前身。到公元12世纪，在半岛的东北地区，形成了由查理帝国"西班牙边区"发展而来的阿拉贡王国。正是这几个逐渐发展起来的基督教封建王国，利用阿拉伯人的倭马尔王朝分崩离析的有利时机，向穆斯林展开反攻，成为反对摩尔人的中坚力量。他们反对摩尔人的斗争，史称"收复失地运动"，开始于8世纪，结束于1492年，前后持续了700余年。

在反对摩尔人的统治中，宗教的力量发挥了极大的作用。面对伊斯兰教徒，欧洲的基督教徒显示出了强大的凝聚力。在基督教这面旗帜下，汇聚了欧洲各封建王国的力量，共同反对伊斯兰教的统治。所以，这场旷日持久的战争，得到了各方力量的支持，既包括欧洲大陆基督教国家，又包括十字军和骑士团。基督教的国王们用来鼓动基督徒投入战斗只需两句话："为了上帝"和"抢来的土地和财富一半归你们"。在荣誉和财富的刺激下，基督教国王的军队迅速壮大。而当时摩尔人的帝国内部争权夺利，纷争不断，在强大而团结的基督教力量面前各自为战，最后分崩离析。摩尔人在比利牛斯半岛建立的安达卢斯大区，渐渐被蚕食。

作为反对摩尔人的主力军，卡斯提尔和阿拉贡两个封建王国在斗争中节节胜利。1085年，卡斯提尔国王阿方索六世攻占原西哥特王国故都托莱多；1212年，在罗马教皇英诺森三世的组织下，由法国、葡萄牙、阿拉贡、卡斯提尔等西欧各国骑士组成的十字军，在卡斯提尔国王阿方索八世统率下，同阿尔摩哈德王朝哈里发的数十万大军，在托罗萨会战，取得辉煌战果，取得了"再征服运动"的决定性胜利；1236年，卡斯提尔攻占科尔多瓦，1248年再陷塞维利亚。在此前后，阿拉贡王国也占领了巴伦西亚和巴利阿利群岛。13世纪末，摩尔人只剩下半岛南端一隅的格拉那达王国。但该王国也没能支撑多久。1492年，在卡斯提尔王国的进攻面前，摩尔人在半岛最后的领地格拉纳达陷落，摩尔人被迫退回非洲。"再征服运动"取得最后胜利。

（三）葡萄牙王权统治的确立

现代葡萄牙人认为，他们国家的历史是从阿方索·恩里克斯开始的。阿方索统治持续达60年，为这个国家的形成和发展奠定了牢固的基础。阿方索生活在公元12世纪，与一些有名的君主是同时代的人。如果说，他的名望由于这些名人而显得逊色，那是因为他统治的地区处在欧洲的一个偏僻的角落。阿方索同时代的名人们拥有比较丰富的资源，而他的情况则与此相反，他几乎是白手起家。可是，他却比他们中任何一个人把国家建设得更扎实、更持久。①

1093年，西班牙尚处于卡斯提尔王国的统治之下。在卡斯提尔王国内部，一个名叫亨利的人获得了葡萄牙伯爵的称号，并得到了蒙德戈河与杜罗河河间地带作为封地。亨利是法国的封建主，因为与卡斯提尔和莱昂国王阿方索六世的私生女特里萨结婚而获得伯爵称号。1112年，亨利去世。他极为年幼的儿子阿方索·恩里克斯继承了伯爵的封号，并被宣布为这块领地的领主。恩里克斯成年之后，迫使自己的母亲离开葡萄牙。这样，他就获得了对这块领地的无可争议的统治权。在领地内的城市和教会、骑士的支持下，恩里克斯开始为摆脱对莱昂的臣属地位而斗争。

恩里克斯掌握领地大权之后，一方面力争摆脱莱昂国王的约束，使自己的领地获得独立；另一方面则向南方进兵，继续与摩尔人作战。1139年7月，他率兵在奥里克战役中完全击败摩尔人，取得了决定性胜利。恩里克斯威名大震，同时也信心大增，他觉得自己已经强大到足以称王了。当时，卡斯提尔已经在莱昂之后成为伊比利亚半岛上最强大的王国。面对这个咄咄逼人的后起之秀，卡斯提尔王国也无力阻止，只能看着他不断壮大。经过长期的斗争，1140年，阿方索一世最终宣布脱离卡斯提尔王国统治，自

---

① 顾为民：《"以天主和利益的名义"——早期葡萄牙海洋扩张的历史》，社会科学文献出版社2013年版，第16页。

立"称王",成为该国的第一位国王。1143年,阿方索与卡斯提尔王国签订《萨莫拉条约》,卡斯提尔正式承认阿方索·恩里克斯为葡萄牙国王,并认同葡萄牙王国的独立地位。此条约还阐明了卡斯提尔及葡萄牙双方享有持久的和平。同时,精明的恩里克斯致信教宗英诺森二世,自称是国王及教会的仆人,并发誓把摩尔人赶出伊比利亚半岛。后来,他又向教宗提出申请,把葡萄牙作为教廷管辖之下的一个封建领地,教宗承认他为臣属。这样,一个独立统一的葡萄牙王权正式诞生了。

独立之后,恩里克斯继续南进,扩张他的领土。面对包括卡斯提尔的基督徒和摩尔人这些对手,毫不示弱,与他们同时开战。1147年10月,他联合十字军攻占了里斯本,把里斯本永远地作为葡萄牙的一个城市。同时,为了巩固对占领区的统治,恩里克斯开始向占领区移民和垦殖,建立城镇和修道院,鼓励农业生产和饲养牲畜、修筑道路和桥梁。同时,为了征服更广大地区,他说服圣殿骑士团参加他的战争。[1] 这些骑士团在靠近摩尔人的边境分得领地和城堡,这极大地调动了他们的积极性。平时,他们是边防军;战时,他们便是担任攻击任务的突击队。到1185年恩里克斯去世的时候,他已经建立了一个结构上军事化的强大王国,形成了一个好战的贵族阶级和一个剽悍的农民阶级。尽管由于连续不断的战争,该王国相当贫困,但它拥有资源,一旦和平到来,即能初步繁荣起来。[2] 恩里克斯之后,几位葡萄牙国王大力加强国家建设。1279年,继承王位的国王迪尼斯,大力加强民族文化建设,在全国范围内排斥西班牙语,推广葡萄牙语,并于1290年创立了葡萄牙的第一所大学。随着葡萄牙的逐渐强大,1297年,葡萄牙真正摆脱了西班牙的统治,与之签订了《奥卡尼塞许条约》,明确了

---

[1] 顾为民:《"以天主和利益的名义"——早期葡萄牙海洋扩张的历史》,社会科学文献出版社2013年版,第18页。

[2] 顾为民:《"以天主和利益的名义"——早期葡萄牙海洋扩张的历史》,社会科学文献出版社2013年版,第18页。

两国国界。葡萄牙成为 14 世纪欧洲第一个独立的国家。

二、向海洋进军的先行者

探索海洋、走向海洋，是葡萄牙走向强大的鲜明标志。带着对荣誉和财富的向往，葡萄牙统治者坚定地支持向海洋进军。统一后的葡萄牙首先试探性地把脚踏入了家门口的大西洋。在经历了海上的无数次惊涛骇浪的考验，在如迪亚士、达·伽马等无畏的海洋探险者的努力下，葡萄牙先后发现了好望角、印度、巴西、马六甲等地。依靠强大的舰队，葡萄牙横闯大西洋、印度洋和太平洋，征服非洲、亚洲和美洲大片土地，一跃成为世界海上霸主。

（一）亨利王子与海岸探险

海洋探险是地理大发现时代西欧国家普遍的兴趣和爱好，但与众不同的是，葡萄牙首先把海上航行作为国家计划。可以说，亨利王子是这一计划和事业的开创者，此后 200 年，历代国王也大力支持和倡导海外探险。正是国家和政府主导的这种有组织的行为，使得葡萄牙的航海探险成果丰硕，走在所有国家前列。

统一后的葡萄牙之所以很快把触角伸向海洋，既有有利的国际条件，又有有利的国内因素。从国内条件来看，虽然当时的葡萄牙社会充满着矛盾，扩张也不是唯一选择，但总体来看，扩张符合各个阶级的利益。首先，普通人民把扩张作为一种移民形式，既可以摆脱压迫制度，又可以追求较好的生活条件。其次，对于教士和贵族来说，扩张可以追求名誉和财富，在传播基督教的同时占领土地。第三，对于商人来说，扩张则顺应了他们长期以来扩大海外商业贸易的愿望。第四，对国王来说，扩张是继承传统、提高统治威望的重要机会，并可以开辟新的财源。葡萄牙统治者有着强烈

亨利王子（1394年—1460年），全名唐·阿方索·恩里克，葡萄牙亲王，因设立航海学校、奖励航海事业而被欧洲人尊称为"航海者"。

的扩张意愿，成为推动扩张最为重要的力量。大致说来，有四方面的原因促使葡萄牙的统治者向外扩张：

一是征服的需要。在近代初期的葡萄牙，尚留有不少中世纪的风尚。其中一个主要特征便是骑士阶层所崇拜的十字军精神。"因此，仇视以及排斥伊斯兰教以及其他一切外教的事物，以武力的手段解决宗教上的差异，用征战获取财富的骑士风尚，在随之而来的海外扩张中留下了深刻的印记。"①

二是寻找几内亚的黄金。黄金是葡萄牙人追求的主要目标，他们最初就是抱着寻找黄金的想法，来到非洲西部海岸的。当时，整个欧洲，特别是葡萄牙苦于黄金不足，主要原因是黄金不断地通过苏伊士运河地域流向印度和印度以东的地方。在葡萄牙，黄金不足，加上以往实行减低铸币成色的政策，引起了货币缺失与贸易受阻的双重困难。

三是长老约翰王的影响。无论作为真实的，还是传说中的人物，"长老约翰王"在12至15世纪美洲发现之前的西方历史中，影响了西方人的思维方式，对海洋探险发挥了重要作用。在接踵而至的地理大发现的事业中，他成为激励葡萄牙在大海中勇往直前的精神动力。

---

① 陆鸿基：《利玛窦来华的欧洲史背景》，《鼎》1983年第12期，第82页。

四是葡萄牙对香料的寻求和对香料贸易的垄断。香料贸易在早期的东西方贸易史上占有重要的地位。大约在葡萄牙国王约翰二世时代，葡萄牙人将寻找长老以及亚洲的香料这两件事结合在一起了。

葡萄牙的航海大发现与西班牙国王若昂一世的儿子亨利王子的推动密不可分。一定程度上说，是亨利王子开创了葡萄牙的航海事业。

令亨利王子一举成名的是休达战役。1415年，国王若昂一世携王子一起，投入大规模陆军和海军，出动大量战船，迅速占领直布罗陀海峡南岸的休达城。休达战役是葡萄牙向海洋扩张的开始。"占领休达，对葡萄牙的航海大发现起了很重要的作用。这是葡萄牙人进行领土占领迈出的第一步，并且占领的这座城市位于欧洲版图之外……葡萄牙国王占领摩洛哥地区沿海大片领土的一个重要目的，就是要在15世纪、16世纪在那里形成一个较大的军事训练基地，为以后向东方扩张奠定重要基础。"①

1418年，少年亨利放弃了陆战生涯，对海洋发生了浓厚的兴趣。此后，他把全部时间和精力投入海洋事业之中。为此，他离开首都里斯本，来到葡萄牙最南端的海角萨格里什。在这里，他主持开办了航海学校，教授航海、天文、地理等知识；建立了天文台、图书馆，学习天文、海洋知识；在萨格里什以东20公里的拉各斯建立了港口和船厂。他从意大利和热那亚网罗了大批航海人才为他效力，这些人搜罗了几乎当时所有关于地球的资料，为葡萄牙的航海探险做好了充分准备。

在亨利王子的领导和督促之下，葡萄牙的航海事业迅速发展，在大西洋上取得一系列成果。1420年，葡萄牙人首战告捷，占据了物产丰富的马德拉群岛，随后于1432年到达亚速尔群岛。占领这些岛屿后，亨利王子就按照封建制度，将这些岛屿分封给发现者。岛屿的占有者开始移民、垦殖

---

① 中央电视台《大国崛起》节目组编著：《葡萄牙西班牙》，中国民主法制出版社2006年版，第22页。

这些小岛屿，有了收成之后就开始向国家交纳大量的赋税。这些小小的岛屿当然满足不了葡萄牙的胃口。他们要继续南下。1441年，葡萄牙人到达了非洲，开始占据非洲领土、掠夺非洲的财富，罪恶的奴隶贸易由此开始。

1445年，亨利王子的探险者取得重要成果。他们通过了沙漠海岸，进入物产富饶的西非海岸，1456年又到达佛得角群岛。这样，经过十几年的航行，葡萄牙终于到达了非洲绿色国家塞拉利昂。到亨利去世，被葡萄牙划进地图的非洲西海岸已经达到4000公里。不仅如此，在亨利后期，大量岛屿和非洲土地被发现后，王子的船队已经不满足于探险，而是对发现的地方进行勘探，寻找黄金、掠夺财富，把探险和殖民结合起来。亨利还鼓励私人探险，他独创了对西非冒险的船只征税抽成的制度，既刺激了全民探险的进一步发展，也为他进一步探险积累了财富。

（二）好望角的发现

在葡萄牙海洋探险史上，发现好望角是最具有标志性意义的事件，不仅意味着多年来葡萄牙通过海洋开辟东方航线的努力是有利益收获的，而且好望角的发现，成为开辟东方航线的重要转折点。

葡萄牙在非洲西海岸的探险为发现好望角创造了一定的条件。在亨利王子60岁那年，奥斯曼帝国突然崛起，横跨欧亚和北非，阻断了原来的西欧通向东方的香料贸易之路。一时无力与奥斯曼帝国抗衡的欧洲，必须找到一条通向东方的新航路。由于地理因素的影响，这个历史任务首先地摆在了葡萄牙面前。此时的葡萄牙国王若昂二世刚登基，他是一个非常有才能的人，决定把找到通往印度的新航路作为国家使命。在他的领导下，葡萄牙海洋探险又迎来了一个新的时代。

1481年12月，若昂二世派阿赞布雅出发探险。第二年他们到达今天的

葡萄牙航海家巴尔托洛梅乌·迪亚士，1488年首次到达南非好望角。

加纳（当时称"黄金海岸"）沿海，发现这里的黄金矿藏极为丰富。[①] 葡萄牙在这里建立了圣乔治堡要塞，作为进一步进行海洋探险的基地。1486年10月10日，葡萄牙国王若昂二世任命迪亚士带领一支探险队沿非洲大陆海岸航行，目的是寻找一条绕过非洲大陆到达印度的贸易航线。

1487年迪亚士率领他的船队前去寻找绕过非洲大陆最南端的航路。船队从里斯本出发，沿着西非海岸一路南下，到达葡萄牙设在非洲沿岸的最后一个据点——黄金海岸的米纳堡。船队从米纳堡继续航行，进入热带非洲并竖起一块石碑。1487年12月，船队到达孔塞桑湾（现鲸湾）。继续航行相当一段时间后，在今好望角附近，船队遭遇到了风暴，被海浪向南推去并远离海岸线。待风暴结束后，迪亚士船队向东航行却无法再找到原本南北走向的非洲大陆海岸。于是船队转向北航行，1488年2月3日，海岸线再次出现，他们在非洲南端遇到了一些当地的土著牧民，便将此海湾命名为"牧人湾"（后称莫塞尔湾）。从该海湾继续向东，海岸线逐渐转向东北方向的印度，打通了通往印度的新航线。

1488年3月12日，迪亚士船队到达了此次航行的最远端——布希曼河河口附近的夸伊胡克，并竖起了第二块石碑。迪亚士想要继续航行到印度，

[①] 唐晋主编：《大国崛起》，人民出版社2007年版，第32页。

但船员拒绝继续前行，迪亚士被迫返航。返航途中，船队又经过当初遭遇风暴的地方，他将其命名为"风暴角"，并竖起了第三块石碑。1488年12月，经过16个月的长途航行，迪亚士船队返回了里斯本港。此次航行，迪亚士将航路延伸了1260英里。

迪亚士的这次探险具有重大意义，风高浪急无比凶险的"风暴角"，被葡萄牙国王若昂二世改名为"好望角"，因为这是葡萄牙无数次寻找的结果，代表着成功开辟东方航线的美好希望。好望角的发现，在世界历史上第一次打通了大西洋与印度洋之间的海上通道，标志着欧洲可以绕过伊斯兰世界，直接与印度和亚洲其他地区开展贸易。在迪亚士发现好望角之后10年，葡萄牙再次沿着他的足迹向印度洋派出舰队。

（三）开辟印度洋航线

迪亚士成功发现好望角，为后人沿着他的足迹前进、开辟印度航线奠定了基础，也增强了信心。同时，受到西班牙王室资助的哥伦布于1492年发现了美洲新大陆。与西班牙对新大陆归属权的争夺大大刺激了葡萄牙。葡萄牙决心加快探索通往印度的海上活动。于是，王室选中了年富力强、富有冒险精神和领导力的贵族子弟达·伽马。

1497年7月8日，肩负重任的达·伽马从里斯本出发，踏上了通往印度的探险航程。此行，他率领4艘船共计170多名水手，沿着10年前发现好望角的航路前进。在茫茫大海，船队迂回曲折地驶向东方。经过近4个月的航行，在行驶了4500多海里之后，船队到达了与好望角毗邻的圣赫勒拿湾。航行至此，水手们已精疲力尽，纷纷要求返回里斯本。但达·伽马意志非常坚定，执意继续向前，宣称不找到印度，决不罢休。正是在他的坚持下，船队最终闯过了惊涛骇浪的海域，绕过好望角，驶进了西印度洋的非洲海岸。在此，他们幸运地遇到了经验丰富的领航员马吉德。在他的

瓦斯科·达·伽马（1469年—1524年），葡萄牙探险家，也是历史上第一位从欧洲航海到印度的人（1498年）。

导航帮助下，船队于1798年4月24日从马林迪启航，乘着印度洋的季风，沿着他所熟知的航线，航行23天，穿过阿拉伯海，一帆风顺地横渡了浩瀚的印度洋，于5月20日到达印度南部大商港卡利卡特。

卡利卡特的繁华和发达，令达·伽马始料不及。他带来的粗劣礼品和货物受到嘲笑。但达·伽马不愿无功而返。依靠武力，在当地抢到了很多宝石和香料。虽然船队返航时遭受重大损失，船员死伤数量巨大。但这次航行却令葡萄牙王室大喜过望，因为运回的香料等货物在欧洲的获利为这次远征费用的60倍！

印度洋新航路的开辟跨越大西洋、印度洋和西太平洋，把欧亚非三大洲联系在一起，成为世界上最重要的海上通道。即使后来苏伊士运河开通大大缩短了东西方的距离，但是往来东西方的大型货轮仍然要走达·伽马开辟的航线。新航线的发现对葡萄牙来说意义巨大。大量东方财富源源不断流入葡萄牙，葡萄牙首都里斯本很快成为西欧的海外贸易中心。大批的商人、传教士、冒险家麇集于此，从此启航去印度、去东方掠夺香料、珍宝和黄金。

成功开辟印度洋航线后，葡萄牙人继续向西太平洋挺进。经过多次努力，1511年占领战略重地马六甲，随后又占领并控制了科伦坡、爪哇、印尼等香料产地。1522年9月，经过3年零12天的生死搏斗，葡萄牙的又一位伟大航海家麦哲伦的船队回到了西班牙,完成了人类首次从西向东环球航行的壮举。至此,葡萄牙海上霸权以这次圆满的环球航行而达到顶峰。

三、葡萄牙殖民帝国的建立

葡萄牙的海洋探险过程,也是其殖民帝国的建立过程。尤其是随着印度洋航线的发现,葡萄牙迅速建立了横跨非洲、亚洲、美洲的庞大的殖民帝国。葡萄牙东方殖民帝国以霍尔木兹、果阿为战略根据地,在印度洋的东非沿岸和印度沿岸建立据点,控制了整个印度洋的制海权,封闭红海和波斯湾的入口,并相继侵占马六甲、暹罗、苏门答腊、香料群岛、孟加拉和长崎等地,"从而使这个帝国东西横跨140个经度,从里斯本出发,需跨70个纬度才到达好望角。从好望角到波斯湾的航程4000英里,从波斯湾经科摩林角、孟加拉、马六甲、爪哇到德那第有1.5万英里。"①葡萄牙殖民帝国的建立,伴随着贸易、掠夺甚至战争,正如一位历史学家所说的:"第一批从特茹河口启航驶往神秘远方的葡萄牙舰船,仅仅是想发现新的土地,而第二批舰船还想同新发现国家进行和平贸易,到了第三批就已经全副武装了。""因为葡萄牙来到南亚和远东是为了贸易,显然,对他们来说,不首先占领这些具有战略意义的商业中心,他们便无法在远离祖国的世界上这一地区保障这种贸易的安全。所以,征服必须与贸易同步进行。"②

16世纪30年代,葡萄牙政府在巴西建立了带有极其浓厚的封建色彩的殖民统治。设13个总督府,后又把巴西分成南、北两大行政区,由葡萄牙国王任命的总督在巴西行使最高统治。

(一)黄金掠夺和奴隶贸易

---

① 李景全等:《日不落之梦》,时事出版社1989年版,第42页。

② 张天泽:《中葡早期通商史》,中华书局有限公司1988年版,第70—71、72页。

财富和名誉，一直被认为是葡萄牙海外扩张的两大主要动因。事实也是这样，非洲的黄金和东方的香料是葡萄牙人眼中财富的主要目标，通过大肆掠夺非洲的黄金，进行罪恶的奴隶贸易，葡萄牙短时间内积聚了庞大的财富，成为西方当时最为富庶的国家。

在探索非洲西海岸的1442年，葡萄牙人通过与当地人交易第一次获得金沙。此后，交易、掠夺黄金和贩卖黑奴就一直伴随着他们的海洋探险。仅亨利王子时期，不计其数的金沙从西非被运到葡萄牙。亨利活着的时候，剩下的黄沙还用了18年。从亨利王子时代开始，葡萄牙人不仅希望从海上找到通往非洲的黄金产地的通路，而且希望利用这条通路打破威尼斯商人原先的垄断地位。首先在西非，葡萄牙和摩尔人持续不断的争夺和斗争，从1450年到1550年大约100年的时间里，葡萄牙人在西非的黄金贸易一直占上风。

在几内亚的黄金海岸，葡萄牙人一开始还依靠和平方式，与当地的黑人开展贸易，但不久，葡萄牙人觉得仅靠贸易，并不能完全满足自己的需要，不得不转向使用武力。为了寻求在非洲这块新土地上的落脚点，防止西班牙人和其他欧洲入侵者染指黄金贸易，同时，也为了震慑当地的黑人部落，葡萄牙人首先在非洲的海岸建立起商站，然后再把商站扩建为城堡。从1482年至1503年，葡萄牙人先后在非洲西海岸建立了米纳的圣约翰城堡和阿克辛姆城堡。像他们的后继者荷兰人和英国人一样，葡萄牙人利用这些城堡要塞，用黄铜的碗、花边、珠子、纺织品和其他商品，与流动的非洲商贩交易黄金、象牙和奴隶。葡萄牙人还利用城堡要塞向周围的居民传教，1482年以后，在恩格那佛地区有许多土人改信天主教。1503年，附近非洲的国王也改信了天主教。在整个17世纪，从几内亚输入的黄金在葡萄牙的国家财政上发挥了重要作用。从圣约翰堡进口的黄金几乎占葡萄牙整个财政收入的1/4。在15世纪80年代中期，每年平均有13艘船来往于里斯本和米那圣约翰堡之间，仅1487年至1489年就有约8000盎司的黄金运到里斯本，1494年至1496年约有22500盎司的黄金运回葡萄牙①，最高峰是1521年和1530年代，每年在1100马克左右。另一种统计是：从约翰二世到曼努埃尔一世时代，即从1481年至1521年的40年中，王室每年从圣约翰堡进口1500~1800马克的黄金。②这一时期，王室以保教权的名义大大增加对教堂以及修道院的资助，一时间，教堂和修道院圣器室里用黄金装饰的宗教器物，如饰有黄金和珍珠的十字架、圣物盒等，大幅度增加。

在掠夺西非海岸黄金的同时，葡萄牙还最早开创了黑人奴隶贸易。从15世纪40年代开始，亨利就大规模地猎捕非洲奴隶。1551年，里斯本有六七十个奴隶市场，公开进行买卖活动，从而形成了当时欧洲最大的奴隶贸易中心。贩卖非洲黑人是殖民者在相当长的历史时期内掠夺非洲的主要形式。1550年至1850年，葡萄牙殖民者把从安哥拉掠夺的奴隶总数的4/5运往巴西等地，卖给种植咖啡、烟草和甘蔗的种植园主，从事苦役。从非洲掠夺大量黑奴，对葡政府不仅是十分有价值的商品，而且获利十分惊人。③可以说，葡萄牙殖民帝国的繁荣是建立在野蛮的奴隶贸易基础之上的。

最初，葡萄牙人通过劫掠撒哈拉沿海地区的黑人营地，获取奴隶来源，这些劫掠经常是针对那些手无寸铁的家庭以及不加防备的村庄的。1482年，葡萄牙殖民者在西非国家加纳的海边修建了一座漂亮的白色建筑——米纳城堡，这是葡萄牙殖民者在非洲修建的第一个贩卖奴隶的据点，当地人叫"奴隶堡"。历史学家德祖拉拉写道，在非洲沿海地区俘获奴隶，让许多葡萄牙人觉得有利可图，所以他们积极组织前往南部非洲沿海的航行，他们还想去劫掠那些新的未知的民族，在此过程中，葡萄牙人不仅俘获了不少

---

① 顾为民：《"以天主和利益的名义"——早期葡萄牙海洋扩张的历史》，社会科学文献出版社2013年版，第12页。

② 顾为民：《"以天主和利益的名义"——早期葡萄牙海洋扩张的历史》，社会科学文献出版社2013年版，第18页。

③ 孔庆榛：《葡萄牙殖民帝国的兴衰》，《历史教学》1990年第6期，第34页。

黑人奴隶,而且也积累了对非洲沿海的地理知识。

16世纪30年代,葡萄牙政府在巴西建立了带有浓厚封建色彩的殖民统治。设13个都督府,后又把巴西分成南、北两大行政区,由葡萄牙国王任命的总督在巴西行使最高统治。

(二)征服印度

要控制印度的香料贸易,仅靠和平的贸易手段并不能达到目的。一是葡萄牙本身缺乏进行贸易交换的有吸引力的产品,若按照公平自愿的原则,葡萄牙根本没有胜算。二是葡萄牙要独占该地区的贸易,维护垄断地位,减少来自其他力量的竞争,就需要有强大的军队来维护。所以,达·伽马发现印度之后,葡萄牙国王曼努埃尔随之派出另一支远征队,目的非常明确,不是探险,而是征服印度,控制香料贸易。

达·伽马的首次印度之行使葡萄牙了解到,当时亚洲印度洋贸易的形式是在一个区域之间以物物交换形式进行的,这是一个独特复杂的商业网络。它的基本模式是:印度用纺织品换取东非的黄金和象牙,向印度尼西亚人换取香料。而初来乍到的葡萄牙人发现,除了欧洲的铜和非洲的黄金,自己没有任何有价值的商品在这个体系内交换。他们要想打入亚洲贸易体系,只有运用武力。

1500年9月,受曼努埃尔派遣的卡布拉尔率领着20艘战船、几百名受训水手、1500名全副武装的士兵、200名炮手和各种工匠[1],迅速控制了西非沿岸和马拉巴尔海岸,在非洲东海岸的基努瓦和莫桑比克修建军事要塞,并将印度的科钦和坎纳诺尔的木制要塞改造成石制要塞,设立香料采购站,试图垄断东方香料贸易。到达印度卡利卡特这一著名的贸易中心后,由于受到穆斯林大商人的抵制,穆斯林商人袭击了商站,卡布拉尔则炮轰卡利

---

[1] 王加丰:《西班牙葡萄牙帝国的兴衰》,三秦出版社2005年版,第47页。

卡特，杀害无辜船民600人。这加剧了葡萄牙人与当地人和穆斯林的长期仇恨。但卡布拉尔的行为受到与卡利卡特土王沙末林有世仇的科钦等小邦的欢迎，他们卖给卡布拉尔大批的香料。利用印度人内部之间的矛盾，卡布拉尔在印度建立了长期性的贸易和武装据点。

1502年，达·伽马第二次出征印度。这次，他的舰队由20艘船组成，其中的15艘装备有重炮，目的是在东非和印度的西海岸建立起葡萄牙的统治。10月30日，达·伽马来到卡利卡特，提出要独占当地的香料贸易，并杀死当地渔民，再次炮轰卡利卡特全城。然后，他来到科钦与当地的统治者签订了对葡萄牙极为有利的贸易协定。1503年2月达·伽马满载香料回国。达·伽马走后，他留下的5艘船就担负起掠夺阿拉伯船只、破坏埃及与印度之间贸易的任务，这是葡萄牙也是欧洲人在亚洲设立的第一支长期性舰队。1502年至1505年，曼努埃尔多次派舰队在海洋上拦截阿拉伯人的商船，以保证自己对香料贸易的垄断。

在达·伽马之前，陆路上每年从亚洲流到欧洲的各种香料，共达350万磅，葡萄牙控制香料贸易后，陆路上流往欧洲的香料每年平均不足100万磅。葡萄牙人认为，要垄断印度的香料贸易，必须要有一支军队来进行保卫和征服，为此，设立了印度总督一职。1505年3月25日，新上任的印度总督阿尔梅达率葡萄牙的一支武装舰队前往印度，舰队由20艘舰船组成，船上至少有1500名士兵和200名炮手，规模十分庞大。这支舰队的主要任务十分明确，那就是攻击印度和非洲所有穆斯林的商业城市，目的是把这些城市变成印度的据点。然后，在每个据点上建立堡垒，设防驻军。依靠驻军，使葡萄牙在这些商业城市站稳脚跟，同时也可以封锁从直布罗陀到新加坡的一切海峡，控制海洋航道，禁止别国通商。

为了控制整个印度洋贸易，第二任印度总督阿尔布克尔克决心把穆斯林从香料运输中完全排挤出去，制定了控制3500平方英里印度洋的宏伟计划。为实施该计划，他两次攻占重点城市果阿，并把总督府迁到这里，把果阿变成一座欧化的城市，在此建设欧式建筑，传播欧洲文化，把果阿变成东方殖民统治的大本营。

由于印度洋范围极为广大，红海是一条重要的通道。葡萄牙国王意识到："没有什么比在红海海口或附近建立一个军事要塞更为重要……封锁这里，他们就再也无法将任何香料运送到苏丹的领土上，印度人将不再幻想同我们之外的任何人进行贸易。"[①] 为了封锁红海，需要占领一系列重要城市。1506年，阿尔布克尔克攻占了亚丁湾口的索科特拉岛；1507年又占领了霍尔木兹岛，并占据这座城市。就这样，葡萄牙人凭借军事优势进一步垄断了东方的香料贸易。

为了完全地垄断印度洋贸易，必须打击印度洋上行驶的商业对手的船只。早在1502年，达·伽马第二次航行印度洋时，就曾袭击了一艘从麦加朝圣归来的卡利库特船只，洗劫了船上的财物，烧死或淹死乘客，包括妇孺老幼共380多人。[②] 葡萄牙人在印度洋横行，严重损害了其他国家和商人、商业团体的利益，破坏了印度洋自由航行和自由贸易的秩序，引起了其他国家强烈不满。于是，利益受损最重的埃及马木留克王朝苏丹和印度国王以第乌为基地，建立起联合舰队，试图将葡萄牙人赶出印度洋。1509年2月3日，第乌海战开始。葡萄牙指挥者是阿尔梅达总督，他带领18只船，包括5条大卡拉克帆船，4条小卡拉克帆船，6条卡拉维尔帆船和3条其他小船，大约1800名葡萄牙士兵和400名科钦的土著兵迎战埃及和古加拉联合舰队，虽然埃及和古加拉联合舰队战船数量占优势，但多数是小船，大船只有12条，技术装备远远落后于葡萄牙。葡军不论炮火还是步兵都有优势：火炮口径大，炮手训练有素，船只也更加坚固。卡瑞克帆船的改良更

---

① K.N.Cuaudhari,Trade and Civilisation in the Indian Ocean:An Economic History from the Rise of Islam to 1750,CambridgeUniversityPress,1985, p68。

② 王加丰：《西班牙葡萄牙帝国的兴衰》，三秦出版社2005年版，第47页。

为海上战争带来了新元素，海上战争不再是两船间短兵相接及弓箭互发的模式，而转变为更具威力的炮战，亦引申出后来的战列舰。这场战争的结果，以实力强大的葡军取得第乌海战的胜利而告终。

第乌海战对葡萄牙意义重大，使葡萄牙人掌握了印度洋的制海权，控制了印度洋地区关键的贸易口岸，比如蒙巴萨、索科特拉、霍尔木兹、果阿、锡兰和马六甲，开始称霸印度洋，并在此后的近一个世纪主宰了印度洋地区的贸易。

（三）侵占马六甲

占领印度一些重要港口之后，葡萄牙又将目光投到了具有巨大战略意义的马六甲。马六甲是东西交通的必经之路，拥有它，便可牢牢控制东西方贸易的主动权。而要想到达垂涎已久的香料群岛，马六甲海峡是必经之地。如何得到马六甲？葡军一开始也没有充分的把握。于是，葡军先是派了由谢凯拉率领的4艘侦察船离开印度的科钦港，悄悄地探查马六甲的虚实。经过三个星期的航行，侦察船队进入马六甲港。但当地苏丹对葡萄牙人的到来早有所警觉，他们将计就计，假装热情地迎接这些葡萄牙人。第二天，当舰艇上的所有小船和船员都登岸的时候，马来人借口送货登上了军舰。双方起了冲突，各有伤亡，但马六甲仍在马来人手中。葡萄牙人不甘心失败。1511年7月，做了充分准备的阿尔布克尔克亲率19艘军舰开到马六甲港口，同当地苏丹展开了一场决战。六个星期后，马六甲被攻陷。穆斯林贸易的主要交通命脉被切断，葡萄牙终于控制了整个东方世界的贸易。从直布罗陀到新加坡海峡，所有战略交通据点都被葡萄牙控制。在获取马六甲之后，葡萄牙人势如破竹，香料群岛已成为囊中之物，包括巽他群岛上的安汶岛、班达岛、德纳底岛和蒂多尔岛纷纷被葡萄牙占领。

占领交通要道和重要据点，是葡萄牙海洋战略成功的重要原因。葡萄牙在亚洲占领的领土数量并不多，但其关键就是占领了极为重要的一些战略据点，依靠这些关键位置上的战略据点，使其实际控制了半个地球的商船航线。依靠这种战略，葡萄牙获得了巨大的利益，迅速超越对手，逆转了在贸易格局中的不利地位。15世纪90年代，威尼斯商人平均每年进口300万英镑的香料。10年之后，他们只能获得100万英镑的货物。而葡萄牙的香料却从1501年的22万英镑上升到1503年到1506年的230万英镑。更为重要的是，马六甲的获得，使他们直接得到了接触中国人的机会，也为其日后叩开中国的大门提供了稳定的根据地。在马六甲，葡萄牙人开始同到此地做生意的中国商人交往，并对马六甲同中国的贸易作了详细考察，迅速增进了对中国的了解。

（四）租借澳门

在占据了马六甲诸岛屿之后，葡萄牙通过走私贸易、派遣使臣、贿赂官员及发动战争等手段侵占了澳门。

在葡萄牙国力强盛，大肆进行殖民扩张的同时，中国却是一个极端封闭的国度，当时正为明王朝正德、嘉靖年间。明朝的对外贸易交往遵循朝贡体制，视自己为天朝帝国，朝贡国均须对其三跪九叩，以示尊重和臣服。[①]明初海外贸易一概在朝贡形式之下，"非入贡即不许其互市。"[②] 明中叶，朝贡贸易体制渐趋瓦解。中国海外贸易正从"工商食官"的传统束缚中解脱出来，向民间私营贸易转化。然而，世界资本主义寻求海外财富的狂热程度不会满足于这种蜗牛式的转化速度，当他们正常的贸易诉求得不到及

[①] 李为香：《葡萄牙侵占澳门的历史回顾》，《东北师大学报》（哲学社会科学版）1999年第6期，第54页。

[②] 王圻：《续文献通考》卷三一《市籴考·市舶互市》。

时满足的时候，便会使用大炮、武力来打开中国的大门。葡萄牙对澳门的侵占就是在这样一种东西方差距甚远的情况下实现的。①

明正德九年（1514年），葡萄牙人欧维士首次出现在中国南海之滨，即现在的广东东莞的屯门（现属香港），进行香料贸易。欧维士是当时葡印总督阿尔布克尔克的手下，由于他所率领的葡萄牙船队在这个地方通过贸易获取了暴利，在利益的刺激下，葡萄牙人就希望跟中国建立官方的贸易关系。为此，他们决定派遣一位使节，以国王的名义与明朝皇帝进行谈判。

葡萄牙人派来的使节名叫托梅·皮雷斯，1517年8月15日左右到达珠江，鸣炮致敬，但遭到布政使吴廷举痛斥。后经葡使谦逊详细地解释后，10月底才允许他们登岸。但面见皇帝的请求直到1520年1月才获得批准。

皮雷斯的使节团来到北京后，贿赂皇帝近臣江彬。葡萄牙使团的翻译"火者亚三"仰仗江彬的势力，在朝廷上表现得狂妄无礼，得罪了很多大臣。正德皇帝于1521年1月回到北京，葡萄牙使团这时已经在北京等待了一段时间，但皇帝回到北京后一病不起，不久驾崩。就在葡萄牙使团等待皇帝召见的时候，1518年，葡萄牙人西蒙·安德拉德率三艘船只抵达屯门。他擅自在屯门建屋树栅，修筑炮台。又像对待非洲黑人一样对待中国人，驱赶商船，掳掠船员，夺其财货；纵容部下抢劫百姓，蹂躏妇女；还勾结内地奸民，掠买人口，激起中国人民愤恨。②1521年，广东巡海道副使汪宏向葡军发动了进攻。葡军伤亡惨重，被迫潜逃。

葡萄牙使团尚在北京。西蒙·安德拉德在屯门的恶行传至北京，而马六甲使节亦于此时向大明王朝控诉葡人强占攻灭马六甲王国的罪行。于是，

---

① 李为香：《葡萄牙侵占澳门的历史回顾》，《东北师大学报》（哲学社会科学版）1999年第6期，第55页。

② 邓开颂：《葡萄牙占领澳门的历史过程》，《历史研究》1999年第6期，第23页。

这个谈判不仅遭到搁置，皮雷斯使节团亦被押送广州囚禁。条件是只有葡人退出马六甲，才能获释。因此，皮雷斯使团成员大都死于广州的监狱中。葡萄牙试图建立正式的中葡贸易关系的第一次努力，就这样以失败告终。此后，明朝继续实施海禁政策。

但是，海禁政策并未能阻挡住葡萄牙的入侵，相反却加剧了广东沿海的倭患。对于中国来说，海外贸易实为广东财政税收以及军饷所需之一大来源。而且明中叶以后南方许多地区出现了资本主义生产关系的萌芽，产生了一个以商品交易为生的商人阶层。故海外贸易不可能完全禁绝[①]。海禁政策的不彻底，为葡萄牙人打开中国的大门提供了更加有利的条件。葡萄牙人不甘心被明朝政府拒之门外，从1522年到1557年30余年当中，在中国东南沿海亦商亦盗，除了跟中国的走私商人和海盗搅在一起外，还跟日本的倭寇搅在一起，但始终没有一个比较牢固的贸易据点。

葡萄牙人获得在澳门长期居留并进行贸易的合法身份，曾经主动帮助明朝镇压了潮州柘林的水兵兵变，此后明朝政府也就默许他们就地居住。明朝后期官吏腐败，广东海道副使汪柏收受葡人贿赂，擅自允许他们前来贸易。嘉靖三十二年（1553年），居澳葡人借口船上货物湿水，需要"借地晾晒"为由，通过重金贿赂广东地方官员，得以入据澳门。嘉靖三十六年（1557年），有中国海盗围攻广州，中国官吏乞求葡萄牙人援助，因葡萄牙人帮助缉捕海盗有功，遂被准许长期居住澳门。[②]至1557年，葡萄牙商人陆续开始到澳门贸易，并逐渐建造房舍，此后，越来越多的葡萄牙商船在贸易季节结束后留在澳门过冬，久而久之，葡萄牙最终实现了租借澳门的侵略意图。

---

① 李为香：《葡萄牙侵占澳门的历史回顾》《东北师大学报》（哲学社会科学版）1999年第6期，第56页。

② 李长传：《中国殖民史》，商务印书馆，中华民国26年版，第139页。

葡萄牙人来到澳门以后，开辟了澳门到马六甲、澳门到日本长崎的航线。其实，长崎的状况和澳门很像，都是在葡萄牙人到来之后，从小渔村迅速发展成为港口城市。葡萄牙人在得到长崎之后，开始经营从澳门到长崎的这条贸易线路。作为中间商，葡萄牙人沟通了中日之间的贸易，这也促进了澳门和长崎在16世纪后期的繁荣。

葡萄牙人虽然住在澳门，但终明朝一朝，澳门的主权依然掌握在明朝政府手中，中国政府设有专门的官吏管理澳门，而且葡萄牙人要缴纳地租，最初是500两白银，虽然不多，但象征着中国对澳门拥有主权。

海外殖民给葡萄牙带来了滚滚的财富。东方的象牙、香料和黄金如潮水般涌入葡萄牙。在曼努埃尔时代，葡萄牙帝国的财政结构因为香料贸易获得的收入而得到大大加强，这些香料大部分是从亚洲输入的胡椒。1506年，从东方进口的香料价值135,000克鲁扎多，已经超过了从非洲米纳等地运来的黄金的价值120,000克鲁扎多。但当时这两者都低于葡萄牙政府在本国的税收197,000克鲁扎多。在以后的几十年中，香料贸易在财政上的地位越来越重要，到1518至1519年，香料贸易带来的利润已经达到300,000克鲁扎多，超过帝国政府在本国的税收收入285,000克鲁扎多，并远远超过了黄金进口的收入。于是，由里斯本通往葡属印度之间的航路带来的利润在帝国政府的财政结构中占了至关重要的地位。①

四、教皇子午线与瓜分世界

哥伦布和达·伽马的地理发现提出了关于新发现地区的主权归属问题。当时流行两种观念：第一，基督教国家有权力占领异教徒的国土；第二，教皇有权力决定尚未被基督教统治者所占领的土地的主权归属。早在1454

---

① 顾为民：《"以天主和利益的名义"——早期葡萄牙海洋扩张的历史》，社会科学文献出版社2013年版，第73页。

年，教皇尼古拉五世就颁布了一道敕书，把葡萄牙人在非洲海岸发现的领土送给西班牙人。但是，葡萄牙和西班牙这两个最早进行海洋探险和殖民扩张的国家对新发现土地归属相互竞争，作为相互竞争和妥协的产物，《托尔德西拉斯条约》《萨拉戈萨条约》应运而生。

（一）《托尔德西拉斯条约》

托尔德西拉斯是西班牙的一个小镇。1494年7月6日，葡萄牙和西班牙在这里签署了著名的《托尔德西拉斯条约》。该条约的签署意义重大，它是人类历史上第一个由两个大国签订的放弃对抗、共同瓜分世界的条约。它把整个地球划分为两个半球，由两个国家分别进行扩张。这一条约也确立了大国瓜分殖民地的先例，并在后来的《柏林条约》中达到了顶峰。由欧洲各国坐在一起对全世界已知和未知的地方进行分配，形成当今世界格局的雏形。我们可以说西方世界进行的全球扩张正是始于这个条约。①

在葡萄牙忙于非洲海岸探险的时候，受到西班牙王室资助进行海洋探险的哥

葡萄牙国王若昂二世（1481年至1495年）和葡萄牙王徽。

---

① K.N.Cuaudhari,Trade and Civilisation in the Indian Ocean:An Economic History from the Rise of Islamto 1750,Cambridge University Press,1985, p68。

伦布发现了美洲新大陆。第一个知道哥伦布首航成功的是葡萄牙国王若昂二世,当知道哥伦布发现的是一块新大陆时,他心中暗喜,因为在他的心目中,大西洋新发现的大陆不属于西班牙,而是属于葡萄牙。为此,他于1493年3月4日首先召见了返航的哥伦布,听取西航的汇报。面对趾高气扬的哥伦布,他明确告诉哥伦布,大西洋新发现的大陆属于葡萄牙。若昂二世之所以这样讲,是因为在当年,西班牙和葡萄牙签订过《阿尔卡索瓦斯条约》条约。

1480年,当时的卡斯提尔王国正在对摩尔人在伊比利亚岛上的最后一个据点格拉纳达进行战争准备,对外界发生的事务漠不关心。于是,《阿尔卡索瓦斯条约》规定,待发现世界以加那利群岛的平等线为界分为南北两个部分,北部由卡斯提尔开发,南部由葡萄牙开发。西班牙曾保证不到非洲博哈多尔角以南探险和占领土地。罗马教皇也支持这一条约,并于1481年发布训谕,支持葡萄牙国王的要求,它囊括"加纳利群岛以南和几内亚西面及其附近将要找到的或取得的一切岛屿"。这位前任教皇的训谕明确巩固了葡萄牙这个海洋探险先行者的权益。

但哥伦布的美洲发现却节外生枝。若昂二世认为哥伦布违反了葡萄牙的垄断权,哥伦布认为葡萄牙有争夺领土的目的,赶紧派人把这个消息告知西班牙君主们。阿拉贡的国王和卡斯提尔的女王大吃一惊,他们立刻恳请教皇宣布西班牙对新发现的领土拥有主权。而教皇亚历山大六世是一个西班牙人,西班牙国王和女王也是他坚定的支持者,所以,当西班牙提出这一要求后,亚历山大六世自然站在西班牙一边。1493年5月3日,教皇颁布第一道训谕,宣称:"鉴于忏悔者哥伦布已经航行将近印度,并已发现远处一些岛屿,甚至一些迄今别人从未发现过的陆地。那里居住着许多和平生活的人们。他们不穿衣服、不吃肉,有意信奉基督教。兹确认,凡是经卡斯帝力亚双王及其继承人所派使节发现的每一处岛屿和陆地,如果从未属教皇管辖，就归该国王及其继承人行使充分权利。"①

应该说，这道训谕明确承认了西班牙对古巴、伊斯帕尼奥拉群岛的主权，但是西班牙仍不满足。西班牙驻罗马大使还警告了教皇。于是教皇又颁布了两道训谕，确认从南极到北极，"从众所周知的亚速尔群岛和佛得角群岛中的任何地点以西及以南一百里格为界"。在这条界限以西将要发现之地，凡不属于基督教的君主所有者，均属卡斯提尔。这道训谕只顾满足西班牙的要求，完全不提葡萄牙。后来，亚历山大又于1493年发出一道训谕《划界以后》，把过去许多教皇承认的葡萄牙占有非洲发现的土地的权利一笔勾销，此外，这道训谕还企图禁止葡萄牙再向东方航行。

教皇明显偏袒西班牙的行为让葡萄牙国王若昂二世既吃惊，又不满，他觉得这道训谕对葡萄牙十分不公正，因为它剥夺了葡萄牙追求了一个世纪的向南航行到印度东方航道的权利，而西班牙则可以沿西非海岸将主权扩张到任何地方。若昂二世没有直接去和教皇谈判，而是直接与西班牙国王和女王磋商。面对强硬的葡萄牙国王，西班牙双王不可能僵硬地坚持自己的权利，他们心里清楚，西班牙在海军和商船实力上还不是葡萄牙的对手，一旦两国动武，那么他们和西印度群岛之间的交通就会发生危险。

于是，西班牙不得不向葡萄牙妥协。1494年6月7日，两国签订了《托尔德西拉斯条约》。条约规定，在佛得角以西370里格的地方从北极到南极画一条线，将世界分为两半，葡萄牙被赋予线东的垄断权，它可以探险、贸易、宣布占领新领地；西班牙得到了线西的垄断权。这就是历史上有名的教皇子午线。西班牙国王斐迪南和伊莎贝尔女王欣然同意这个条约，因为它确保了哥伦布在一年前向大西洋西部航行新发现的领土归属西班牙，避免了与邻国的战争危机。而葡萄牙国王若昂二世也认为葡萄牙争取到了

---

① 中央电视台《大国崛起》节目组编著：《葡萄牙西班牙》，中国民主法制出版社2006年版，第3页。

自身的重大利益，因为它保证了葡萄牙几代国王经历了近一个世纪的向非洲南部海洋探索的利益。

《托尔德西拉斯条约》是葡萄牙和西班牙第一次瓜分世界的条约，而这两个国家在欧洲既不是最富有的国家，也不是最有实力的国家。更难以想象的是，他们对这个分界线所实际囊括的广阔领土毫无所知，对相互隔绝的全球世界和不同文明也只刚刚有了一点点接触。就这样，小小的葡萄牙，国土并不广袤，人口并不众多，资源并不丰富，生产力并不发达，竟然仅凭占有先机就瓜分了世界，真可以说是一种奇迹。①

（二）《萨拉戈萨条约》

通过《托尔德西拉斯条约》，基本上解决了葡萄牙和西班牙在非洲和美洲新发现的领土归属问题。但随着麦哲伦绕过南美洲，发现太平洋岛摩鹿加群岛，两国再次面临着划分新发现领土的问题。1512年葡萄牙在太平洋发现了极有经济价值的香料群岛摩鹿加，这引起了西班牙的垂涎。1521年环球航行的西班牙探险家麦哲伦，也在摩鹿加登陆，西班牙与葡萄牙在这里遭遇。由于没有计算摩鹿加群岛地理坐标的可靠方法（这一问题直到18世纪才解决），葡萄牙和西班牙都声称根据《托尔德西拉斯条约》摩鹿加群岛在自己的势力范围内。两国开始了激烈争夺，为此还爆发了小规模冲突，即使教皇出面调解也没有起到作用。直到1529年，由于同英国和法国作战，陷入了财政危机，西班牙不得不向葡萄牙贷款，才同意了葡萄牙提出的放弃争议群岛一切权利的条件。1529年4月，两国签订了《萨拉戈萨条约》，西班牙放弃了对摩鹿加群岛的主张，并接受了两国在东方的分界线，即在摩鹿加群岛以东17度的子午线（即经线）。

从1494年葡、西两国签订的划分海外势力范围的《托尔德西拉斯条约》

---

① 唐晋主编：《大国崛起》，人民出版社2007年版，第37页。

到 1529 年签订《萨拉戈萨条约》，表明无论是在大西洋还是在印度洋，面对老对手西班牙，葡萄牙都强硬地维护了自己的利益，显示了更为强大的实力。

五、葡萄牙的盛极而衰

盛世之下必有隐忧。葡萄牙自国王曼努埃尔统治以来，向印度和巴西的扩张已成为葡萄牙帝国政府的国策，但塞巴斯蒂安却力图扭转这种政策，重提更早前的航海家亨利时代的远征非洲的梦想。[①] 这种发展战略重心的转变成为葡萄牙走向衰落的开始。同时，欧洲的荷兰、英国、法国等新兴资本主义国家逐渐崛起，他们很快走到了葡萄牙的前面，纷纷染指香料贸易，使得葡萄牙东方香料贸易收入大大降低。由于葡萄牙国力过于弱小，对殖民地的统治也力不从心，在激烈的竞争中，葡萄牙很快走向衰落。

（一）北非危机

北非和葡萄牙隔地中海相望，征服北非一直是葡萄牙历代国王的梦想。尽管对北非的占领比较顺利，但期间也危机不断。16 世纪初，葡萄牙帝国在非洲遭遇第一次危机。为了扩大在北非占领的范围，当时的国王曼努埃尔看中了菲斯王国（今摩洛哥的前身）肥沃的土地，1515 年，葡萄牙军队开始了武力侵略行动，但遭到失败。尽管葡萄牙的士兵都骁勇善战，但摩尔人更加英勇顽强，在摩尔人同葡萄牙的圣克鲁斯（今阿加迪尔地区）战役中，只有很少的葡萄牙士兵幸存下来，全城居民惨遭杀戮。摩尔人把此视之为同葡萄牙开战以来最辉煌的胜利。这次失败意味着葡萄牙 100 年间在北非的殖民活动以失败而告终。此后它在北非的扩张每况愈下，成为其

---

① 王加丰：《西班牙葡萄牙帝国的兴衰》，三秦出版社 2005 年版，第 45 页。

衰落的前奏。

第二次北非危机则肇始于其错误的陆上战略。葡萄牙的强盛来自于其逐渐发展起来的制海权。葡萄牙海军十分强大，在欧洲鲜有对手。葡萄牙所以把战略重心转到陆上，与葡萄牙贵族们的战略思维有很大关系。尽管葡萄牙在海洋取得了很大成功，但他们的战略思维却很大程度上仍然停留在农耕时代，纵横疆场、纵马厮杀更符合葡萄牙的传统和葡萄牙贵族们的审美情趣。这尤其体现在幼小的国王身上，他从小被灌输的思想就是军事的英雄主义和国王神圣。葡萄牙是受到威胁的基督教会的救星，他本人就是拯救基督教的工具。这种自信心很早就在他身上扎下了根。随着年龄的增长，这种思想日益膨胀。在他执政的 10 年中，他朝思暮想的就是如何征服异教徒。

在强烈的陆战情绪支配下，年轻的葡萄牙国王塞巴斯蒂安出征北非。他以讨伐异教徒为名，1578 年 6 月率军 2.5 万人（雇佣兵为主）在摩洛哥丹吉尔登陆，开始了对摩洛哥的战争。摩洛哥国王阿卜德·马利克率步、骑兵 5 万人迎战。相比其海军，葡萄牙陆军的战斗力相去甚远。从成员来讲，葡萄牙陆军军官多是贵族子弟，作战懦弱无能。同时，葡萄牙陆军历史上也绝少有作战的机会，经验不足。相比之下，摩洛哥军队对于陆权高度重视，而陆上扩张也是阿拉伯人所擅长的。摩洛哥的战士大都久经沙场，作战经验丰富。加之摩洛哥 5 万大军本土作战，士气高涨，葡萄牙不过有 2 万余的雇佣军，孤军深入，人人以自保为先，根本不是摩洛哥人的对手。

此役，葡萄牙人面对能征惯战的阿拉伯士兵溃不成军。小国王塞巴斯蒂安在撤退时不幸被淹死，其余走投无路，纷纷投降。这场战争以葡萄牙人的惨败而告终：国王殒命，军队死亡 8000 人、其余大多被俘，无一人逃脱。葡萄牙为了赎回俘虏而花费了大笔的黄金，经济从此衰弱。而更为致命的是，国王塞巴斯蒂安的死令葡萄牙国中无主，败势显现。

（二）海外贸易收益下降

占领印度洋后，尤其是1515年攻下霍尔木兹后，葡萄牙几乎垄断了香料贸易，进入了贸易发展的顶峰状态，贸易收益也大大增加。但好景不长，葡萄牙的贸易垄断地位很快被地中海国家和后起的荷兰等国打破，这些国家纷纷染指香料贸易，导致葡萄牙海外贸易收益快速下降。

首先，葡萄牙自身严重缺乏贸易交换所需要的商品，致使香料贸易的利润不断下降，而各种费用的成本却在不断上升。葡萄牙购买东方的香料，大多使用现金交易，有时也以物易物。当时亚洲对欧洲的产品也有一定的需求，比如铜、铅、水银、白银和布匹，但遗憾的是，葡萄牙自己并不出产这些原料，也不想生产这些工业品，而是要到国外去购买。当时开往东方的船上的货物，有热那亚的平绒、佛罗伦萨的绯布、伦敦的棉布，还有荷兰的亚麻布，唯独没有葡萄牙的商品。葡萄牙在欧洲购买这些物品，运到东方进行交换，大大增加了贸易的成本。葡萄牙人在安特卫普大肆收购欧洲出产的产品，导致这些工业品价格上涨，刺激了葡萄牙的竞争对手英国、荷兰的工业发展。在垄断香料贸易的100年中，葡萄牙的工业生产和13世纪没有任何区别，仍然只是一些铁匠铺、瓦窑、土布纺织、制鞋、做马具、纺麻，仅仅是农村生活和城镇生活的补充。城市生活的大量用品都依靠进口。这也就是为什么后来的荷兰、英国能够靠自己的工业品和舰队击败葡萄牙的原因所在。一旦他们意识到葡萄牙人只是在转手贩卖他们制造的东西，他们就用自己的舰队一步步剥夺了葡萄牙在远东的据点，并取而代之。

同时，虽然葡萄牙运回欧洲所需的大量香料，但香料交易市场不在里斯本而在安特卫普，那里是欧洲香料的集散地。为了方便贸易，葡萄牙在安特卫普建立了一个商行，负责交易和贷款事宜。葡萄牙先是赊账购买东方贸易所需要的欧洲布匹，等船队运回香料卖掉后再付款。但贷款的利息非常高，大约年利率25%，而且运输周转日期特别长，欠债时间也长，导致债务越滚越大，到1524年，葡萄牙已经欠下了300万克鲁扎多债务。

不但如此，葡萄牙香料贸易的成功招来众多的竞争者，包括威尼斯人、阿拉伯商人，还有法兰西、不列颠、日耳曼商人等都急欲打破葡萄牙的垄断地位。在这种竞争格局中，葡萄牙人的优势并不明显，这就使得传统的地中海航线在整个16世纪依然相当繁荣。许多商人另辟路线，他们从亚齐出发，途经马尔代夫，直穿印度洋，前往红海。1560年，葡萄牙驻罗马教廷大使洛伦科·皮雷斯·德泰沃拉（Lourenqo Pires de Taivora）估计，亚历山大里亚每年进口4万担香料。他感叹道："进口到土耳其苏丹国土上的香料如此多，难怪运抵里斯本的这样少。"

在众多竞争者的参与下，运入欧洲的香料数量大增，供给远远超过需求，香料价格下跌成为必然。葡萄牙从香料贸易中获利越来越少。很快，香料贸易的收入不能弥补支出，葡萄牙不得不向国内借债。1528年，葡萄牙发放了利息为6.25%的国库债券，用来支付年利率为25%的外债。到16世纪中叶，内债比外债多了4倍。葡萄牙国内的全部积蓄就这样流到了国外，东方贸易使国家变得日益贫困。

在利润越来越少的同时，东方贸易的成本却在不断增加。这里有几方面的原因：一是竞争对象增加。大西洋上海盗猖獗，运送香料的船只需要舰队护航等都使成本上升。二是东方一些地方的人很快就掌握了葡萄牙人制造武器的技术，葡萄牙人面对着更能打仗的东方军队。达·伽马的大炮曾令印度人闻风丧胆，但几年后印度人造出的大炮比葡萄牙人的大炮更大。葡萄牙人从印度一个王公的军队缴获过一门大炮，长6米，重20吨，是有名的"第乌大炮"，葡萄牙士兵从来没有见过这么大的炮。同时，葡萄牙很多靠香料贸易发财的人大量进口生活用品和奢侈品，从武器、纸张、家俱、艺术品、地毯、粮食、马匹、车辆、船只等，致使财富大量流向国外。

（三）王位危机与被西班牙兼并

小国王塞巴斯蒂安死后，葡萄牙出现王位危机。由于国内各种力量在王位继承问题上意见不一，给了西班牙可乘之机。1580年，西班牙兼并了葡萄牙，包括葡萄牙曾经拥有的封建领地、殖民地和巴西也同属西班牙国王菲利普二世。虽然在名义上葡萄牙和西班牙是兄弟王国，但葡萄牙逐步沦为一个被征服的省份。这次兼并，既是由于西班牙的老谋深算，也是葡萄牙社会急变、国

菲利普二世（1527年—1598年），哈布斯堡王朝的西班牙国王（1556—1598年在位）和葡萄牙国王（1581年起），英国女王（英格兰）玛丽一世的丈夫。

运衰微所致。在1580年到1640年漫长的60年中，葡萄牙成为西班牙的附庸。① 而这一时期，也成为葡萄牙帝国式微的重要转折时期。

若昂三世的孙子小国王塞巴斯蒂安死后，由于他无任何子嗣，这样，王位的继承人就落在了若昂三世唯一活着的弟弟、摄政的恩里克大主教身上。但是，令葡萄牙人尴尬的是，恩里克任国王，并没有从根本上解决葡萄牙王位问题，因为恩里克国王当时已经64岁，不可能再有子女。一旦他去世，只能由孙子辈的王储们来继承王位。而在孙子辈中，菲利普二世排在第一位，安东尼奥和卡塔琳娜排在第二位。王位选择问题在葡萄牙成为重大的政治话题。如果选择安东尼奥，则是选择了独立；如果选择了菲利

---

① 中央电视台《大国崛起》节目组编著：《葡萄牙西班牙》，中国民主法制出版社2006年版，第92页。

普二世，则是选择了与西班牙的联合。

从菲利普二世本人来看，他很早就觊觎葡萄牙的王位了，从他进入葡萄牙宫廷后，就一直不断地宣扬联合西班牙的重要性，甚至为此在葡、西两国边境派驻了重兵，密切关注葡萄牙国内局势的演变。

为了避免在王位继承问题上引发与西班牙更多的争端，恩里克费尽心思，力图强迫未来的继承人服从他的选择，但是，强硬的菲利普二世拒绝宣誓，认为他的地位无可争议。为此，恩里克国王和西班牙国王之间举行了秘密谈判。但是在表面上，恩里克还是在 1579 年支持召开议会，决定由教会、贵族和平民各选出 10 名代言人，在议会上阐述王位应该属于谁[①]。就在议会开会的时候，恩里克国王去世了。一时国中无主，他的遗嘱中没有提到由谁来继承王位。这样，就由 5 位总督临时代管政权，可惜的是，其中的几位已经被菲利普二世收买，倒向西班牙的可能性越来越大。早有兵力布置的西班牙军队此时按兵不动，等待更为有利的时机。

另一位继承人的鲁莽举动却刺激了西班牙采取行动。此时，葡萄牙国内的克拉土修道院院长安东尼奥获得了民众支持，在 1580 年 6 月，瓜尔达主教在布讲词中提到他，称他是王国的保护者，有人把手帕系在宝剑上，宣布拥护他为葡萄牙国王。几天之后，他回到里斯本，贵族们纷纷逃跑了。主政的大臣对安东尼奥称王极为不满，于是加紧寻求西班牙的保护，在卡斯特罗马林签署了宣布菲利普二世为葡萄牙合法国王的文件，并宣布安东尼奥为叛徒。这样，在外力逼迫、国内刺激之下，王位最终落到了菲利普二世身上。

为追捕安东尼奥，西班牙军队越过国境进入葡萄牙。安东尼奥想集结兵力反抗，但是很少有人响应他，只好将黑奴编入部队，在里斯本附近与

---

① 中央电视台《大国崛起》节目组编著：《葡萄牙 西班牙》，中国民主法制出版社 2006 年版，第 99 页。

西班牙军队展开战斗，结果惨败。失败的安东尼奥不得不离开葡萄牙，寻求法国和英国的支持。为了央求英国出兵，安东尼奥不惜向英国割让巴西。

菲利普二世成功扫除了障碍，被拥立为葡萄牙国王。在被拥立为国王的会议上，他公布了他和前国王恩里克密谈时确立的纲领。他保证葡萄牙议会只在葡萄牙的领土上召开，保证一切旧的地方固有的法权、自由、法律不受侵犯。所有总督、省长以及其他重要的高级官员，除从王室提出的以外都应当是葡萄牙人。教会中高级人员的任用也是这样。葡萄牙和西班牙的殖民地应该各自分开，由各自的官员统治。两种币制应当分别存在。和葡萄牙有关的法律案件都不应转离本国审判。无论菲利普二世在哪里，都要有一个由6名葡萄牙人组成的参议会帮助他处理葡萄牙的事务。菲利普二世保证，两国的关系不过是同一个国王而已。[①]但正如后来的学者所指出的，有两条最重要的内容菲利普二世没有列入，那就是没有保证禁止用葡萄牙的税收支付西班牙的费用，没有保证西班牙不会抽调葡萄牙的陆军和海军为西班牙服务，正是这两条后来成为西班牙破坏全部条文的重要原因。从此，葡萄牙再次沦为西班牙的附属国。

六、结语

葡萄牙以其狭小而贫瘠的国土和不到百万的人口，开世界之先，通过海外探险和贸易殖民，迅速崛起为横跨亚、非、欧、美洲的殖民大帝国。正如博克塞在《葡萄牙海洋帝国史》中所说的，在"发现的世纪"背后的动力很明显地来自于宗教的、经济的、战略的和政治的因素。这些因素绝不是以相同的比例混合在一起的。因此，促使葡萄牙崛起的动因，绝不仅仅是某个单一的原因，而是它们的综合。葡萄牙的强大好景不长，在经历

---

① 中央电视台《大国崛起》节目组编著：《葡萄牙西班牙》，中国民主法制出版社2006年版，第100—101页。

了短暂辉煌后，又迅速走向衰落。这不禁让我们反思，促使葡萄牙迅速崛起的原因有哪些？导致其衰落的因素又是什么？这些因素之间又是如何相互促进、相互制约和影响的？

（一）葡萄牙迅速崛起的原因

一是统一的民族国家的建立。葡萄牙之所以能够率先崛起，最根本的原因在于葡萄牙在欧洲大陆历史上第一个建立了统一和独立的民族国家，这一新国家形式的动员能力远在其他国家之上。作为一个现代民族国家，葡萄牙有相对清晰的民族国家意识，有坚定的宗教信仰，这是促使葡萄牙在民族独立和国家统一后能以统一的意志和巨大的勇气进行海外扩张的主要因素。任何一个国家要走向强大，国家的统一和完整是重要的前提和保障。从内部来说，一个统一的国家，才能减少内部消耗，增强凝聚力和向心力，才能在重大的政治、经济和战略问题上形成一致。同时，一个统一的国家，才能享有意识形态和价值观上的一致，在重大问题上形成强大的动员能力。从外部来说，一个国家只有是完整的、统一的，整个国家才可能有精力和心思谋划自己的发展问题。同时，一个完整统一的国家能最大程度上抵御外来敌对势力的干扰和破坏。敌对势力往往是利用一个国家的不统一、不完整来牵制和影响一个国家，插手国家内政，或者在国际社会从政治、经济、文化价值观等方面进行渗透或破坏。所以，实现国家统一、民族独立是任何国家走向强大或实现民族复兴的前提和保障。

二是基督教文化的巨大作用。葡萄牙的扩张和崛起，基督教文化无疑起到了不可估量的作用。基督教成为激励葡萄牙打败摩尔人和进行海外探险的强大精神动力。对于其他基督教国家而言，它们的目标是维持自己的领地和属地，以便在这个世界上获得现世的幸福。而对于葡萄牙国王来说，除了这个大家都拥有的目的以外，还有一个特殊的目标，就是在异教徒的国度传播基督教，让天主在那里升起，让当地的世人能够找到他。当然，宗教方面的动机并非孤立地存在的，它是与实现经济和政治方面的目标结合在一起的，而且往往被用来证明实现该目标的合理性。宗教的意义就在于它为葡萄牙的扩张主义提供了异乎寻常的信念和坚定不移的决心。强烈的宗教信仰及其使命感，根深蒂固的推翻伊斯兰教统治并使异教徒改宗的信念，引导着葡萄牙人和卡斯提尔人投身于海外冒险活动，认为这是天主授予的使命。这些活动在欧洲其他较为谨慎和务实的国家，尤其是意大利看来，是鲁莽的行动，而且无利可图。因此，在解释为什么伊比利亚半岛国家在海外扩张运动中成为领先者时，宗教无疑是其中重要的因素。[①] 所以，一个国家走向强大，除了有强大的物质力量之外，还必须有强大的文化软实力，这是支撑一个国家强大的最深厚、最根本的力量。

　　三是先进而强大的海上实力。作为一个濒海国家，葡萄牙帝国的崛起和海洋贸易及海洋扩张密切相关。同样，它的衰落很大程度上也源于海上霸权的丧失。葡萄牙的崛起根本动因来自于其海洋探险和海外殖民，这离不开其拥有的先进海洋技术和强大的海上实力。正是依靠其强大的海上实力，葡萄牙得以在非洲、亚洲和美洲进行肆意侵略和扩张，掠夺殖民地财富，甚至进行黑奴贸易，一度牢牢控制了通过印度洋的贸易路线，垄断了东方贸易。正如海权论倡导者马汉所说："海洋和海上贸易是濒海各国的国家财富的主要来源，控制海洋，就能控制世界贸易乃至世界财富，进而决定一国兴衰和影响世界历史。"由此可见，葡萄牙的崛起最为核心的标志就是它辉煌的海洋和殖民扩张历程。对于一些濒海国家，除了海洋蕴藏着的巨大经济利益之外，海洋更表现出了异乎寻常的地缘战略价值和意义。因此，一个海洋国家如果要走向强大，必须有正确的海洋战略，正如印度一位学者所说："印度如果自己没有一个深谋远虑、行之有效的海洋政策，

---

① 阿诺德：《地理大发现》，闻英译，上海译文出版社2003年版，第30页。

它在世界上的地位总不免是寄人篱下而软弱无力；谁控制了印度洋，印度的自由就只能听命于谁。因此，印度的前途如何，是同它会逐渐发展成为强大到何等程度的海权国，有密切联系的。"① 正确的海洋战略，是葡萄牙率先实现崛起的根本原因。

（二）葡萄牙衰落的原因

一是国力弱小人口过少。在历史上，崛起的往往都是大国，小国能崛起，但难以持久维持强大的地位。16世纪初，葡萄牙的人口只有150万，却要看守非洲、亚洲的大片人口稠密的土地，还要不断向前开拓探索新的领土，这对一个小国来说，是极为困难的。阿尔布克尔克这位葡属印度的统治者曾断言："只要四个坚强的要塞以及一支装备精良的由3000名欧洲出生的葡萄牙人组成的舰队，葡属东印度帝国即可安全无虞。"但事实并不像他说的那样，他攻占了四个要塞中的三个，他要建立一支由3000名欧洲人组成的舰队的愿望，也只在极短的时间内实现过。在16世纪的时候，葡萄牙人占有了从索法拉到长崎之间的40余个定居点，这种情形使得人力缺乏更加突出，以至于总督们很少组织超过1000名白人的军事远征。② 即使在他的海洋帝国全盛时期，也不会有超过300艘远洋船只，这对要支撑这样一个世界范围的海洋大帝国来说，显然是不够的。葡萄牙海军虽然名义上控制了海洋，但要完全控制却非易事。印度洋和西太平洋上到处可见阿拉伯人、印度人和中国人商船。由此可见，国土、人口、经济发展水平等是一个国家强大的基础。在一定的时期和范围内，一个国家的国土和人口可以支撑相应程度的发展，但如果超过了国力所能支撑的程度，就不可

---

① 潘尼迦：《印度和印度洋——略论海权对印度历史的影响》，张文木编：《论中国海权》，海洋出版社2009年版，第39页。

② 顾为民：《"以天主和利益的名义"——早期葡萄牙海洋扩张的历史》，社会科学文献出版社，2013年版，第101页。

避免地走向衰落。因此，国家持久的繁荣和强大，必须有相应的综合实力为基础。

二是没有建立起先进的社会制度。葡萄牙的衰败，表面看来是新兴大国的竞争，根源则在于其没有顺应时代需求，建立先进的社会制度。葡萄牙所处的时代正是资本主义萌芽的时代，但葡萄牙没能建立起顺应时代要求的先进的资本主义制度，致使其后来扩张缺乏强有力的国内经济力量的支持。虽然在建立近代民族和中央集权制度方面，葡萄牙走在了欧洲其他国家的前列，但这并不代表他在经济上和制度上是先进的。葡萄牙封建王权相当强大，这种王权专制制度严重抑制了资本主义的发展。国王凭借手中的权力实行重税政策，生活奢侈腐化。相比较16世纪末和17世纪初荷兰、英国、法国等国资本主义迅速发展，无论是在经济实力、科技实力，还是政治制度的先进性方面，葡萄牙都相形见绌。葡萄牙被他们超越也就成了自然的事情。先进的制度不但能解放和发展生产力，使国家的经济、科技、文化教育得到快速发展，实现物质生活的现代化，而且先进的制度还意味着在国家政治生活和社会生活、在国家治理和社会治理方面走向民主、法治，这是国家现代化的另一个方面的重要标志，也是一个国家强大的重要保障。

三是国内思想的保守和僵化。如果说对基督教的信仰促进了葡萄牙的海外扩张并一定程度上稳固了葡萄牙对殖民地的统治，但随着葡萄牙在宗教问题上的保守和僵化，又导致了葡萄牙人思想和文化的落后。1497年以后，葡萄牙放弃对异教徒的容忍，对异教徒大肆屠杀，导致一大批世界一流的天文学家纷纷逃离葡萄牙，他们带走的不仅是金钱，还有技能、贸易网络和知识。从此以后，葡萄牙的文化与科技事业停滞不前。在这种环境下，科学研究和学术探讨陷入衰退，就不足为奇了。思想的封闭，必然导致行动的守旧。当一个国家没有思想活力和创造力的时候，也就失去了竞争力。

第二章 "太阳永不落"帝国——西班牙

西班牙是欧洲一个很古老的国家,具有悠久的历史和灿烂的文化。在"地理大发现"后,西班牙凭借殖民美洲而获得巨额财富,很快成为欧洲首屈一指的强国。但因在扩张、征服和争霸的过程中过于炫耀武力、不计成本、四处树敌,且不善于妥协与平衡,最后以失败而告终。在整个16世纪,由于经济衰落、腐败盛行,致使"太阳永远不落"的超级殖民大帝国国运下滑,丧失大国地位。

一、光复运动中王权的不断增强

西班牙是个大陆型的宗教民族。从它争取民族独立和国家复兴运动的那一天起,就一直处于激烈的宗教文明和地缘政治冲突的中心。西班牙是在光复运动中由若干封建小国组合而成的。随着光复运动的持续进行,基督教诸王国和公国的势力得到了不断增强,形成了中央王权专制的国家。

(一)"光复运动"的迅猛发展

"光复运动"又称"列康吉斯达"(意即"再征服运动")。早在公元8世纪阿拉伯人入侵伊比利亚半岛之时,光复运动就已经开始。到9至

10世纪，光复运动已经在科尔瓦多总督区域内广泛开展起来。11世纪至13世纪是光复运动大发展的时期。退居北部山区的西班牙人逐渐建立了几个小王国。随着光复运动的不断发展，这些封建小王国逐渐联合起来，形成了几个较大的独立的王国。11世纪前半期，独立的西班牙国家有雷翁、卡斯提尔、纳瓦拉、阿拉贡和8个加泰罗尼亚王国。1076年至1134年，纳瓦拉并入阿拉贡；1134年，阿拉贡与加泰罗尼亚合并为统一的阿拉贡王国；1230年雷翁合并于卡斯提尔王国。从12世纪前期起，卡斯提尔和阿拉贡两个王国就逐渐成为西班牙人光复运动的主要基地。到13世纪，伊比利亚半岛上形成了三个较大的基督教国家：卡斯提尔、阿拉贡和葡萄牙。11世纪初，哈里发国家的分裂和阿拉伯贵族集团的混战，客观上给西班牙人民的解放斗争创造了有利的条件。1085年，卡斯提尔的军队收复了托莱多。阿拉伯封建主节节败退，于是在1086年、1146年先后从北非召来大批的柏柏尔人军队，以镇压西班牙人民的反抗斗争，致使光复运动在1147年至1172年间遭受严重的挫折。但西班牙人民并没有被入侵者的残酷镇压吓倒，仍以坚忍不拔的精神同敌人展开顽强的斗争。1212年，由卡斯提尔国王阿方索八世统率卡斯提尔、雷翁、纳瓦拉、阿拉贡诸国联军在托罗萨同阿拉伯军队大战，在欧洲"十字军"的支持下，击败阿拉伯军队，取得辉煌的胜利。随后，西班牙诸国联军势如破竹，迅速向南推进。1236年攻下科尔瓦多，1262年收复加迪斯，直抵伊比利亚半岛的南端。到13世纪末，除半岛南部的格拉纳达王国还被阿拉伯人占领外，西班牙其他地区已基本光复。

光复运动是西班牙中世纪历史上最重大的事件。这场运动具有两重性：一方面，它具有浓厚的宗教战争色彩，即天主教和伊斯兰教的战争。所谓"圣战""十字军战争"，在欧洲是从西班牙开始的。另一方面，它本质上是西班牙人民反对外族统治的民族解放战争，因而光复运动得到了西班牙社会各阶层首先是农民和市民的广泛支持。位于南方的阿拉伯国家原本在经济、军事上长期处于优势，而北方基督徒（后为天主教）诸国则处于劣势，比较落后，但由于光复运动是正义的战争，因而它能够由小到大、由弱变强，历久不衰，并最终取得完全的胜利。

（二）封建君主集权国家的建立

到 15 世纪，卡斯提尔王国（占据伊比利亚半岛的北部和中部地区）和阿拉贡王国（占据半岛东北部地区）成为西班牙诸王国中最强大的国家。两个王国的统治者与葡萄牙、法国和其他邻近国家展开了政治联姻。17 岁的卡斯提尔王位继承人、受过良好教育、未来的卡斯提尔女王、漂亮的伊莎贝尔成为欧洲众多王孙贵族眼中的香饽饽。围绕她的婚事，各方势力展开激烈角逐。亨利四世（卡斯提尔）为了巩固自己的地位，决定将妹妹嫁给与卡斯提尔王室有血缘关系的葡萄牙国王阿方索五世。此举得到了大贵族们的支持，因为他们怕卡斯提尔与阿拉贡合并后王权得到加强，自己相对独立的地位得不到保障，封地也有被没收的可能。支持西班牙统一的贵族则支持伊莎贝尔与斐迪南的结合，想用阿拉贡的势力保住伊莎贝尔的继承权，进而实现两国的合并。阿拉贡的胡安二世全力支持两人联姻。头脑十分清醒的伊莎贝尔钟情于精明强干的阿拉贡王子斐迪南，相比于爱情，她更要巩固自己的权力。1468 年秋，她派人秘密地与斐迪南谈判，并于 1469 年 1 月 7 日签订了婚约。亨利四世得知其妹妹不经他允许私订终身，极为恼怒并加以干涉。几经周折，1469 年 10 月 19 日，伊莎贝尔与斐迪南两人在巴利亚多利德完婚。伊莎贝尔与斐迪南的结合，适应了西班牙社会发展的需要，对统一进程起了加速作用。与此同时，两人结婚违反合约的行为致使亨利四世剥夺了伊莎贝尔的王位继承权。亨利四世把乔安娜·贝尔特兰尼佳确立为自己的继承人，还派出军队逮捕伊莎贝尔。逮捕行动遭到了渴望统一安定的卡斯提尔和阿拉贡人民的反对。直至亨利四世（卡斯提尔）去世，引发了一场争夺王位继承权的斗争。伊莎贝尔纯粹的血统、

15世纪,西班牙异教徒被押往刑场。1480年,西班牙国王斐迪南和王后伊莎贝尔建立宗教法庭,审判新教徒、犹太人和穆斯林。

良好的道德和显而易见的能力让她得到了广泛的拥护。1474年伊莎贝尔继承了卡斯提尔王位。1479年斐迪南也登上了阿拉贡的王位。于是两国正式实现合并,但这并不意味着两国的统一,两国仍在相当程度上保持着各自的独立,没有通用的货币,没有统一的法律和税收制度。促使西班牙联合起来的是共同利益而不是政府和法律,只不过是西班牙王国拥戴这一对夫妇共同治理而已。当时的卡斯提尔和阿拉贡之间还互征关税,阿拉贡的所有海外领土,伊莎贝尔无权过问。同样,阿拉贡也不得染指卡斯提尔发现的新大陆。但这桩婚姻仍然标志着"统一的西班牙王国的形成"。两国合并后,伊莎贝尔和斐迪南又同反对统一、实行割据的大封建贵族诸侯进行了持续十多年的战争。他们依靠城市中小贵族及天主教会的支持,逐步削弱和打击大贵族,终于挫败了大贵族的分裂割据活动,建立起中央集权的封建君主专制国家。

伊莎贝尔和斐迪南被称为"基督教君主",该头衔由教皇亚历山大六世授予。王权与神权实现充分结合,西班牙也从专制王权和教会的双重利

西班牙斐迪南国王和伊莎贝尔王后。伊莎贝尔一世1451—1504年）是西班牙卡斯提尔国女王，斐迪南二世（1452—1516年）是西班牙阿拉贡国王，二人联姻后统一了西班牙。

益出发，强化了对"异端"①的镇压和破坏。"宗教裁判所"是西班牙国王用以平息内乱、增强王权的又一有力工具。1477年，"宗教裁判所"首次在卡斯提尔的塞维尔建立。随后10年，"宗教裁判所"遍及全国，并于1483年组成西班牙最高宗教裁判所，女王的亲信托基马达任总裁判官。教会变成了专制主义最恐怖的工具。任何人一旦成为被告，轻则被查抄财产，重则被处以火刑，由于原告同时也是证人，所以没人敢为被告辩护，被告若是不认罪就会遭到严刑拷打，直至承认为止。从1483年起的15年间，有8,000多名异教徒和"异端"分子被处以火刑烧死②，判处其他刑罚的达9万人。这个政策虽有利于政权的巩固，但消极面也非常大，影响了西欧思想文化在西班牙的传播。在审判制度下，任何一种与官方不一致的学说都会被视为异端，并且会招来杀身之祸。在这样的一个社会里，不可能有思想家出现。作为正统天主教徒的伊莎贝尔，在实现两国合并后，立即着手实现自己的夙愿：打败阿拉伯人，彻底光复伊比利亚。在加强国内统治的同时，于1482年开始攻打格拉纳达。在战争中，伊莎贝尔表现出杰出的政治军事才能和大无畏的勇气。她联络

---

① 指犹太人、已皈依天主教的摩尔人（称为摩里斯科人）、反对国王和教会的人。
② 唐晋主编：《大国崛起》，人民出版社2011年版，第65页。

西欧各基督教国家以争取支持，同时分化瓦解敌人阵营，并屡屡得手，她动员全国的力量投入战争，典押自己的金银首饰以筹集军费，经常亲临前线鼓舞士气，激发了西班牙军队的斗志。而格拉纳达当时也陷入内乱之中，局势非常混乱。1492年1月2日，西班牙军队攻克格拉纳达——阿拉伯人在西班牙的最后一个王国，从此结束了穆斯林在西欧的统治。长达7个多世纪之久的收复失地运动宣告结束，最后完成了光复大业，完全统一了西班牙。为了共同庆祝这一具有重大历史意义的光辉胜利，当时整个欧洲几乎所有的天主教堂都钟声齐鸣。①

当时西班牙有卡拉特拉伐、阿尔坎塔拉和圣地亚哥三大骑士团。他们都拥兵数千，拥有大片领地，并享有许多特权。因而，在西班牙王国除大贵族很有权势以外，僧侣骑士团的势力也威胁着王权的巩固。随后，伊莎贝尔努力争取僧侣骑士团的领导权。她用高压手段使僧侣骑士团屈服于王权，自己还建立了一支4万人的常备军，增强了西班牙王权的力量。伊莎贝尔和斐迪南在加强王权的同时，不仅取得了对僧侣骑士团的领导权，而且在支持罗马教皇西克斯特平定意大利内乱时，从教皇手中获得了教职任命权。这样，国王就能在一定程度上操纵和控制教会，王权也为之大大加强。随着光复运动的结束，西班牙完成了国家的统一和中央集权过程，有力地促进了商品经济的进一步发展。资本主义因素在封建制度内部逐渐增长，资本主义原始积累迅速展开，生产力有了明显的提高，促使封建专制王朝和好战的贵族、大商人们极力谋求新的财源，特别是对铸造货币的黄金、白银产生了炽烈的欲望。他们渴求寻找新的活动场所，要求扩大市场，尤其渴望对东方的印度、中国和日本开展贸易往来，以便获得更大的利益。

---

① 由于光复运动实质上是天主教对伊斯兰教的战争，所以欧洲各国天主教也把西班牙光复运动的胜利看作是自己的胜利。

二、地理大发现与海洋霸权的确立

伊莎贝尔是一个充满活力、很有才干的统治者，统一西班牙后很快就开始了对外的侵略扩张。但在15世纪末，土耳其人已经切断了欧洲与东方（这里指包含印度、中国、日本等在内欧洲人心目中的东方）贸易的通道，著名的从中国到欧洲的"丝绸之路"被完全破坏；另一条经埃及和红海到东方的航路，也完全被阿拉伯人控制。这对于西班牙和欧洲其他地方的商人来说，无疑是一个沉重的打击。探索通往东方的新航路，已是当时西班牙和欧洲许多国家的商人亟待解决的问题。而且，《托尔德西拉斯条约》也限制了西班牙向东航行，当时西班牙还面临着境内的阿拉伯问题需要解决，所以用武力也不可能打通到东方的陆上通道。那么，克里斯托弗·哥伦布的向西航行东方的计划实际上成为西班牙参与东方贸易的唯一可能性方案。随着哥伦布首次扬帆出海"发现新大陆"，开始了对美洲的侵略，揭开了西班牙帝国兴盛的序幕。这也为西班牙带来了大量的财富，从而为西班牙在接下来的两个世纪里成为欧洲的主导力量提供资金支持，促使西班牙"海洋商业帝国模式"的形成和海洋霸权的确立。

（一）《圣塔菲协议》的签订

哥伦布从小热爱航海事业，受马可·波罗《东方见闻录》的影响，完全相信见闻录里所描述的那个华丽、富饶的东方乐土，深深迷恋马可·波罗笔下的中国与日本，对寻找直达东方的航路充满了向往，立志要找到一条比较方便能够去远东的航路。而托勒密的《地理学指南》又让他认为地球是圆的，从地球上的一点出发绕地球一圈后，最终能回到这一点上，并且海洋不如陆地宽大，因而从西方到达东方并不十分遥远（当时的世界地图上只有欧、亚、非洲而没有美洲）。他认为，从欧洲海岸一直向西航行是能够到达中国和印度的。为了实现这一愿望，他于1483年（又说1484

年)向支持航海事业的葡萄牙国王若昂二世提出了他的西航计划,却遭到了拒绝,这令哥伦布十分失望。之后,哥伦布辗转来到卡提斯尔,继续推行他的计划。1485年,哥伦布来到西班牙,经过美迪纳赛公爵的介绍,哥伦布把他的计划献给伊莎贝尔女王,希望获得她的批准并答应出资组织这次探险。女王组织了一个特别委员会来审议哥伦布的计划。经过长达4年的审议后,计划被否决,因为委员会认为哥伦布计算错误,计划不可实行。再者,在1487年至1488年期间,西班牙忙于战乱,无暇顾及哥伦布的西航计划。1491年11月底,经女王的主教介绍,哥伦布在圣塔菲城——一个在格拉纳达附近的军事要塞,又一次受到了女王的召见。女王下令委员会重新审议哥伦布的计划,与会者有神学家、天文学家、法学家等。但该计划又一次被否决了,理由是哥伦布提出的要求过高,委员会认为一个平民不可能得到贵族头衔。哥伦布非常失望,决定离开西班牙到法国去寻找支持西航计划的人。就在哥伦布动身一个小时后,塞维利亚最大商号的老板和与国王夫妇亲近的财政顾问路易斯·桑坦赫拜见了伊莎贝尔女王,并说服了女王,因为哥伦布这次远航探险的费用并不算太高,而一旦成功所带来的收益是不可估量的,并承诺借给国王夫妇114万马拉维第(西班牙古钱币单位,375马拉维第等于1杜卡特金币,其中每个金币含纯金3.48克)作为此次航行经费。这样,伊莎贝尔女王感到有了安全的保证,终于同意执行这个在自己操纵下与资产阶级财阀扶持下进行的计划。于是,就在距离圣塔菲城6.4公里的松木桥村,哥伦布被女王派来的人追上,将他带回了王宫。双方重新回到谈判桌上,再次商讨西航计划的权利与义务问题。经过整整3个月的讨价还价,于1492年4月17日,哥伦布与伊莎贝尔女王在圣塔菲城签订了历史上有名的《圣塔菲协议》,哥伦布得到了他想要的一切,其中协议中重要的两条摘录如下:(1)"海洋的领主陛下从此赐予克里斯托弗·哥伦布以'唐'的贵族封号,委任他为所发现的海岛和大陆的统帅,在他逝世之后,这个封号和属于他的所有权力将由他的继承人

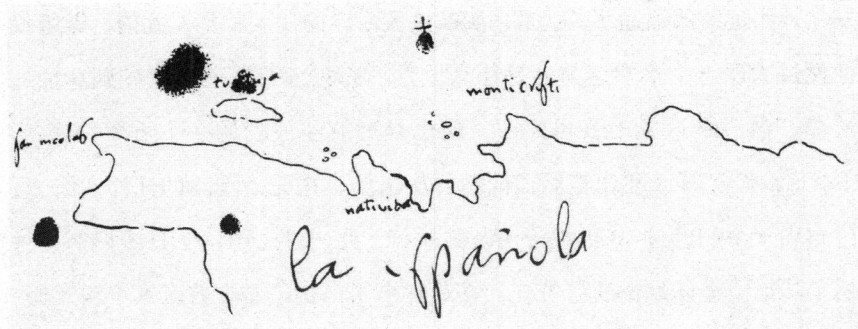

哥伦布（1451年—1506年）勾勒的西班牙岛（海地岛）草图。圣尼古拉角、龟岛、基督岛、伊莎贝尔角、马科利角均包括在图中，下方的拉纳维达即圣诞岛，是哥伦布最早建立的殖民地。

继承……哥伦布被封为所发现和夺得海岛和大陆的副王和总督，为了管辖每片发现土地，有权选出管理者……"（2）"所有的交易商品，无论珍珠、宝石、黄金和白银、香料或其他货物……凡在司令管辖区内购买、交易、发现或夺得的，他都有权得到十分之一的利润……其余十分之九则应呈献给陛下。"①此外，哥伦布还得到了与统帅职务相符的薪俸，以及处理与此相关的刑事和民事案件的权力。两周后，他获得了国王夫妇赐予的海军上将军衔和"唐"贵族称号。就这样，哥伦布终于在西班牙这个国家实现了自己的夙愿，西班牙也借着哥伦布踏上了发现美洲新大陆之路。

（二）哥伦布"发现"美洲

经过一段时间的准备，1492年8月3日拂晓，兴奋的哥伦布带着西班牙国王致中国皇帝的国书和两名阿拉伯语翻译，率领87名水手②，驾驶着"圣玛利亚号""平松号""尼娜号"三艘帆船，从西班牙南端的巴罗斯港

---

① 《圣塔菲协议》，http://baike.baidu.com。

② 关于哥伦布首航时率领的水手人数，国内外史学家说法不一，有的说是120名，有的说是90名。

出发，开始远航的征途①。这是一次横渡大西洋的伟大壮举。此前，谁都没有横渡过大西洋，不知道前面是什么地方。8月26日，他们率先到达加那利群岛，然后从这里出发再向西。这也是远航能成功的一个重要因素②。9月6日，经过补充和休整后，他们再次出发。在无边无际的汪洋大海上，哥伦布和水手们经过70天艰难困苦的航行，终于在10月12日凌晨两点钟看到了陆地。全体船员欣喜若狂，在欢呼声中，哥伦布身着海军上将军服，激动地踏上了这块陌生的土地，在那里升起了西班牙国旗，以西班牙国王的名义宣布此地为西班牙领土，并把它命名为"圣萨尔瓦多"，意思是"救世主"。这块第一次被"发现"的土地就是加勒比海中巴哈马群岛的华特林岛。哥伦布虽然踏上了新大陆——美洲，可是，他却认为这是亚洲。哥伦布误认为这块地方就是东方印度的一部分，于是称当地的土著人为印第安人，意思是"印度的居民"，这个名称一直沿用到现在。因为那时人们根本不知道在欧洲与亚洲之间，还存在着一个美洲。哥伦布由此继续向南航行，又到达了几个小岛，最后抵达古巴和海地。哥伦布又在美洲游历了一番，很遗憾，那里并不像马可·波罗吹嘘的"黄金遍地，香料盈野"。哥伦布把39个愿意留在新大陆的人，留在了那里，又把10名俘获来的印第安人押上船。1493年3月15日，哥伦布返回了西班牙的帕洛斯。回来以后，哥伦布成了英雄，受到了极为热烈的欢迎。他高兴地向人们报告：他到达了"印度群岛"，到达了"日本"。国王们也相信印度群岛已在自己的掌握之中，给了他极大的荣誉。为了继续寻找心中的印度，哥伦布又在1493年春至1504年期间进行了三次西航，陆续"发现"了牙买加、波多黎各、多米尼加等加勒比海中的一些岛屿，以及南美洲东北角的俄利诺科河

---

① 张德政：《西班牙简史》，商务印书馆1983年版，第21页。

② 从这里向西正好处于东北信风带之内，可以帮助他横渡大西洋，往南则是回归线无风带，往北发是送他们返航的西风带。

口和中美洲的洪都拉斯与巴拿马等处。这些新"发现"的地方，哥伦布到临死前，都误认为就是印度。至今，安的列斯群岛和巴哈马群岛一带还一直被称为西印度。

哥伦布横渡大西洋发现美洲新大陆，是人类历史上规模最大的一次文明的碰撞，这次大碰撞影响了其后500多年的历史走向和文明进程。同时也导致了地理大发现时代的到来，第一次出现了东西两半球的汇合与全球一体化的新进程，为世界从分散走向整合做出了巨大贡献，扩大了人类全球性的交往及其发展。地理大发现的主要推动力是中东阿拉伯帝国的贸易垄断和欧洲意大利商人的贸易垄断。由于阿拉伯帝国在欧洲人发现亚洲前就已经和东南亚诸国及中国进行贸易，所以很多来自东方的奢侈品，如茶叶、丝绸、香料、中国瓷器等都要通过阿拉伯人才能在欧洲上市。阿拉伯人往往都把这些货品卖给意大利的威尼斯商人（威尼斯是文艺复兴时期欧洲最繁忙、最大的国际港口）。而威尼斯人就把从阿拉伯人手中得到的东方奢侈品转卖给欧洲其他国家。此外，文艺复兴也促进了地理大发现。在人类的交往中，文化的交流和融合是世界文明得以发展的一个重要原因。文艺复兴推动人文主义，注重思考和实践。文艺复兴也加速了欧洲中古时代封建制度的衰弱。欧洲对外贸易的发展推动了商品市场的扩大，正因此，来自东方的奢侈品需求量也大增。然而，转卖多次的昂贵东方物品使欧洲人吃不消，所以他们觉得要以最便宜的价格得到东方的奢侈品，必须直接与东方进行贸易。

哥伦布的首次远航探险和"发现"美洲，在地理发现史上具有重大的意义。哥伦布之行"发现"了美洲东部中段的印度群岛的两个大岛古巴、海地和若干小岛，从而拉开了"发现"新大陆的序幕。同时也开辟了从欧洲横渡大西洋到美洲并安全返回的新航路，从而把美洲和欧洲、新大陆和旧大陆紧密联系起来。从此之后，"走向新大陆"像一股浪潮席卷了整个欧洲。

(三)麦哲伦环球航行

斐迪南·麦哲伦(1480年—1521年),葡萄牙航海家,他率船队完成第一次环球航行,以确凿的事实证明了地球是圆的。

1519年,麦哲伦率领西班牙探险队开始了人类史上第一次环球航行。麦哲伦是地圆说的坚定信奉者。他曾向葡萄牙国王请求资助他继续寻找通往东方的航路。在遭到拒绝后,1517年,他转向西班牙国王查理一世求助。西班牙国王为了获得更多财富,正想向海外发展。于是,西班牙国王支持麦哲伦进行航海探险,为麦哲伦装备远航探险船队。1519年9月20日,在国王的指令下,麦哲伦率领260名左右的水手[1],分乘5艘远洋海船(以特里尼达号为旗舰,另外还有圣安东尼奥号、康塞普逊号、维多利亚号和圣地亚哥号)从西班牙塞维尔港启航。麦哲伦船队用70天横渡大西洋到达美洲海岸,之后沿海岸向南航行,寻找横穿美洲大陆的海峡或最南端的岬角。他们历经千难万险,如饥饿、严寒、船队内部叛乱、叛逃以及误入河口等,终于在1520年11月28日驶入南美洲南端的一条非常狭窄的海峡到达美洲西岸的大洋。这个海峡就是现在位于南美洲智利南部、南纬52度、沟通大西洋和太平洋的麦哲伦海峡(后来以麦哲伦名字命名)。到达美洲西岸的大洋后,麦哲伦船队此时只剩下3条船了。他们在大洋上向西航行

---

[1] 张德政:《西班牙简史》,商务印书馆1983年版,第23页。

110天，一直没有遭遇狂风大浪，常常风平浪静，故给它取名为"太平洋"。1521年，麦哲伦船队横渡了太平洋，于3月8日，抵达菲律宾群岛中的胡穆奴岛。3月27日，船队到了马索华岛，其后，又到了宿务岛。麦哲伦想征服岛上的土著居民，把岛上的一个个小王国变成西班牙的殖民地。麦哲伦带领船员，手持火枪、利剑，强行登上陆岸，用血腥手段征服这个地区，并用西班牙国王菲利普二世来命名这个地区，菲律宾的名称就是这样而来的。但是，麦哲伦船队遭到了土著居民的反抗。土著居民用箭、标枪对付入侵者。一支毒箭射中了麦哲伦，使得这位航海探险家客死他乡。麦哲伦死后，他手下的人继续了麦哲伦未完成的航程，船队于11月8日驶入马鲁古群岛，船员们与当地人交换货物。12月21日，"维多利亚"号远洋帆船满载香料，离开了马鲁古群岛，但麦哲伦船队的旗舰"特里尼达"号因为船体漏水，无法继续航行，被迫留在当地。"维多利亚"号远洋帆船渡过印度洋，绕过好望角，越过佛得角群岛，于1522年9月6日，回到了西班牙，完成了人类首次环球航行。最后，麦哲伦船队的5艘远洋船只剩下"维多利亚"号远洋帆船，260多名船员只剩下18名船员返回。

　　麦哲伦船队完成的这次伟大的环球航行，从西欧出发，向西横渡大西洋，绕过南美洲，横渡太平洋，穿过南洋群岛，横渡印度洋，绕过非洲，最后回到了西欧，历时整整3年，行程8万公里，东西经过了360度，南达南纬52度，北抵北纬43度，经过了世界上有人类居住的大部分地区。这是那个时代人类历史上航程最长、历时最久的航行。这次环球航行也是人类有史以来最为艰难困苦的航行，船只、人员的损失均过半。

（四）西班牙海洋霸权的确立

自地理大发现以后，世界商路转移到大西洋沿岸。地处大西洋沿岸交通枢纽的西班牙，海外商业发展很快，加上它又拥有广大的殖民地，因而对外贸易空前扩大。到 16 世纪初，西班牙已拥有商船 1000 艘，航行于各大洋。西班牙把美洲的产品运往欧洲各地，把自己的羊毛、丝绸、呢绒运往意大利、北非和尼德兰。光羊毛，每年运往尼德兰的就有 4 万捆。从美洲运回的糖、可可、烟草等，利润率高达 400%~500%。[1]沿海城市塞维利亚、加迪斯、巴塞罗那和瓦伦西亚发展成为巨大的商埠城市。布尔哥斯、瓦拉多列德成为国内商业中心。为了保护拉丁美洲的金银财富源源不断运回西班牙，西班牙建立了一支强大的海洋舰队。1571 年，西班牙舰队在勒颁多附近海战中大败土耳其舰队，赢得了"无敌舰队"的称号。1588 年封锁英吉利海峡就出动 132 艘战舰，其中大型战舰 60 艘，3165 门大炮，参战人员达 3 万多名，其中船员和水手 7000 人、步兵 23000 人。[2]16 世纪后半期，西班牙拥有富饶的美洲殖民地。1581 年又吞并葡萄牙，实力更加强大。西班牙还凭借自己强大的舰队，掌握了欧洲与东方各国和美洲贸易的垄断权，成为名副其实的海上霸主。

三、美洲殖民帝国的建立

从哥伦布发现美洲时起，西班牙就开始对拉丁美洲进行殖民。拉丁美洲是指从墨西哥湾格兰德河以南一直到南美洲最南端的合恩角，全长 1 万多公里的广大地区。它包括北美洲的西南端、中美洲、西印度群岛和南美洲，面积有 2100 万平方公里。这一地区因长期处于西班牙殖民统治下，在

---

[1] 滕藤主编：《海上霸主的今昔》，黑龙江人民出版社 1998 年版，第 169 页。
[2] 滕藤主编：《海上霸主的今昔》，黑龙江人民出版社 1998 年版，第 169 页。

19世纪初独立战争之前，各国都以拉丁语系的语言（西班牙语、葡萄牙语和法语）为官方语言，并在宗教、风俗习惯和文化艺术方面具有浓厚的拉丁语系国家的色彩，拉丁美洲便由此得名。哥伦布的地理大发现打开了西班牙向美洲扩张的通道，从15世纪末至19世纪中叶，大批西班牙的小骑士来到拉丁美洲，企图发横财，使西班牙陆续征服了北自墨西哥、南至南美最南端的广大地区（除巴西被葡萄牙侵占外）。西班牙对美洲殖民侵占的过程，大致可分为三个阶段：

（一）侵占西印度群岛等地

哥伦布在远航之前就抱有侵占殖民地、掠夺各地人民财富的目的，哥伦布等人在到达加勒比海中的一些岛屿之初，便迫不及待地要把新发现的地区攫为己有，将该地宣布为西班牙的领土。海地和多米尼加分别于1493年和1496年相继沦为西班牙的殖民地，成为西班牙侵略美洲的据点。同年，巴托罗梅·哥伦布（克里斯托佛·哥伦布之弟）在西印度群岛的埃斯帕尼奥岛建立了西班牙在美洲的第一个永久殖民城市——圣多明各。1511年，西班牙在塞维利亚专设了"印度等地事务委员会"，总管殖民地的行政、军事、贸易等事务。1513年，西班牙殖民者巴尔波亚横跨巴拿马海峡抵达太平洋海岸后，公然宣布"南海"（太平洋）中的一切大岛屿均归西班牙所有。1514年，又相继侵占了巴拿马和古巴。圣地亚哥城的建立，标志着对古巴征服的完成。1517年，科尔多瓦的"探险队"从古巴出发，进抵中美洲的尤卡坦半岛，由于当地玛雅人的坚决反抗，侵略者被迫逃窜。

（二）占领墨西哥和中美洲各地

西班牙殖民者在西印度群岛站稳脚后，开始向美洲大陆扩张，其中最重要的就是征服墨西哥和秘鲁。在墨西哥，当时是阿兹特克王国在统治。

1519年2月，西班牙没落小贵族科尔特斯率领11艘船、508名步兵、109名水手、16匹战马、10门大炮这支微不足道的力量去征服地域辽阔的阿兹特克王国。① 面对地域辽阔的阿兹特克，科尔特斯采取两手策略发动进攻。一方面，他利用印第安人部落之间的内部不团结，用狡猾的欺骗手段制造和扩大印第安人部落之间的矛盾。把反阿兹特克的部落拉拢到自己一边，采取"以夷制夷"的办法，利用印第安人的人力、物力来打印第安人，使印第安人自相残杀。另一方面，用残酷的屠杀镇压坚决反抗的印第安人，以此恐吓印第安人。面对西班牙人的殖民侵略，阿兹特克的国王蒙特苏马在处理内部矛盾时，实行残酷的镇压、屠杀和征服政策，激起印第安人部落的强烈不满，加剧了印第安人部落之间的矛盾，而在对待侵略者上，却用妥协、贿赂（送财宝黄金）的方法，企图阻止侵略者抢黄金和财富。结果适得其反，失败后又实行不抵抗政策，最后被敌人擒获，在敌人的压力下又完全投降敌人。1521年8月13日，科尔特斯完全占领了墨西哥城，第二年又侵占了墨西哥河谷以南的地方。在1523年至1524年期间，现今的危地马拉、洪都拉斯、尼加拉瓜、萨尔瓦多诸国均被西班牙占领。墨西哥城成了殖民地首府。科尔特斯被任命为第一任总督。

（三）陆续征服南美洲

1521年，墨西哥的阿兹特克人被彻底征服后，西班牙殖民者又将目光瞄准了秘鲁的"印加帝国"！最先听到南美洲这一富裕"帝国"消息的，是巴拿马的征服者巴尔沃亚。有位印第安人告诉他："有一个地方的人们，他们吃喝所用的器皿，都是金制的，那儿的黄金有如你们所带的铁一样便宜。"1522年，西班牙殖民者安迭戈亚第一次探险秘鲁，航行到今天秘鲁境内的圣米格尔湾，带回了有关印加帝国的确切消息，为后来的皮萨罗征

---

① 滕藤主编：《海上霸主的今昔》，黑龙江人民出版社1998年版，第164页。

服秘鲁提供了有力的线索。1531年，皮萨罗（被一些作家谴责为大胆的强盗）和阿尔巴格罗率领一小队殖民军分乘3艘船、约180名士兵（其中有骑兵60名）、50匹马去征服地域为80万平方公里、人口约600万以上的美洲大国——印加帝国。这时的印加帝国，老国王瓦伊纳刚死，两个儿子为争夺王位，激战正酣。皮萨罗利用这一机会取得了成功，占领了印加帝国首都库斯科城，把秘鲁变成了殖民地。皮萨罗对南美的征服，使西班牙的宗教和文化传播到整个被征服地区。印加帝国灭亡后，整个南美洲再也没有能力抵抗欧洲人的统治。千百万的印第安人生活在南美，但他们的政权从未被恢复。欧洲的语言、宗教和文化此后一直主宰着南美洲。西班牙殖民者在侵略秘鲁的过程中，于1532年控制并侵占了厄瓜多尔。1535年，秘鲁的侵略者之一——阿尔马格罗率领军队自秘鲁经过玻利维亚到达智利，于1538年侵占了玻利维亚，但并未能深入到智利内地。在智利，殖民者遇到了印第安人中的阿劳干族的坚决反抗。西班牙人用了3年时间，到1541年才最后征服了智利的沿海地带。1538年，哥伦比亚和委内瑞拉先后被侵占。同一时期，西班牙人门多萨率领另一支侵略军于1549年侵占了阿根廷地区。

在拉丁美洲，西班牙实施残暴的殖民统治。在政治方面，实行封建专制。在西班牙本土设立庞大殖民机构——西印度事务院，掌握殖民地的立法、行政、司法、军事、财政、商业、教会大权；派西班牙出生的贵族到殖民地充任高级官吏。因此，西班牙流行"国王是殖民地的绝对主人"的说法，西印度事务院是国王的喉舌。国王委派两名总督直接治理殖民地。一名是墨西哥总督，管辖包括拉美北部以及西印度群岛、委内瑞拉和菲律宾群岛。另一名是利马总督管辖南美洲西属殖民地。同时国王对总督采取一系列的监视措施。如派钦差大臣或特派员、暗探，对总督进行监视。在经济方面，抢占印第安人的土地。实行大授地制和委托监护制，国王把印第安人以部落或地域为单位，授予征服和开拓者，得土地者必须向国王缴纳一定的贡品。国王不但把土地授予征服者，连土地上的印第安人也被强行赐予征服者。征服者以"监护主"的名义统治印第安人，受监护的印第安人对"监护主"有人身依附关系，不能离开监护主，必须给监护主服劳役或缴纳代役租。安第斯山的农民每年为监护主从事长达200天的无偿劳动。与此同时，在殖民地广大地区，西班牙用一切手段掠夺黄金，甚至搜刮庙中的金制饰品。在墨西哥和秘鲁发现金银矿后，西班牙殖民者强迫印第安人在矿坑中劳动，稍有反抗，就血腥镇压，甚至在矿洞中活埋矿工。1545年又在玻利维亚的波多西地方发现了丰富的银矿。西班牙每年从塞维利亚开出两支船队到美洲去运载金银。到16世纪末，世界贵金属开采量中的83%归西班牙所有。中南美洲适宜种植棉花、甘蔗、烟草等作物。西班牙就在西印度群岛上抢夺土地，改为甘蔗种植园，西班牙每年两支船队，除运送黄金、白银外，还满载蔗糖、可可等回西班牙。在思想方面，殖民者通过天主教会对殖民地实行统治。光墨西哥就有12000所教堂，秘鲁的利马居民中有1/10是教士，殖民者强迫印第安人和黑人改信天主教，如果不改信天主教就被视为魔鬼、异端，教会对印度安人和黑人实行极严格的控制。印第安人从出生之日起，无论是受教育、结婚、死亡都掌握在教会手里。教会还利用宗教裁判所压迫殖民地人民，在加敦，一个传教士就打残6320个印第安人，其中死亡157人。

在16世纪上半期，残暴的殖民制度使被屠杀的印第安人达1200万~1500万人之多。例如，海地岛，西班牙入侵时岛上人口为6万，到1548年只剩500人。在牙买加岛，西班牙入侵时岛上人口为30万，到1548年几乎被消灭完。为了解决拉丁美洲劳力不足的困难，西班牙开始在拉丁美洲实行黑奴制度，强迫黑人服劳役。西班牙人在美洲的征服、掠夺和殖民统治，使印第安人的文化遭到毁灭，千百万人被屠杀，美洲人民陷入无穷的灾难之中。至16世纪中叶，中、南美洲的广大地区（除葡属巴西外）均被划入西班牙殖民帝国的版图中，西班牙建立了欧洲近代又一个真正的殖民帝国，也是人类社会进入近代后世界上最大的殖民帝国。

四、西班牙的争霸战争

1519年，查理一世当选为神圣罗马帝国（即德意志）皇帝（查理五世）后，他把原西班牙和原哈布斯堡王朝的领地联合成为一个规模空前的国家。此后，查理五世雄心勃勃，他利用欧洲所有反动势力的支持，首先是教皇的支持，怀抱"全世界基督教帝国"的计划，执行大国政策，不断和法国、德国新教诸侯等作战，并在其统治下的所有国家中推行建立世界帝国的政策。这个身兼神圣罗马帝国皇帝的国王，梦想着建立一个万民统一的君主国家和一个万民归一的天主教会，这个国家和教会的首脑则由他一人兼任：既成为世人的国君，又成为宗教之父。查理的欧洲霸权计划分为三个部分：一是复兴德意志神圣罗马帝国，统一德意志诸邦；二是纯洁天主教会，维护天主教的绝对正统地位，进而建立一个政教合一的欧洲帝国；三是维护哈布斯堡帝国的完整，不允许丢失一块领土或属地。为此，他发动了一系列战争。

（一）与法国争夺意大利的战争

15世纪末，法国和西班牙都已成为强大的中央集权的封建国家。意大利战争是一场法国与西班牙之间的霸权争夺战，是中世纪欧洲封建王国领土扩张战争的继续。意大利地处欧洲大陆南端，三面为美丽、温暖的地中海碧波所环绕。优越的地理位置，使意大利的商业和贸易十分兴旺。十字军东侵后，意大利几乎垄断了东西方贸易。威尼斯、热那亚和佛罗伦萨等城市最先出现了资本主义萌芽。富庶而美丽的意大利本身发展极不平衡，各地情况千差万别。北部城市经济比较发达，南部经济落后，封建土地关系仍占主导地位，还存在农奴剥削。各城市之间竞争激烈，政治上四分五裂，政体形式多样。实力较强的有米兰、威尼斯、佛罗伦萨、那不勒斯和教皇国。它们各自为政，各有各的同盟关系，相互之间矛盾重重，时有冲突。这种一盘散沙的局面，使欧洲强国，特别是法国和西班牙都觊觎近邻意大利这块肥肉。法国国王查理八世早就对意大利虎视眈眈。1492年，那不勒斯和佛罗伦萨缔结了一个瓜分米兰的密约，查理八世应米兰公爵斯福查之请，于1494年8月率兵3.7万人（其中包括瑞士雇佣兵）、野炮136门，越过阿尔卑斯山脉向那不勒斯开进，标志着意大利战争的开始。从1494年到1559年，意大利战争分为三个阶段[①]：

第一阶段：1494年至1504年。这一阶段的核心是西班牙与法国争夺那不勒斯王国。在意大利亲法贵族的配合下，查理八世的军队穿越罗马全境，经过米兰公国和教皇国直逼那不勒斯。然而，法军的掠夺和暴行以及增收新税，激起了意大利人民的愤慨。意大利各国首脑害怕法国势力的加强和发生全民起义，在1495年3月联合起来，建立了"神圣同盟"（也称"威尼斯同盟"），以图驱逐法军。参加同盟的有威尼斯、米兰公爵、罗马教皇亚历山大六世、"神圣罗马帝国"（德意志）皇帝马克西米利安一世和西班牙国王斐迪南二世。面对"神圣同盟"的围剿，查理八世急忙从那不勒斯北上，1495年7月6日在福尔诺沃遭"神圣同盟"军队包围。法军战败，直到10月，查理八世才得以向北方突围。1496年12月，法国撤出那不勒斯。因不甘心退出意大利，1499年，法军又远征米兰公国。在1499年至1500年的几次交战中，法国先后获胜，相继占领米兰和伦巴第。1500年，法国与西班牙联合，占领了那不勒斯，推翻了阿拉贡王朝。根据条约，西法两国军队共同占领那不勒斯。但1503年春，西法两国因分赃不均爆发战争。1503年12月29日，西班牙军队在加里利亚诺河畔战役中获胜，法国军队被迫放弃那不勒斯王国，那不勒斯沦为西班牙领地。

---

① 《意大利战争》，http://www.zww.cn/ba ，http://9link.116.com。

第二阶段：1509年至1515年。这一阶段从"康布雷同盟"对威尼斯共和国发动战争开始。1508年12月，由于威尼斯共和国借驱逐法国之机大肆扩张领土，所有反威尼斯的势力联合起来建立了"康布雷同盟"（成员包括西班牙、法国、罗马教皇、"神圣罗马帝国"），共同对威尼斯作战。佛罗伦萨、费拉拉、曼图亚及其他意大利国家也先后加入该同盟。1509年4月，罗马教皇禁止威尼斯做礼拜和举行宗教仪式。同年春，法国出兵威尼斯，占领它在伦巴第的领地，在5月14日米兰附近的阿尼亚代洛一战，击败威尼斯军队，取得重大胜利。然而，法国势力在意大利西北部的壮大引起了康布雷同盟的力量重新组合。法王弗朗西斯一世（1515年至1547年）继位后不久就恢复了对意大利的战争。1515年9月，法军在距米兰17公里处的马里尼亚诺击溃米兰公爵的瑞士雇佣军，夺走米兰公国。1516年8月，西班牙与法国签订《努瓦永和约》，把米兰和那不勒斯分别划归法国和西班牙。教皇也于1516年底同弗朗西斯一世签订《教务专约》，承认法国对米兰、帕尔马、皮亚琴察的占领。1517年，法、西和"神圣罗马帝国"缔结《康布雷条约》，肯定了法国在意大利的既得利益和优势地位。然而，争霸战争远没结束。

第三阶段：1521年至1559年。1519年，西班牙国王查理一世当选为"神圣罗马帝国"皇帝（即查理五世），法、西两国开始了瓜分意大利的战争。这一阶段共爆发六次战争，被卷入的有罗马教皇、威尼斯、瑞士、英国和土耳其。查理五世力图把法军赶出意大利，他得到英国、罗马教皇、曼图亚和佛罗伦萨等国的支持。威尼斯则是法国的同盟军。1521年战争爆发，1522年法军在比科卡战斗中失利，日耳曼雇佣军打败了担任法军突击力量的瑞士雇佣军。1525年2月的帕维亚一战，法军惨败，法皇被俘。1526年，法皇弗朗西斯一世回国后立即加入罗马教皇在英国支持下建立的旨在使意大利摆脱西班牙统治的"科尼亚克同盟"，参加该同盟的还有威尼斯、米兰和佛罗伦萨。1527年，战争再度爆发，双方各有胜负。1529年，法国在不利形势下被迫与查理五世签订和约，放弃对意大利的主权要求。1536年，弗朗西斯一世再次挑起战争，占领了皮埃蒙特和萨伏依。1538年，法国和"神圣罗马帝国"签订为期10年的停战协定。1542年，法国使者在米兰被杀一事又引发了一场战争。法国同丹麦、瑞典、奥斯曼帝国结盟，查理五世与英国结盟。法军先后占领威尼斯和马里尼亚诺，但查理五世却攻入法国境内。双方于1544年签订《克雷普和约》。1551年，双方再度爆发战争。交战双方互有胜负，谁也不占明显优势。后由于弗朗西斯一世逝世，其子亨利二世（1547年至1559年）于1559年和西班牙缔结《卡托—康布雷西和约》，战争宣告结束。法国被迫放弃在意大利占领的地区——米兰和那不勒斯，撒丁岛划归西班牙。西班牙在米兰公国、那不勒斯王国、西西里和撒丁的统治得以巩固。意大利的大部分地区都处在西班牙势力影响之下。持续65年的意大利战争耗费了法国大量的人力和物力，法国遭到重创。西班牙成为当时欧洲最强大的国家，登上了欧洲霸主地位。

（二）建立"日不落帝国"

西班牙在完成国家统一后，其领土包括除葡萄牙外的整个伊比利亚半岛，还拥有巴利阿利群岛、撒丁岛和西西里岛。1504年，又继承和占有那不勒斯王国。1516年，西班牙国王斐迪南死后无子嗣，由其外孙哈布斯堡家族的查理继承了西班牙王位，称查理一世（1516年至1556年）。查理从父系方面继承了奥地利和所谓"勃艮第遗产"[1]，包括尼德兰、卢森堡和法兰斯——孔德的统治权。1519年，查理一世的祖父——神圣罗马帝国皇帝马克西米利安一世（1493年至1519年）逝世，因血统的缘故，查理一世又当选为神圣罗马帝国（主要是奥地利和普鲁士）的皇帝（在欧洲又称查

---

[1] 查理的母亲安娜是斐迪南和伊萨贝尔的女儿，查理的父亲菲力普是哈布斯堡家族马克西米连和勃艮第玛丽的儿子。

理五世）。这样，西班牙领土和哈布斯堡家族的领土都掌握在查理一世之手。这时他又在意大利战争中打败了法国，夺取米兰和其他地区，把他的领土扩大到意大利。16世纪20—30年代，西班牙殖民者强占了除巴西以外的广大拉丁美洲地区。1535年又从土耳其人手中夺取非洲的突尼斯。1556年，查理一世退位，由他的儿子菲利普二世（1556年至1598年）继承了西班牙王位。菲利普二世大力推行侵略扩张政策，不断对外进行战争。1559年，西班牙从法国手中夺取了意大利的米兰等地；1571年西班牙殖民军攻陷马尼拉，占领了菲律宾大部分地区；1580年又侵占了葡萄牙的里斯本；次年兼并了葡萄牙及其在非洲、亚洲和美洲的巴西等全部殖民地。到16世纪80年代，西班牙的版图包括欧洲的大部分、美洲、非洲的一部分以及亚洲的菲律宾等地，建立了世界历史上最早的、空前庞大的殖民帝国。当时西班牙人自称"日不落帝国"。圣埃斯科里亚尔修道院罗马帝国的皇帝、"半个世界的统治者"、西班牙国王查理五世经常夸耀自己的国家是日不落帝国。

（三）颁布《血腥诏令》

意大利战争期间，马丁·路德正在德意志推动宗教改革运动。查理五世计划的首要目标是统治德意志，以壮大帝国的力量。因而，自诩为正统天主教徒的查理五世不会容忍反对罗马天主教庭的宗教改革。面对宗教改革，此时的德意志政治舞台上出现了三派势力[1]：一是反对宗教改革的保守派，二是主张建立摆脱罗马教会控制的国家教会的温和改革派，三是主张变革整个社会制度的激进改革派。查理五世出于正统的天主教观念，支持保守派。当时反对天主教的新教正在兴起，新教中的加尔文教派认为：财产私有，经商赢利，放债取息都是受命于上帝的神圣职责；反对封建领

---

[1] 唐晋主编：《大国崛起》，人民出版社2011年版，第95页。

主对教会的控制，主张由资产阶级掌握教会实权。这种教义与尼德兰新兴资产阶级的利益相符，从而得到倡导和传播。西班牙国王则不能容忍尼德兰发生政治改革，因而强烈维护天主教，把新教徒称为"异端"。1550年9月25日，查理五世颁布了《血腥诏令》，宣布镇压新教，恢复旧教的统治。《血腥诏令》的主要内容为：禁止加尔文教等传播，禁止破坏天主教圣像，禁止讨论和争辩《圣经》；违者处以杀头、活埋或火刑，并没收财产；有为新教徒请求赦免者，一并处罚。这个明显抬高世俗皇权的诏令引起了教皇和所有诸侯的不安，他们结成同盟共同反对查理五世。1552年，查理五世被打败。1555年，双方缔结《奥格斯堡和约》，承认路德教派的合法地位，并确立了"教随国定"的原则，承认各诸侯拥有决定其臣民宗教信仰的权利。① 随后，欧洲各国相继爆发了反对罗马教廷的宗教改革运动，如1566年8月，德意志爆发的"圣像破坏运动"，全国17个省中有12个省卷入，共拆毁了5500所教堂和修道院。同时，也派生出许多脱离罗马教廷的新教派，如路德宗、安立甘宗等，宗教改革取得了较大的成功。查理五世梦寐以求的帝国境内的宗教统一变成了泡影，结果，德意志不但没有统一反而更加分裂了。1556年查理五世退位，他的弟弟斐迪南接替了皇位，统治着包括奥地利及其领地捷克和匈牙利部分领土在内的德意志帝国。他的儿子菲利普则统治着西班牙、尼德兰和海外领地。查理曼帝国便由此分解成哈布斯堡王室的两个统治支系。

五、"黄金时代"及其终结

15世纪末至16世纪末是西班牙帝国兴盛的黄金时代。在此期间，西班牙一度建立横跨欧、亚、非、美四洲的大殖民帝国。此后，由于西班牙不

---

① 唐晋主编：《大国崛起》，人民出版社2011年版，第95页。

断陷入欧洲战争,并在地中海、北非和土耳其进行多场战争,导致西班牙盛极而衰。1588年无敌舰队的覆灭,17世纪下半叶,西班牙王位继承战争的爆发,标志着西班牙的衰落。西班牙的黄金时代开始终结。

(一)西班牙文化的"黄金时代"

西班牙的黄金时代是指西班牙帝国(包括现今的西班牙和拉丁美洲的西班牙语国家)兴盛期,也是其艺术和文学的繁荣期。其中最具代表性的是不朽的名著《堂·吉诃德》,它是世界文学史上著名的大师、伟大的现实主义作家米尔盖·德·塞万提斯的作品。这个时期西班牙的古典戏剧也发展到了高峰。其伟大的代表者是西班牙民族戏剧的奠基人洛佩·德·维加(1562年至1635年)。他是世界十大文学名人之一、西班牙文学"三巨头"之一。他虽处于西班牙文学的"黄金时期",但也受到人文主义和神权思想的影响。他放荡不羁的生活方式是对当时社会的挑战,西班牙社会各种矛盾冲突成为他大量诗歌创作的题材。他的作品具有深刻的现实主义特色,表现了西班牙社会中尖锐的矛盾冲突,无情地揭露了封建制度的黑暗,歌颂了人民的善良、坚强和不屈不挠的斗争精神。他以戏剧、诗歌和小说三个方面的创作丰富了西班牙古典文学的宝库,被誉为"自然界的精灵""天才中的凤凰"。他的主要成就在戏剧方面,一生中可能完成了多达1000部的剧作,其中有400多部留存至今,主要门类有:古史剧《亚历山大的丰功伟绩》、近史剧《羊泉村》、外国剧《奥东帝国》、骑士剧《少年罗尔丹》、袍剑剧(描写人情世故和阴谋诡计)《谨慎的情人》、宗教剧《美丽的以撒》、牧歌剧《真正的爱人》、神话剧《克里特迷宫》、仆人剧《园丁之犬》。许多西班牙最伟大的音乐也被认为出自这个时期。如汤玛斯·路易斯·德·维多利亚、路易斯·米兰和阿隆索·洛博等作曲家的作品是文艺复兴音乐的重要组成部分,他们创造了轮唱和对位法等音乐技巧，其影响可以说远及巴洛克时期。

　　建筑艺术在这个时期也有很大的成就。16世纪后半期，西班牙国王菲利普二世（也称腓力二世）下令修建的恢宏的皇家修道院——埃斯科里亚尔修道院，全称为"埃斯科里亚尔圣洛伦索王家修道院"，也被称为埃斯科里亚尔大教堂。它是世界上最大最美的宗教建筑之一。该建筑虽名为修道院，但实为集修道院、宫殿、陵墓、教堂、图书馆、慈善堂、神学院、学校为一体的庞大宏伟建筑群，里面珍藏着欧洲各国艺术大师的名作，被人们誉为"世界第八大奇迹"。整个修道院的设计采用长方形格子结构，是为了纪念殉难的基督教徒圣劳伦斯，因为他当年就是被这样的刑具折磨致死的。这种简朴而独特的建筑风格影响了西班牙半个多世纪。埃斯科里亚尔大教堂最早的居民是修士，国王授予他们全权，但他们必须接受两个条件：一是每天为王室成员祈福，二是维护菲利普二世最为珍贵的天主教的神圣地位。王宫藏品是天主教圣徒最大的力量源泉，共计有7千块圣教徒的骨殖。据说，菲利普二世拥有十二门徒的遗物和耶稣基督受难的十字架。到菲利普二世统治后期，这里成为当时最强大的政治力量中心。

　　这一时期，西班牙在绘画艺术方面也出现了一些卓越的古典画家。迭戈·罗德里格斯·德席尔瓦-委拉斯开兹（1599年至1660年）被认为是文艺复兴后期欧洲

《镜前的维纳斯》

历史上影响最大的画家，对后来的绘画影响很大，弗朗西斯科·戈雅认为他是自己的"伟大教师之一"。他创作了《镜前的维纳斯》，是宗教严厉的西班牙第一幅裸体像，也是西班牙历史上仅有的两幅裸体作品之一（另一幅是戈雅的《裸体的玛哈》）。1656年，戈雅创作了两幅最著名的作品《宫娥》和《纺纱女》。《纺纱女》的构图和光色明暗的对比曾极大地影响了印象派的画家克洛德·莫奈等人。在当时，戈雅极受推崇，他和菲利普四世（又称腓力四世）（1621年至1665年在位）及其首席大臣奥利瓦雷斯公爵保持着良好的关系，其存世的几幅画像展示了其独特的风格与高超的技术。现今在世界闻名的西班牙马德里普拉多博物馆里，还收藏着他的珍贵作品，大约有60幅之多。但遗憾的是，在他的家乡，西班牙的文学艺术中心及当时对新大陆的主要贸易中心塞维利亚却没有收藏他的作品。埃尔·格雷考（1541年至1614年），西班牙文艺复兴时期画家、雕塑家与建筑家。"埃尔·格雷考"在西班牙文中意为"希腊人"，是依格雷考的希腊血统而取的别名，是这个时期定居于西班牙的广受推崇的希腊艺术家，他为西班牙艺术注入了意大利文艺复兴的风格，并创造出一种独特的西班牙绘画风格。

（二）"黄金的漏斗"

16世纪前期，西班牙是西欧经济最繁荣的国家。通过直接掠夺和无偿劳动的剥削，把大量金银运回伊比利亚半岛。1521年至1544年间，西班牙从拉丁美洲运回的黄金，每年平均为2900公斤，白银30,700公斤。1545年至1560年间数量剧增，黄金每年平均为5500公斤，白银达246,000公斤，在入侵拉丁美洲的300年中，共计运走黄金250万公斤，白银1亿公斤。[①] 西班牙成为金银王国，控制了国际金融市场上的货币。美洲的金银和

---

① 滕藤主编：《海上霸主的今昔》，黑龙江人民出版社1998年版，第168页。

其他财富源源的流入，也一度刺激了西班牙工商业经济的大发展。自地理大发现以后，地处大西洋沿岸交通枢纽的西班牙，海外商业发展很快，加之其又拥有广大的殖民地，因而对外贸易空前扩大。但因当时的西班牙帝国还是个封建主义国家。反动的封建统治，落后的生产方式，使西班牙从16世纪80年代末起，国势日衰，逐渐走向衰落之中。

西班牙虽有从美洲攫取来的巨额金银财富，但腐败的封建统治阶级并没有把它用在国家的经济发展上。他们对发展本国生产不感兴趣、不关心本国工商业经济的发展，而是将其用来满足自己穷奢极欲的生活享受。他们用金银去购买英国的奢侈品，大量的金银像水一样源源不断地流入别人的口袋里。

殖民掠夺和海外暴利为西班牙带来巨额金银财富的同时，也滋生了一定的负面效应。首先是金银的大量输入引发了通货膨胀。大量金银运回西欧，使西欧贵金属骤然增多，而欧洲的生产又没有跟上去，因而在欧洲引起"价格革命"，物价上涨。16世纪以前，西欧物价在数百年内一直是比较稳定的，只会因战争或歉收等因素发生暂时的波动。从16世纪30年代起，物价却一直上涨。到16世纪末，西班牙的物价平均上涨4倍多，谷物价格则上涨了5倍。[①]物价的上涨使西班牙制成品价格昂贵，在国际市场上失去竞争力。在国内，劳动者的收入远远赶不上物价上涨的速度，造成普通消费者购买力下降，国内市场日益缩小。其次，阻碍了国内工商业经济的发展。当权的封建统治者尽情享受奢侈糜烂的生活，他们不关心经济生产，只一味地对工商业征收重税以满足其豪奢的需要，致使西班牙国内工商业经济的发展缺乏资金，加之生产水平不高、生产技术落后，因而在国际上竞争力不强，难以和海外同类产品相抗衡。同时，国内外的商人通过各种办法，进行大量走私，把英国、日耳曼、尼德兰的优质便宜的商品运

---

① 滕藤主编：《海上霸主的今昔》，黑龙江人民出版社1998年版，第173页。

到西班牙及其殖民地市场进行销售，使西班牙微弱的工业失去国内外市场。这样的结果是流入西班牙的黄金，没有储藏在西班牙的国库里，而是转流到英国、日耳曼、尼德兰、法国的手工工场主的钱袋中去了。与此同时，一系列战争消耗、税收减少和海盗致使西班牙王室财政困难，这又迫使它不断攫取更多的金银，进而加剧了危机。

（三）"无敌舰队"的覆灭

16世纪欧洲马丁·路德宗教改革后，进一步激发了天主教徒和新教徒之间残酷的宗教战争，从而使天主教国家西班牙和新教国家英格兰的矛盾公开化。那时，英国的资本主义处于萌芽状态，轻工业的发展迫使它急于寻找海外商业市场。舰船制造和航海技术的革新，更加滋长了英国夺取殖民地的狂妄野心。西班牙自然不允许其他国家来分占其殖民地的利益。英国有组织的海上抢劫以及对美洲的掠夺更是严重威胁着西班牙对殖民地的垄断地位，引起西班牙国王菲利普二世的仇视。起先菲利普二世不想诉诸武力，他勾结英国天主教势力，企图把信奉天主教的苏格兰女王玛丽扶上英国王位。为此，西班牙间谍在英国本土多次阴谋组织天主教反对伊丽莎白的叛乱。玛丽早在1568年苏格兰政变时就逃到英国，被伊丽莎白囚禁。当英国的天主教徒在西班牙的怂恿下企图谋刺她、并解救被她囚禁的玛丽时，伊丽莎白乘机处死了玛丽。菲利普二世见谋杀不成，就决心用武力征服英国。

1588年7月12日，跃跃欲试的"无敌舰队"终于启航了，气势汹汹地扑向英吉利海峡。西班牙"无敌舰队"拥有20艘大型"盖伦"船、4艘武装商船、连同其他舰船共计130艘（注：其中能作战的船只实际上仅60~70艘）①，3165门大炮，参战人员达3万多名，其中船员和水手7000人，步

---

① 李景全、田士一编著：《日不落之梦》，时事出版社1989年版，第23页。

16世纪,西班牙无敌舰队的三桅军舰。这是一种可载50门火炮、300名桨手和几百名船员和士兵的战舰。1571年,在勒潘多战役中,西班牙无敌舰队靠这种三桅军舰,取得了6艘舰船战胜奥斯曼70艘大船的著名战绩。

兵23000人[①]。菲利普二世还命令西班牙驻尼德兰总督帕尔玛率领一支陆军远征队协同行动。这支舰队在英吉利海峡与英国舰队遭遇。西班牙舰体大而笨重,这种大型战舰船身呈满弓状,像楼宇一样高耸水面,外形巍峨壮观,行驶缓慢,运转不灵。西班牙"无敌舰队"刚一集结,英国早已探知了西班牙的行动计划,并作了相应的军事部署。为了反击西班牙陆战队和保卫伦敦,英国人建立了一支万人的陆战部队,集结在季尔伯力。同时,英国还建立了一支拥有200艘军舰和运输船的舰队,这支舰队大部分由英国各城市派来的商人和海盗的私有船只组成,其中,战舰约有140艘,但大型的只有20多艘。这种大型战舰和西班牙的不同,已经过改进,增加了船的长度,去掉了船楼结构,把许多火炮装在舷窗内而不是装在甲板上,使它的火力强度和准确性大大超过了敌方,其他的船舰也都具有快速轻便、行动灵活的特点。英军战舰轻捷,可作逆风航行,操帆技术上乘,舰上全是水兵和炮手,战舰的机动性、甲板战斗准备和火炮射程方面占有明显优势;西班牙军的战舰均为老式的、行动迟缓、不会作逆风航行的"盖伦"

[①] 滕藤主编:《海上霸主的今昔》,黑龙江人民出版社1998年版,第169页。

船，且舰炮数量较少，舰上还有不少不善海战的步兵，但无敌舰队的舷侧炮总体火力占优势。英国舰队的战术是以己之长击敌之短，避免全面的和正面的海战，在敌之大舰队的侧翼和腹背，截击它的单艘军舰和小分队，它视船舰为浮动炮台，其目的是接近敌舰，用远距离炮火将其打沉。当"无敌舰队"驶进英吉利海峡时，英国舰队早已做好了迎战准备。

西班牙"无敌舰队"总司令梅迪纳·西多尼亚，原本是个陆军将领，对海战毫无经验。7月22日清晨，两国舰队正式接触，下午，"无敌舰队"的一支分舰队的旗舰中炮。战局对西班牙十分不利。于是西多尼亚决定脱离战斗，顺着海峡向东驶去。英舰咬住不放，穷追猛打。黄昏，另一支分舰队的旗舰被撞伤。分舰队司令被英军俘获。此后数天，英国一直避免同西班牙进行大规模的海战，只是跟踪和袭击西班牙舰队，并使它遭受较大的损失。到了第七天，"无敌舰队"驶进加来海峡，急切等待帕尔玛率军援助。他哪知道英国的一支分舰队早已封锁了尼德兰海峡，帕尔玛也爱莫能助。7月28日午夜，英舰队总司令霍华德施展了一条火攻妙计。他把8艘旧商船改装成放火船，顺风向"无敌舰队"密集的锚地猛进，那里顿时变成了一片火海。许多西班牙舰船或着火烧毁，或相互撞击而沉没，剩下的则被大风吹到北方去了。英国舰队紧紧追赶着这些西班牙舰船，它们以分散的独立舰船不断攻击逃跑中的西班牙舰队，使其受到重创。29日黎明，英舰队和"无敌舰队"在格雪夫附近海面展开激战。"无敌舰队"被英舰队打得溃不成军，士兵的鲜血从甲板排水管流到海里，海水都被染红了。这次会战，西班牙损失极为惨重，被打死或淹死的官兵达4000人，受伤者不计其数；5艘大型战舰失去战斗力，其余战舰也是弹痕累累，帆破桅折。西多尼亚眼看大势已去，决定绕道苏格兰和爱尔兰返航西班牙。哪知在苏格兰北部海岸遭遇风暴，又折损了一些舰船。在岩石重叠的爱尔兰西岸，又有许多舰船触礁沉没或搁浅失事。据估计，在逃回西班牙的途中，有40艘舰船在海上沉没，至少20艘船触礁失事，舰船和人员损失一半。直到9

月下旬西多尼亚才率领残兵破船回到西班牙,"无敌舰队"几乎全军覆没,仅存43艘舰船,约1万人,而英国却一艘船都没有损失,其总共只战死约100余人。从此,西班牙便一蹶不振,海上霸权落入英国之手。

(四)西班牙王位继承战争(1701年至1714年)

18世纪,英、法等列强开始控制和支配封建衰落的西班牙王国。1700年11月1日,西班牙国王查理二世(1665年至1700年)去世,没有子嗣承继王位,各国都想染指西班牙王位。按照亲属关系,其王位既可由哈布斯堡王朝的人继承,也可以由波旁王朝的人继承(因查理二世属于哈布斯堡王朝旁系,但他又是路易十四的内弟)。根据国王查理二世的遗嘱,他的外甥孙——波旁王朝的菲利普公爵继任西班牙国王,称菲利普五世(1700年至1746年)。从此西班牙的王位就由哈布斯堡王朝(1516年至1700年)转为波旁王朝。这引起了奥地利哈布斯堡王室的不满,他们认为西班牙的王位应该由同是哈布斯堡王室的奥地利大公查理(即后来的皇帝查理六世)继承,因此他们积极寻找同盟,以对法宣战,并夺回西班牙王位。由于菲利普五世继任西班牙王位的同时,亦是法国王位的继承人,这就使法兰西和西班牙的王冠可望合二为一。英国自然不容许其敌手法国如此强大,便和奥、荷、葡等国结成"大同盟",提出由奥地利哈布斯堡的代表查理大公作为西班牙王位继承人,并向法国、西班牙发动了13年的"西班牙王位继承战争"。这场战争敌对双方各自与友好国家结成同盟,形成了两派阵营。法国与西班牙、巴伐利亚、科隆及数个德意志邦国、萨伏依(就如一战时的意大利,很快便投向敌方)、巴马组成同盟;而神圣罗马帝国(当时为奥地利哈布斯堡王室所控制)则与英国、荷兰、葡萄牙、勃兰登堡以及数个德意志小邦国及大部分意大利城邦组成反法同盟。1702年5月,反法同盟正式对法国宣战。1702年至1704年,双方在意大利、西班牙和海上不断发生战事。1702年夏季，法军曾逼近莱茵河，但却几乎被约翰·丘吉尔所统率的英荷联军包抄，只得撤退。同年9月，法国与巴伐利亚盟军再度进攻莱茵河，成功突破防线，逼近奥地利。但在1702年10月23日，西班牙舰队在维哥湾海战里却被英荷联合舰队歼灭；1704年，英国海军又进一步攻占了西班牙南面的直布罗陀，西班牙本土受到威胁。同年8月13日，奥英盟军在萨伏依的欧根亲王与约翰·丘吉尔统率下，集中兵力，在豪什塔特附近攻破法巴联军，巴伐利亚的防线崩溃，巴伐利亚只得退出战争。1706年9月17日，萨伏依的欧根亲王再度统领奥军于意大利的都灵近郊大败法军，法军只得退回本国。随后，反法同盟在荷兰的拉米利地区又击败法军，夺得弗兰德伦地区，形势对法国极为不利。1706年，法军陷入绝境，但此时却出现了柳暗花明之局。反法同盟在西班牙发动进攻，成功在1706年迫使菲利普五世退出西班牙首都马德里，并让查理大公在1706年7月2日入主马德里。正当反法同盟以为胜券在握之时，法军于1707年4月25日在西班牙的阿尔曼萨击败高尔韦伯爵H.马絮率领的部队，并乘胜攻占西班牙的大部分地区，菲利普五世在西班牙的地位得到巩固。1707年7月，法军于土伦大败欧根亲王。但在1708年7月，由约翰·丘吉尔与欧根亲王指挥的联军于奥德纳尔德会战再度击溃法军，使战事陷入僵持。1709年7月11日双方部队在尼德兰的马尔尊拉凯村附近决战，法军战败，但反法同盟亦受到重创。战事自此进入完全胶着状态，在随后5年里（1710年至1714年），双方都只打消耗战而避免再度决战。至1710年，反法盟军虽然有着兵力上的优势（盟军共有16万人，法军只有7.5万人），却不再主动进攻法国。这是因为反法同盟的主力英国要从对法战争中抽身来制衡俄国，以防俄国称霸北欧。因此英国开始独自与法国进行和谈，停止对法的战事。于是反法同盟各国都效仿英国，逐渐与法国停战。同时，在1711年神圣罗马帝国皇帝约瑟夫一世去世，查理大公即位，称为查理六世，致使查理六世对西班牙王位要求的合理性降低。因此，在1713年4月11日，法国与除奥地利之外的反法同盟各国，即英国、荷兰、勃兰登堡、萨伏依和葡萄牙，签订了《乌得勒支和约》；而在1714年，法国再与奥地利签订《拉什塔特和约》。而西班牙方面，则于1713年7月，与英国签订《英西条约》及《西班牙—萨伏依条约》；1714年6月，与荷兰签订《西荷条约》；1715年2月，与葡萄牙签订《西葡条约》。"西班牙王位继承战争"至此正式结束。"大同盟"在战争中取得了胜利，迫使菲利普五世放弃法国王冠。但战后的西班牙仍处于依附法国的地位。

西班牙王位继承战争是因为西班牙哈布斯堡王朝绝嗣，王位空缺，法国的波旁王室与奥地利的哈布斯堡王室为争夺西班牙王位，而引发的一场欧洲大部分国家都参与的大战。然而这只是表面现象，其深层次的原因则是诸列强都想借西班牙王位继承问题进行一场空前规模的领土和殖民地的大掠夺，且主要矛头指向独霸欧洲的法国。西班牙王位继承权争夺战，结束了法国在西欧的霸权地位。根据和约，法国将早先侵占的西班牙在北美的部分领地划归英国，将阿卡迪亚殖民地割让给英国，英国将其更名为新斯科舍；并同意了英国对纽芬兰和哈德逊湾周围地区的权利要求。且法国还割让一些地方给奥地利和荷兰，撤回驻洛林的军队。哈布斯堡王朝把意大利的大部分领土（撒丁岛、米兰公国、那不勒斯王国、托斯卡纳的一部分）、整个比利时、西属尼德兰和莱茵河地区部分领土（弗兰登堡）并入自己的领地。西西里岛归属萨伏依。英国得到西班牙的直布罗陀外，还拥有一部分梅诺卡岛。根据和约的规定，法国的菲利普保有西班牙王位，以他和他的后代永不能继承法国的王位和法西两国不能合并为条件。西班牙王位继承战不仅使法国的欧洲霸权遭到极大削弱，而且直接导致西班牙的衰落。从此，西班牙在欧洲沦为二流国家，其在海外的殖民地也开始纷纷被英国、荷兰等国瓜分，到19世纪初，在美洲民族解放运动的打击下，西班牙在美洲的殖民地丢失殆尽，失去了殖民帝国的地位。

六、结语

　　西班牙帝国是近现代历史上的第一个全球性帝国，也是世界历史上规模最大的帝国之一，被认为是第一个"日不落帝国"。西班牙是欧洲较早从封建分裂状态中走出、形成统一的强大的中央集权政府的国家。资本主义疯狂追求金银财富，绝对主义王权则执行和推动重商主义，两者结合，使西班牙成为近代世界上最早进行海洋扩张和殖民掠夺的国家之一。从15世纪末至16世纪末的一个世纪里，西班牙发展为横跨欧、美、非、亚四大洲的大殖民帝国，这是西班牙历史上的"黄金时代"。

　　西班牙代表着重商主义的早期阶段。按照重商主义理论，贵金属金和银是财富的唯一表现形式。最早的殖民主义国家漂洋过海到处觅宝，结果出现了"地理大发现"。恩格斯指出："黄金这两个字变成了驱使西班牙人远渡大洋的符咒，黄金也是白种人刚踏上新发现的海岸时所追求的一项重要的东西。"但因西班牙的重商主义表现为，追求财富的手段更多的是一种血腥的暴力、直接的抢劫、赤裸裸的争夺。当时的西班牙在很大程度上还保留着中世纪的封建残余，到19世纪残存的封建主义因素依然相当严重，这阻碍了其继续发展。西班牙对所谓"新大陆"的劫掠和极其残暴统治，充满了血腥。印第安人90%以上被消灭了。为填补人口空缺，就开始从非洲进口黑奴，这样又产生一种新型的商业贸易，即奴隶贸易。

　　在16世纪，西班牙是欧洲进行环球探险、殖民扩张和开拓跨洋商路的急先锋之一。哥伦布发现西印度群岛后，西班牙逐渐成为海上强国。当麦哲伦完成人类第一次环球航行后，原先割裂的世界终于因"地理大发现"连接成一个完整的世界。西班牙在相互竞争中瓜分世界，依靠新航线的控制权和殖民掠夺建立起势力遍布全球的殖民帝国，并在16世纪上半叶达到鼎盛。当时，西班牙和美洲大陆之间的跨大西洋商路和途经菲律宾的东亚与墨西哥之间的跨太平洋商路十分繁荣。西班牙征服者摧毁了阿兹特克文明、印加文明和玛雅文明，将北美洲和南美洲的广阔土地纳入自己的版图；西班牙帝国依靠其经验丰富的海军纵横大洋，依靠其著名的、可怕的、训练有素的步兵——西班牙步兵大方阵（tercios）在欧洲战场上占尽了优势。但是，这个依靠掠夺迅速崛起而没有发展工商业的帝国很快盛极而衰。哥伦布发现美洲新大陆，立即在欧洲引起轰动，同时也掀起了一股探险、寻找黄金、殖民和掠夺的狂潮。16世纪下半叶，老牌殖民帝国西班牙在与另外一个帝国葡萄牙的争夺中屡屡得手，吞并了葡萄牙的许多殖民地，势力范围遍及欧、美、非、亚四大洲，掌握了欧洲同东方和美洲贸易的垄断权。西班牙在美洲建立了幅员广阔的帝国，从加利福尼亚延伸至巴塔哥尼亚，包括了西太平洋上的多个殖民地。1520年，西班牙征服了墨西哥，1530年，征服了秘鲁。期间，他们掠夺了大量的金银运回西班牙。西班牙的经济地位不断上升，确立了经济霸权。在16世纪20年代，在墨西哥的瓜纳华托发现了银矿，开始大量产出白银，其后又在墨西哥的萨卡特卡斯（Zacatecas）和秘鲁的波托西发现了银矿，美洲的白银输出急剧增加。运载白银的船队往返于大西洋两岸，重新带动了西班牙的经济发展，使其得以进口奢侈品和谷物。白银成为西班牙哈布斯堡王朝在欧洲和北非进行的一系列战争的军费开支的重要来源。

　　虽然西班牙帝国建立时有中央王权的专制，但实际上很不统一，各省都有自己的法律、货币和税制，这严重阻碍着资本主义经济的发展。17世纪的西班牙处于政治、经济的衰退时期。18世纪，英、法等列强迅速崛起，逐步取代了西班牙殖民帝国的地位。"日不落帝国"衰落的主要原因在于：

　　其一，不重视本国工商业经济的发展。西班牙通过直接掠夺和利用无偿劳动进行开采，将大量金银运回伊比利亚半岛。黄金白银大量流入后，获得巨大财富的封建统治阶级对发展本国生产不再感兴趣。没有将其转化为资本来发展生产，却消耗于非生产性的开支。他们不但不关心本国工商业经济的发展，还阻遏资本主义经济的发展。因此，流入的金银并没有加速西班牙的资本主义的发展。西班牙王国的封建朝廷把政治上的专制制度扩及到经济领域，从发放船只通行证、监督船员、接收贵金属到贸易路线与港口，都严加控制，以致一般商人无法参加海上贸易，抑制了一般商人从事对外贸易的积极性，阻碍了经济的发展。同时，西班牙王朝还实行保护封建贵族利益的政策，损害了工商业者的经济利益。此外，西班牙专制政权还实行高税收政策，损害了工商业者的利益。西班牙的赋税政策扼杀了新生的资本主义工商业的发展。

其二，在对内政策上，西班牙统治者始终实行残酷的民族和宗教压迫政策。早在西班牙统一之初，统治者就开始了对摩尔人的迫害。摩尔人被迫在1499年和1500年起来暴动，约有20万人逃离西班牙。这给西班牙的经济发展带来了很大的损失。从1565年起，统治者又制定了一系列迫害摩里斯哥人（留居而被迫改信天主教的摩尔人）的法令，不准他们穿着民族服装，不准携带武器，更不准说阿拉伯语和作伊斯兰教朝拜，违者处以火刑。摩里斯哥人曾于1568年至1570年举行大起义，反抗对他们的迫害。起义遭到残酷镇压，起义地区安达路西亚变成一片废墟。据统计，到1609年，阿拉伯人被西班牙统治者处决和放逐的人多达300万之众。西班牙阿拉伯人大都从事工商业，而且多是熟练的手工业者和农民。对他们如此残酷的迫害，加速了西班牙的经济衰落，大大损伤了国家的元气。

其三，在对外政策上，西班牙统治者穷兵黩武，四处争夺，消耗巨大。西班牙王朝依靠源源不断运回的金银，除保持已经建立的霸业外，还企图建立一个世界天主教帝国。因此，西班牙王朝支持天主教势力进行的一系列战争以及争夺欧洲霸权的战争。自1567年开始，菲利普二世就出兵镇压尼德兰革命，战争旷日持久，绵延40多年；1571年，他又与土耳其开战[①]；1580年他派兵侵占葡萄牙；1588年又派"无敌舰队"远征英国；

---

① 指西班牙与威尼斯的联合舰队在勒多海击溃土耳其舰队的海战。

1589 年至 1598 年他出兵干涉法国胡格诺战争①。无休止的战争，耗费了大量的人力、物力。在这些战争中，"无敌舰队"远征英国的战争损失最大。战争使西班牙付出高额军费，消耗大量物资，死亡大量人员，因而造成农业荒芜、工业衰落。

鉴于上述种种原因，西班牙封建制度内部出现的资本主义经济没有得到大规模的发展，封建生产方式仍然占据统治地位。自 1588 年"无敌舰队"被击溃后，国力逐渐衰弱，国际地位每况愈下，工商业日益凋敝，国民经济的发展愈加落后于欧洲的英、法、荷等国。西班牙已从世界头等强国的宝座上跌落下来。到 17 世纪中叶，由于经济的日益衰落，特别是在民族独立运动和国内人民起义的打击下，西班牙急剧衰落，其极盛时期仅仅持续七八十年的时间，犹如历史长河中的昙花一现。

美洲殖民地民族解放运动的兴起，最终导致了西班牙殖民帝国的崩溃。1775 年至 1783 年，英属北美独立战争的胜利，大大鼓舞了西属美洲殖民地人民，拉美的民族独立运动如燎原烈火遍及各地。许多殖民地国家相继取得独立，脱离了西班牙的统治。到 1826 年 1 月，西班牙在美洲大陆上的最后一个据点卡亚俄港（在秘鲁）的守军向当地起义军投降，西班牙在美洲的殖民体系完全崩溃，殖民帝国大厦在民族独立战争的烈火中焚烧。至此，在美洲只有加勒比海的波多黎各和古巴两岛仍为西班牙控制。直到 1898 年美西战争，西班牙战败求和，最后的一块殖民地也丢失了。

---

① 1562 年至 1594 年，法国胡格诺贵族同国王、天主教进行的内战。当时新教卡尔文派在法国称为"胡格诺教徒"。西班牙军队于 1598 年被逐出法国。

第三章 17世纪的海上马车夫——荷兰

荷兰是欧洲早期的商业和殖民帝国之一。17世纪被称为荷兰的"黄金时代"。17世纪后期，荷兰人口不到200万，是当时英国人口的2/5，国土面积与英国相比更是小得多，然而，当时荷兰的国民收入比英伦三岛之和还高出30%~40%。作为欧洲"第一个现代经济体"，荷兰创造的经济奇迹延续了近一个世纪。17世纪荷兰世界经济霸主地位的确立，是多种因素共同作用的结果。

一、尼德兰革命建立主权国家

构建独立的荷兰民族国家，是荷兰崛起的政治基础，否则其"黄金时代"就无从谈起。历史上，荷兰原属于尼德兰。"尼德兰"的意思为低地，泛指缪司河、莱茵河和谢耳德河及北海沿岸一带地势低洼的地带，土地面积约为七八万平方公里，相当于今天的荷兰、比利时、卢森堡和法国东北的一部分。在中世纪初期，尼德兰地区曾是法兰克王国的中心。11世纪后，其分裂为许多封建领地，分别隶属于日耳曼和法兰西。15世纪后，尼德兰成为勃艮第公国的组成部分。后来由于王室联姻以及继承关系的演变，尼德兰成为哈布斯堡家族的领地。16世纪初，尼德兰又处于西班牙统治之下。

摆脱西班牙帝国统治，寻求独立的"尼德兰革命"，使荷兰率先跨入近代资本主义世界。

（一）资本主义生产关系的发展

尼德兰位于大西洋边，濒临北海，地势低平，海上交通十分便利。这里又是莱茵河和斯海尔德河的下游地区，河道密如蛛网，交通非常方便。优越的地理位置和交通条件，使尼德兰商业非常繁荣。早在 10 世纪，尼德兰就涌现出大批城市。12 世纪，布鲁日和根特就成为当时欧洲数一数二的商业城市。到 16 世纪，尼德兰已经成为欧洲经济最发达、最先进的地区之一。16 世纪的尼德兰城市林立，大约有 303 个城市。在荷兰省和芝兰省有一半的人居住在城市里，因此尼德兰有"多城市国家"之称。尼德兰的纺织业非常发达，羊毛业和呢绒是尼德兰的优势产业。13—14 世纪，弗兰德尔的呢绒业就闻名全欧洲。北部 7 省中的荷兰和芝兰两省则以工商业发达而闻名。这里的毛、麻纺织业、造船业颇负盛名，航海业和渔业也具有相当高的水平。16 世纪中叶，每年有 1000 多条船从荷兰省的阿姆斯特丹和北方诸省出海捕鱼，各类渔业年产值为 330 万杜卡特。许多大城市里，都出现了规模较大的手工工场。阿姆斯特丹作为北方诸省的经济中心，除与西班牙经济联系较少外，与英国、波罗的海沿岸各国以及俄罗斯等都有着频繁的贸易往来。1548 年，阿姆斯特丹的呢绒年产量达到 10938 匹。尼德兰的封建势力在农村比较薄弱，资本主义生产关系已经深入农村，在一些经济发达的省份，大富商和资产阶级手中掌握着大部分土地，他们或者直接采用资本主义方式经营农场、牧场，剥削雇佣劳动，或者把土地租给佃户，收取货币地租。

弗兰德尔和不拉奔是南方 10 省中经济最发达的地区，早在 14 世纪就出现了手工工场。到 16 世纪，纺织、印刷、制糖、冶金等手工工场更加普遍，其中毛、麻纺织业手工工场尤为发达。但其毛织业的原料供应和产品销售，则主要依靠国外市场特别是西班牙市场。由于南方各省与西班牙及其殖民地有着密切的经济联系，因而在反抗西班牙专制统治的斗争中，南方各省的大资产阶级表现出极大的动摇性和妥协性。在南方各省的农村中，农奴制度也已经瓦解，农民变成自由的自耕农和佃农，资本主义农场也发展起来。

地理大发现进一步推动了尼德兰工商业的繁荣。新航路开辟以后，欧洲商业中心从地中海移到大西洋，尼德兰经济有了进一步发展。16世纪中期，英、法、德及西班牙、葡萄牙等国从尼德兰进口的货物，年平均达到了2230万古尔登金币。安特卫普作为南方中心城市，是当时世界上最重要的商业和信贷中心之一。欧洲各国在这里设立的商行和代办处约千余家，每日往来的外国商人有5000～6000人，港口内有时同时停泊大小船只2000余艘，城内国际性交易所大门前悬挂"供所有国家和民族的商人使用"的标牌。尼德兰人自夸说，他们在各国采蜜，认为"挪威是他们的森林，莱茵河两岸是他们的葡萄园，爱尔兰是他们的牧场，普鲁士、波兰是他们的谷仓，印度和阿拉伯是他们的果园"[①]。但尼德兰各省的经济发展是不平衡的，北方各省城乡中的资本主义生产关系日益普遍，冲击和瓦解着封建经济基础；有些省份，特别是边缘省区如阿多瓦、那慕尔、卢森堡等，资本主义经济发展比较迟缓，占统治地位的仍然是封建土地所有制，农民与封建主之间不仅有土地依附关系，甚至还有人身依附关系。边远地区的农奴制还很牢固。

（二）尼德兰革命的过程

伴随资本主义经济的发展，资本主义生产的发展在尼德兰引起了深刻

---

① 腾藤：《海上霸主的今昔——西班牙、葡萄牙、荷兰百年强国历程》，黑龙江人民出版社，1998年版，第277页。

的社会大动荡——阶级结构发生了变动：原来占统治地位的封建主阶层发生了分化，一部分从事资本主义经营的手工工场主、农场主、商人、包买商从封建主中分化出来，构成了城乡资产阶级，从而，贵族阶级逐渐分裂为顽固保持封建关系和特权的旧贵族和资产阶级化的新贵族。

由于尼德兰能够为西班牙与法国争夺欧洲霸权提供助力，具有重要的战略地位，为此，西班牙在尼德兰的专制统治日益加强。1535年，西班牙确立了对美洲大部分地区的殖民统治，成为一个地跨欧、美、非三洲的殖民大帝国。西班牙国王查理一世把尼德兰视为"王冠上的一颗珍珠"，加强掠夺搜刮，每年从尼德兰搜刮的佛洛林比从美洲搜刮的佛洛林多3倍，达到了200多万，占其总收入的一半。查理五世任命的尼德兰总督拥有行政、司法和财政权力，更是竭尽搜刮钱财之能事。西班牙的残酷压榨使各阶层的不满情绪普遍高涨，激起尼德兰人民的强烈反抗。1514年至1535年，荷兰、弗里斯兰、尚艾赛尔等省都掀起了暴动。1539年至1540年，根特城也爆发起义。

1556年，菲利普二世（1556年至1598年）继承西班牙王位，西班牙继续统治尼德兰。菲利普二世在位期间，向尼德兰派遣军队直接驻守，变本加厉地强化对尼德兰的控制，尼德兰17个省残存的自治权利被强行剥夺。他利用宗教裁判所残酷迫害新教徒，使许多加尔文教徒和再洗礼派教徒接二连三地惨遭杀害。同时，菲利普二世还限制尼德兰商人进入西班牙港口，中断尼德兰同英国的贸易往来，取消尼德兰商人同西班牙殖民地直接进行贸易的权利，从而大肆排挤尼德兰贵族的势力。在1557年宣布西班牙财政破产后，菲利普二世拒绝偿还国债，取消了西班牙所欠尼德兰银行家的所有债务，使尼德兰的银行家遭受巨大损失。1560年，尼德兰从西班牙进口羊毛的关税被菲利普二世强行提高，尼德兰的呢绒纺织业遭到沉重打击，结果导致许多纺织工场倒闭，成千上万的工人失业。菲利普二世的高压政策，激起了尼德兰人民的极大愤慨，在政治上受到排斥的尼德兰贵族也对其高压政策日益不满。16世纪60年代初，在弗兰德尔、不拉奔、荷兰、安特卫普等省，多次发生新教徒反抗西班牙专制统治的暴动。

1565年，正当群众性的革命行动不断高涨之时，尼德兰与资产阶级利益有着密切联系的贵族也开始反抗西班牙的高压统治。这些贵族组成"贵族同盟"，核心成员是威廉·奥兰治亲王、霍恩伯爵和艾蒙特伯爵。1566年4月5日，200多名"贵族同盟"成员联名向尼德兰总督玛格丽特递交请愿书，要求撤走西班牙驻军、停止迫害新教徒、废除"血腥敕令"、罢免不得人心的主教等。但女总督当即拒绝了他们的请求。总督的顾问等一些官员还将他们看作"乞丐"。西班牙统治者的藐视和污蔑激化了尼德兰民众的民族情绪，"贵族同盟"的成员和所有尼德兰革命者以"乞丐"自称，开始了争取独立的斗争。他们采取行动，一方面与加尔文教派商讨对策，另一方面向法国胡格诺派和日耳曼路德派诸侯贵族寻求帮助。尼德兰的人民群众在忍无可忍之下开始了革命的风暴。

1566年8月11日，弗兰德尔的一些工业城市中的城市贫民和手工工场工人首先发动起义，爆发了大规模的破坏圣像运动，这实际上是尼德兰革命的开端。起义者手持木棍、斧头、铁锤冲进修道院和教堂，捣毁圣骨、圣像之类的所谓"圣物"以及其他宗教仪式用品，焚烧债券和地契，斗争的锋芒直指天主教会。这场运动从南部开始后迅速蔓延，很快席卷了荷兰、不拉奔、西兰、弗里斯兰等12个省区，参加人数达几万人，捣毁教堂和修道院5500多所。起义者不仅限于毁坏宗教财产、破坏圣像，还要求市政当局限制天主教僧侣的活动，停止迫害新教徒，承认新教徒信仰自由，起义者甚至准备夺取城市领导权。历史上将这次革命行动称之为"破坏圣像起义"，尼德兰独立运动的火焰由此点燃，尼德兰资产阶级革命的序幕也由此揭开。

在巨大的压力面前，尼德兰总督玛格丽特也曾一度做出让步，赦免了"贵族同盟"被捕的成员，宣布停止宗教裁判所对新教徒的迫害与镇压。但西班牙国王菲利普二世却暗中调兵遣将，派阿尔法公爵费尔南多·阿尔韦内兹·托勒多前往尼德兰镇压革命。1567年8月,阿尔法公爵率领1.8万军队到达尼德兰,成立了特别法庭"除暴委员会"(被尼德兰人民广泛地称为"血腥委员会"),以血腥恐怖手段镇压革命。菲利普二世在写给阿尔法公爵的信中说:"对反叛城市一定要严惩,剥夺它们的特权,使每个人都生活于恐怖之中。""血腥委员会"的处罚方法非常简单,即判处死刑和没收财产,被处死的人成千上万,包括资产阶级首脑安特卫普的市长、贵族厄格蒙特伯爵、荷恩大将都被送上了绞刑架。阿尔法公爵为了维持军队开支,还迫使尼德兰三级会议批准新的税制,对一切动产和不动产征收财产税,对所有土地买卖、商品交换征收交易税,企图从经济上扼杀尼德兰革命。他恶狠狠地说:"宁留一个贫穷的尼德兰给上帝,也不留一个富裕的尼德兰给魔鬼。"在阿尔法公爵恐怖统治的一片腥风血雨中,尼德兰人纷纷逃往国外避难,商业贸易几乎中断。奥兰治亲王逃到日耳曼拿骚。在那里,他继续从事反对西班牙专制统治的斗争,并希望得到德意志新教诸侯和法国胡格诺贵族的援助。他多次组织军队回尼德兰进攻西班牙军队,但都没有成功。

阿尔法公爵的高压恐怖统治和倒行逆施促使许多商人和市民加入到反西班牙的"贵族同盟"行列之中,从而使独立战争不断地向纵深发展。尼德兰人民积极地展开了游击战,手工业者、农民在弗兰德尔等地密林中组成了"森林乞丐",北方荷兰等省的水手、渔民和码头工人组成了"海上乞丐"。这些海上游击队驾着轻便小船,沿海岸游弋,对西班牙的军队和海上的商船进行出其不意的袭击。1572年4月,一支由24只小船组成的游击队,还攻占了西兰岛的布里尔,将阿尔法的军队打得落花流水。这一仗的胜利鼓舞了尼德兰人民的斗志,使海上游击队终于在尼德兰本土建立了坚固的据点,也促使了革命高潮的到来。1572年7月,北方的荷兰省和芝兰省都摆脱了西班牙的统治,奥兰治亲王在荷兰省议会上被推举为荷兰、芝兰两省的总督,即"最高统治者"。这次议会在荷兰的多德雷赫特城召

17世纪，五艘荷兰战舰与西班牙帆船对峙。为争夺香料贸易，欧洲国家之间不断发生各种小冲突。

开，共有 12 个城市的代表参加，会议决定着手整顿立法行政机构，并宣布宗教信仰自由。到 1573 年底，北方的乌得勒支、弗里斯兰、海尔德兰也宣布独立，摆脱了西班牙的占领和统治。北方七省事实上已经成为一个独立的联省国家。

北方革命的胜利激励了南方各省人民的反抗运动。南方农民组织起来，控制道路，打击到处窜扰的西班牙侵略军队。1576 年 9 月，布鲁塞尔的市民爆发起义，起义者占领议会大厦，逮捕国务委员，解散国务会议，西班牙在尼德兰的最高统治机关被推翻，其驻军也陷入混乱状态。南方其他城市也发动起义，纷纷夺取政权，建立自治机关。1576 年 10 月，尼德兰南北各省的代表，在根特举行全尼德兰三级会议，商讨南北联合斗争问题。会议进行期间，西班牙军队的雇佣军又一次进行抢掠，洗劫了南方的最大城市安特卫普，杀戮市民 7000 多人，毁坏全城三分之一的城区，劫掠约值 500 万金币的财物，被称为"西班牙暴行"。这一事件的发生，促成南北方各省迅速达成了实现联合的协议，于 11 月 3 日签订了《根特协定》。《根特协定》宣布南北方联合共同抗击西班牙，废除阿尔法颁布的一切法令，重申各城市原有的权利和贸易自由，释放此前被宗教裁判所关押的新教徒，禁止任何反对罗马天主教会的行动，承认加尔文教的合法地位。《根特协定》的签订虽然没有明确提出尼德兰独立问题，但却标志着尼德兰南北方的重新统一。

《根特协定》缔结后，革命斗争仍继续发展。1577 年秋，南方的布鲁塞尔、根特和安特卫普等城市的人民又发动新的起义，建立革命的"十八人委员会"权力机关，并采取一些民主措施。与此同时，在弗兰德尔、不拉奔等省的农村，农民运动也蓬勃兴起，抗交封建租税，摧毁贵族城堡，夺取贵族和教会土地。革命热情的高涨，引起南方天主教和一些贵族的恐惧，他们开始缓和与菲利普二世的关系，向西班牙统治者妥协，与西班牙有经济联系的资产阶级保守派也不愿与西班牙断绝往来。1579 年 1 月，南方阿托瓦诸省信奉天主教的贵族在阿拉斯成立"阿拉斯联盟"，并宣布维持天主教信仰，天主教为唯一合法的宗教，废除《根特协定》，承认菲利普二世为"合法的统治者和君主"，并向其效忠。南方的反动贵族与西班牙统治者勾结起来，使西班牙重新掌握了南方的政权。为了对抗"阿拉斯联盟"，信奉加尔文教的北方各省以《根特协定》为基础成立了"乌特勒支联盟"，宣誓与西班牙斗争到底。"乌特勒支联盟"为未来成立联合七省的政府奠定了基础。1580 年，菲利普二世宣布奥兰治亲王为罪犯，乌特勒支联盟针锋相对，于 1581 年 7 月，在海牙召开北方各省的三级会议，通过"与西班牙断绝关系法"，宣布废黜菲利普二世，成立联省共和国，正式脱离西班牙而独立。奥兰治担任新国家的首任元首，称执政。联省共和国各省中，荷兰省不仅地域最大，而且拥有最强大的金融和政治权力，成为共和国的政治中心，所以联省共和国又称为荷兰共和国。自此，尼德兰分裂为两部分，北部形成独立的联省共和国，南部仍然处在西班牙统治之下。

西班牙对联省共和国拒不承认并屡次派军队进攻。欧洲形势的变化对联省共和国的巩固提供了有利条件。1588年,西班牙的"无敌舰队"入侵英国,在英吉利海峡被英军击溃,从此失去海上优势;1589年开始的干涉法国的胡格诺战争又惨败,元气大伤。1598年,菲利普二世去世,西班牙实际上已无力扑灭尼德兰革命。1609年,新继位的菲利普三世和联省共和国签订了为期12年的停战协定,事实上承认了荷兰共和国。尼德兰革命在北方取得了最终胜利,世界历史上第一次资产阶级革命也因此宣告成功。1648年,荷兰为欧洲各国正式承认。

(三)第一个资产阶级国家政权的建立

尼德兰革命推翻了西班牙的专制统治,建立了世界上第一个资产阶级共和国,为17世纪荷兰的经济繁荣奠定了政治基础。尼德兰资产阶级革命具有双重性质,一方面,尼德兰人民要求摆脱西班牙宗主国的控制,取得民族独立,具有鲜明的民族独立革命的性质;另一方面,新兴的资产阶级要求摆脱封建关系的束缚,更加自由地发展资本主义性质的工商业,获取更多的社会财富,领导城市平民和农民进行的这一革命又具有资产阶级革命的性质,是世界上第一次成功的资产阶级革命。尼德兰革命以加尔文教为旗帜,以发展资本主义和实现民族独立为主要内容,在新贵族和新兴资产阶级领导下,广大城市平民和农民经过长期武装斗争,推翻了西班牙在尼德兰的专制统治,赢得了民族独立和宗教信仰的自由,在北方建立了欧洲第一个资产阶级共和国——荷兰共和国,为荷兰资本主义的发展开辟了广阔道路。此后荷兰社会的生产力得到极大解放,经济发展迅速,荷兰也由此迈上了成为海洋霸主之路。尼德兰资产阶级革命的成功沉重打击了欧洲主要封建反动堡垒——西班牙和罗马天主教会,虽然在欧洲还普遍处于封建专制统治的时期,但其有力地推动了欧洲反西班牙霸权和反封建的斗争,成为欧洲其他各国资产阶级的发展和斗争的"开路先锋",预示着资产阶级革命的时代已经到来,具有重要的历史意义。马克思对尼德兰革命给予很高的评价,称它是17世纪英国资产阶级革命的"原型"。

革命胜利后的荷兰是一个联邦国家,联省会议是最高权力机关,由各省教士、贵族和市民等代表组成。每省不论代表多少只有一票表决权,重要问题需全体一致通过,其他问题根据多数意见决定。联省会议掌握国家的重大权力:立法、决定赋税、监督国家财政开支、对外宣战和媾和、派遣驻外使节、主管军队和任命陆军司令和海军司令;战争时期,联省会议派出监军,战场指挥官必须与监军协商重大军务。联省会议的主席由各省代表轮流担任,为期一周。荷兰共和国内的各省和各城市都设有相应的议会和行政机构,各省在处理本省内部事务时,享有广泛的自治权。各省经济发展状况不一致,这就使各省议会的社会成分和作用不完全相同,如荷兰省的省议会中大资产阶级的代表占了绝对优势,而东部的格利德恩省和奥维依谢尔省贵族则占多数。

联省议会的常设行政机关是国务会议,这是一个行政机构。1588年后,国务会议由各省的12名顾问组成,根据各省纳税数量的多少决定委员的人数。因荷兰省和芝兰省承担的税收份额多,所以这两省的顾问人数最多,他们在国务会议中的影响也较大。国务会议的主要职责是从各省筹集国防费用,为三级会议准备财政预算方案。国务会议的首脑称执政,掌有最高行政权和军权,由奥兰治威廉家族世袭担任。执政出缺,由荷兰省长代理。首都设在海牙。

联省会议是7个省代表的集合体,每个省的代表都是独立表决。在重大问题上,如战争与和平、签订条约和财政等,各省必定会出现不同意见。任何一个省,无论大小,都可能反对、阻碍对任何决议的采纳。此外,联省会议的每个成员必须征求省议会的意见才能做出表决。这种体制经常引起许多纠纷和摩擦,拖延决策速度,从而危害国家利益。为了弥补这个缺陷，共和国的法律规定，如果联省议会代表对重要国务问题有意见分歧，由执政负责调解，如果调解不成，那么执政行使最高职权进行最后仲裁。

摆脱西班牙统治后，资产阶级在共和国和地方权力结构中都占据主导地位，他们必然要采取有利于资本主义经济发展的政策。因此，资产阶级掌握政权并建立独立的国家，是荷兰资本主义发展和争夺海上霸主宝座最重要的政治基础。

二、经济发展的"黄金时代"

一般认为，17世纪是荷兰共和国的"黄金时代"。"黄金时代"的荷兰是全球贸易和航运强国，船队遍及世界各地，荷兰人被称为"海上马车夫"。当时，荷兰还是欧洲的金融中心，阿姆斯特丹创办了世界上最早的现代股票交易所、银行和保险公司。荷兰摆脱西班牙的奴役后，推行稳定的国内发展方针，减少了很多内部矛盾，经济的强大使其很少遭遇外敌入侵，从而得以在和平的环境下发展商业和贸易，经济发展逐渐步入"黄金时代"。

（一）充分利用世界格局变化的机遇

17世纪，荷兰能够摆脱西班牙的统治获取民族独立，并迅速崛起为欧洲强国，得益于当时欧洲的格局变化。荷兰共和国充分利用了西班牙以及欧洲列强之间的矛盾，根据形势变化不断调整外交策略。比如，面对强大的西班牙，荷兰寻求英吉利、法兰西、日耳曼、丹麦等国的支持，一起削弱西班牙。西班牙在整个16世纪都在忙于打仗：1581年，才结束与奥斯曼土耳其人之间断断续续的战争，签订停战协定；1598年，签订暂时放弃干涉法国的《维尔芬和约》，结束了从16世纪初开始与法国的战争；它在海上的对手——英国日渐强大，两国更是纷扰不断。西班牙帝国为了称霸欧洲而四面树敌，欧洲反哈布斯堡王朝的战争也持续了百余年。荷兰却在战争中不断壮大自己的国力，赶在英国之前取代西班牙成为海上第一强国。

与此同时，荷兰周边其他几个欧洲大国的日子也不好过。在反对西班牙帝国的战争中，英国激发了强烈的民族精神，其战胜西班牙"无敌舰队"的入侵，使英国人获得了一种莎士比亚描述过的对"另一个伊甸园、半个天堂""嵌在银色海洋中的"宝石的热爱。英国国力的壮大，让伊丽莎白一世改变了谨慎地保持英国独立的作风，派遣军队支援荷兰和法国对西班牙作战，但也因此而背上了巨额的财政负担。1586 年和 1587 年，女王政府的开支成倍增加，给荷兰军队的拨款达到了 17.5 万英镑，均超过当年全国总开支一半。英国在其他战线的开支也数额巨大，伊丽莎白一世统治的最后 4 年，用于对爱尔兰作战的花费每年达到 50 万英镑，向下议院提出的额外拨款总数达 200 万英镑。女王伊丽莎白一世给继任的斯图亚特王朝留下巨额债务，国王与国会为征税争吵不休，终于引发革命和内战。面对尖锐的国内矛盾和冲突，英国根本无暇顾及海上霸权的争夺。在欧洲三十年战争和 17 世纪上半叶的大部分时间里，英国实际上并没有在欧洲政治中发挥重要作用。

再看看法国当时的情况。1562 年至 1594 年，法国正深陷于长达 30 多年的惨烈内战——"胡格诺战争"，这个时期的法国虽然与荷兰、英国、德意志新教诸侯结盟共同反对西班牙，但实际上则自顾不暇，并且在其内战期间还屡遭西班牙的军事干涉。1585 年，荷兰人向法国国王亨利三世盛情请求"托管"，遭到亨利三世的拒绝，荷兰人才转而求助于英国女王伊丽莎白一世。1596 年，为了能够同西班牙继续对抗，法国跟英国一起承认了已经开始称霸海上的荷兰联省共和国。1598 年，亨利四世颁布《南特敕令》，实行宗教宽容政策，实现了国内统一，但欧洲强国的地位距离法国仍然遥远。保罗·肯尼迪曾形象地描绘道："在 1648 年的'威斯特伐利亚和约'后 11 年的法—西战争中，双方都好像被打得头昏眼花的拳击手，互相扭抱在一起，接近精疲力尽，无力打倒对方。双方都有国内反叛，普遍贫穷，厌恶战争，濒于财政崩溃的边缘。"直到17世纪60年代，由路易十四执政的法国才对荷兰形成真正的威胁，但此时，荷兰又与英国、瑞典结盟，成为反法的奥格斯堡同盟盟主和反法联军统帅，共同打败了法国。

  荷兰共和国与西班牙帝国停战，获得事实上的独立后，借助葡萄牙和西班牙两国拉开的大航海序幕，利用自己的地理优势，紧紧抓住欧洲商业革命契机，为自己的发展创造条件。15世纪末以后，随着欧洲到达亚洲的新航路的开辟和美洲的发现，欧洲与世界各地区、各民族之间的联系日益加强，世界市场逐渐形成，贸易范围空前扩大。当时，在欧洲市场上流通的商品种类大大增加，美洲的金银、糖、烟草、染料、毛皮；亚洲的丝绸织品、香料、棉花、茶叶；非洲的黄金、象牙等等，这些商品随处可见。同时，海外各地对欧洲商品，比如武器、奢侈品以及各种手工业品的需求量也急剧增加。世界商品市场的形成促使海上贸易日趋繁荣，海运成为世界各地贸易联系的重要手段，这为荷兰发展航运和贸易创造了机遇。

  新航路开辟与新世界发现后，欧洲商业和贸易中心从地中海区域转移到大西洋沿岸的港口城市，如安特卫普、阿姆斯特丹和伦敦等，从而带动了这些地区经济的发展。通过参与西班牙与葡萄牙的全球贸易网络，荷兰已经相当熟悉海洋商业殖民帝国的运作模式，西班牙和葡萄牙商业与金融模式的成功经验为荷兰提供了很多参考和借鉴。因此，荷兰在建立海洋商业金融殖民帝国的过程中轻车熟路，加上本身所具备的商业中心和金融中心的先天优势，在其后的发展中一帆风顺。

（二）利用自身优势发展特色工农业

  虽然荷兰以商业称雄世界，但其工农业的发展也极具特色。从荷兰的地理条件看，其土地贫瘠、幅员狭小，其土质并不适合农作物的耕作。针对地理环境和地理条件的限制，荷兰一方面想方设法扩大耕地面积，不断排干沼泽，另一方面废除了落后的休耕制度，实行谷物与饲草轮作，这样，既保证了牲畜饲料，又提高了谷物产量，同时还改善了土壤肥力，一举数得。由于农业生产的重点发生转变，荷兰农民精心于各种饲草的种植与系统的施肥，这使荷兰的牲畜比其他地方喂养得都好，奶产量更高，"奶牛每天产奶达三桶之多"[①]，其生产的奶酪 9/10 用于出口[②]。此外，由于农业种植重点的变化，荷兰的消费用粮大部分依靠进口，荷兰人转而种植亚麻、花卉、油菜、水果等种种能赚钱的经济作物。特别重要的是染料的生产，荷兰人在这方面是"世界上最先进的生产者，几乎未遇到任何竞争"[③]。

农业的发展为工业的发展奠定了坚实的基础，这首先表现在纺织业这一传统行业中。从 16 世纪 60 年代开始，到尼德兰革命爆发前，荷兰的纺织业都是遥遥领先于其主要竞争对手英国，弗兰德尔和不拉奔一直是呢绒纺织业的中心。但是，反对西班牙的长期战争破坏了这些地区的纺织业。17 世纪初，尼德兰南部的呢绒工人为躲避宗教迫害而逃往北方，促进了北方纺织业的发展。莱顿成为荷兰最重要的呢绒纺织中心，1601 年至 1610 年平均年产量为 66,943 匹；1651 年至 1660 年，提高到平均年产量 106,101 匹。[④] 荷兰在染料种植业方面的优势更加促进了其纺织业的发展。荷兰呢绒以低廉的价格被出口到地中海沿岸，对其他国家的呢绒纺织业冲击很大。除了莱顿，阿姆斯特丹、乌德勒支、代尔夫特和哈勒姆等城市也成为重要的纺织业中心。比如哈勒姆，在 17 世纪前半叶就是亚麻纺织中心，它的亚麻漂洗和染整技术驰名欧洲。

---

① ［法］布罗代尔：《15 至 18 世纪的物质文明、经济和资本主义》第 3 卷，生活、读书、新知三联书店 1993 年版，第 190 页。

② 宋则行、樊亢：《世界经济史》上卷，经济科学出版社 1994 年版，第 107 页。

③ 伊曼纽尔·沃勒斯坦：《现代世界体系》第 2 卷，高等教育出版社 1998 年版，第 48 页。

④ 陈勇：《商品经济与荷兰近代化》，武汉大学出版社 1990 年版，第 70 页。

17世纪，荷兰的造船业居世界首位。荷兰作为欧洲的天然门户，海上交通非常便利，因此被称作是大海的女儿，其"人民在海上比在陆地更得其所"[①]。荷兰的崛起与兴盛，主要依靠其贸易的发达，而贸易的繁荣又主要依赖于航运，而倘若没有一个十分发达的造船业，航运业也就无从谈起。因此，造船业便成为荷兰赖以生存的支柱产业。荷兰的造船技术具有当时其他国家所不具备的"现代规范，日益标准化的，可重复运用的工艺方法"[②]。荷兰的造船工艺高度机械化，风力锯木机、滑车、绞铲、动力运料器、重型起重机等很多节省劳动力的方法和工具都在造船业中被采用，另外在造船设计、部件等方面都实行了标准化。荷兰不仅能够建造大货船和性能优良的渔船，而且能够建造坚固耐用、适合大洋远航的船只，船尾可以架设大炮，战争时期作为军舰。首都阿姆斯特丹有上百家造船厂，全国几乎每天都能生产出一艘船。欧洲许多国家都到荷兰订购船只，17世纪末，英国就有四分之一的船只是由荷兰建造的。1670年前后，荷兰共和国拥有1.5万艘商船，比英国船队多5倍。荷兰先进的造船技术，使荷兰垄断了全世界的海上运输贸易。

荷兰的渔业是荷兰的经济基础之一，号称"荷兰金矿"。17世纪上半叶，荷兰共有1500条渔船，12,000名渔民从事此行业，每次可获30万桶鱼[③]。荷兰捕鱼业的核心是北海的鲱鱼业，荷兰人几乎垄断了鲱鱼的捕捞与腌制，鲱鱼是荷兰出口到欧洲内陆的重要产品之一。荷兰共和国三级会议称北海为"联省共和国最重要的宝藏之一"。来自鲱鱼业的利润刺激了

---

① [法]布罗代尔：《15至18世纪的物质文明、经济和资本主义》，第3卷，生活、读书、新知三联书店1993年版，第202页。

② 伊曼纽尔·沃勒斯坦：《现代世界体系》，第2卷，高等教育出版社1998年版，第49页。

③ [法]布罗代尔：《15至18世纪的物质文明、经济和资本主义》第3卷，生活、读书、新知三联书店1993年版，第203页。

荷兰造船业的发展，荷兰造船业的先进与强大反过来又促进了捕鱼业的繁荣，二者相互依赖、相互促进。比如，荷兰人发明了一种性能优良的渔船，这种捕鱼船因其合理的布局而拥有"较大的机动性、航海性和速度，避免了船舱空间的损失"。它不仅可以用巨大的拖网捕鱼，而且捕捞上来的鱼，还能在甲板上即时进行加工处理，使鱼免于腐烂，因此，这些渔船可以远离荷兰的海岸线，在外逗留时间长达6-8周。

造船业的发达使得荷兰人不仅垄断了鲱鱼捕捞业，而且也垄断了鲸鱼捕捞业。靠捕捞鲸鱼所获得的大量鲸油，是重要的工业原料，在制造肥皂、灯油以及呢绒加工中不可缺少。由此，捕鱼业又带动了荷兰肥皂业及化学工业的发展。海外殖民地贸易同样促进了荷兰其他手工业的发展，荷兰人在制糖业、啤酒酿造业、卷烟制造业、制革业、制砖及石灰业、伐木业，甚至军火工业等方面都不断取得进展。特别是阿姆斯特丹的制糖业，成为欧洲当时最重要的蔗糖制造中心。1605年，阿姆斯特丹有3家制糖厂，1662年增加为50家。荷兰纺织业、造船业、工场手工业、农业等产业在17世纪迅猛发展，并形成一个紧密联系、相互配套的一体化工农业生产体系，这是当时其他国家所不具备和望尘莫及的。正是以这种生产上的优势为基础，荷兰才能将其自身转变为"世界的运货人、贸易的中间人和欧洲的经纪人"[①]，从而建立其商业霸权。

（三）积极发展对外商业贸易

荷兰以商业称雄于世界。17世纪荷兰的商业特别是对外贸易的发展，比工业生产更快。在革命之后，荷兰依靠优越的地理条件，凭借强大的航运力量，将贸易领域迅速扩展到世界各地。当时，荷兰商人不仅控制着北

[①] [法]布罗代尔：《15至18世纪的物质文明、经济和资本主义》第3卷，生活、读书、新知三联书店1993年版，第263页。

海和波罗的海区域的商品交换，取代了汉萨同盟在北方贸易中的地位，成为经销斯堪的纳维亚各国和俄国的粮食、木材、铁、亚麻、皮革等商品的垄断者。而且，还继承了中世纪意大利商人在地中海区域的贸易事业，将东方贸易掌握在手里。更重要的是，荷兰商人还夺取了葡萄牙人对殖民地贸易的控制权，这就使得欧洲国家彼此之间以及它们和殖民地之间的商业联系都只能通过荷兰商人来进行。由于荷兰的转口贸易在整个外贸中占有特大比重，一些重要商港的经济地位也随之迅速提高。阿姆斯特丹港经常停泊的船只在2000艘以上，大量来自东方、中欧和北欧的商品都在此集散，港口航运之繁荣居全欧洲首位，大大超过了安特卫普。17世纪荷兰对外贸易的高度发达，为商业资本积累了巨额的财富，使荷兰建立了世界商业的霸权。

荷兰的海外贸易和航运业非常发达。1570年，荷兰商船的运载量大约相当于法国、英国和德国船只运载量的总和。到1670年前后，荷兰拥有商船3510艘，总运载量达到56.8万吨，大约是英国的3倍。发达的航运业创造了大量的就业机会，沿海各省商人、水手和渔民都卷入进去，荷兰几乎垄断了全球的海上运输。荷兰船队在1500年至1700年的200年间发展壮大了10倍，终于在17世纪执世界航运业之牛耳，成为全世界的"海上马车夫"。

荷兰基本垄断了波罗的海和北海的航运。波罗的海曾经是汉萨同盟垄断的贸易海域，荷兰最初以同盟成员身份签订海运合同，但阿姆斯特丹最终成功地取代了吕贝克等汉萨同盟城市，排挤了汉萨同盟的贸易势力，一跃成为波罗的海沿岸商品转运的第一大港口和世界商业中心，集销售、运输、储藏和进口产品加工于一身。荷兰人以鲱鱼贸易带动盐的贸易，并以此为基础推动了整个波罗的海的贸易。荷兰商船把波兰的粮食，芬兰的木材，瑞典的金属以及波罗的海沿岸的蜂蜡、亚麻、黄麻等运往国内，再从阿姆斯特丹转运到西班牙、英国和葡萄牙。一直到17世纪末，英国、法国以及欧洲大部分的贸易都受到荷兰人的控制，其商品多由荷兰商船运输。

荷兰人的影响向欧洲四处扩展：其利用莱茵河将德意志西部贸易操纵在手，然后到达法兰克福、莱比锡，基本垄断欧洲南北之间的贸易，后经里加海湾进入莫斯科，穿过直布罗陀海峡驶抵地中海。在这里，荷兰人与土耳其达成协议，使其船队可直抵士麦拿港。可以说，此时整个欧洲的贸易已被纳入荷兰的商业网络之中。

东方的香料贸易是荷兰航运业的真正重心。16世纪末，荷兰商人从欧洲贸易中已经积累了大量资本，为了寻找新的投资机会，他们将视线转向了美洲和亚洲市场。1595年，荷兰人首次绕过好望角，达到印度和印尼的爪哇，携大量香料而归。这次航行之后，葡萄牙的香料贸易垄断地位被打破，荷兰派遣越来越多的船队前往亚洲。荷兰东印度公司成立后，基本控制了欧洲与东方及美洲的全部海上贸易，欧洲各国殖民地的产品，特别是香料，大多数由荷兰船只转运到西方各国。

（四）建立高效健全的金融体系

荷兰经济进入"黄金时代"的重要表现之一是近代金融业的兴起和发展。17世纪荷兰迅速崛起并确立世界经济霸权，一个重要的基础就是高效健全的金融体系，这是荷兰经济称霸世界的进程中非常关键的一个环节。1609年，荷兰成立阿姆斯特丹银行。阿姆斯特丹银行是世界上第一个近代银行，经营货币兑换、存款、贷款和客户转账业务，为整个欧洲乃至世界贸易提供金融服务。

经济和贸易的快速发展需要一个稳定的货币体制，阿姆斯特丹银行正是在这种情况下应运而生。与之前出现的银行相比，阿姆斯特丹银行能够提供安全的、高质量的金融服务，阿姆斯特丹政府为其提供保证金，封存于银行不得动用。该银行还在其他国家储备了充足的现金，任何时候都不

荷属东印度公司在印度尼西亚发行的货币：100盾。

存在透支危险，银行账户持有者可以放心将货币存在银行，并可以随时处置自己在银行账户的结余。高度的安全性与便利性使得阿姆斯特丹银行成为地区商业首要的清算银行，并迅速成长为欧洲储蓄和兑换中心。阿姆斯特丹银行不仅是挽救荷兰财政危机的重要工具，而且在吸收社会闲散资金方面发挥了重要作用。随着对荷兰货币日益增加的信心和荷兰世界贸易惊人的扩张，阿姆斯特丹银行开始具有国际性质。通过国际支付的集中，阿姆斯特丹银行在17世纪发展成为重要的世界性的票据交换中心。"从1660年至1710年，它至少是欧洲贸易的无可争辩的首都，是世界上第一个多边支付体系的中心"①。

阿姆斯特丹银行还为荷兰成为17世纪世界贵金属贸易中心做出了重大贡献。1640年以后，阿姆斯特丹成为世界贵金属贸易中心，而阿姆斯特丹银行正是这一贸易的主要参与者。阿姆斯特丹银行总是备有各种各样的贸

---

① ［意大利］卡洛·M.奇波拉：《欧洲经济史》第2卷，商务印书馆1988年版，第473页。

易货币，因而能比金属货币厂提供更快捷的服务，这是其参与贵金属贸易的优势所在。1683年，阿姆斯特丹银行建立了一个凭金银块或硬币提供6个月银行货币贷款的制度，这一制度创新取得了巨大成功，为阿姆斯特丹银行贵金属贸易带来新的推动力，确保了阿姆斯特丹世界首要贵金属货币市场的地位，推动了荷兰经济和金融的进一步对外扩张。

金融市场同样是荷兰高效健全金融体系的重要组成部分。1609年，在阿姆斯特丹成立了世界上第一家证券交易所。到17世纪中叶，阿姆斯特丹已经成长为欧洲的股票交易中心，阿姆斯特丹也被誉为"17世纪的华尔街"。阿姆斯特丹的证券交易所不仅有买方与卖方之间的直接股票转让，而且也有通过证券经纪人进行的间接股票转让，与现代证券交易所已经非常类似。荷兰人还发明了一种新的贸易方式，每年有大量的白兰地进行买卖，但从来不移交货物，买方与卖方的盈利或亏损都取决于在约定的交货日期白兰地的价格，这已经类似现代的期货交易，甚至出现"多头"与"空头"的术语。

阿姆斯特丹银行和阿姆斯特丹股票交易所的设立，加速了荷兰的货币流通，使得阿姆斯特丹成为国际清算中心、国际贵金属贸易中心和欧洲股票交易中心。货币资本的快速流动使荷兰的利率比其他欧洲国家都要低得多，整个17世纪，荷兰的利率比之以前降低了一半多，这为荷兰经济和贸易的高速扩张提供了有力支撑，并成为17世纪荷兰迅速崛起的一个重要原因。在17世纪下半叶，阿姆斯特丹提供了北欧与西北欧的贸易、包括英国与波罗的海之间的贸易所需要的大部分资金。荷兰这种强大的资金供给能力在同法国、英国的贸易竞争中，随即转化为强大的控制能力，荷兰商人通过信贷手段能够随意改变贸易政策。

当17世纪荷兰工商业和对外贸易发展达到高峰时，它的资本积累高于欧洲各国资本的总和，对外投资多出英国15倍，工场手工业水平位居欧洲之首。整个17世纪，荷兰人实际上掌控了"欧洲银行"。

三、"海上马车夫"地位的确立

荷兰是一个因经营海上中转贸易而发家的商业强国,在其打破西班牙和葡萄牙的商业垄断和世界霸权后,成为17世纪世界头号海运和商业强国。荷兰商人利用成千上万商船走遍世界的机会,利用世界各地区的价格差异,进行世界性的转口贸易,获得了巨额利润。到17世纪中期,世界商业强国的荷兰在航海业和世界贸易方面达到极盛时期,每年转口贸易额达7500万至1亿古尔登,取代了西班牙海上霸主的地位,成为世界商业霸主,称霸海上。到18世纪中叶以前,荷兰由于其庞大商船队航行于大西洋、太平洋、印度洋及地中海和波罗的海,所以被人们称为"海上马车夫"。马克思曾引用居希利的话来描述荷兰:"几乎独占了东印度的贸易及欧洲西南部和东北部之间的商业往来。它的渔业、海运业和工场手工业都胜过任何国家。这个共和国也许比欧洲所有其他国家的资本总和还要多。"

(一)创建商业殖民帝国

17世纪的荷兰,是葡萄牙、西班牙所开拓的殖民地事业的直接继承者。荷兰在独立之后不久,就走上了殖民扩张的道路。经过长时期的激烈争夺,逐渐排挤掉西、葡的殖民势力,先后在东南亚、非洲和美洲占领了大片殖民地。到17世纪中期,荷兰已经成为欧洲的殖民强国,只有英国和法国才能与之抗衡。荷兰对殖民地的掠夺,主要是通过由商人资本直接控制的商业公司来进行的。这类公司由政府授予种种特权,可以自行铸币,建立军队,甚至代表国家缔结条约,实际上不仅垄断了对外的通商业务,而且还是具有独立国家职能的特殊机构。其中,最著名的是1602年成立的荷兰东印度公司。该公司主要是在远东地区进行扩张活动,先后在东南亚地区原葡萄牙属地建立了许多殖民据点,在印度、印度支那和日本等地也设立了商站,用欺骗、暴力和勒索的手段掠取财富。东印度公司控制了欧洲与东方之间、欧洲与美洲之间的海上贸易，甚至英国与其殖民地间的商品也由荷兰商船运输。17世纪前半期，世界各殖民地的产品，特别是东方的香料，多半都是通过荷兰转运到西方各国去的。另一家著名的公司，是在1621年成立的荷兰西印度公司。这家公司的活动范围很广，包括非洲西海岸、美洲东海岸和太平洋上的殖民地岛屿，主要是从事海盗掠夺和垄断对殖民地的贸易。在17世纪，荷兰盛极一时的经济繁荣，始终是和对外扩张相联系的。正是通过对殖民地的血腥掠夺，为荷兰资本主义的发展提供了原始积累。

为了保护庞大的商船队，控制世界海洋的航运，进行垄断性的世界贸易，并取得商业霸权，荷兰采取了排挤日益衰落的葡萄牙、西班牙的势力的策略。在亚洲，1600年，荷兰船只抵达日本九州岛；1605年，攻克葡萄牙的安汶炮台，并在那里建立了第一个东方据点；1614年，占领了盛产香料的摩鹿加群岛；1619年，在爪哇建巴达维亚（今雅加达），后者很快成为荷兰在东方进行殖民掠夺的中心据点；1624年，进犯中国台湾（1662年被郑成功逐出）；1641年，荷兰终于从葡萄牙手中夺取了战略要冲——马六甲，这标志着葡萄牙在远东破产的开始；1656年，占领锡兰；1667年，攻克苏门答腊；1669年，据有望加锡；1682年，占据万丹。荷兰人对于印度也不放过，从17世纪中期起势力开始向印度西海岸扩张，夺取了原为葡萄牙所据的马拉巴尔和科罗曼德尔海峡大片土地。此时，葡萄牙的东方殖民帝国已土崩瓦解，葡萄牙在亚洲的势力几乎被连根拔掉，除少数领地，如澳门、帝汶、果阿、第乌等地外，其余悉被荷兰所据。在南部非洲，荷兰也与西班牙展开争夺。在海上，1628年荷兰在古巴的马坦萨斯港将一支西班牙船队俘获，1631年在斯拉克又将西班牙的另一支船队击溃，1636年围困西班牙占领的敦刻尔克港，1639年荷兰海军上将特龙普在英格兰的当斯港取得对西班牙舰队的压倒性胜利。这次战役标志着西班牙重整海上声威的希望彻底破灭，也表明荷兰作为第一海上强国的地位得到确认。

在与英国的商业贸易竞争中，荷兰人有多于英国5倍的商船。荷兰有6000艘船只在波罗的海航行，封锁了英国同波罗的海沿岸各地的贸易；荷兰还利用英国资产阶级革命时期英国国内的动乱局面，夺取了北海和英吉利海峡的制海权，进一步加强了海上贸易；在地中海和西非沿岸，荷兰商人到处排挤英国人。

在非洲和美洲，荷兰人同样不遗余力地扩展他们的势力。1637年，攻克了葡萄牙在几内亚海岸苦心经营的圣乔治达米纳要塞，次年还从葡萄牙手中夺取圣保罗·德罗安达岛，随后又夺取圣多美。1648年，荷兰人侵占好望角，并建立航海基地。在美洲，1614年，荷兰人占领了北美的哈得逊河口，1622年，在那里建立了新阿姆斯特丹城，即今日大名鼎鼎的纽约前身。荷兰人还一度于1624年侵入巴西，夺取了其最富饶的一片土地，同时加紧争夺西印度群岛和中南美洲的西班牙殖民地。

（二）疯狂掠夺海外财富

荷兰东印度公司实行贸易垄断，不准岛屿之间自由买卖，宣称"世界上任何其他种族均不得到这里来"，独占香料等土特产品的收购权和专卖权。如荷兰人对香料产地实行封锁，不准该地与其他欧洲人及亚洲人进行贸易，违者严惩。当时班达群岛居民把豆蔻卖给爪哇和荷兰以外的欧洲商人，结果岛上1万居民全被杀死，800人被掳往巴达维亚充当奴隶。公司严格管理香料的出口数量，以便保持高价，因而香料只许在特定的岛屿上种植，丁香在安汶岛，豆蔻在班达岛，其余岛上的一切树木必须砍光，公司还定期派特别远征队去监督检查。又如荷兰人为了保证食盐的高额利润，以死刑相威胁，禁止人们在苏门答腊西海岸采盐，关闭原来的盐场，结果来自爪哇的食盐由每担6荷兰盾卖到50~70荷兰盾。

荷属东印度公司在直接统治区实行"实物定额纳税制"，强迫农民将收获物的五分之一上缴公司;在间接统治区实行"强迫供应制度",与当地土王签订生产专利条约,规定供应的土产种类和数量,公司以极低的价格强制购买。此外,还要征收市税、酒税、人头税等苛捐杂税;实行"强迫种植制",公司强迫在划分的地区内必须栽种可牟取暴利的咖啡等作物。因为18世纪出口到欧洲的香料减少了,这时荷兰人把咖啡树引进印尼,1711年他们收获100磅咖啡,到1723年他们销售1200万磅咖啡。东印度公司在整个18世纪中光咖啡就平均得股息80%。当欧洲咖啡价跌时,荷兰人强迫农民砍掉咖啡树,涨价时则又强迫种上咖啡树。

1638年至1654年东印度公司在日本长崎设立商务机构,将中国的生丝运销日本,换得白银,1640年贩运中国生丝至日本的船只有85艘之多。还将中国的丝绸、瓷器运销东南亚,换取各种香料。至此,荷兰东印度公司不仅有效地控制了从亚洲经好望角(1652年在此建立了一块殖民地)到欧洲的远程贸易,而且还控制了亚洲范围的转口贸易。通过这些贸易,荷兰获得巨额利润,仅1605年至1612年内,东印度公司的红利就达到37.5%。从1715年开始的6年内,平均利率为40%。其间,在班达岛与安沃岛的香料贸易中,利率高达50%~75%。1602年至1782年,东印度公司分给股东的红利,总共23200万荷兰盾,为最初股金的36倍。这些巨额利润,是在其本国和欧洲市场内不可能得到的,成为荷兰资本积累的重要来源。在与亚洲贸易中,荷兰也拿不出许多适合东方需要的商品,与葡萄牙一样主要用白银支付。东印度公司还从事罪恶的奴隶贸易,在东南亚海域及一些岛屿上(包括中国沿海)捕捉身强体壮的青年,然后高价出售,从中获取暴利。

而荷兰于1621年成立的西印度公司,目标则是西班牙、葡萄牙在美洲未牢固占领的殖民地,展开同英、法等国争夺殖民地的斗争。经过10年断断续续的战争,西印度公司控制了巴西海岸很大一部分土地,但到了17世纪中叶被葡萄牙人赶出。1622年荷兰在哈德逊河口获得曼哈顿岛,建立新阿姆斯特丹城。1660年，英国人夺占后，改名为纽约。1674年，根据第二个威斯敏斯特和平条约，荷兰正式将纽约交给英国。此后以哈德逊河流域为基地向东扩展到康涅狄格河的哈特福特，向南扩展到特拉华河畔，建立起新尼德兰。1623年占领南美的圭亚那。1630年到1640年间从西班牙人手中夺得加勒比海上的小安的列斯群岛中的阿鲁巴岛、库腊索岛、博内尔岛、萨巴岛、圣尤斯特歇斯岛，和法国人共占圣马丁岛。西印度公司占领这些岛后大肆屠杀土著居民，使劳动力减少，以后又成为这些地区的主要贩奴者。

17世纪中叶，荷属西印度公司又在黄金海岸和奴隶海岸拥有了多处堡垒和商站，并一度占领毛里求斯，作为在马达加斯加掠夺奴隶的根据地，英属弗吉尼亚的第一批奴隶和法属殖民地的奴隶全靠它供应。到18世纪初，荷兰奴隶贸易量占世界奴隶贸易额的一半以上。荷兰所有殖民地中最持久的殖民地是海角殖民地，这是1652年从葡萄牙人手中抢来的一小块殖民地，位于南非好望角。它是一个补给基地，向去东方的船只提供燃料、水和新鲜食物。这块殖民地很快便证明了它的价值。它向荷兰船和其他一些船只提供的鲜肉和新鲜蔬菜帮助制服了坏血病，拯救了数千名海员的生命。

（三）世界商业霸主的社会文化成因

面积狭小、人口较少、资源贫乏的荷兰共和国取得海上霸主的辉煌成就，是有其深刻的社会文化背景的。荷兰的崛起和辉煌，并不能与他们的思想自由、宗教宽容、多元化和政治制度的制约平衡模式割裂开来。如果没有这种崇尚自由的思想基础和宽容的社会氛围，很难相信，荷兰会成为当时世界最为充满活力的国度。

首先，宽容的宗教信仰和宗教政策是荷兰强盛的重要因素。很多学者认为，加尔文教的传播与荷兰资本主义经济的兴起有紧密的关系。虽然荷兰的大商人不一定都是加尔文教徒，但是他们对利润的追逐超过对死后灵魂得救的追求。加尔文教提倡工作努力、生活简朴，强调工作的价值和普通人的尊严。这为荷兰资本主义经济的发展提供了良好的心理准备。荷兰宗教的宽容政策也有利于商业的发展。尼德兰革命胜利以后，荷兰的共和政府在新教和天主教斗争激烈的情况下，在宗教方面实行宗教宽容和解政策。各阶层、各教派的群众团结在统一的旗帜下，避免教派间的流血冲突，保证了荷兰国内有一个和平、团结、安定的环境。荷兰政府还允许和鼓励受宗教迫害的外国商人和政治上受迫害的流亡者到荷兰来居住。独立之初，西属尼德兰各省的富商、工业家及资金雄厚的犹太商人因不满西班牙的宗教迫害，大批移居到荷兰来，他们不仅带来了手工业技术，而且为荷兰的商业及海外冒险事业提供了雄厚的资金。安特卫普的数千名手工业者、商人、银行家因不满西班牙的迫害而逃亡北方，尤其是阿姆斯特丹，1585年至1622年人口由3万人增为10.5万人。1686年法王路易十四撤销了"南特赦令"，大肆迫害胡格诺教徒，法国大批信奉新教的工业家带着技术、资金来到荷兰。荷兰政府为了给他们方便，鼓励工业发展，废除了城市的行会条例，使荷兰的丝织手工工场得到迅速的发展。荷兰推行的和平稳定的国内方针和接纳信仰不同的外国人来荷兰定居的政策，成为荷兰繁荣与发展的重要原因之一。

荷兰是欧洲历史上第一个政教分离的国家，宗教不再介入国家政治生活。大卫·休谟认为："在联合省作为范例出现之前，宽容被认为是与良好的统治不相容的；而且若干个宗教派别能够在一起和谐与和平地相处也被认为是不可能的。"任何在荷兰的商人，无论其教派和民族，都可以举行自己的宗教礼拜仪式。1672年，一名英国人写道："在这个共和国，人们没有任何理由抱怨在信仰问题上受束缚。"因此，荷兰也是当时欧洲最自由的国家，而联邦政治组织的多元主义性质在欧洲大陆也是独一无二的。

宽容的宗教政策和思想自由的气氛，促进了书籍出版业的繁荣和教育的发展。许多有关宗教、哲学和科学的著作在荷兰印刷出版,然后出口到欧洲其他国家。1585年,制图学家卢卡斯·瓦根纳夫在荷兰出版2卷本的《水手宝鉴》,附录了大量航海图,很快被翻译成欧洲各种语言。此后近100年里,荷兰是欧洲最好的航海图制作国家。荷兰法学家对国际海洋法和商业法的精通,某种程度上为航运业和海外贸易的发展奠定了理论基础。1609年,荷兰法学家格劳修斯发表《论公海》,1625年,其出版《战争与和平法》,第一次阐述了海上自由航行理论,为荷兰进行海外扩张提供了理论依据。荷兰人非常关心教育,早在16世纪,荷兰受教育人口的比例就非常高。16世纪中期,葡萄牙人以夸张的口吻描述了荷兰的教育状况,称"这里的鞋匠都懂法语和拉丁语"。到17世纪中期,尼德兰拥有5所大学,并吸引了许多外国留学生。荷兰人努力学习外国语言,甚至掌握了远至地中海东部各地的语言;荷兰人还采用科学的复式记账法,取代陈旧、混乱的记账法。这些因素都促进了荷兰海外贸易的发展。

荷兰商业霸权的形成离不开荷兰人善于创新、节俭和坚毅的民族性格。在欧洲,荷兰的自然条件是最差的。一位西班牙著名经济学家曾经这样说过:"该国有一半是水或不出产任何东西的土地,种植面积不足国土面积的1/4,农业的收成仅供居民1/4的消费。"艰苦的环境导致了荷兰人精细节俭的生活习惯,荷兰商人戒除了欧洲其他国家贵族家庭的奢侈生活方式,是17世纪荷兰商业成功的一个不可忽视的因素。一位法国观察家说,法国商人从经营贸易获得巨额财富之日起,他的孩子就不再承袭父辈之业,而是进入官场。而在荷兰,商人的孩子常常继承父辈的职业和技艺。由于金钱不从商业中抽出,而是经常父子相传,家族承袭,继续留在商业之中,因而商人彼此联姻的结果,使得单个荷兰商人比单个法国商人能够更容易地从事北方和莫斯科的贸易活动。

在荷兰人的商业活动中,创新精神贯穿始终。荷兰鲱鱼业的发展充分体现了荷兰民族的创新性格。为了准确获悉鲱鱼群的位置,荷兰渔民发明了 107 英尺长的大拖网，夜晚在海上巡回拖拽探测。此外，他们还设计了新型的捕捞鲱鱼的双桅船，称为"巴士"，每艘"巴士"出海时都装载着熟练的捕鱼工、除鳃工和腌鱼工，还带足食盐、食物和鱼桶，可以在海上连续作业 6~8 周。荷兰渔民还发明了一刀就可以取出鲱鱼肠子的办法。荷兰人在人口、土地等条件都不如欧洲其他国家的情况下，这样的创新就显得非常关键。而在海运贸易上，荷兰人所设计的船肚子大而甲板小，并且没有什么武器装备，使得造价降低、运量增加而缴税量减小，从而降低运费、获得了大量的客源，最后在海运贸易的竞争中脱颖而出。

四、在竞争中衰落的荷兰帝国

17 世纪中期，荷兰共和国开始出现衰落的迹象。从 17 世纪末期起，荷兰便由盛而衰，实力开始减弱。到 18 世纪，荷兰从资本主义发展和海上霸权的顶峰跌落下来。在 18 世纪，原来由荷兰人载运的货物由挂着各种不同国旗的船只运送。由于英、法等国资本主义经济发展并对荷兰商品实行关税壁垒，夺走了荷兰的市场，使荷兰工业品出口量大为下降。18 世纪中叶，荷兰莱登城的呢绒工业产量还不到 17 世纪末的 1/10，捕鱼业也受到海上英国船队的威胁。随着 18 世纪 80 年代东印度公司的垮台以及后来阿姆斯特丹银行的倒闭，荷兰经济狼狈不堪，从此一蹶不振，完全失去了霸权地位，沦为经济落后的二流国家。英国则取而代之，成为资本主义世界的霸主。

（一）国际竞争局势的变化

荷兰、英国与法国，作为第二批崛起的海上强国，其间的利益纠葛十分复杂，敌友关系时常变更。荷兰作为后起的海上霸权国家，就是通过损害葡萄牙和西班牙的海上帝国而起家的。当时荷兰与英国和法国经常联合起来抢劫西班牙的海上运输船来发家致富，荷兰和英法两国在西班牙帝国的眼皮底下，互相打掩护占领加勒比群岛中的无名小岛屿。今天加勒比海上的荷属安的列斯群岛、一些英联邦内的小岛国、法国的海外省瓜德罗普岛和马提尼克岛就是当时的荷、英、法三国联合偷袭式殖民战略的遗产。

17世纪正是西欧国家加速进行资本原始积累、工场手工业迅速发展的时期，英、法等国的经济实力不断增强，与荷兰展开了激烈的争夺。18世纪，欧洲格局发生巨变。英国国内恢复了和平，开始了持续两个世纪的商业振兴和殖民扩张。法国从重商主义财政大臣科尔伯执政起，制造业取得巨大进步，殖民扩张也渐具规模。西班牙亦因实行内政改革而恢复了元气。德意志诸侯和原汉萨同盟城市显示出新的活力。瑞典调整了对外政策，从战争中抽身出来，致力于经济竞争，荷兰在波罗的海地区的转口贸易遭到瑞典人的打击。

面对崛起的欧洲列强，荷兰在波罗的海和大西洋的运输业都遭受到巨大竞争压力。英国、法国、丹麦和瑞典的商船都成为荷兰的有力竞争对手。15世纪末至18世纪末，荷兰船只通过松德海峡的数量充分说明了荷兰海运业的由盛转衰。1497年，567艘；1597年，3908艘；1679年，4000艘；18世纪中期，3000艘；1774年，2447艘；1780年，2080艘。1782年，转口贸易虽有所增长，但再也不能恢复到以前的一半。

但是，荷兰的最大竞争对手是英国。依靠庞大的远洋运输舰队和训练有素的强大海军，荷兰在17世纪光荣地登上了海洋霸主的宝座。虽然能够从地缘政治上威胁荷兰独立的是后来的欧洲大陆霸主法国，但是能真正遏制荷兰的发展和把荷兰拉下海洋霸主宝座的却是同为海洋商业民族的英国。为了削弱荷兰在全世界的海洋商业运输优势，削弱荷兰商人在国际贸易方面的中心地位，1650年和1651年英国曾两次颁布《航海条例》。1650年的《航海条例》规定非经英国允许，外国商人不得与英国殖民地通商。1651年的《航海条例》又规定进口到英国的产品只准使用英国船只或生产国的船只进行运输，从英国出口的产品只准使用英国船只运输。这无疑断了荷兰人在英国势力范围内的财路，相当于向荷兰下了宣战书。荷兰要求英国撤回《航海条例》，遭到英国的断然拒绝，两国矛盾激化，在1652年到1674年之间爆发了三次英荷战争。

三次荷英大战中，第一次因为英国蓄谋已久，荷兰措手不及而打了败仗，但在后两次，强大而富有战斗经验的荷兰海军均给予了英国海军以重创。荷兰海军虽然占有优势，却始终无法彻底消灭英国海军，更不能登陆占领英国本土给予对手以毁灭性的打击。由于一个技术性的原因，荷兰沿岸的海洋太浅，其战舰只能设计成浅吃水模式，不适应在风急浪高的北海中进行海战，因此荷兰海军始终无法彻底战胜英国海军。虽然在荷兰海洋帝国的其他海域，可以建造和使用适宜于深海航行的深吃水船，可以从其他海域调兵回来助战，但受制于时间、港口和后勤因素，也是远水解不了近渴，在经济上和军事上都缺乏可行性。

与三次荷英战争交织在一起，荷兰与法国也时友时敌。面对大陆霸权国家法国，荷兰在地缘政治上的不利因素极为明显。法国可以轻易地动用几十万大军，以黑云压城之势扑向荷兰。荷兰面对法国，国土无山河可以阻挡，军队无海洋可以周旋，尽管荷兰曾经在孤注一掷的情况下决堤放水暂时阻挡了法军进攻的脚步，但这种自杀式的防御不可能扭转军事地理上的先天不足。

久战必衰，虽然荷兰在最后一次荷英战争中曾经以一敌二，与英法两大强国同时作战并屡有胜绩，但其综合国力决定其胜利不能持久。荷兰开放式的经济结构与贸易模式根本不允许荷兰像法国那样，面对十几个对手的包围而进行长期作战。荷兰要想长期生存与发展，只能选择适当的盟友，避免孤军奋战、全盘覆灭的最坏结局。战争的结果并没有改善荷兰的处境，反而造成了国家财力的空虚，加速了经济的衰落。1687年，名噪一时的荷兰舰队终于被彻底打败，在法英荷三国签订的《尼姆维根和约》中，法国扩张了欧洲领土，成为欧洲大陆上令人敬畏的强国；英国则扩张了海外殖民地,接管了大部分荷兰在海外的商业利益。荷兰退出了争夺世界霸主国家的行列,英法全球争霸的前景已经清晰地显示了出来。荷兰战败后逐步走向衰落,英国一跃坐上世界霸主的宝座,成为 18、19 世纪的"日不落帝国"。

(二)国内生产不足,经济基础脆弱

荷兰虽然有着发达的对外贸易,但是商业霸权地位的建立,却使得资产阶级热衷于经商致富,人们普遍注重追求商业利润和利息,从而忽视了本国工业生产的发展,大量资金都被投入商业甚至流向国外。由于没有强大的工业实力,商业的优势自然也就不能长期维持下来。其工场手工业虽然曾经达到较高的水平,但原料、土地、劳动力和资金都明显不足,特别是几种重要的原料严重缺乏,如羊毛、木材、煤、铁等都仰赖国外进口,这就大大地限制了工业生产的发展。另外,荷兰经济繁荣的基础是商业,尤其是船运业,也就是对外转口贸易。本身无资源的荷兰过多地依赖于对外贸易,说明了其经济基础相当脆弱。对外贸易常常会受到国外市场各种不稳定因素的影响,特别是对外贸易又主要是转口贸易,所受的影响更大,外贸状况经常起伏不定,造成了对国民经济的损害。

作为一个商业国家,荷兰的衰亡史,也正是商业资本服从于产业资本的历史。从 17 世纪 60 年代起,被称为"17 世纪标准的资本主义"的荷兰除了少数殖民地工业外,其他工业生产都进入停滞阶段,没有率先从商业资本主义跨入工业资本主义的大门。荷兰的资本主义生产关系在城市中得到了较快的发展,在农村,其资本主义农场的经营形式也出现了,但是与英国农业革命出现的大庄园主经营的方式不同,荷兰的资本主义在农业上的方式还主要表现为分散经营。在城市手工工场的规模和数量上也低于英国。法国大革命胜利后,政府颁布法律,废除了封建土地所有制,解决了农民的土地问题，农民不再像以往那样依附在土地上，这就为法国的资本主义工业发展提供了充足的劳动力。而荷兰却没有这样明确的法律保障，农民在很大程度上被滞留在庄园主的土地上，再加上荷兰人口数量的劣势，使得荷兰在发展资本主义工业时缺乏大量的自由劳动者，从而进一步限制了荷兰资本主义的发展。

荷兰虽然在经济上和政治上进行了很多制度创新，有无数的成功经验，但荷兰要长期成为一个世界霸主国家，其地理人口和地缘政治上的先天局限性极大。荷兰缺乏发展工业所需的资源以及广袤的国土和众多的人口，虽然它成为世界霸主，但发展后劲是不如英法的。它过于依赖外贸的脆弱的经济基础也十分容易受到打击。当18世纪时，西欧各国逐渐从内部混乱中抽出身来，他们采取高关税和对本国企业进行高额补贴的办法与已占据垄断地位的荷兰展开竞争。荷兰的优势被迅速削弱了，与南美洲的贸易也于1713年被英国垄断。曾经非常赚钱的渔业，也不可避免地出现衰退。位于鲱鱼产区的德意志、丹麦、瑞典和英国相继驱逐荷兰渔夫，法国还制定了禁止用荷兰船只运载本国鲱鱼出口销售的法律。荷兰政府为振兴渔业，起初实行免税政策，后见无济于事，又承诺每年给每条渔船500盾补贴，但都未能遏制荷兰渔业的衰落势头。随着渔业的衰落，捕鱼船的需求量减少，造船业也呈现萎缩趋势。东印度公司的高股息政策也坚持不下去了，董事们采取金融欺诈的方式来保持收支平衡。为了维持高股息，使股票保持高价位，公司往往宁可以3倍于国内的利息借债也不让国内的人知道公司缺钱。1780年以后，它实际上已经破产了。

由于经济的极度繁荣，18世纪的荷兰成了全世界的大借贷国。有个形象的比喻说，荷兰就是一个由舰队守卫的账房。但问题在于，荷兰向每个国家贷款时，还意味着它必须和每个国家保持友好的关系。若与英国或法国开战，则意味着这些国家将立即停止支付大部分的利息，因而对总体的繁荣造成了极大的危害。更糟糕的是，不管荷兰卷入与谁的战争，都意味着它在与自己的资本作战。出于这个原因,与任何一个国家的战争都必须尽量加以避免。但现实是,荷兰不断地卷入战争中,不仅支出大量军费,也损失大笔的利息。这不能不深深地影响荷兰的经济,进而影响到其他方面。

在国外大量的投资,对国内的产业而言就意味着直接的损失。生活费用在繁荣的尼德兰要大大高于周边国家。当各产业被迫与海运商船竞争时,产业主必须付更高的工资才能得到人手。所有这一切都意味着增加生产成本,也就意味着投入的资本只具有较低的利润率。但是出于投资者的本能,当在国外十拿九稳可以得到6%或7%利润的时候,便不会以4.5%或5%的预期利润在国内投资。这表明在整整一个世纪中,当来自国外的竞争开始严重影响荷兰的市场时,荷兰的制造商无力扩大生产以迎接这个新的竞争的挑战。

(三)对军事力量投入不足

荷兰是一个依靠海上运输业立足的商业帝国,维持海上霸主地位必须保持一支强大的军事力量,尤其是海军力量。遗憾的是,荷兰恰恰没有做到这一点。

荷兰的本土面积和人口有限,其扩张前景受到了极大的限制。荷兰作为一个沿海国家缺乏广袤的领土纵深,缺乏在军事上的回旋空间。同时缺乏众多的人口,缺乏建立一个强大帝国所需的必要兵力。在当时的军事技术条件下,陆军的强大首先就在于人数的众多,荷兰不是一个海岛国家,不可能像海岛国家英国一样,放弃陆军而专注于建设不特别强调人数、而特别看重技术含量与航海经验的海军。

荷兰的地缘政治处境也相当困难,荷兰周围有数个大陆强权,西班牙、法国、瑞典、丹麦和哈布斯堡帝国,都是只能躲、不能惹的厉害角色。海上的竞争对手中,老的海洋霸主是西班牙和葡萄牙,新的海上对手是英国和法国。无论在陆地上还是在海洋上,荷兰都缺乏领袖群伦的超强实力和优越的地缘政治处境。

"黄金时代"的荷兰人只满足于谋求商业利益，共和国的军队解除武装，军舰任其在港口腐烂，将军们解甲归田，坐享退休金。17世纪晚期，荷兰还有一支由120艘军舰组成的舰队，但50年后，该舰队的战舰只剩下不到50艘，能够作战的只有12艘。1696年，荷兰拥有8艘装备90多门舰炮的"无畏战舰"，到1741年，这种战舰仅余1艘，且已经服役42年，几近报废。1721年，荷兰省北部舰队的海军上将只能指挥3艘军舰，其中2艘已经分别服役了20年和30年。1713年至1746年，弗里斯兰省只建造了1艘小军舰。鹿特丹在1713年至1725年的12年间里，既没有建造业也没有修复过军舰。芝兰省在1700年至1746年的46年间，只建造了4艘不能胜任海战的小军舰。只有阿姆斯特丹仍然保留了6艘军舰，目的是保护商人不被非洲海盗打劫，并不能满足战争的需要。

18世纪初，荷兰只有4艘装备70门大炮的大中型军舰，舰上的大炮有的已经使用一个世纪之久，根本不能发射。更可悲的是，荷兰作为传统的海上大国，此时却连海军军官都不得不从外国招募。实力的衰弱使荷兰在海上不断蒙受"耻辱"：大西洋和北海的荷兰商人或渔民落入被人驱逐、四处逃窜的地步；在英国宣布有权搜查任何有运输军用物资之嫌的船只后，荷兰船只不断遭到无理扣押；荷兰海员不得不向阿尔及利亚海盗行贿才被放行；荷兰商船在西印度群岛动辄被海盗抢走价值数百万盾的货物。应该说，荷兰在整个18世纪没有认真建设军队，这几乎是自杀式的行为。而造成其军备废弛的原因则是多方面的。

在荷兰，海军的作战费用属于特别开支，不能由常规的税收负担，需要由联省议会特别拨款。但当时有5个海军部，各自都有独立性，当执政在时，可能还会协调一致行动，当没有执政时，联省会议行使军权，军官们根本不能容忍文官发号施令，退役成风，战斗力因而受到削弱，军队陷入了混乱。各省只关心自己的利益，不肯斥巨资建设共和国舰队。17世纪晚期的持久战争产生了巨额费用,但在战争就要最后结束时,执政威廉去世,各省突然停止提供经费,结果各海军部面临破产。由于战争还在继续,海军部便得到允许借钱。一些爱国者愿意以 9% 的利率借钱给海军部。但单靠借钱维持不了军队的生存,仅荷兰省的 3 个海军部在西班牙王位继承战争结束的时候仍欠债达 1000 万荷兰盾。军官和水手被解雇了,他们或者过起了市民的生活,或者移居别的国家,为能付得起报酬的外国海军服役。再加上荷兰人轻敌思想严重,满足于在商船上配备武器,而无意维持强大的海军。从 1713 年到 1770 年,除荷兰省以外的 6 个省没有为舰队投入一分钱。对于以航运起家的荷兰来说,这是致命的。在这样的情况下,各国纷纷拦截荷兰船只,海盗也对荷兰船只情有独钟。战争就是为了更多的金钱收入而打的。荷兰人也曾注意到自己衰落的陆军力量,也曾想过投入更多的军费,但随着战争的消耗和经济的衰落,荷兰共和国陷入财政危机,即使认识到军队建设的重要性,也苦于没有足够的资金可以使用,因此增加军费也就不了了之。可以说,荷兰的陆军从共和国的成立到结束都没有真正的强大,在陆军身上始终看不到一个世界强国的踪影。

　　不断地追求政治荣耀与军事优势是一切民族和一切国家的本性。为了做一个有声有色的世界大国,尽管先天不足,荷兰统治者还是在外交战略上花了不少心思的,为了保住国家的领先地位,也进行了非常勇敢的战斗。只是这些出于主观美好愿望的国家战略在实践中失败了,18 世纪,荷兰在经济、贸易、海运方面的实力大为下降,海上霸权转移至英国,荷兰沦为欧洲的二流国家。

五、结语

　　荷兰是"低洼之地"的意思,近一半的国土和人口位于海平面以下。从 13 世纪开始,荷兰开始围海造地,修筑大坝,开凿排水沟渠,并利用风车把水排出洼地。很快，这片狭小的土地上出现了生机，正如英国作家欧文·费尔瑟姆所言："荷兰人在某些方面得到了神灵的护佑，因为他们驯服了海洋，让它按照自己的意志流淌。"如果说荷兰是一个"蕞尔小国"，恐怕没有什么人会反对。笛福曾讥讽地说：荷兰出产的粮食不足以喂公鸡和母鸡。但是，荷兰在世界经济史上不能被忽视。1669年，英国学者威廉姆说道："在与智者的交谈中，几乎无一话题能比一个'蕞尔小国'在不到一百年的时间里奇迹般崛起更让人津津乐道，其上升的高度不仅大大超越了所有古希腊共和国的地位，而且在某种程度上让当时最伟大的君主们汗颜。"就是这个"蕞尔小国"，在1600年至1700年创造了世界经济奇迹，并雄踞世界顶峰。来自日内瓦一名旅行者指出："荷兰省的一切，包括天地自然在内，都由人力和资本造成。""资本至上"创造了荷兰奇迹。

地少人少的荷兰不仅成为世界历史上第一个实行资本主义制度的国家，而且在17世纪一度成为世界强国。它发展了具有自己独特优势的工农业，发展了造船和海运业，创建了现代金融体系，成为世界上最大的转口贸易国家，一度成为"海上马车夫"。

总结17世纪荷兰崛起的原因，人们不禁要思考这样一个问题：为什么市场经济制度首先诞生于荷兰？能够从荷兰崛起中吸取经验正是我们分析这段历史的根本所在。总的来说，交易产生制度，制度便利交易。资本主义国家之所以能够首先在荷兰出现，或者说荷兰首先能够将资本主义国家这种制度创新出来，是荷兰人"努力＋机会"的结果。

穷则思变：极度贫乏的地理资源。与周围的其他国家相比，荷兰不具有"富"的基因，不能模仿周围的大国的发展方式而获得基本生存条件，荷兰没有多少可耕地。数不清的大大小小的、不受河谷高坝限制的河流，包括莱茵河、默兹河及斯海尔德河，可以随心所欲地在低地上纵横交错，经常改变土地的地理标志和土地肥沃状况。在这样的土地资源条件下，任何人都不愿将一生中的财富变为几亩地产，将命运寄托在河流的喜怒无常上。另一个方面，土地的贫乏导致粮食等生存品的缺乏，没有外部的救济，大部分人就只能在饥饿中度过。荷兰人很早就在与自然斗争、与饥饿斗争中明白，只有以人为本，转变思路，照顾好自己的生意，改变命运的不是血缘、天堂和军事占领，而是资本、责任和商业的成功。商人在长时间以内是荷兰赢得战争、战胜饥饿的主要力量。

利用机遇：地理大发现使欧洲贸易中心北移。机会总是为有准备的人准备的。在1453年，东罗马帝国首府君士坦丁堡被奥斯曼土耳其人攻陷，欧洲人从此再也不能像他们的前辈那样通过波斯湾前往印度及中国，进行需求量巨大、利润极高的香料贸易，而转为向海洋开路，开始进行"地理大发现"运动。在地理大发现后，在一边是欧洲、一边是其他世界的贸易格局中，荷兰正好成为连接欧洲南北集市和转运贸易的中心位置。在地理大发现后世界贸易快速发展中，荷兰人利用自己独特的压位优势，紧紧抓住国际贸易大发展的机遇，不断扩大原料产地、市场以及交换手段，促进了资本主义的原始积累。

荷兰精神：不愿屈服于权威，崇尚自由自在的自然权利，是荷兰人梦寐以求的奋斗目标，成为惯有的民族性格，也成为荷兰人摆脱西班牙统治，第一个走上资本主义革命的重要动因。制度尤其是国家制度，既要有国内"崇商"和"利商"的社会认同，还要通过非常手段获得国际认同，夺取自我发展"自然权利"。面对当时的强国西班牙，为了获得"自然权利"，荷兰人民从1566年4月要求废除西班牙统治者颁布的"血腥律令"开始，到1648年西班牙签订的《威斯特发利亚和约》正式给予联省共和国以独立的地位结束，进行了长达80年的战争。期间国小人少的荷兰，成为一个勇敢的斗牛，他们不怕战争，事实上，荷兰是在战争中完成原始积累的；他们不急于求成，坚持持久战，边战争，边贸易，不断进行制度创新来适应地理大发现后的商业资本的运行规律，获得权威争夺的实力，让实力为权利奠定基础，而不是仅仅自诩垄断了真理。

制度创新：荷兰人是世界上最早进行现代资本主义制度创新的国家之一，变腐朽为神奇的法宝，归根到底，制度创新做两件事情，第一是为资源，比如劳动力、资本、土地提供流动的渠道，第二是为资本流向最优位置提供足够的诱饵。在前者，17世纪的荷兰，通过"自由""以人为本"等形成制度落差，提供了国内所需的稀缺资源进入荷兰的渠道，资本、人才、经营网络能够在国内组建的各类市场得以完善；在后者，荷兰的金融扶持、政策庇护、产权保护、身份转换等提供了足够的吸引力。商人利益高于一切为制度创新的基本宗旨。制度创新使荷兰成为世界上所有商人可以来、愿意来、来而无忧的世界性商场。

综上所述，17世纪的荷兰，凭借在工农业生产中的效益，地理大发现后在世界贸易中的压位优势和一系列制度创新，在世界贸易中居于主导地位，其在贸易中所积聚起来的巨额商业资本，又转化为金融领域的优势，并使荷兰最终确立了世界经济霸主的地位。但荷兰由于长期过分单纯倚赖贸易，最后导致工业生产萎缩，技术水平下降。其庞大的商业资本未能促使荷兰完成由商业王国向工业巨人的转变。而后起的英国，却加速本国的工业发展，最终超越荷兰，率先完成工业革命，成为显赫一时的"日不落帝国"。由此可见，独立健全的国民经济体系才是一国的立国之基，没有工业的发展，其他领域的发展就难以长久。站在更高的历史角度看，荷兰的兴衰，正如其前的葡萄牙、西班牙，其后的大不列颠一样，表明霸权不是永久的。无论当时多么显赫，历史也不会终结在那里。这对于生活在当今世界的我们，也许更具现实意义。

第四章 "日不落帝国"——英国

地处欧洲西北一隅,以北海和英吉利海峡与欧洲大陆隔海相望的不列颠群岛,在 17 世纪中期以后异军突起,逐步发展为在全世界占有最多殖民地,并主宰世界海上贸易的"日不落帝国",成为近代以后、第二次世界大战前世界上著名的大英帝国。英国的崛起和衰落过程表现出许多现代性特征。

一、"光荣革命"与君主立宪制的确立

英国资产阶级革命建立的君主立宪制是支撑英国崛起的首要因素,为英国近代发展奠定了坚实的政治与社会基础。

(一)"光荣革命"前的英国

历史上的不列颠群岛四面环海,易守难攻,而作为英国人的天然疆界——海洋,也曾经帮助英国人成功抵御了大陆入侵者,英国也一度成为"快乐的英格兰"。但是,尽管英国独居不列颠群岛,但英国的发展进程仍多次被外来侵略者打断。在与侵略者一千多年的交往和抗争中,不列颠接纳了各式各样的民族。1066 年,来自法国的征服者威廉登基后称一世,建

立诺曼王朝，诺曼人所操的法语在一段时期内成为英国的官方语言。而盎格鲁—撒克逊人使用的所谓"英语"也一直延续，直到1295年英王爱德华一世第一次在英国议会上以使用语言作为议题进行演讲，国民反法情绪被点燃，此后英语成为英国的官方语言，之后的文学作品中开始出现"英格兰民族"。大体来说，13、14世纪之交，英格兰作为一个统一的民族已经形成。①

统一后的英格兰先后经历了金雀花王朝、兰开斯特王朝、约克郡王朝、都铎王朝与斯图亚特王朝。英国的臣民身上流淌着海洋文明的血液，具有对外扩张和冒险的天性，以尽可能地开疆扩土和扩充实力为己任。当英格兰王国完成不列颠内部的整合后，它就将目光瞄向欧洲大陆。英格兰的这种追求致使英国与欧洲大陆国家间的领土争夺战连绵不断，直至英国在百年战争中失败，英国才改变对欧洲大陆的政策。百年战争后的100多年里，英国在欧洲舞台上黯然失色，几近被别国忽略。但在英国国内，从中世纪向近代转变的进程虽然缓慢，但其经济政治社会制度和意识形态都在进行调整与更新。英国的专制王权是时代的产物，它发源于使英国贵族遭遇灭顶之灾的玫瑰战争之中，兴盛于英国呼唤国家主权独立之时，注定将肩负起实现英格兰的统一和自立两大历史使命。国王在实现国家统一和自立的过程中扮演了引领民族的角色。②

虽然处于王权极盛之时的都铎王朝创建了民族国家，但在英国中世纪业已形成的"自由"传统，给王权带来了三大原则性的限制：其一，国王没有独立的立法权；其二，国王不得擅自征税；其三，国王违法执政时，谋臣及代办官员可将其代替。这些原则成为区分英国的专制统治与欧洲大陆其他国家的专制制度的重要特征，发展为独特的"国王在议会"的宪政，

---

① 唐晋主编：《大国崛起》，人民出版社2006年12月版，第136页。
② 唐晋主编：《大国崛起》，人民出版社2006年12月版，第144页。

即国王没有绝对统治权力，所有政策的制定实施必须得到议会认可。

即使对绝对的权威极为渴望，英国的专制君主也仍受到议会传统的约束，尊重臣民的"自由"。但作为都铎王朝最后一位君主的伊丽莎白女王去世之后，英国王位被来自苏格兰的斯图亚特家族取得，都铎王朝的谱系被迫中断。詹姆斯一世对英格兰的传统几近无知，不懂得国王权力的合法性源自于议会的认可。崇尚国王集权的詹姆斯一世及其儿子，还将"君权神授"理论付诸实践，并为达目的而不择手段。这样，国王与民族的结合破裂，而且一步步走向对抗。[①]

1637年之后，英国进入了一个冲突动荡时期，即革命时期。宗教问题引燃了革命的导火索：对天主教斗争使得英国的民族国家得以建立和巩固起来，反抗天主教成为整个英格兰的民族意识。然而，斯图亚特王朝对此却不以为然。在清教蓬勃兴起的背景下，他一意孤行地保护天主教，使英国大众的民族感情严重受挫。宗教冲突最终带来革命冲突：1637年，劳德大主教强令苏格兰教会接受英国国教的祈祷书，引发了苏格兰人民的反抗，同时也引发了英国革命。这场冲突使英国分裂成以宗教信仰为最明显界限的两大阵营：凡是支持国教（即天主教）的都支持国王，凡是反对国教的都支持议会，因此，英国革命又被称为"清教革命"。尽管清教本身由于派别众多而并不统一，但相比于国教徒，清教徒的宗教热情表现得更为强大，他们对自己"上帝选民"的身份深信不疑，自认为被上帝赋予拯救世界的重任。除了宗教因素，"自由"成为革命的真正口号，议会也以此将人民号召起来。"生而自由的英国人"是历史赋予的光荣遗产，捍卫自由的权力构成革命的合法性。没有"自由"的价值观，革命就丧失了依据。但革命的真正目标是树立议会的权力。战争胜利之后，议会提出了主权问题，但战争爆发之时，议会还仅仅是为生存而战的。这也从一个侧面表明，

[①] 唐晋主编：《大国崛起》，人民出版社2006年12月版，第144页。

奥利佛·克伦威尔（1599年—1658年），英国政治家、军事家、宗教领袖，清教徒革命的首脑人物，是议会军的指挥官。从1653年称护国公开始掌权并进行独裁统治。

专制王权已经完成了自己的历史使命，议会则以人民的名义要求获得主权。从这个角度看，革命的实质是推翻专制。①

正是相信自己能够代表人民，议会于是以人民的名义于1649年1月30日处死查理一世，将革命推到顶峰。从此之后，英国历史进入了一个特别时期：11年中王位空缺，共和国当道。以克伦威尔为首的军队发动了英国历史上第一次军事政变，并于1653年驱逐了早已残缺的议会，不久克伦威尔就任护国公。1658年，克伦威尔死后，斯图亚特王朝便迅速复辟，革命又回到了起点。

（二）"光荣革命"的发生

1688年8月，荷兰执政威廉接到一封由当时英国7位政要共同起草的秘密邀请信。这7位政要包括英国议会中的"辉格""托利"两党领袖人物及宗教界代表。他们在信中邀请威廉率军队前来英国，进而取代当时在位的国王詹姆斯二世，"帮助捍卫英国人的自由"。接到邀请信后，威廉旋即于3个月后率军在英格兰西部的托尔湾登陆，沿途拥护威廉的贵族不

---

① 唐晋主编：《大国崛起》，人民出版社2006年12月版，第145页。

断增多。为解决这个危机,詹姆斯任命约翰·丘吉尔为陆军统帅,领兵对抗威廉。但出乎詹姆斯意料的是,此时的宫廷中存有一个反对他统治的集团,而约翰·丘吉尔正是这个集团的核心人物。因此,出兵之后,丘吉尔立即投向威廉。至此,詹姆斯二世的败局已定。

入主伦敦后,威廉召开了由各地区代表参加的会议,此次会议便成了后来新一届的议会。会上"辉格""托利"两党达成共识,议会宣布新一届国王临朝,威廉和妻子玛丽获得了英国的王位。在此之前,议会发布了限制新国王登基条件的《权利法案》,法案明文规定了英国臣民所享有的各种权利,如征税权归于议会、臣民可以自由地请愿、议员可以自由发表政见、议会应当定期召开,等等。从此《权利法案》成为英国宪政中最为重要的奠基性文件之一,为现代英国君主立宪制的形成打下了坚实的基础。

随着詹姆斯二世的出走,英国以更换一个国王的代价完成了"光荣革命"。1688年的革命之所以光荣不仅在于它避免了流血冲突,更在于它完成了1640年以来的历史任务。根据事前协议,威廉宣布接受《权利法案》。问题的关键不在于法案的条款如何,而在于国王必须是议会选举产生,服从议会的法律,遵从议会的主权。换句话说,在"光荣革命"中,专制的王权连同独立的王权

1689年,英国议会向威廉三世、玛丽二世宣读《权利法案》。威廉三世(1650年—1702年,1689年—1694年在位),尼德兰奥伦治亲王;玛丽二世(1662年—1694年,1689年—1694年在位),英王詹姆斯二世的女儿,威廉三世的妻子。光荣革命中,英国议会和威廉驱逐詹姆斯二世,威廉与玛丽共同成为英国国王。

一块儿消失了。此后,个人统治国家的时代结束了,而由代表人民的议会进行国家事务的管理。"光荣革命"奠定了英国君主立宪制的基础,这一制度与欧洲大陆的君主专制制度相比,显得更加宽松、自由和开放,从而为英国资本主义的迅速发展提供了有利条件。①

(三)"光荣革命"意义与局限性

"光荣革命"确立了英国的君主立宪制度,此后,国家的最高权力不再被国王一人掌控,而是被民选的议会所掌控。除了《权利法案》之外,"光荣革命"还催生了其他诸项法律文件,如《兵变法》《宽容法》《三年法》《叛国法》《继承法》等等。这些法律条约共同作用、互为补充,构成了一个完整的宪政制度体系。

虽然"光荣革命"是以未流血的方式实现的,但在此之前英国却发生过一场实实在在的"流血"革命,即英国内战。一旦暴力机器开动起来,便遵循它自有的逻辑——一支强大的军队在武力革命中诞生了,而这一结局对实现人们当初维护"自由权利"的革命理想毫无益处。于是出现了这样的景象,革命是以反抗国王的专制统治、维护议会的自由权利开始的,但国王被处死了,议会也失去了自身的权利,起而代之的则是一个以武力为后盾的军事强力集团,即克伦威尔军事独裁政权的建立。②

如此,即便是向来保守谨慎的英格兰人,也同样犯下类似的历史错误。但他们却汲取了历史的教训,避免了再犯同样的错误。于是我们看到,英国人拿起了武器来阻挡专制的复辟,捍卫自己"自古就有的自由";到了1688年,同样是为了"捍卫自由",则是7位贵族领袖在密室谋划,邀请一位外国君主前来干预。这便使得英国人跳出了历史的恶性循环。

---

① 唐晋主编:《大国崛起》,人民出版社2006年12月版,第147页。

② 唐晋主编:《大国崛起》,人民出版社2006年12月版,第147页。

世界近现代化的步伐伴随着民族意识的觉醒、民权的强大、特权的消逝而不断加快,自由和民主的潮流势不可挡。当人民面对专制暴政的时候,历史便赋予他们使用武力捍卫自由的权利。事实上,自《大宪章》以来英国人就一直是这样做的。

在这样的大背景下,原本可以主动开启变革的詹姆斯一世和查理一世,不能看清大势,在应该作出退让的时候却一意孤行,从而进一步激化了社会矛盾,引发了暴力革命。可以说,正是查理一世的一意孤行,才把整个英格兰民众逼上了造反的道路,也最终造成本人人头落地的悲剧。

1688年的政变是英国资产阶级、新贵族与旧贵族妥协的结果,但这种妥协是必要的。因为当时詹姆斯二世以恢复天主教和新法政策为核心的倒行逆施,激化了英国的社会矛盾,危及到资产阶级在革命中所取得的成果,损害了资产阶级和新贵族的利益。在这样严峻的形势下,唯有果断地将詹姆斯二世赶下台,革命的基本成果才能够守护。"光荣革命"迅速地、顺利地结束詹姆斯二世的统治是一种明智的选择。从当时的形势看,新的人民革命正在酝酿。而英国革命的任务仅仅是扫除发展资本主义的阻碍,一旦出现新的人民革命,虽然可以解决詹姆斯二世统治的问题,但将会导致新的社会冲突和动荡,将危及资产阶级的根本利益。用政变的方式解决王朝复辟,避免社会动荡,不失为明智之举。

从客观上看,"光荣革命"开启了英国历史上一段长期稳定发展的时期,资本主义获得了良好的发展环境。与资本有联系的土地贵族和资产阶级上层掌握政权后,大力促进手工工场的发展。议会通过圈地法,掀起了空前规模的圈地运动,同时积极开拓海外殖民地,扩大市场和原料来源。这些政策措施加速了英国资本的原始积累,为18世纪的工业革命准备了条件。"光荣革命"建立的君主立宪制使资产阶级巩固了自己的统治,为英国资本主义的发展创造了条件。

君主立宪制从确立到完善经历了很长一段时间,在此期间,君主的权力不断衰落,议会的权力日益上升,产生于议会的责任制政府也逐步建立起来。"光荣革命"为不断的变革发展打开了通道,这是英国最终能够引领世界潮流的最重要因素。1689年的《权利法案》确立了君主立宪制的基本框架,1689年的《兵变法》则在很大程度上剥夺了国王对军队的控制权,1694年的《三年法案》使得议会成为一个限制王权的常设性立法机构。1701年《王位继承法》使议会在王位继承问题上也发挥了决定性影响,表明国王不再是血统世袭的当然产物,而是由议会来做最后的决定了。① 此外,国王否决权的失去是君权灭亡的一个重要步骤,可以说,在英国人开始限制国王的权力之时,整个欧洲还都在加强君主权力。

英国是最早确立内阁制的国家,现代意义上的政府就起源于英国。"光荣革命",特别是英国进入汉诺威王朝后,英国现代意义上的政治制度基本确立的标志就是两党政治与内阁首相的出现。纵观当时的世界各国,大多数国家依然是君主专制当道,有些国家的"政府"不过是国王推行一己之私的工具。有着首创精神的英国人,在世界上第一次破除了专制王权,并在架空国王的基础上建立了首个责任制政府,人民通过议会掌权,英国成为现代政府制度当之无愧的创立者。英国人在政治制度方面的重大创新,被后来步入民主政治的西方各国学习借鉴,英国的这种首创性,对世界各国政治的发展有着深远影响。

"光荣革命"后,英国国内长期的政治纷争终告结束,英国关注的重点转向对外殖民扩张。此后近百年中,英国积极同欧洲各国在世界范围内争夺霸权。到1763年英法战争结束时,英国已建立了以北美殖民地为中心的庞大的第一帝国。第一帝国的建立表明英国已成为世界最主要的殖民帝国,为以后英国成为"世界工厂"提供了广阔的外部市场。②

---

① 唐晋主编:《大国崛起》,人民出版社2006年12月版,第147—148页。
② 唐晋主编:《大国崛起》,人民出版社2006年12月版,第148页。

二、工业革命与"世界工厂"的确立

英国是世界历史上最早进行工业化和现代化的国家。英国工业革命不仅使其成为"世界工厂",而且为大英帝国的发展奠定了坚实的工业基础。

(一)工业革命的成因

与西班牙相同,英国的霸权建立于殖民扩张和宗教冲突。尽管其霸权扩张也受到宗教的影响,但其殖民扩张活动主要动力来自于为工商业开拓世界市场。近代英国的崛起和称霸是建立在对海洋牢牢掌控的基础之上,而掌控海权靠的是近代工商业的发展,即以海权孕育霸权,以实业经营海洋。而英国霸业之所以在很长时间里能够保持长盛不衰,则与政府的政策和引导息息相关。

一是技术的进步助推工业革命。1781年,瓦特制成第一台大型蒸汽机,成为第一次工业革命最重要的发明。蒸汽机的出现标志着人类社会进入了"蒸汽时代",即近代工业文明的时代。18世纪之前,英国的炼铁燃料都是木炭。由于大量伐木,木炭的价格日益昂贵,燃料问题的解决成为冶金的关键。1776年,约翰·威尔金森使用瓦特改造的第一批蒸汽机给炼铁炉成功鼓风;1784年,蒸汽机带动碾压机和切铁机。蒸汽机大量用到冶金业,加速了冶金业机械化进程,使钢铁工业摆脱了对水力的依赖,推动了钢铁工业的发展,从而推动了整个工业的发展。工业革命之初,修筑公路、开凿运河,虽然为解决运输问题发挥了重大作用,但人力木造船只和四轮马车等落后的交通工具,已不能满足工业飞速发展的需求。1807年,富尔顿发明了第一艘以蒸汽为动力的轮船"克勒蒙号",航行于纽约与奥尔巴尼之间。从此轮船在英国的海洋运输上占据重要的地位。英国的水上交通工具得到改进时,加上工商业的进一步发展,提高了蒸汽机运用到陆上运输工具的速度。1814年,由乔治·斯蒂芬逊创制第一台牵引力很大的蒸汽机

18世纪,英国伯明翰附近的工厂内,依照瓦特设计的蒸汽机而制造的第一部蒸汽机。1769年,英国发明家瓦特(James Watt,1736年—1819年)制造出世界上第一部有实用价值的蒸汽机,从而推动了英国和欧洲的第一次工业革命进程,标志着世界进入"蒸汽机时代"。

车,1825年,英国铺成世界上第一条铁路。从此,陆上交通进入铁路时代。蒸汽机给社会经济发展带来了巨大的革命性变化,恩格斯称它为"第一个真正的国际性发明"。蒸汽机不仅在冶金业以及运输业的发展上起到推动作用,更是极大地推动了整个工业革命的发展。

二是政治发展为工业革命提供保障。"光荣革命"中建立的"君主立宪制"为资本主义发展提供了合理的制度框架。在这种制度下,有产者牢牢地掌握政权,财产被视为"自由"的基本条件。同时国家又不受一个人的摆布,经济的增长不会因有可能威胁到国王的个人权利而受到压制。① 英国于1215年通过的《大宪章》,确保了个人的基本权利。诺斯在《西方世

---

① 唐晋主编:《大国崛起》,人民出版社2006年12月版,第152页。

界的兴起》中盛赞"光荣革命"后的制度框架对于英国产业革命的意义：到1700年英国的制度框架为经济的增长提供了一个适宜的环境……也许最重要的是，国会至上和习惯法中所包含的所有权将政治权力置于急于利用新经济机会的那些人手里，并且为司法制度保护和鼓励生产性的经济活动提供了重要框架。[①] 直到1700年，英国实现了持久的经济增长，产业革命舞台已经布置就绪。

三是具有领先于欧洲别国的社会结构之优势。自16世纪始，旧式贵族的衰落与中产阶级的兴起，英国逐渐形成了层级分明的社会结构，以三个社会阶级——土地贵族、中等阶级与工资劳动者为主体。三层级的社会结构打破了传统农业社会中的"地主—农民"的双层社会结构，新涌现的社会群体优化了原来那种封闭的、刚性的社会结构，形成具有一定程度的开放性的、流动性的弹性社会结构。英国社会结构的独特性，为其向现代工业社会的转型提供了必要的社会基础。在当时欧洲大陆的其他国家中，中等阶级虽已产生但力量却相对弱小，社会功能尚未健全。正在形成的货币地租，仍具有封建地租性质。因而，原有的社会结构虽已过时，但尚未解体；新的社会力量虽已产生，却尚未强大到可以与旧势力抗衡的地步。[②] 于是，在面临一个新的历史转折关头时，英国领先一步，其他国家则落后了。

四是大量来自殖民地的原料为工业革命提供坚实的物质基础。值得注意的是，英国进行工业革命之时也正是英国殖民贸易的鼎盛时期。这充分说明，殖民地贸易所提供的充足资金和原料，促进了英国工业革命的迅速完成，而工业革命的快速发展又为殖民地的进一步扩大提供支撑。英国的繁荣在很大程度上依赖贸易的开展，19世纪的英国经济越来越强调制造业

[①] 唐晋主编：《大国崛起》，人民出版社2006年12月版，第152页。
[②] 唐晋主编：《大国崛起》，人民出版社2006年12月版，第153页。

而不是农业，国家需要把国内生产的产品销往海外市场。①英国在海外贸易和工业相互促进的发展中越来越富足和强大。

五是英国思想家们为工业革命不断输送精神动力。合理的制度框架和社会结构最终促使英国人形成独有的工业民族精神，也即是马克斯·韦伯所提出的"合理谋利"精神。所谓"合理谋利"，是与在前工业社会中以非经济的强制手段吞占社会财富为特征的谋利手段相对而言的，这与英国的清教传统有密切的关系。②此时的英国在三件大事上远远领先于世界其他国家民族：虔诚、商业和自由。自亨利八世宗教改革以来，英国就形成了浓厚的清教氛围。清教所倡导的，一是勤奋，二是节欲。清教鼓励人们追求财富，又反对人们不讲信义。这种提倡"合理谋利"的教诲，促使主要是新型的城市中等阶级的人们，靠自身的努力去扩大生产、创造财富，并且创造出一种全新机制。在这种机制下，农民产生强烈的市场兴趣，积极将他们的富余产品拿到市场出售获利。随着这种自治城市与乡村之间的经济联系日渐紧密，国内市场逐渐成型，并带来了两方面的结果：其一是促进了加工产业的专业化分工，最终演变为英国的民族工业；其二是孕育出一种与纯农业社会完全不同的精神追求与价值体系，正是由于这种追求与价值体系，才产生出工业民族精神。

英国在工业化道路上面临着许多思想上的障碍，此时英国的思想家们的作用得以显现。从霍布斯开始，到约翰·洛克，他们的著作都阐述了一个共同的理想：即个人通过劳动所得到的私有财产神圣不可侵犯，这是"天赋人权"的一个必要组成部分，政府和国家应该保护个人的私有财产。到18世纪工业革命以前，这一思想渐渐被人们广泛接受。工业化过程中财富

---

① 赵丕、李效东：《大国崛起与国家安全战略选择》，军事科学出版社2008年版，第291页。

② 唐晋主编：《大国崛起》，人民出版社2006年12月版，第154页。

急剧增长,很多国家对确立私有财产原则的重要性的认识是在工业化带来的财富急剧增长之后,而英国却在工业化到来之前就解决了私有财产的地位问题,这是英国率先走向工业化的一个重要因素。①建立财产私有制后,工业革命另一个重大障碍便是重商主义。作为指导英国发展的国家政策,重商主义曾经帮助英国保持过去的财富,但在工业化方兴未艾的时候,它变得越来越不合时宜。于是,突破重商主义的束缚,为经济"松绑",就成为时代的需要,②自由主义的经济理论在这种背景下应运而生。英国由此成为古典自由主义经济学的重镇之一。

(二)工业革命的影响

工业革命为英国霸权的建立提供了重要支撑。首先,英国率先实现了大规模的机器生产。从18世纪中后期起,英国借助工业革命迅速提升整体国力,到19世纪50年代凭借纺织业、采煤业、炼铁业、机器制造业、海运业确立了其"世界工厂"和贸易中心的地位。比较而言,英国的工厂规模比其他国家的大,设备比其他国家好,技术比其他国家先进,劳动生产率也是最高的。英国生产出物美价廉的产品,在国际市场竞争中处于绝对优势的地位。在一些重要产品生产与销售上,英国几乎没有对手。

其次,英国开辟了广阔的国际市场。七年战争是英国走出欧洲、与法国争夺世界霸权的一场决定性战争。③战争的目标十分明确,即全力争夺海外殖民地,并独占殖民地的贸易。英国军队主要在北美、印度和海上作战。战争开始后,英国的军事优势尤其是海军力量的优势逐渐显露出来。在北

---

① 赵丕、李效东:《大国崛起与国家安全战略选择》,军事科学出版社2008年版,第291页。

② 赵丕、李效东:《大国崛起与国家安全战略选择》,军事科学出版社2008年版,第292页。

③ 唐晋主编:《大国崛起》,人民出版社2006年12月版,第149页。

美、加勒比以及印度的陆战中，英军取得胜利；海战方面，从1759年起，英军先后击败法国地中海舰队和大西洋舰队，法国的海上军事力量基本上被消灭。到1763年战争结束时，英国以胜利者的姿态与法国签订了《巴黎和约》。合约奠定了英帝国的基础，英国牢固树立了全球殖民霸权和商业霸权。① 在将近一个世纪时间里，英国人开疆扩土，用战争构筑起强大的殖民帝国，它以商业和贸易为目标，政府在其中起着重要作用。兰德斯曾一针见血地指出：没有一个国家更能响应商人阶级的要求，更没有一个国家更能警觉战争的商业含义。② 到18世纪，以英国为中心，辐射整个殖民地的商业贸易圈基本形成。在这个贸易圈中，作为宗主国的英国提供工业品或制成品，美洲殖民地提供烟草、鱼类及海防仓库，西印度群岛殖民地提供蔗糖及其他热带农副产品，印度则提供香料。值得注意的是，在北美殖民地独立以前，工业革命在英国还没有真正开始，外部市场的重要性还没有充分显示出来。但即便是在这样的情况下，英国人已经认识到商业贸易的重要性，认识到外部市场对国家的重要性。工业化之前，英国已经拓展了外部市场，由此而造成广阔的市场需求，刺激了生产，驱动了突破传统生产方式的工业革命的出现。

最后，促成英国工业化的实现。恰如19世纪英国的政治民主来之不易，资产阶级的经济自由也是经过一番努力才获得的。工业革命前，英国政府根据重商主义原则，长期实施限制进口、支持出口的保护关税政策。最典型的行为是1815年制定的《谷物法》，规定当国内的小麦价格低于每夸特80先令时，禁止外国谷物进口。这项自私的法令保证地主阶级继续获得高额利润，却严重损伤了工业资产阶级的利益。在此后的二三十年里，工业

---

① 唐晋主编：《大国崛起》，人民出版社2006年12月版，第149页。

② 刘金源：《论近代英国霸权崛起的几个要素》，《历史教学》2008年第14期，第13页。

资产阶级一再举起"自由贸易"的旗帜，要求废除《谷物法》，改变政府现行经济政策。

1846年皮尔政府正式废除《谷物法》，1849年罗素政府废除《航海条例》，英国经济上的自由放任主义开始全面推行。与此同时，英国在19世纪40年代也完成了工业革命，"乡村建起了灰暗的厂房，城镇竖起高耸的烟囱，工厂里回荡着机器的轰鸣"。工业革命也使英国顺利地登上了世界工业霸主的地位：1850年，英国生产了全世界的呢绒制品、棉制品和铁产量的一半、煤产量的三分之二，其他如造船业、铁路修筑都居世界首位。1860年，英国生产了世界工业产品的40%~50%，欧洲工业品的55%~60%。1850年英国对外贸易占世界贸易总量的20%，10年后增至40%。英镑成为世界货币。1851年在伦敦召开的第一届世界博览会向全世界展示了英国工业化的成果，并宣告英国成为世界上最强大的工业化国家。但英国只占地球陆地面积的0.2%，人口在当时只有1000多万，远比欧洲其他国家少得多。用英国的历史学家L.C.B.席曼的话说，工业革命使世界获得了一种新的动力。一个时代的风气如新世界的大河汹涌奔腾，不可阻挡，而率领这个新世界的，正是工业革命的摇篮——英国。

三、"岛国心理"与"光荣孤立"政策

一个民族所处的自然地理环境对这一民族心态和国民性格的形成、发展和嬗变均产生巨大的影响。英国四面环海，英国人天生就有着强烈的岛国意识，这种岛国意识在英国后来所进行的殖民扩张中变得更为强烈，并从民族意识逐渐上升为民族自觉，形成了独特的海洋文化。然而，英国人所拥有的岛国民族的固有特性曾经在很长时期被掩盖于各种因素之中。在

百年战争结束之前，英国人怀有"浓郁的大陆情结"①。只是在百年战争结束后，英国人对大陆的激情才被迫减退，但仍未彻底放弃。此后的105年里，为固守在大陆的最后一块领土加莱港，他们仍然不惜耗费巨资，耗费了英国国会的大量拨款。玛丽女王的轻率使英国人最终丧失了大陆的最后桥头堡，也迫使他们不得不告别大陆。加莱的失去一方面使英国成为完全意义上的岛国，另一方面又使得英国人对大陆政治产生了更强烈的厌恶感。由此，英国人在心理上也不断朝岛国民族的方向发展。

"岛国情结"作为一种深埋于英国人思想意识深处的文化积淀，甚至制约着他们的外交策略。在几个世纪中，英国以惊人的速度和方式扩张领土，但这种扩张是在亚洲、非洲和美洲进行的，而不是在英吉利海峡的另一边。②"英国在欧洲没有领土的野心"。它对欧洲实行的是均势战略。均势是一个国家处理国际关系的一种手段和政策，是一种权力平衡的外交战略。英国首相丘吉尔曾经指出："均势是英国外交政策极为本能的传统。"③的确，在近代几个世纪中，英国或结盟、或"孤立"、或干涉、或战争，使用各种手段，极尽纵横捭阖之能事，目的是建立并维持一个势均力敌、互相牵制的欧洲大陆。故而有人称："均势是研究四个世纪英国对外政策的主要线索。"但是，英国统治者谋求均势主要是在欧洲大陆，在海上和殖民地方面则力争建立自己的优势和霸权。

（一）操控欧洲大陆均势

为了维系欧洲大陆均势，英国在近代一度把法国视为主要竞争对手。

---

① 计秋枫、冯梁等：《英国文化与外交》，世界知识出版社2002年版，第23—37页。

② 赵丕、李效东：《大国崛起与国家安全战略选择》，军事科学出版社2008年版，第306页。

③ 李义虎：《均势演变与核时代》，浙江人民出版社1989年版，第11页。

1688年威廉入主英国后,英国开始和荷兰等国联合打击称霸欧洲大陆的路易十四统治的法国。英国几乎联合了整个欧洲以孤立法国。从1689年到1789年,英法之间共爆发了六次大规模的战争,其中最著名的是1701年至1714年的西班牙王位继承战争与1756年至1763年的"七年战争"。对于英国来说,西班牙王位继承战争的主要目的在于打击法国在欧洲的霸权。通过战争,英国人打击了法国与西班牙,也间接削弱了另一个潜在的敌人荷兰。至此,英国在海洋与贸易上已经占据主导地位。而走上海上殖民帝国之路,关键性的因素是获取西班牙帝国的30年的黑奴贸易特权,以及对直布罗陀和米诺卡岛的占领,让英国的海军可以进入加勒比海与西地中海,获取制海权与贸易主导权。同时,为保持均势,英国也不愿见到俄国在欧洲获得主导地位。因此,英国又改变政策方针,未将法国彻底击败,绕过自己的盟国开始与法国和谈,实际上停止了对法作战。由于英国在此次战争中获利甚多,为保住胜利的果实,由沃尔波尔执政的英国曾实行了近20年的孤立主义政策,主要目标是争夺殖民地,而对欧洲事务干涉较少。直到18世纪50年代中期,法国势力再次膨胀,英国新上台的皮特政府才决定对法国重新开战。

七年战争中,英国企图夺取法国的殖民地,垄断整个制海权。法国则试图吞并英王在欧洲的世袭领地汉诺威,并保护法国在美洲和东印度的殖民地。英国和法国是几百年来的宿敌,法国几番鼓动并且支持苏格兰对抗英国,不断准备入侵英国本土。当时,法国是唯一能在海上、殖民地世界挑战英国的国家。彻底击败法国,攫取其在美洲和印度的殖民地,英国将成为当之无愧的世界霸主,所以老皮特天天在议会发表演说,鼓吹战争。当时英国和奥地利、俄国是盟友,皮特的说法是只要把法国的同盟者普鲁士拉过来,组成英、奥、普、俄对法大同盟,英国就可以赢得半个世界了。英国议会被他成功说服,他遂向普鲁士提出共同防御法国的建议。

1756年11月被任命为国务大臣的老皮特认为,一旦打败普鲁士,法国就会成为欧洲大陆的主人。他认为英国应该拨款支援普鲁士，使其有能力将法国牵制在欧洲大陆，英国在海外方能大显身手。因此在1757年1月，英国与普鲁士第二次签订盟约，答应给予普鲁士援助贷款，并派出军队保卫自己的世袭领地汉诺威。七年战争最重要的部分不是在欧洲大陆，因为在那里只不过发生了微不足道的几场小规模战役。它的主要战场在大西洋、北美以及印度。大英帝国形成的第一步，是在17世纪从荷兰人的手中抢夺了海上霸权。第二步是通过西班牙王位继承战争结束后签订的《乌特勒支条约》垄断大西洋两岸的三角贸易，急速地扩充舰队。到1758年，英国已有156艘外洋军舰，而法国只有77艘。第三步，就是削弱老对手法国的海军实力。此计划曾被法国黎塞留公爵在米诺卡岛打败英军的战争阻挠。后来，英国海军上将爱德华·斯科恩于1759年4月在葡萄牙外海摧毁了一支法国舰队，加上基伯龙湾的另外一次胜利使得削弱法国海军的计划得以恢复。结果是法国及其殖民地的贸易，从1755年的3000万里弗尔降到1760年的400万里弗尔。

大西洋霸权争夺战即将获得胜利之时，英国迈开了征服法属美洲的道路。当时新法兰西扼守了从五大湖地区直至密西西比流域的地带，阻断了新英格兰向西扩张的道路，这是英国殖民者们无法容忍的。加拿大和路易斯安娜是新法兰西的两扇门户。最近的加拿大这扇门，是由法国建造的路易斯堡要塞防守的。要塞驻守6200人和10条船。战争打响后，自法国而来的援兵，在途中被英国舰队阻截。要塞守军顽强的防御很快被英军炮火粉碎。1758年7月26日，要塞投降，这成为英国征服加拿大的开端。此役的进展曾因法军将领路易斯·约瑟夫·德·蒙卡尔姆的战略谋划和英勇作战而受到阻隔。蒙卡尔姆曾在加拿大取得接二连三的成功，1756年他攻取奥斯威格要塞，控制了安大略湖；1757年，他迫降乔治·华盛顿上校；1758年，他以3800人打败1.5万英国军队。但是当来自法国的补给断绝时，他的好运中止了。在他防守魁北克时，英军指挥官詹姆斯·沃尔夫率领 9000 英军翻越悬崖，抵达亚伯拉罕平原。1729 年 11 月 13 日双方的主将都战死疆场，但最后的胜利属于英国人。第二年 9 月 8 日，法属加拿大总督投降，英国随即侵占了该省。

在美洲与法国争夺霸权的同时，英国的企业、航海、军事、商业各部门也在忙于占领印度。不列颠东印度公司在马德拉斯、孟买和加尔各答都建立了坚固的据点，而法国人则趁莫卧儿王朝衰退之际，在金德纳哥尔建立据点，扩大了自己的势力。七年战争开始后，一位叫克莱武的小伙子率领的一支英国舰队在东印度公司军队支援配合下，攻取了法国的印度据点金德纳哥尔。6 月 23 日，英军一支 3200 人的部队在普拉西战役击败孟加拉总督的 5 万军队，取得了在印度的霸权。英法舰队进行了三次不分胜负的交战，英军的优势在于可以自由地补给，而法军不得不依靠位于印度洋深处毛里求斯的基地。1759 年，法国舰队在拉利·图兰德率领下围攻马德拉斯，但仍无法阻止英国从海上获得补给。1760 年 1 月 22 日，乔治·珀科克的英国舰队获得了决定性的胜利。1761 年，英国形成了独占印度的局面。

英国成为七年战争的最大赢家，法国在《巴黎和约》中被迫将整个加拿大割让给英国，并从印度撤出，只保留了 5 个市镇。英国成了真正的海外殖民霸主，开始书写"日不落帝国"的传奇。

通过七年战争，英国再次削弱了法国和奥地利，扶植普鲁士，建立起欧洲大陆的均势。欧洲这一均衡格局一直维持到法国大革命爆发。18 世纪末至 19 世纪初，法国资产阶级革命和拿破仑战争打破了欧洲均势。面对拿破仑称霸欧洲并向外扩张的情形，英国的小皮特政府通过金钱资助和政治讹诈等手段，伙同怀有向西欧扩张野心的沙皇俄国，拉拢奥地利、普鲁士等一些欧洲大国，再次组成了反法同盟。历经长达 20 余年的反复的战争较量，盟军终于打败了法国。通过维也纳会议签订了《最后协调书》，英国建立起追逐多年的欧洲五极均势体系：一极是"海上霸主"英国，凭借其经济实力和海上霸权扮演着欧洲均势操纵者的角色，不断打压欧洲可能会出现的强国,确保力量均衡;一极是"欧洲宪兵"沙皇俄国;另一极是因外交胜利而上升为一等强国的奥地利;再一极则是跻身于大国之列的普鲁士;还有一极是战败后又迅速复原的法国。这一五极均势结构使欧洲大陆上的力量保持着大体平衡。同时,大陆上存在着俄普与法奥的对抗,对于英国操纵均势最为有利。英国可以利用其欧洲大陆之外的岛国的位置,或涉足于欧洲事务之中,或孤立于欧洲事务之外,享有充分的行动自由。[1]

(二)"光荣孤立"政策的主要特征

源于实用主义的孤立。马克思和恩格斯曾经指出,英国的经验主义和科学结合在一起,推动了英国社会的前进。经验主义、务实精神,影响着英国国民性的形成和发展。英国人追求实际利益和实际效果,而不是恪守某一条可以普遍适用的理论原则,这就是人们常说的"实用主义"。按照英国历史学家法兰克尔的解释,实用主义如果运用得准确,可以帮助政策制定者保持最大可能的灵活性,避免由于意识形态的承诺而超出限度,把外交努力集中在特定利益上,接受铁打的事实。英国依靠力量均势、自由贸易和超然的地理位置,得以在19世纪的世界舞台上取得了其他欧洲国家所没有的主动权。其外交总是在被动中争取尽可能的主动,从不放弃表现主动性的任何机会。[2]

传统的"孤立"与孤立的"传统"。英国长期奉行力量均势政策,这一政策的主要目的是寻求在和平时期避免让自己卷入任何正式固定的结盟关系中,以取得在两个相互对抗的国家或政治集团之间的最大的行动自由权,并能够掌控局面,维持各方的均势。英国也拥有实行这一政策的有利

---

[1] 赵丕、李效东:《大国崛起与国家安全战略选择》,军事科学出版社2008年版,第307页。

[2] 唐晋主编:《大国崛起》,人民出版社2006年12月版,第177页。

条件，如经济实力雄厚、海军强大、海外殖民地广阔、本身不需要固定的盟友，凭借自身力量便可达成自己的政治目的，因此被称为"孤立"政策。尤其是索尔兹伯里任第三届（1887年至1892年）和第四届（1895年至1900年）外交大臣时的外交政策，被称为"光荣孤立"政策。索尔兹伯里外交政策的核心就是谋求英国在欧洲大陆格局中的制衡权力，获得均衡德法俄各方力量的能力，他声称："英国的政策是从容地顺流漂去，偶尔伸出船篙，以免触礁。"这句话对"光荣孤立"政策做了最为形象的概括。丘吉尔评价道："从来没有一位外交大臣像他那样敏捷地使用外交船篙。"当然英国绝不是不需要任何盟友就可以自行其是，也从来没有刻意拒绝别国的拉拢。所谓"孤立"的关键是获得最大的行动自由权而不是使自己受到约束，更不会去承担任何军事义务。从这个意义上讲，所谓"光荣孤立"，可解释为一种"有限责任"的政策，一种保持行动自由的政策。正如英国海军大臣戈申在1896年宣称的："我们的孤立不是软弱的孤立或给自己带来蔑视的孤立。它是一种故意选择的孤立，是在任何情况下可以按自己意志采取行动的自由。"

也正是从这个意义讲，英国具有"孤立"的传统。都铎王朝时期，当政的亨利八世曾让人给他画了一张肖像：画中他右手持一把天平，天平的两端分别是法国和奥地利；左手拿着一块砝码，做出随时向一方添加的姿势。当时的国务大臣红衣主教沃尔西在外交领域纵横捭阖，基于自身需要，频繁地变换盟友，为英国后来的均势战略打下良好的基础。为防止法国向意大利和周边扩张，亨利八世曾联合西班牙和奥地利的哈布斯堡王朝；后来，为打破神圣罗马帝国皇帝查理五世试图建立一个支配整个欧洲大陆的哈布斯堡大帝国的图谋，他又反过来结盟法国和土耳其。英国一方面对菲利普二世的西班牙帝国进行海上骚扰，另一方面还派兵援助那些在法国和荷兰同西班牙作战的部队。英国此举并非出于赞成荷兰的起义或法国的新教革命，而是正如伊丽莎白一世自己所解释的："法国末日到来之时，亦正是英国行将灭亡之日"，因而保持均势对英国来说至关重要。17世纪50年代，克伦威尔统治下的英国重振海军和陆军，择机介入法、西之间的冲突，使天平向利于法国的一边倾斜，西班牙不得不在1659年结束了西法战争，英国这一做法在保持欧洲的均势格局方面发挥了重要作用。但是，西班牙相对衰落之后，法国的势力迅速上升，英国又伙同荷兰与德意志一起组成了反法"大同盟"，并通过对法战争彻底打破了路易十四的扩张意图，再一次维持并进一步稳固了欧洲大陆的总体均势。此后，为了把法国从欧洲霸主的地位上拉下来，英国又发动或积极参与七年战争、奥地利王位战争和拿破仑战争。英国还对波罗的海地区局势的发展态势密切关注，它的一贯的做法就是在这一地区维持力量均势，决不让任何国家威胁到英国最高仲裁者的地位。

　　无奈中的被动与主动。英国的孤立政策基础是其自身所拥有的实力。英国军事上拥有的炮舰和经济上世界工厂的地位，使得英国能够对付和威吓几乎任何一个国家或国家集团。但是，19世纪60年代以后这一情况不复存在。普鲁士在首相俾斯麦的领导下开始取代英国，执欧陆均势之牛耳：它支持俄国镇压1863年波兰起义，又利用英法矛盾使帕麦斯顿在普、奥对丹麦战争中陷于孤立。帕麦斯顿强调说，英国不能眼睁睁地看着丹麦受人攻击，事实上普奥联军进攻丹麦时，英国只能坐视不理。英国操控的欧洲大陆均势局面开始动摇。帕麦斯顿1865年的去世，特别是1870年至1871年的普法战争，标志着英国主导欧洲大陆均势时代的结束。从这时起到19世纪末20世纪初的三四十年间，英国在欧陆以外的地方抓紧海外扩张，在欧洲大陆开始调整自己的结盟政策，在尽力寻求维持大陆均衡的同时，改变之前"超脱""不干涉"的原则，积极寻求建立较为稳固的盟友关系。

四、争夺世界霸权与殖民帝国的建立

"光荣革命"后,英国国内长期的政治纷争告一段落,国家关注的重点转向对外殖民扩张,在此后近一百年中,英国积极参与了欧洲各国争夺世界霸权的斗争,到1763年英法战争结束时,以北美殖民地为中心的庞大的大英第一帝国已经建立起来了。第一帝国的建立表明英国成了世界最主要的殖民帝国,为其以后成为"世界工厂"提供了重要基础。

(一)殖民争霸战与海外殖民扩张

英国参与的第一场殖民争霸战争是1689年至1697年的奥格斯堡同盟战争,又称"威廉王战争"。这场实际上由英国所领导的反法战争持续了8年,英国参战的一个重要原因是英法两国间存在宗教分歧——法国是天主教国家,对信奉新教的英国始终抱有敌意。但此时已经到了18世纪,宗教因素已经不再是国家间纷争的主要因素,取而代之的是各国间因争夺殖民地而发生的冲突。在北美和印度,法国形成与英国对峙的局面,双方之间不可避免地发生商业争夺战。精疲力尽的双方被推到了谈判桌前,签订了《里斯威克条约》。但合约并不能根本解决双方的利益冲突,英、法对立的局面始终存在。

1702年,因为西班牙王位继承问题,英法两国又展开了近9年之久的征战。包括西属尼德兰、德意志、西班牙、地中海以及北美殖民地在内的广大地区狼烟四起,1704年8月的布伦海姆战役是决定两军胜负的关键。此役成就了英军统帅马尔博罗公爵。他带领英国军队打败了优良的法军。战后,法国国王路易十四无法理解实力雄厚的法军为何会战败。从此,他所考虑的问题是如何体面地结束与英国的战争而不再是如何称霸世界。1713年,英法签订了《乌特勒支条约》。英国在此役中取得了巨大的利益:大英帝国的版图进一步扩大,海上力量得到增强,对外贸易等均有巨大的发展。相反，作为战争另一方的法国与荷兰，曾经是英国在欧洲上的劲敌，此役中受到重创，再也无法匹敌英国。英国获得了维持世界上最强海军的权利，助其将商业触角伸向全世界的任何角落。

（二）击败宿敌法国，为海外殖民开辟坦途

1793 年 1 月，法国国王路易十六被革命者推上断头台后，英国正式断绝与法国的外交关系，同时决心参战。随后，英国聚集奥地利、西班牙、普鲁士等国组成了第一次反法联盟，从这时起，历次反法联盟的倡导者都是英国。

第一次反法战争的初始阶段，联盟军队在一系列战役中打败了法军。但法兰西人民的爱国热情被上台执政的雅各宾派充分调动起来，法国很快扭转战局，1793 年法军收复土伦，次年法军又打败英荷联军，将战场推进到尼德兰境内；在北方战场上，普军和奥军也被法军打败，1795 年普鲁士、西班牙不得不退出战争；奥地利也在 1797 年战败后退出反法联盟。至此，第一次反法联盟宣告瓦解。反法联盟的瓦解将英国逼入十分艰难的境地，在法国兼并了荷兰和西班牙的舰队之后，英国似乎要准备迎战法国对其本土的入侵。不过两场海战拯救了英国的命运，也拯救了英国的海上优势地位。在圣文森特角海战中，英军打败了西班牙舰队，霍雷肖·纳尔逊在海战中发挥了杰出作用；另一场海战发生在英吉利海峡，英军打败了荷兰舰队。此时拿破仑在法军中已声名显赫，他认识到无法直接攻击拥有海上强权的英国，便试图通过切断英国与印度之间的通道来削弱英帝国的基础。1798 年拿破仑远征埃及，先后攻占了亚历山大和开罗，只是拿破仑并未认识到他的这个做法会给欧洲大陆带来如此之大的震动，否则他可能会重新审视自己的政策。

俄国在巴尔干和东地中海的利益受到法国在地中海方向扩张行动的危

害，沙皇保罗一世对法国革命的态度再也无法保持消极，决意重开俄法战事。另外，拿破仑吞并爱奥尼亚群岛和入侵埃及的行动也使得法国与土耳其之间的良好关系不复存在。

终于，英国再次获得削弱法国的时机。1799年，英国与俄国、土耳其结盟。普奥两国也开始与英国商谈结盟事宜，第二次反法同盟在英国主导下逐渐形成，但反法战争的考验很快证明本就松散的同盟难以持久维持下去。1800年，俄国与奥地利退出联盟，宣告了第二次反法同盟的瓦解。1800年拿破仑发动"雾月政变"，在马伦戈战役中，被法军打垮的奥军被迫退出战争，法国借此收复意大利北部。第二次反法同盟的土崩瓦解也迫使小皮特政府下台，临危受命出任英国首相的阿丁顿在内政外交的巨大压力下，被迫与法国议和。1802年英法签订《亚眠条约》，反法战争告一段落。

然而，和平仅维持了一年多。根据《亚眠条约》，英国必须退出大陆，并且法国还可以对英国的商品贸易进行封锁。此时英国的工业革命方兴未艾，商品贸易受到限制的英国，无异于被法国卡住了咽喉。因此，1803年春，英国再次对法宣战。1805年10月，英国舰队与法、西联合舰队在西班牙南部沿海的特拉法加，进行了一次总较量。正如英军统帅霍雷肖·纳尔逊所言："情况很明朗，只有打败拿破仑，英国才能真正强大起来。这场战争的胜利者必须是欧洲乃至全世界的主人。"两军交战之前，纳尔逊在旗舰上向舰队发出指令："英国要求人人尽职。"

根据"胜利号"航海日志的记载，这场战争的战况十分激烈，零星的战斗持续了很长一段时间。最终，英国海军大败法国。拿破仑最后10年持有的制海权被英国夺取，拿破仑再也不能利用大陆封锁政策击败英国。1808年，为堵塞封锁欧洲的漏洞，拿破仑进攻西班牙。由于西班牙人民奋起反抗，使得拿破仑入侵西班牙的行动变成其失败的第一根绞索。其间，因不满法国的封锁政策，沙俄也与法国军队进行过较量。对法兰西帝国的最致命一击仍由英国做出。威灵顿公爵于1815年6月18日发动的滑铁卢之役，彻底打败了拿破仑。通过这场战争，英国彻底击败了宿敌法国，再也没有任何力量能够阻碍英国建立全球殖民地。英国在胜利后对宿敌法国的宽容态度使得自己不再需要以战争去建立"日不落帝国"，而只需要建立在"自由贸易"的基础上了。

（三）"重商主义"催生"日不落"帝国

重商主义者大多数都认为：所有的物质只有能够实现且已经实现为货币时才可以称之为财富，从这个意义上讲，货币与财富之间可以画等号。于是重商主义者们都认为，国家所有经济政策的归宿是攫取金银，从而在工业革命初始阶段，激发了新兴资产阶级对金银财宝的极度渴望。就英国而论，在14世纪末已经有人提出重商主义的政策建议。从玫瑰战争结束、英王亨利七世即位的1485年起，重商主义作为一股思潮在英国逐渐形成，在伊丽莎白女王统治和斯图亚特王朝时期迎来高潮，直到18世纪下半期，重商主义思想才开始走向衰落。因此重商主义分为早期和晚期两个阶段。其中，早期重商主义因为极力主张严禁金银出口，在对外贸易上奉行绝对的"少买多卖"原则而又被称为"重金主义"或"货币差额论"。与早期的重商主义不同，晚期重商主义者更注重以赚取财富为目的，他们主张在能够保证有更多的金银运回英国时，可以扩大手工业生产，以生产为基础进行商业扩张。因此，晚期重商主义者又被称为"重工主义"或"贸易差额论"。由于贸易差额论与商业资本的要求相适应，因此晚期重商主义又被称为"真正的重商主义"。第一帝国就是在建立这种理论基础之上的。重商主义者认为，英国首先是生产国，必须利用殖民地提供的原料大量生产商品、之后向殖民地大量倾销自己的商品，通过这样的一来一回，英国资本家们赚得盆满钵满。为此，英国必须实行贸易保护政策，拒绝任何国家染指自己的殖民地。

（四）成就"日不落帝国"

在将近一个世纪时间里，英国人开疆拓土，用战争构筑起庞大的殖民帝国，它以商业贸易为目标，政府在其中起着重要作用。兰德斯指出：没有一个国家更能响应商人阶级的要求，没有一个国家更能警觉战争的商业含义。到18世纪，以英国为中心，辐射到整个殖民地的商业贸易圈基本形成。这时，英国人已经认识到商业贸易的重要性，认识到外部市场对国家的重要性。工业化之前，英国就已经拓展了外部市场，由此而造成广阔的市场需求，市场需求刺激了生产，驱动了突破传统生产方式的工业革命的出现。

在"滑铁卢战役"胜利后一个世纪里，英国建立了可比拟"罗马治下的和平"的"不列颠治下的和平"。

第一，通过发动反法战争确立的海上霸主地位。如前所述，"滑铁卢战役"使得之前能与英国争霸的法国军事上受到极大的打击。之后通过亚勃基尔湾海战与特拉法加海战，法国舰队与西班牙舰队的主力被彻底击溃，再也无法与英国进行海上较量了。从世界各国海军力量的对比来看，1790年时，英国的海军总吨位为48.59万吨，法国为31.43万吨，西班牙为24.22万吨，尽管英国排名世界第一，但仍然还没有确立绝对的优势，仅次于它的法、西两国的海军总吨位数加起来就超过了英国；到1815年，英国的总吨位数达到60.93万吨，法国尽管仍排名第二，但减少到22.83万吨，俄国列第三，为16.73万吨，西班牙沦落到第四，还不到6万吨。就海军战舰吨位数来说，英国的海军实力大致相当于排在其后的三国之和，并且英海军总吨位数与世界其他国家总吨位数之和持平。

第二，通过反法战争基本完成了英帝国的重建。实质上，英国发动历次反法战争的主要动机并非出于意识形态上的对立，而是为了争夺世界的商业和殖民霸权。在与法国争夺海外殖民地时，英国人再次表现出自己一直所秉承的实用主义：英国主要争夺殖民地上的物质原料以及通过建立据点以控制重要的海上贸易通道，而不是之前那样一味地扩大殖民地范围。这些殖民地或殖民据点包括：从法国人手中强占的毛里求斯、塞舌尔群岛、多巴哥和圣卢西亚，从荷兰、西班牙、丹麦等国手中强占的非洲的开普敦、亚洲的锡兰以及马耳他、特立尼达、赫尔戈兰等。尽管这些殖民地范围并不算大，但通过这些据点，英国完全有能力控制住海上商品贸易。

第三，成为世界自由贸易的领军者。19世纪后，英国实行不再垄断殖民地贸易的政策，而是走上了贸易自由化的道路。1808年，英属新斯科舍和新布伦瑞克总督宣布，允许英国或美国船只把某些商品转运至印度，这实际上是对实施了100多年的《航海条例》的突破，但得到了英国政府的许可。1811年，英国进一步表示，允许除法国之外的任何国家的船只装载某些重要产品进入英属哈利法克斯、圣安德鲁斯、圣约翰等港口。在远东的印度，从1793年起东印度公司的贸易垄断权一步步受到侵蚀，到1813年时，英国政府则彻底废除了东印度公司对印度的贸易垄断权，"自由贸易"原则在帝国的中心——印度次大陆初步确立起来[①]。

从1815年到19世纪中叶，全球各个角落都会有英国的商船与战舰，他们获取领地、开设口岸、掠夺原料、倾销产品。19世纪四五十年代，英国利用两场鸦片战争打开了中国的市场；1858年英国与法国、荷兰一起强迫日本签订了一系列不平等条约；1836年和1857年英国与伊朗签约；1838年和1861年英国与土耳其签约，尽管内容不尽相同，但这些条约始终围绕一个核心，即英国要求得到贸易、投资等方面的特权。为确保帝国安全以及贸易自由，英国这一时期还占领了一些军事要塞与贸易据点，如1819年

---

① 唐晋主编：《大国崛起》，人民出版社2006年12月版，第165页。

占领新加坡，1839年占领亚丁港，1841年占领香港，这样英国建立了一条从好望角到印度洋，再到太平洋极为通畅的海外贸易通道。至此，英国殖民地遍及全球，其开拓的疆域之大，统治的人口之多，超过了此前的任何一个帝国。海上霸权、工业霸权与贸易霸权一起，使得英国稳坐世界霸主的宝座，成为真正的"日不落帝国"。

五、英帝国的陨落与转型

尽管英国的世界霸权是在第二次世界大战后才正式被美国取代的，但大英帝国的衰落却早已露出端倪。

（一）维多利亚盛世中的阴影

1837年，女王维多利亚登基时，年仅18岁，但年轻的新女王在继位之前的日记中写道："既然上帝把我置于这个国家的王位上，我将尽力履行自己的职责。我尚年轻，可能在许多方面缺乏经验，但我肯定，几乎无人像我这样怀着为国为民的良好意愿和真切希望。"[1]女王坚决地践行了自己的诺言：她在其一生中模范地履行了立宪君主的职责，因此深受国民的爱戴；她还是那个时代道德风尚的典范，她是贤妻，又是良母，是典型的大家闺秀，也是优秀的家庭主妇。她自己生活严谨，工作刻苦，对别人又充满责任感。在许多国人眼中，她就是那个时代的缩影，她漫长的64年在位时期则是英国繁荣昌盛的顶峰。[2]创造了英国历史上著名的"维多利亚时代"。人们给予她的盛誉，并不是因为她做出了多么轰动的事业，而恰

---

[1] 薛宏涛：《国力渐衰英国沦为"准小国"》，载于《法制网》http://www.legaldaily.com.cn/zmbm/content/2010-11/11/content_2344935.htm?node=7579 上网时间：2015年8月20日 09：27

[2] 唐晋主编：《大国崛起》，人民出版社2006年12月版，第166页。

恰在于她什么都不做，完全恪守立宪君主的本分，成为她那个时代君主的典范。

维多利亚时代中期，英国进入强盛的巅峰。当时，英国工业生产能力超过其他国家的总和，拥有世界上最大的对外贸易额。英国的富庶给世界带来极大的震撼。1851年，一个法国人参加了在水晶宫举办的博览会后讲道：像英国这样一个贵族国家却成功养活了它的人民；而法国，一个民主的国家，却只会为贵族进行生产。所以，维多利亚中期的英国人完全有资格得意于自己无可匹敌的地位："北美和俄罗斯的平原是我们的玉米地；芝加哥和敖德萨是我们的粮仓；加拿大和波罗的海地区是我们的林场；澳大利亚、西亚有我们的牧羊地；阿根廷和北美西部草原有我们的牛群；秘鲁运来它的白银；南非和澳大利亚的黄金则流到伦敦；印度人和中国人为我们种植茶叶；而我们的咖啡、甘蔗和香料种植园则遍及印度群岛；西班牙和法国是我们的葡萄园；地中海是我们的果园；长期以来早就生长在美国南部的我们的棉花地，现在正在向地球的所有的温暖区域扩展。"[1]

然而，从19世纪70年代开始，随着其他国家迎头赶上，英国逐渐丧失了独霸全球工业的地位，其中以美国和德国尤为突出。以国民生产总值为例，在1880年至1890年的10年间，英国年增长率是2.2%，德国是2.9%，美国是4.1%。1890年至1900年这10年英国是3.4%，德国也是3.4%，美国是3.8%。但1900年至1913年，英国平均年增长率只有1.5%，德国却增长3.0%，美国增长了3.9%。1880年，全世界制造品出口总额中40%以上是英国的，到了1913年，英国、德国和美国三个国家在制造品出口总额中的比例变成了29.9%、26.4%和12.6%，英国的下滑趋势是十分明

---

[1] 张新颖：《英国霸权下的国际金本位制》，《山东财经学院学报》，2009年第4期第67页。

显的[1]。当然这些数据显示的只是相对下滑，从绝对数字上看，英国仍保有世界最富有国家的地位。

然而，并不是所有的英国人都能享受这种富庶。整个维多利亚时代，财富的分配极为不均，贫富对比悬殊。一方面，贵族们占据着社会绝大多数的财富，过着宫殿式的庄园生活；另一方面，处于底层的农民住着破败的茅屋草舍，为温饱而奔波。一方面，是工厂主对舒适生活的享受；另一方面，则是失业工人在绝望中的挣扎。人们的生活水平差距如此之大，以至于天堂与地狱竟然同时存在于一个国家之中。这一时期英国著名的保守党首相迪斯雷里曾把英国说成是一个"两个民族"的国家，"当茅屋不舒服时，宫殿是不会安全的"[2]。而曾经让英国人引以为傲的政治制度，包括政府制度、文官制度、司法制度、议会选举制度等，都显得与时代格格不入。毋庸置疑，"光荣革命"后英国建立起了当时世界上最先进的政治制度，若干年后的工业革命时期，经济的飞速发展，社会结构随即发生急剧变化，之前最为先进的政治制度越发变得不合时宜，成为强盛之中的一道不和谐的阴影。以议会选举为例，1715年选民人口占人口总数的4.7%，到1813年，则只占2.5%了。1793年一个由辉格党组成的团体"人民之友会"曾发表过一份报告，说英格兰总共400多个议席中，占一半以上的256个议席是由11075个选民选出来的。[3]选民人数减少最受贵族们的欢迎，因为这样他们便可以轻而易举地操纵选举。在18世纪，贿赂风气盛行，靠金钱取得议员的身份，又被政府花更多的金钱收买，这就是"腐败的旧制度"。

总之，工业化之后所取得的成绩，让许许多多英国人就此陶醉，沉迷

---

[1] 唐晋主编：《大国崛起》，人民出版社2006年12月版，第152页。

[2] 李宏图：《限制自由以拯救自由》，载于求是理论网。http://www.qstheory.cn/zl/bkjx/201308/t20130807_257177.htm 上网时间：2015年8月20日09：05。

[3] 唐晋主编：《大国崛起》，人民出版社2006年12月版，第168页。

于世界霸主地位的无限自豪中,他们将这一切归功于"光荣革命"以来的优越制度,而令他们没有想到的是,他们引以为自豪的制度此时却漏洞百出。他们在制度变革进程中犹豫不前,造成制度滞后于社会经济发展,阻碍社会进步,从而对英国强国地位造成损害,成为英国衰落的潜在隐患。实际上,19世纪下半叶,当英国越过强盛的巅峰时,许多英国人才开始反思国家制度,进而开始进行改革调整。虽然调整与改革暂时缓和了社会矛盾,清除了许多痼疾,但此时的英国已经积重难返,患上了无法根治的"英国病",再也无法重振当初大英帝国的雄风。[①]

(二)两次世界大战与帝国地位的丧失

在两次世界大战中,英国虽然打赢了战争,却失掉了一个帝国的宝座。第一次世界大战后,英国的殖民地国家纷纷觉醒,掀起了广泛的民族解放运动,要求摆脱英国殖民统治,争取民族独立。第二次世界大战后,英国殖民地人民的解放运动进一步高涨。大英帝国殖民体系行将分崩离析。工党政府(1945年至1951年)击败丘吉尔上台后,一度计划修建一座富丽堂皇的殖民部大楼以显示英国的高贵。但此时的英国再也不是之前的大英帝国,等到他们将殖民部大楼建成时,受他们控制的殖民地国家纷纷独立,建楼计划被迫流产。在两次世界大战短短20年里,曾经拥有50多个殖民地的"日不落帝国"所能控制的范围只限于几个殖民地岛屿了。英国殖民地脱离"母国"的运动集中发生在两个时期,即1946年至1951年,1956年至1965年。在第一个时期,首先是约旦、叙利亚的自治(1946年),其次是印巴分治(1947年),最后是缅甸、锡兰(1948年)和利比亚(1951年)的独立。第二个时期,首先是英国从苏丹撤军(1956年),其次是马来亚和加纳的独立(1957年)。后来解密的官方档案材料显示,英国政府

---

① 唐晋主编:《大国崛起》,人民出版社2006年12月版,第168页。

官员们完全没有预料到大英帝国解体的速度会如此之快，他们将英属殖民地划为三类：第一类包括黄金海岸、尼日利亚及中非、马来亚和西印度群岛等3个联邦。报告认为这些地区将在未来10到20年内独立。第二类为政治发展不确定即前途不明朗的，包括肯尼亚、坦噶尼喀、乌干达和塞拉利昂4个殖民地。第三类为小领地，包括塞浦路斯、索马里、香港等21个地区，报告宣称这些是"永远也不可能取得完全独立的"。然而，民族独立运动发展之快是伦敦的政治家所始料不及的。在十多年中，上述30个地区即有20个相继独立。到20世纪60年代中期，几乎所有的英属非洲殖民地都先后获得独立。[1]

"二战"后英、法等殖民大国争先恐后地从各殖民地撤退的政治风景充满讽刺意味，甚至"有时欧洲国家比殖民地的民族主义领袖更急于尽早给予殖民地独立"，相比于19世纪英法等列强掀起的瓜分世界的狂热，人们可以用匪夷所思来形容他们的如此举动。英国政治家罗贝尔·科纳万在总结英国非殖民化政策的特征时曾谈道："英国从非洲撤退具有'连击'（即一个接一个解决）的特征。"英国前殖民大臣李特尔顿也曾将他们的政策描述为"纯粹的机会主义"。英国的确遵循了两个原则制定非殖民化政策：第一是循序渐进的原则，第二采用不同的政策解决不同殖民地的问题。而当面对亚非拉各殖民地国家蓬勃发展的民族解放运动时，曾经的大英帝国不得不放弃自己之前的原则，迅速从殖民地抽身出来。

（三）帝国地位丧失的背后

如果说"一战"让美国在总体实力上与英国持平，那么"二战"则让英国彻底沦为二流国家。表面看，致使英国从顶峰跌落下来的因素似乎是战争，其实不然。英国衰落的诱因早已蛰伏在其最强盛的时期。1870年以

---

[1] 唐晋主编：《大国崛起》，人民出版社2006年12月版，第182页。

后英国的经济发展已经略显疲态。

第一，工业科技方面的优势逐渐丧失。英国虽然在第一次工业革命中保持先行和绝对优势，但据1851年的社会调查，在英国，农业在总的国家产业中所占的比重最大，手工业占据份额也依然较大。难怪部分西方学者认为，英国在1870年前或许一直在快速地工业化，但仍然是一个农业经济的国家。然而，等到无论是广度还是深度上都远远超过第一次工业革命的第二次工业革命发生时，英国几乎毫无作为。对于同时在几个先进大国发生的第二次工业革命，英国好像置身事外。此时，实现技术发明和创造的国家已不是英国，而是后起的德国和美国。即便是英国发明的一些技术，也因工业界的保守思想而没有发挥积极作用。可以说，以德国为代表的欧洲国家的崛起，在很大程度上得益于极具创新性的经济制度，它们接受了现代化的思想精髓而不是跟在英国后面亦步亦趋；采用最新的科技成果，大力发展以电力、化工、石油、电器、汽车等为代表的新兴产业而不是仅仅致力于农业、手工业等。①

第二，迟滞的经济结构调整。英国是第一次工业革命的先驱与领导者，在很多领域如工业技术、经营管理方法等拥有绝对优势，但这些优势逐渐变为墨守成规的传统。棉纺、煤炭、钢铁和造船曾经是英国经济的支柱产业，保持英国经济优势的关键因素也是在这些产业中的领先地位。但随着技术的进步，到1870年以后，英国没有及时更新升级技术设备，原先的产业设备此时都已陈旧不堪，再也无法给英国工厂带来更高的生产效率。虽然，得益于世界市场的进一步扩展，英国保持了经济的低速发展，但其所占市场份额却相对减少了。在英国是世界第一强国时，自由主义帮助英国向其他国家大量倾销自己的产品，但在英国逐渐丧失第一强国的地位后，自由主义政策就遭遇了极大的困难与挑战。英国对其他国家免征关税，对

---

① 唐晋主编：《大国崛起》，人民出版社2006年12月版，第172页。

别国产品敞开大门,很快那些后起的工业化国家利用本国廉价的劳动力成本,保护本国企业,限制英国产品,逐渐占领了英国的海外市场。

第三,过高的经济对外依赖度。英国大量资本投向国外尤其是殖民地,造成国内资本空虚,国内的经济社会生产投资和技术革新受到了极大的制约,迫使英国经济养成对外的依附性。同时,早先的贵族,占据着资本但碌碌无为,变为一个很大的食利层,削弱了国民发展工业的激情与动力。1865年至1914年的英国全部投资中,本土投资与海外投资比例为3∶7,而且,英国用于投资美洲的资本已经超过本土。第一次世界大战前夕,英国占据着全世界总投资额的半壁江山,将位居第二的美国(拥有19%)远抛在后面。英国也凭借巨大的资本输出而成为世界金融中心,这一地位在国际贸易中给英国创造了丰厚的利润。但是,资金不断流出,造成了英国经济极大的对外依赖性。依赖性的经济具有致命的弱点,英国经济必须围绕着国际经济运转,必须确保金本位制、自由贸易政策和平衡财政等经济手段的有效运行。一旦这些条件中任何一个改变,经济的依赖性必然成为一股制约经济发展的可怕力量[①]。后来发生的两次世界大战充分印证了这一点。正如保罗·肯尼迪指出的,英国依赖国际贸易和国际金融是一种战略弱点。

第四,不合时宜的教育体制导致发展乏力。在绅士文化影响作用下,英国的教育大多以培养绅士为目标。这种教育的一个突出特点就是极为重视理论教育而轻视实践。公学与大学里的课程多为伦理道德等心智方面的,而技艺性的如自然科学与使用科学则很少进入公学与大学的课程。英国的国民教育学校长期无人重视,在1870年《初等教育法》颁布前,政府始终

---

① 唐晋主编:《大国崛起》,人民出版社2006年12月版。

没有承担起职责，结果国民教育制度迟迟没有建立，科技教育进展迟缓。[①]同时期的德国、法国的教育制度已经相当完善，已经远超英国。当英国政府和部分英国人认识到德国、法国、美国在科技教育方面的领先地位时，仍然不能够幡然醒悟，没有进行教育改革。英国近代史上率先进行工业革命，最先建立民主政治，但在教育领域英国没有一项领先，现代大学、职业教育、义务教育、现代学制、教学与科研相结合等现代教育制度没有一项由英国创立。因此，英国工业、经济等整体国力的衰落就不足为奇了。

第五，民族工业精神丧失与迟滞的社会变革。任何民族想获得持久的发展都需要一种精神动力作支撑。英国人曾经引以为自豪的民族工业精神，即"合理谋利"，却在第一次工业革命后逐步丧失。随着社会的发展进步，人们的物质生活水平得到提高，尝到安逸生活甜头的人们，就逐渐丧失原有的艰苦奋斗的精神。在英国，人们对贵族及其生活方式的崇拜思想根深蒂固，这样就形成了追求宁静、安逸，贪图享受，反对变革的贵族文化传统。这种追求田园生活的绅士文化和保守的民族特性，使得英国人发达之后，以贵族形象来重新塑造自己，乐享其成。[②] 逐渐丧失了民族工业精神的英国人，也反对任何改变现状的革新。相比较而言，后起的国家中，法国人会嘲笑英国人的工作时间之短而休假时间之长；美国人从英国人的守旧中得利；德国人却说："假如我们再有一百年的和平，我们将会置英国于死地。"科技是第一生产力，而改革创新是科技发展的根本动力。国家的创新体系是第二次工业革命诸强国的重要特征。但是在第一次工业革命中取得蒸汽机、现代铁路等重要发明成果的英国在第二次工业革命中却鲜有贡献，导致这一现象的重要原因在于民族工业精神的丧失以及迟滞的社会

[①] 赵丕、李效东：《大国崛起与国家安全战略选择》，军事科学出版社2008年版，第315页。

[②] 唐晋主编：《大国崛起》，人民出版社2006年12月版，第173页。

改革。

六、结语

英国本是欧洲西北角的一个面积小、人口少的岛国，近代之前长期游离于欧洲大陆之外。然而，英国作为一个小国却能成长为不可一世的世界强国，称霸世界长达百年之久，一度成为世界金融中心、世界工厂、海上霸主，建立起"日不落帝国"。不过，第二次世界大战后，英国迅速走向衰落，并患上了难以根治的"英国病"。英国兴衰的原委值得人们深思。英帝国衰落的原因前已述及，此处不再赘述。就英国崛起的原因而言，主要有以下几点：

（一）准确定位国家发展道路

客观评定自己的实力、准确定位自己的战略目标、找准自己的发展道路是一个国家崛起和强大的关键。[①] 在选择国家安全战略时，英国的做法与16世纪的西班牙截然不同。西班牙虽然因为海外殖民而崛起和称霸，但它没有重视海洋主导权，没有将发展战略的重心放在海洋上面，而是把有限的资源消耗在欧洲大陆的纷争之中。相比之下，英国人的目光超越了欧洲大陆，逐渐将发展和扩张的重点放在了海洋和海外殖民地的争夺上，而且始终牢牢抓住海洋主导权不放，集中有限的资源，发展海军，经略海洋。

作为典型的海岛国家，英国近代以前曾多次被来自大陆的入侵者征服并与之不断融合，英国的统治者怀有一种"浓郁的大陆情节"。中世纪的英国曾长期尝试在欧洲大陆上进行扩张，为争夺大陆领地同法国展开了旷

---

① 赵丕、李效东：《大国崛起与国家安全战略选择》，军事科学出版社2008年版，第259页。

日持久的"百年战争",争夺大陆的惨败导致国力衰弱。在都铎王朝时期,英国在国家发展战略上发生了根本性的转变。此后,他们不再觊觎在欧洲的领土扩张,转而将战略眼光投向海洋。由于实行面向海洋发展的战略,英国才得以展现自己在地理位置上的优越性,在与其他欧洲国家的竞争中尽显优势。通过打败"无敌舰队",英国战胜了老牌殖民帝国西班牙;发动三次英荷战争,打败新型殖民国家荷兰;最后经过几次反法战争,在"滑铁卢战役"彻底打败法国。期间,利用自己占据的工业优势和海洋地理优势,大不列颠筑建起了全球帝国的霸业,并昌盛达一个多世纪。

第二次世界大战结束之后,饱受战争摧残的英国逐渐丧失欧洲的领导地位。丘吉尔设计了"三环外交",就是在英国国力日益衰落的情况下,试图通过依赖英美特殊关系,与英联邦国家的特殊关系,维持英国在欧洲的地位。然而,英国人的失策在于,战后的大部分时间里,英国的外交政策不再具有灵活性,始终将维护英美特殊关系作为外交关系的重点,无论是在美国对利比亚的"惩罚性"打击,还是里根的"星球大战"计划等问题上,英国都坚决地与美国站在了一起。在新世纪之初的阿富汗战争和伊拉克战争中,英国政府一意孤行,顶着国内外的强大压力,支持美国发动战争,并因此与法德等国发生尖锐矛盾。欧洲事务不再是英国外交官们的首要关注点。英国拒绝加入欧共体,拒绝加入欧元区,反对欧洲防务一体化。英国与其他欧洲国家的矛盾越来越深,离欧洲越来越远。在整个 20 世纪,英国都在全球主义和岛国、大西洋和欧洲主义、有形殖民帝国和无形贸易、军事威胁与外交影响中寻找平衡点,试图找到与英国地位相称又可以维护大英帝国体面的位置。在无数次碰壁之后,英国最终在残酷的现实面前被迫重新回到欧洲。但是,此时的英国不仅没能领导世界,也失去了领导欧洲的地位。

（二）注重以强大的军事力量支撑世界强国地位

强大的军事力量是维护国家安全、实现国家崛起的重要保障，而抢占军事技术制高点又是增强军事力量的最有效途径。英国一直重视发展军事技术和军事力量，这不仅为其崛起和称霸创造了有利条件，而且为它在20世纪逐渐衰落之后仍能保持大国地位打下了坚实的基础。

利用优越的地缘位置，全力发展海军，是英国几个世纪军事发展的重点，也是英国崛起和称霸的重要支柱。自由贸易、殖民扩张和海上霸权是英国成就霸业的三个支柱。其中，海军是保护工商业和夺取殖民地的保障。从16世纪起，英国政治家就坚信：在优势海军的保护下，英国可以防御欧洲大陆国家对英国本土的侵略，保护英国的战略航道，并大力从事殖民扩张。英国在亨利八世时代就创建了正规海军，建造了快速灵活、最先采用侧舷炮的新型战舰，并依仗这种新型战舰打败了西班牙的"无敌舰队"。到"光荣革命"时，英国的舰船数量仅次于法国位居世界第二。其后，英国利用工业革命的成果，不断革新海军技术和装备，把蒸汽机运用于海军建设，用蒸汽机动力取代风帆动力，带头完成从帆船舰队向蒸汽铁甲舰队的过渡。到19世纪初，英国已经建成了世界上首屈一指的海军力量。英国舰船数量比排名其后的法国、俄国、西班牙三国的总和还要多，从而使其保持海上霸主地位长达一个世纪之久。在19世纪末20世纪初开始的军备竞赛中，英国的实力已经相对下降，但英国依旧遵循英国海军必须多于其他两国海军之和的"双强原则"，确保英国海军在世界上的绝对优势。强大的海军力量不仅保证了英国自由贸易政策的顺利实施，而且是英国在与其他列强争夺殖民地的较量中处于有利地位的重要支撑。然而，到20世纪30年代，英国的海军力量迅速被美国和其他国家超越，海上霸主地位逐步衰落。战后，英国彻底丧失了海上优势，将世界海上霸主地位让与美国，世界由此进入美国主导的时代。历史证明，当英国牢牢掌握海上生命线之时，其世界霸主地位稳如磐石；一旦制海权丧失，其世界霸主地位也就无法持续了。

第二次世界大战之前，英国优先发展空军，使其在战争中顶住了德国的进攻。当时，英国虽然在外交上对法西斯德国采取了绥靖政策，但看到了德国空军迅猛发展的势头，也认识到了必须加快以飞机为代表的机械化武器发展，才能不被新一轮机械化军事革命所淘汰，于是制定了优先发展空军的政策。1938年，英国空军开支首次超过了海军。英国优先发展空军的政策极富远见，如果不是空军的作战能力在战前几年极速提高，英国将很难在第二次世界大战的初期顶住德国的轰炸，伦敦保卫战将会是另外一个结果。

冷战期间，英国不顾美苏反对，坚决发展核力量，从而使英国在衰落之后仍能留在大国的行列。以战略核力量为代表的国家军事能力，是体现大国地位的一个重要方面。谋求和维护英国独立的核力量是战后英国的一项长期政策。第二次世界大战期间，英国就开始实施原子能研究计划，在核裂变研究的很多方面一度领先于美国。战后，英国不顾美国的压制和封锁，继续秘密研制原子弹，并于1952年成功试爆第一颗原子弹，继美苏之后成为第三个掌握核武器的国家。1957年，英国又成功试爆了第一颗氢弹。面对英国加入核俱乐部的实施，美国在恼怒之余试图将英国的核武器纳入自己的轨道加以控制。尽管英美之间存在特殊的关系，但英国仍在20世纪60年代初拒绝了美国的"多边核力量"计划，坚持独立发展核力量，从而使其至今仍在国际政治舞台上发挥着重要作用。

（三）在把握欧洲和世界大势中提升影响力

一个国家的崛起不仅要善于运用自身的力量，不断完善和发展自己，而且要善于运筹国际关系，最大限度地抑制和削弱竞争对手。英国是世界上运用制衡之术最为成功的国家。在近代几个世纪中，英国或结盟、或"孤立"、或干涉、或战争，使用各种手段，极尽纵横捭阖之能事，目的是建立并维持一个均势平衡、互相牵制的欧洲大陆，既确保自身的安全，又为面向海洋、争夺殖民地奠定基础。

第一、借力打力，始终活跃于国际政治舞台。一是"扶弱抑强"。当欧洲各国力量失衡、出现某一突起强国或国家集团、威胁到欧洲均势时，英国通常采用支持弱国抑制强国的手段，来维持欧洲大陆力量对比的大致均衡；而当欧洲大陆相对稳定、自身安全无虞时，英国便采取孤立主义，静以待变，保留再度制衡欧洲列强的自由。二是"狐假虎威"。第二次世界大战结束之后，英国在自身力量大为削弱的情况之下，采取了跟随美国、借助美国之力的办法，来对付苏联的威胁，维持欧洲的均势，并发挥其世界性影响。凭借"英美特殊关系"，英国在国际政治舞台上发挥着重要作用。

第二、时刻从自身利益出发建立盟友关系。近代英国从不制定长远的联盟战略，它总是根据大国力量天平的摆动，利用其他欧洲列强之间的矛盾，时而把砝码加到这一边，时而加到另一边，使欧洲列强始终处于相互敌对、互相牵制的均势状态。当西班牙与荷兰强大时，英国联合法国打败他们；当法国强大时，英国又联合荷兰对抗法国；在奥地利王位争夺战中，英国站在奥地利一边，对抗普鲁士与法国；七年战争中，英国又与普鲁士一起攻打奥地利。正如列宁所说："英国一向作较弱的强国的朋友，是为了把较强的强国削弱到不足以危害英国的程度。"①

第三、瞄准主要对手。基于自身是岛国的实际考虑，英国始终把争霸海洋的国家作为主要的竞争对手。海外扩张初期，英国将称霸海上的西班牙作为主要竞争对手，伊丽莎白女王实行联合荷兰、法国对抗西班牙的政策，摧毁了西班牙的海上优势。17世纪，荷兰成为海上霸主之后，英国联合法国对荷兰进行了三次战争，打败了荷兰。资产阶级革命之后，法国拥有世界上最

---

① 《列宁全集》，第39卷，人民出版社1963年版，第766页。

大的舰队并称霸欧洲大陆,英国又联合荷兰等国家,与法国展开了近一个世纪的较量,最终打败法国,成为海上霸主并建立起日不落帝国。

(四)注重制度创新提升软实力

一个国家的综合国力,不仅包括经济、科技、军事实力等"硬实力",还包括以文化、价值观念、社会制度、发展模式、生活方式、意识形态等在内的"软实力"。软实力的作用表现得虽然没有硬实力那样明显和直接,但更具持久的渗透力。

近代以来,英国注重发挥本国语言、文化、价值观、政治制度、生活方式在国际上的影响力,注重国家软实力的建设,借以弥补其国土小、人口少之不足。19世纪英国全盛时期的维多利亚女王有一句名言:我宁愿失去一个印度,也不肯失去一个莎士比亚。从此话可以看出英国社会的风气和价值取向。直到今日,虽然英国早已不再是"日不落帝国",但以英语为核心的盎格鲁—撒克逊文化仍风行世界,保持着强大的磁场效应。

维多利亚女王

第五章　追求欧陆霸主梦想的法国

"大国梦"是法兰西民族一以贯之的理想。法国人心中充满大国荣耀，崇高的历史使命感与责任感始终鼓舞着他们不断尝试推动欧洲和世界历史进程。浪漫主义史学家米什莱盛赞法兰西为"地球的精灵"，"假设法兰西灭亡了，全人类的友好联系便会瓦解，造就地球生命的爱情将失去活力，地球将和其他星球一样进入冰川时期"。闻名世界的戴高乐将军笃信法兰西无与伦比的崇高命运："法国如果不伟大，就不成为法国。"[①] 中世纪的法国，路易十四意图称霸欧洲，并为此付出了艰辛的努力。法国大革命爆发后，拿破仑抓住机遇，率领一支新型军队一度横扫欧洲，通过武力征伐击碎陈腐的欧洲封建制度，建立起拿破仑帝国。第二次世界大战结束后，法国一度把自己作为独立于美国与苏联之外的世界"第三种力量"，仍然追逐着大国的梦想。

一、百年战争与法兰西民族国家形成

在法国，有句流传甚广的名言——"我们的祖先是高卢人，我们的祖

[①] [法]戴高乐：《战争回忆录》，第1卷，法国巴黎普隆出版社1970年版，第1页。

国是法兰西"。法兰西是由高卢原住民、法兰克人和其他民族融合而成的。

(一)"我们的祖先是高卢人"

地理意义上的法兰西位于欧洲西北部,地域范围被大西洋、莱茵河、阿尔卑斯山、地中海和比利牛斯山所划定,这是人类最早驻足、生活的欧洲地区之一。远古时期的法兰西就已有人类活动的迹象。几乎任何一部法国通史教科书都有这样或类似于这样的话:"我们的祖先是高卢人。"高卢人是罗马人对凯尔特人的称呼。凯尔特人发源于中欧多瑙河流域,是对一些具有语言、物质文化、宗教等共同特征的部落的统称。凯尔特人最早在欧洲地区炼铁、制造铁器,文明程度较为发达。公元前5世纪末到达法国南部比利牛斯山后,凯尔特人开始成为法兰西的主宰。伊比利亚人和利古利亚人早在新石器时代便生活在法国南部和东南部,凯尔特人将其征服并迅速同化,衍生出新的凯尔特人。大约在公元前500年,"凯尔特人"就已遍布全法。"高卢人"便是古罗马统治者对生活在今天法、比、荷、瑞士、德国南部和意大利北部的凯尔特人的统称,高卢人居住区被称为高卢。

(二)恺撒征服与高卢"罗马化"

高卢地区被恺撒征服前,凯尔特人与罗马人之间就已数次兵戎相见。野心勃勃的恺撒在公元前58年担任山南高卢行省总督,他借高卢人内部纷争之机用武力一举征服了高卢。

公元前44年恺撒被共和派暗杀殒命,这时古罗马在高卢的政治统治尚立足未稳。恺撒继承人、被称作"奥古斯都"的屋大维完成了高卢"罗马化"进程。根据屋大维的设计,公元前27年高卢被分割成4个行省,分别由他与元老院管理。屋大维费尽心机收买高卢人:符合条件的高卢人可以享有罗马公民权、组织召开高卢公民大会、高卢人有机会进入罗马元老院担任元老，甚至可以担任军队或行政官员。

高卢"罗马化"最重要的标志是奴隶制生产方式的确立，这对于高卢地区的经济社会发展意义深远。大量奴隶既要在土地上拼死耕作，又要为活命而在矿山或公共工程中卑微地劳动，甚至还有一些奴隶在竞技场上沦为罗马贵族的玩物。在当时的社会历史条件下，奴隶制生产方式在高卢地区的确立是一种制度的进步，高卢经济呈现一时繁荣的景象。

（三）"蛮族"入侵与法兰克王国建立

"蛮族"于公元4世纪下半叶开始迁居高卢。日耳曼部落中的西哥特人最早在高卢建立"蛮族"王国。由于受到匈奴人驱逐，公元367年西哥特人进入罗马帝国东北部，起初与罗马人相安无事。后因官员和奴隶主迫害，公元378年西哥特人擎起反抗大旗，在阿德里诺堡战役击败帝国军队后，又在公元410年攻陷罗马城，整个帝国一片哗然。历时数年交战，西哥特人最终在高卢南部的阿基坦地区建立起西哥特王国，首都为图卢兹。

高卢地区出现的另一个"蛮族"王国是勃艮第。公元5世纪初，勃艮第人从莱茵河中游侵入高卢东南部。公元443年，勃艮第王国建立，定都里昂。后来，高卢土地上又有一些"蛮族"建国。

诸多"蛮族"国家中，克洛维创建的法兰克王国存在时间最长、影响最大。法兰克人也是日耳曼人的一支，主要居住在莱茵河下游。从公元481年至507年，克洛维先后消灭西哥特、勃艮第等日耳曼部落王国，创立了法兰克王国第一个王朝——墨洛温王朝。公元508年，鉴于其势力和影响已无可阻挡，东罗马帝国皇帝授予克洛维执政官称号。

(四)法兰西民族国家初步形成

公元 639 年,第四代国王达戈贝尔特一世去世,墨洛温王朝陷入彻底衰落,与此同时,国王的总管家——"宫相"开始大权独揽,操纵王朝事务。公元 751 年,末代国王西尔代里克三世的宫相"矮子"丕平不择手段地取得罗马教皇支持,西尔代里克三世被囚禁,丕平建立起法兰克王国第二个王朝——卡洛林王朝。根据法兰克人传统,"矮子"丕平临终前将国家分给两个儿子。后来因为次子早逝,法兰克王国才免于分裂。丕平的长子查理即是法兰克历史上最伟大的君主"查理曼大帝"。历经数十年征战,公元 800 年,查理曼大帝在欧洲大陆所统辖的疆域已经完全堪比昔日的罗马帝国。公元 814 年,查理曼大帝去世,帝国随即陷入争夺与混战。公元 843 年,查理曼大帝的三个孙子签订《凡尔登条约》。根据条约规定,法兰克王国被分为三部分,其中莱茵河以西地区建立起西法兰克王国,现代法兰西国家的主要疆域即源自于西法兰克王国("西法兰克"国名后来改称"法兰西"王国)。《凡尔登条约》成为法兰西独立建国的标志,卡洛林王朝统治一直由西法兰克王国承继和延续。公元 987 年,卡佩王朝取代卡洛林王朝统治法兰西,伴随王权不断增强,法兰西民族国家开始登上历史舞台。

(五)百年战争的催化作用

13 世纪初,法国的民族国家和民族意识持续得到巩固与增强。法国各城市公社于 1214 年首次派遣队伍与国王菲利普二世的军队并肩作战,在布汶击败由英王、德皇和弗兰德尔伯爵结成的反法联盟。"布汶之战"标志着法兰西已经形成十分强烈的地域归属感和民族意识。后来,菲利普四世(1285 年至 1314 年)同教皇的斗争,进一步激发了法兰西的民族意识。1302 年,菲利普四世公开与教皇对抗,一反教皇的无上权威,"国家"地位开始超越宗教统治,世俗国王第一次通过召开三级会议商讨国家大事。

1305 年，强大的法王将教皇所在地迁往法国阿维尼翁，教权被迫屈尊于王权。14 至 15 世纪，法兰西民族国家意识通过英法百年战争得到强化。

1328 年，瓦洛亚王朝接替卡佩王朝走上法兰西历史舞台。瓦洛亚王朝时期发生了英法"百年战争"（1337 年至 1453 年）。这场战争是人类有史以来持续时间最久的战争，横跨英国和法国的各 5 个王朝（英国从爱德华三世到亨利五世，法国从菲利普六世到查理七世）。

经过长期斗争，法王查理七世在 1453 年取得了最后的胜利。百年战争中，法王收复了英王在法国的领地，清除了国家统一的最后障碍。广大法国民众对英国的全民仇恨更是将这场封建王朝之间的战争转化为民族战争。在抗英救国中英勇捐躯的圣女贞德成为法国第一个民族英雄。1491 年，查理八世统治时期法国基本上实现了统一，一个真正意义上的法兰西民族国家开始走上欧洲舞台。百年战争在凝聚法兰西民族意识上所起的作用受到法国史学家的高度评价，这一时期被称为法兰西民族史的开端。"百年战争"为法国留下了一笔光辉灿烂的精神遗产，这笔遗产所包含的强烈民族主义与爱国主义精神始终鼓舞着后来的法国民众。尽管取得了伟大胜利，但法国人民在百年战争中承受

14 至 15 世纪，英法百年战争中，英军使用云梯攻打法国的蓬托德梅尔城。

了巨大损失,人口增长近乎停滞,许多家庭的财富被洗劫一空。法国封建化进程与法兰西民族的形成同步展开,法兰西民族形成之际,封建制度也最终建立。

二、路易十四的欧洲霸权争夺战

17世纪以后,法国红衣主教黎塞留和他的政治继承人马扎然为法国确立了称雄欧洲的帝国理想,并一直奉行与这种理想相对应的实力政策。路易十四执政后,经过20多年武力征伐,终于以1684年《累根斯堡条约》的签订为标志建立起欧洲霸权,法国的欧洲霸权梦想一举成为现实。被称为

圣女贞德(约1412年—1431年),法国女民族英雄,法国东北部香槟地区农民家庭的女儿。百年战争中,英军围攻奥尔良,她于1429年初谒见王太子查理,4月29日率军突入奥尔良城,5月8日击败英军,解奥尔良之围,被称颂为"奥尔良的女儿"。后率军东进,护送查理前往兰斯加冕,沿途收复数座城市。1430年5月,率军救援贡比涅时被亲英的勃艮第派军队俘获,并被卖给英军。后被教会法庭判为"女巫",在鲁昂广场的火刑柱上就义。

"太阳王"的路易十四才华横溢,一生风流奢华。他是欧洲历史上在位时间最长的君主(在位72年,实际执政54年),鼎盛时期,几乎所有欧陆国家都臣服于路易十四。然而由于其执政晚期一系列内外政策的失误,法国霸权走向没落。1715年,带着他还没有完全实现的"天然疆界"梦想,路易十四离开人世,法国的霸权时代也就此告一段落。

（一）路易十四争霸欧洲的历史渊源

路易十四雄才大略、野心勃勃，但这并不是他长期奉行领土扩张政策的唯一原因。路易十四的法国之所以要不断开疆拓土，这同法国与哈布斯堡王朝特别是其西班牙支系由来已久的矛盾密不可分。在长期对峙与战争中，法国渐渐取得优势。

从加佩王朝的路易十一（1461年至1483年在位）统治开始，法国在随后的200多年里不断强化着一种外交指导思想——面对哈布斯堡王朝家族统治的包围，法国必须为自己的生存和发展开拓空间，哪怕付诸武力。尤其是西班牙查理五世（1519年至1565年在位）上台后，法国这种危机感更加紧迫。查理五世从祖父德皇马克西米利安手中继承了奥地利，从祖母"勃艮第的玛利"那里继承了尼德兰、弗朗斯—孔泰，从外祖父斐迪南手中继承了西班牙、西属美洲以及意大利和地中海属地的那不勒斯、帕尔马等地。1519年，查理五世当选为德意志帝国皇帝，一时在全欧风头无限，实力罕有匹敌。1526年，查理五世的兄弟斐迪南一世登上匈牙利和波希米亚王位。至此，一个覆盖全欧大部分地区的哈布斯堡王朝呈现在世人面前。查理五世退位后，除奥地利、波希米亚和匈牙利继续由其兄弟统治外，其余地区均交由其子菲利普二世统治。哈布斯堡王朝自此分裂为西班牙和奥地利两个

1667年，参观皇家科学院的法国国王路易十四。

支系，这使法国受到来自东、南、西、北各个方向的安全威胁，处于全面被挤压的不利境地。伏尔泰曾一针见血地指出，一个鼎盛强大的哈布斯堡王朝可能将导致欧洲受其奴役。因此，法国一以贯之的外交思想便是与哈布斯堡王朝争夺欧洲霸权，获得发展空间。1667年，法国发动西班牙遗产战争，随后进行了荷兰战争、奥格斯堡战争和西班牙王位继承战争，这些战争都是法国谋求生存空间一以贯之的战略思想的体现。

（二）路易十四欧洲霸权的建立

1661年，踌躇满志的青年路易十四亲政。当时的欧洲政局为他发动对外战争提供了良机。曾经全方位钳制法国的哈布斯堡王朝，已今非昔比。西班牙被爆发革命的尼德兰击败、三十年战争中受到重创，这些都使哈布斯堡王朝的欧洲霸主地位受到严重削弱，特别是随后而来的西班牙与法国之间爆发的长达10年的战争，法方取得的胜利充分证明哈布斯堡王朝的西班牙家族已是强弩之末，国力羸弱不堪。路易十四敏锐地察觉到，法国正迎来从饱受哈布斯堡王朝威胁局面中解脱出来的天赐良机。

在路易十四的支持下，重商主义者柯尔伯开始掌管经济大权。柯尔伯大力推进工农业生产、进行海外贸易和殖民运动，经济改革的实施使法国财政收入持续增加，跃升为当时欧洲第一富国。法国意识到，要实现征服欧洲和世界的目标，必须有一支强大的海军力量作为支持，而当时的法国海军力量远不是英国、荷兰的对手，路易十四决心改变这种局面。在得力助手柯尔伯的精心谋划和积极推动下，到1677年法国已拥有战舰140艘，同时海军募兵制度得到完善，大量航海技术学校建立，这些有力举措使法国海军实力突飞猛进。法国还从英国查理二世手中购得天然良港敦刻尔克，并修起可容纳30艘战舰的巨型船坞，海军发展空间得以大大拓展。与此同时，海外贸易飞速发展，法国的东印度公司、西印度公司、北方公司、中东公司都享有路易十四赋予的贸易垄断权。尽管第一批殖民公司大多无果而终，但法国海外商业贸易借此遍布全球，实现快速增长。

万事俱备，只欠东风。路易十四为称霸欧洲发动了4次大规模战争。

第一次是"遗产战争"（1665年至1668年）。这场战争因路易十四垂涎西班牙遗产而爆发。法国老谋深算的政治家马扎然早在签订《比利牛斯条约》时就已策划了这场战争，目的在于拓展法国的"天然疆界"。1667年战争爆发，路易十四亲率20万大军仅用了不到3周的时间，就占领了哈布斯堡王朝属地弗朗斯—孔泰和弗兰德尔。法国的侵略行为既威胁到荷兰安全，又触犯了其他欧洲列强的利益。为维持欧洲均势、遏止路易十四不断膨胀的野心，英国、荷兰与瑞典等国5天内结成反法同盟。面对强大的反法同盟压力，路易十四被迫在1668年停止战争，与对手缔结《亚琛和约》。尽管根据和约规定法国只得到弗兰德尔的部分地区，但是这场战争已经打开了通往荷兰的大门，法国的欧洲霸业向前推进了一步。

第二次是"荷兰战争"（1672年至1679年）。"遗产战争"结束后，路易十四对于荷兰极为愤慨，认为如此弹丸小国居然胆敢阻挠他的欧洲霸业，这是对法国的大不敬与恶意侮辱。针对荷兰的报复性战争开始酝酿。1672年，法军再次入侵南尼德兰，向荷兰发起大规模进攻。荷兰凿穿拦海大堤，借助汹涌的海水阻断法军攻势，法军不得不撤退。与此同时，法国在海上也面临不利战况，英法联合舰队被荷兰海军击溃，加之荷方奥兰治亲王开展外交斡旋，路易十四在战局上陷入被动。1674年，支持法国的英国退出战争。1675年，亲法的另一支重要力量瑞典被支持荷兰的勃兰登堡击败，法国处于孤立无援的境地。无奈之下，法国只好同意媾和，1679年签订《雷梅根和约》。虽然未能取得重大战场胜利，但借助这场战争，法国获取了欧洲事务的裁决权，成为欧洲纷争和战事的裁判者。这场战争影响深远，1684年，奥地利和西班牙被迫与路易十四签订《累根斯堡条约》，条约的签订意味着哈布斯堡王朝承认法国征伐兼并所获得的一切领土。至此，路易十四攀上了欧洲权力巅峰，实现了称霸欧洲的梦想。

第三次是"奥格斯堡战争"（1688年至1697年）。路易十四咄咄逼人的霸权政策令其他欧洲国家感到恐惧进而产生深深的敌意。1685年起，法国开始面临不利的欧洲局势。1686年，在奥兰治亲王促成下，反法"奥格斯堡同盟"组成，其中包括荷兰、西班牙以及一些德意志小邦与意大利诸国，而一向亲法的瑞典也倒戈加入该同盟。1688年英国爆发"光荣革命"，统治者的更迭使英国由亲法转向支持荷兰，欧洲格局因此发生新的变化，法国深陷孤立无援的境地。1688年，面对大兵压境，路易十四先发制人，大举入侵莱茵区普法尔茨，奥格斯堡战争由此爆发。此次战争，法国政治上陷于孤立、军事上被包围，整个欧洲联合起来反对路易十四。在海上，英荷联合舰队攻击法国；陆上，路易十四遭到西班牙、德意志帝国围攻。综合各方面实力，法国都难以与反法同盟抗衡。法国虽然陆战略占上风，却在海上遭受重创。这场漫长的战争迟迟未能分出胜负，令双方几乎耗尽元气，不得已在1697年签订《里维斯克和约》，结束了战争。这次战争的结果导致法国霸权走向衰落。

第四次是"西班牙王位继承战争"（1701年至1714年）。这是路易十四一生中的最后一战，历时最长，目标是争夺西班牙王位。"奥格斯堡战争"结束后，西班牙国王查理二世病故。根据遗嘱，由路易十四的一个孙子继承西班牙王位。路易十四命令法军趁此机会占领弗兰德尔。伴随着法国波旁王朝势力渗透至西班牙，路易十四完成了他梦寐以求的欧洲霸权版图。争夺西班牙王位失利的德意志皇帝怀恨在心，策动所有反法国家联合起来，而欧洲其他国家也都清楚地意识到法国将因其自身强大而产生控制全欧的野心，大战一触即发。1701年，路易十四进兵弗兰德尔之际，第四次战争爆发。战争中法军四面出击，深入敌境。历史再次重演——法国在战争后期陷入困境：反法联军在法国北部取胜，法国门户被打开，同时奥地利军队在西班牙击溃法军。幸好南德地区的一场大胜，才使法国避免颜面尽失和彻底失败。1714年，这场长达13年的战争终于结束，交战双方签订《乌特勒支条约》，法国霸权就此终结。狂热的战争发动者路易十四在回首他征伐不休的一生时唏嘘感慨，告诫自己的继承人慎对战争。

路易十四执政54年，其中近30年的时间里法国都陷于战争状态。历次战争中，法国均以寡敌众，这与路易十四的外交大战略失误有关。同时也与其他欧洲列强严守"势力均衡"，不允许法国一家独霸欧洲有关。四次大战，法国前两次以胜为主，战果较为显著。后两次法国以败居多，得不偿失。路易十四献给波旁家族最大的礼物可能就是让他的孙子成功继承西班牙王位。路易十四发动的战争深刻改变欧洲乃至世界格局，法国虽然没能通过战争大幅拓展领土，但无论是其国际地位还是欧洲影响力都达到前所未有的高度。路易十四重点打击荷兰，这种实力消耗和对抗使荷兰国力明显被削弱，17世纪海上霸主的地位也渐渐拱手让出。而长期深陷欧陆争斗，法国海外扩张的步伐迟滞不前，这一结果使得英国坐收渔翁之利。法国路易十四的欧陆征伐岁月也正是大不列颠开创海上霸权基业的时代。

（三）路易十四欧洲霸权衰落的原因

首先，欧洲多极均势格局必然导致其他国家阻止路易十四实现其所谓的"天然疆界"。从地缘政治考察，法国周边国家如荷兰、奥地利、西班牙，均具有较强实力和影响力，这些国家绝不允许路易十四使法国疆界形成有利的战略要点连线的企图，这会使他们受到严重的威胁，路易十四的"天然疆界"野心促成了反法同盟形成。同时，自民族国家兴起后，近代欧洲国际交往原则和法律已日渐形成，领土与主权观念深入人心，路易十四采用武力"拓疆为国、划地为界"与当时的时代潮流背道而驰。连年征伐使法国政治孤立、树敌众多、深陷包围，这导致法国国力迅速衰落。

其次，缺乏健全的财政体系。没有必要的财政收入就无法支持连年战争,并且极易陷入财政危机的泥潭。如何解决常年战事产生的高昂战争开销和军费匮乏问题?为弥补帝国财政赤字,柯尔伯不得不放弃早年推行的类似节流这样合理的财政措施,采用饮鸩止渴的手段——向社会出售官职和王室领地解决财政危机。尽管卖官鬻职一时缓解了法国财政短缺和军费不足,但难以根本奏效,并且后果严重:凡购买官职或贵族封号者,只需一次性支付全部费用便可世袭官职与封号,还可转售他人,国王无权干涉,这使国王失去了对国家官员任免权的控制,政治混乱、社会动荡随之而来。同时,由于购官者大多是富贾士绅,自身实力雄厚,这导致一个有能力与王权抗衡的官员阶层产生了。18世纪,官员阶层对抗王权的情形愈演愈烈。同时,出现贪得无厌的"讼费"制度。买官需要付出高额成本,购官者就会无耻地大肆攫取讼费,免费、公正的司法从此消失,一个国家的公信力荡然无存,百姓怨声载道。规模庞大的"穿袍"捐官集团成为帝国政治的毒瘤,不断吞噬着仅存的国家权威。这一时期法国专制盛行、职位重叠,官员贪腐无度,社会民不聊生,国家发展严重受阻。

再次,宗教矛盾和教派冲突的影响。法国宗教派系林立,纷争不断,矛盾日积月累。16世纪的法国,以资产阶级、平民和农民为主的加尔文教信徒人数持续增长。同时,一些封建贵族出于利用宗教对抗王权的目的也加入加尔文教,这些人被称为"胡格诺教徒"。拥护王权的封建贵族组成"天主教同盟"。"胡格诺教徒"与"天主教同盟"为权力展开血雨腥风的厮杀,史称"胡格诺战争"。

1589年,法王亨利四世颁布"南特敕令",旨在平息这场宗教杀戮,敌对双方交战告一段落。但是崇尚天主教的路易十四继承王位后,为形成整个法国"一个信仰、一种法律、一位国王"的集权局面,深知必须借助统一的宗教来控制人心。加尔文教派的新教徒成为路易十四严酷打击的对象。1685年,路易十四废除"南特敕令",同时规定取缔所有新教教会;不愿改宗的新教牧师立即被逐出法国;新教徒子女必须改受天主教洗礼。

路易十四的皇家军队强行进驻新教徒家庭，威逼他们改信天主教。英格兰、尼德兰、德意志、瑞士和北美成为数十万背井离乡的胡格诺教徒的流亡目的地。最终，新教在法国基本被根除，而由于胡格诺教徒出逃带走的财富和技术令法国损失惨重：40万居民流失，带走资金6000万里弗尔；近万名海军官兵改投他国，陆军也有大量官兵投靠外国。废除"南特敕令"造成的后果极大削弱了法国国力，对其经济、政治、宗教以及民族心态都有巨大的负面影响。那些吸纳法国流亡胡格诺教徒的国家则趁此机会提升了自身实力，获得资金、技术和人才方面的重要补充。从这一角度来看，路易十四极端的宗教迫害政策扶植了他自己日后的竞争对手。

最后，僵化的封建生产关系和封建制度成为最大障碍。一是封建土地所有制严重束缚生产力发展。据统计，路易十四在位的最后一年，以贵族和教会为代表的特权阶级人数只占到法国人口的2%，却掌控着全国60%到70%的耕地，而占法国人口95%以上的农民却只拥有全国30%到40%的土地。[①]不仅土地和生产资料奇缺，各种苛捐杂税也令贫困潦倒的法国农民苦不堪言。路易十四时代的农业生产效率低下、常年萧条，加之落后的国内交通基础设施极大地阻碍农产品进入各地市场，农村经济已经趋于解体，国内资本主义工商业受到低水平的农业经济拖累难以发展。二是封建割据致使法国国内关卡林立，各地货币、度量衡、捐税和法律差异巨大。40种以上的各类货币在国内流通，位于巴黎周边的各种关卡就达54个。从奥尔良运货到诺曼底，区区几百公里的路程却要交几十次的税，货价因此提高20倍，而从中国运货到法国也不过加价三四倍。封建制度令法国资本主义发展举步维艰。三是城市封建行会严重阻碍资本主义商业活动。王朝官员随心所欲罚款收税、极度贪污腐化。这种情况下，渴求生存发展空间的法国资产阶级同专制君主之间的矛盾愈演愈烈。资本主义缓慢成长和社会阶

---

① 张芝联：《法国通史》，北京大学出版社1989年版，第115页。

级关系持续分化,这些因素导致腐朽没落的封建君主专制日渐丧失统治基础。经济不振、社会发展乏力的法兰西已无力维持欧洲霸主地位,它的衰落与曾经的辉煌一样都是历史的必然。

路易十四幻想通过对外战争实现称霸欧陆的梦想。然而短暂辉煌之后,法国就不得不悲惨地面对国库空虚与接踵而来的屈辱条约。历史再次印证,推行霸权主义终将给国家和人民带来难以承受的恶果。

三、法国大革命的原因和进程

大革命爆发之前,法国曾在路易十四统治时期经历了称霸欧陆的辉煌。路易十四对内促进工商业发展,对外扩土开疆,波旁王朝势力遍布欧洲,法国资本主义力量迅速增长,国内财富快速积累。但是在经济发展的同时,波旁王朝政治体制腐朽,社会阶级分化明显,社会分配严重不公,社会矛盾日益激发。加之路易十五对外征战不利,欧洲诸国普遍敌视法国。内外矛盾交织下,启蒙运动为法国人民照亮了革命方向。在诸多因素综合作用下,波旁王朝迅速由鼎盛走向崩溃,革命一触即发。

(一)法国大革命的根本原因

马克思指出:"无论哪一种社会形态,在它所能容纳的全部生产力发挥出来以前,是决不会灭亡的;而新的更高的生产关系,在它的物质条件在旧社会的胞态里成熟以前,是决不会出现的。"[①]法国大革命推翻了封建制度,建立起资本主义制度,这符合当时法国国内资本主义发展的状况和现实要求。18世纪下半期,法国封建社会内部已经出现较为成熟的资本主义经济形态。一些法国南部城市在14、15世纪就已出现典型的资本主义

---

① 《马克思恩格斯选集》,第2卷,人民出版社1995年版,第33页。

萌芽。17世纪中期，路易十四推行重商主义，贸易制度的改革使法国资本主义获得重要发展。17、18世纪，法国通过大规模海外殖民扩张获得原材料产地和销售市场。大革命爆发前夕，农奴已在法国农村绝迹，小地主大量存在，下层农民普遍渴望拥有自己的土地，这为资产阶级革命奠定了坚实的社会基础；资本主义性质的手工工厂遍布全国，广泛采用当时各类先进机器，大有取代封建作坊之势；工业生产力的不断提高刺激着法国商业快速发展，发展程度在欧洲仅次于英国。马赛、波尔多等港口城市在这一时期成为著名大商港，法国借助贸易的繁荣积累了雄厚的商业资本；信贷金融活动如火如荼，法国的国内、国际信贷交易量大幅跃升，许多政府贷款和信用机构如雨后春笋般涌现出来。但是，法国资本主义依然难以完全摆脱封建制度各种剥削手段和陈规陋习的束缚，发展一直受限。法国陈腐的封建生产关系已经严重阻碍资本主义生产力的发展。通过资产阶级革命推翻封建专制统治势在必行。法国大革命具备较为成熟的物质与社会基础，顺应了历史潮流，具有必然性。

（二）法国大革命的进程

1789年法国大革命爆发，随后5年里人民三次起义。1789年7月14日，巴黎人民攻占巴士底狱，第一次武装起义标志着大革命开始。代表大资产阶级和自由派贵族的斐扬派，在起义胜利后掌控了政权。斐扬派试图建立君主立宪政体，推行有利于大资产阶级的改革。作为大资产阶级与封建君主妥协的产物，《1791年宪法》宣布法国为君主立宪国家。由于斐扬派镇压人民，1792年8月10日，巴黎人民发起第二次起义，推翻了君主立宪政体，9月21日法兰西第一共和国成立，代表工商业资产阶级吉伦特派执掌政权。此时的法国内忧外患，依然实施反人民政策的吉伦特派引起主要代表中小资产阶级利益的雅各宾派的强烈不满，并支持忿激派与吉伦特

攻占巴士底狱

派进行激烈斗争。1793年5月31日至6月2日，巴黎人民在雅各宾派和忿激派的联合领导下发动第三次起义，吉伦特派统治被推翻，雅各宾派掌握了政权。雅各宾派专政时期成为法国大革命的顶峰。1794年7月27日，热月党人发动政变推翻雅各宾派政权，控制了法国。至此，法国大革命的高潮结束。

四、盛极一时的拿破仑帝国

曾令欧洲列强胆寒的拿破仑戎马一生，是一位杰出的军事与政治天才。他捍卫了法国大革命成果，促进了国内资本主义发展，并且数次击溃反法联盟，让新制度的号角响彻欧洲大陆，把欧洲千百年来的封建旧秩序冲击得七零八落。从西班牙到波兰，从意大利到瑞典，拿破仑经过多年征战后控制的欧洲版图相当于法国国土面积的3倍，总人口7500万，约占全欧洲人口数量的一半，一度建立了盛极一时的拿破仑帝国。

（一）拿破仑帝国建立的原因

拿破仑能够执掌法国政权，并一度征服欧洲大部分地区，建立了拿破仑帝国，其成功有着诸多因素。第一，赢得法国民众的大力支持。轰轰烈烈的大革命是被法国人民一次又一次推向高潮的。拿破仑时期，在抵抗外来军事干预、捍

拿破仑·波拿巴

卫资产阶级革命果实的过程中，法国广大人民踊跃参军，贡献出无穷的力量。为进一步赢得法国民众特别是广大农民的支持，拿破仑掌权后推行了一系列政策，重心在于保护和巩固人民在革命中取得的成果。在《1848年至1850年的法兰西阶级斗争》一文中，马克思指出："拿破仑是充分表现了1780年新形成的农民阶级的利益和幻想的唯一人物。""拿破仑在农民眼中不是一个人物，而是一个纲领。"[①] 推翻执政内阁、恢复国内秩序、驱逐外国军队——这些非凡成就令法国农民欣喜若狂，无比崇敬、感激拿破仑，因为之前还没有哪一位统治者让他们体会如此的国家荣耀与民族振奋，农民进而成为拿破仑倚靠的重要支柱。为了光荣的法兰西，具有强烈民族荣誉感的法国农民积极投身拿破仑战争。

第二，保护和鼓励资本主义发展。拿破仑时期，法国国内自由竞争市

---

① 《马克思恩格斯全集》，第7卷，人民出版社1982年版，第50页。

场获得了重要发展机遇。农业生产力也得到释放，农村生产效率持续提高，许多农民有了自己可以自由经营的小块土地。这一时期，中央集权不断加强的法国在欧洲大陆具有明显的制度优势，那些传统的欧洲大陆封建国家以及尚未完成国家统一的德意志、意大利与法国相比，在经济生产、政治体制、社会创新方面均有较大差距。社会生产力的快速跃升刺激着军事科技的不断突破，军事技术与武器装备的升级换代为作战方法的改进提供了基础。拿破仑在欧洲所向披靡，靠的是一支装备精良、训练有素的新型军队。经过大革命的洗礼，拿破仑的军队爱国热情高涨、作战能力优异。同时，拿破仑施行普遍义务兵役制，鼓励自由农民踊跃参军，法军人数连创新高。拿破仑的军队崇尚军事才能，破除尊卑壁垒和等级观念，相当数量出身底层、骁勇善战的军官获得提拔，走上重要岗位。

第三，杰出的军事才能使拿破仑横扫欧洲。拿破仑的新型军队特别重视发挥骑兵和炮兵的作用，而这恰是欧陆传统封建国家的军事软肋，陈腐的战术使这些国家无力抵抗拿破仑骑兵的铁蹄践踏和重炮轰鸣的沉重打击。拿破仑把他的新战法发展为正规制度大力推广，军事训练与战场实践均遵循不悖。这种新战法不断在实践中完善，令法国军队几乎无敌于天下。

拿破仑和他一手缔造的法兰西第一帝国捍卫了资产阶级革命果实，使千百万法国人民从旧制度束缚中解脱出来。法国在迈向现代化国家的道路上，拿破仑起到关键性的作用，无论是在建立资本主义法律体系方面，还是在创造国内自由竞争经济局面方面都是如此。同时，由于拿破仑罕见的军事与政治才能，法国成功地向外输出革命，给予欧陆原有封建统治秩序以沉重一击，加速了各封建国家的资产阶级变革进程，促进了欧洲资本主义发展。拿破仑战争中的革命性与进步性与时代发展方向一致，也是其取得胜利辉煌的重要原因。

（二）拿破仑帝国的战争及其衰亡

从 1793 年第一次反法同盟组建到 1815 年拿破仑帝国彻底崩溃，这一时期被称为拿破仑战争时期，整个欧洲经历了 23 年的战火硝烟。回首拿破仑帝国所走过的历程，我们发现它的覆灭是由多种因素导致的。

一是欧洲诸强的敌视与干涉。1789 年法国大革命对专制王权的取代是逐步发展的，并未一蹴而就，同时欧洲其他列强内外交困、无暇他顾，这使大革命进程较为顺利，受到的外来干扰较少。当时，奥土激战，奥属尼德兰（比利时）又爆发反奥革命，奥地利焦头烂额；俄国同时深陷对土耳其和瑞典的两场战争，无力干涉法国；虽然普鲁士历来反动、敌视革命，但与老对手奥地利之间的尖锐矛盾使其无暇关注法国；英国则隔岸观火、甚至拍手称快，因为在英国首相小威廉·皮特的战略考虑中，大革命会严重削弱法国，以此帮助英国维持欧陆均势。欧洲诸强在法国大革命之初态度总体较为温和。然而，鉴于法国大革命，特别是拿破仑的征战，强烈冲击了欧洲封建秩序，为使自己的神圣王座不受侵犯，传统封建国家必须组建反法联盟，颠覆这支代表未来的革命力量。欧洲列强先后组建了七次反法同盟并发起战争，历次战争间隔极短，令拿破仑疲于应对，难以获得必要的喘息机会。尽管如此，法国依然取得了前五次代价惨重的战争胜利。除第四次外，七次反法同盟均有英国参与，英国堪称反法第一主谋。几乎每一次反法同盟都由英国出面召集，并为各盟国提供强大战争援助。最后，在欧洲各参战国精疲力尽的情况下，英国自己担当起反法主力。威灵顿将军在滑铁卢一举击溃拿破仑。此役英方死伤 2.2 万人，而法军死伤 2.5 万人，8000 人被俘虏，拿破仑帝国自此终结。

二是内外政策失误。第一，任人唯亲。拿破仑帝国在 1810 年前后登上巅峰，维斯瓦河以西的欧洲领土几乎全部处于帝国统治之下。"任人唯亲"是治国理政大忌，而拿破仑为巩固权力，给自己的亲属加官晋爵，赐以高官厚禄。这些受封的亲属们则变得贪得无厌，在所辖领地中饱私囊、鱼肉百姓。拿破仑的官员亲属们后来大都被领地人民赶下台，"家天下"统治的破碎令拿破仑帝国大厦外强中干。第二，刚愎自用的"大陆封锁体系"。拿破仑将英国视作法国扩张的最大障碍、破坏其欧洲霸业的罪魁祸首。然而要打击英国，必须取得海上实力优势，而当时的法国海军难以与实力雄厚的英国皇家海军匹敌。1805年，法国海军更是在特拉法尔加海战中遭受重创，元气大伤，法国更难以直接军事打击英国。经济是英国阻挠法国独霸欧洲的主要手段。如果没有英国的巨额财政支持，单凭普、奥、俄等几个专制落后的封建国家是不可能把反法大业坚持到底的。第四次反法同盟战争中，拿破仑重挫普鲁士，见此情景俄国犹豫不决、畏缩不前，是英国的大把金钱推动了俄法交战。怎样才能遏制英国呢？拿破仑想到用经济手段打击、遏制英国，一旦成功就会对反法同盟造成釜底抽薪的效果。1806年11月20日，拿破仑在柏林发布敕令，正式宣布封锁不列颠海峡、严禁对英一切贸易，还包括"禁止任何从属于法国的或与它结盟的国家输入英国及其殖民地货物""居留在欧洲大陆上的英国人一律拘捕，英国的商船和一切商品都予没收"①。法国的"大陆封锁体系"由此拉开帷幕。1807年，《枫丹白露敕令》和《米兰敕令》相继颁布，法国利用各种手段全面封锁英国经济。普、奥、丹、西、葡等国均被强行拉入"大陆封锁体系"。

起初，大陆封锁体系对英国的打击卓有成效。在将近一个世纪的海外贸易和殖民掠夺中英国赚得盆满钵满，雄厚的实力助长其在欧洲事务中指手画脚、傲慢自大，诸多欧洲大陆国家早已心生嫉恨。拿破仑抓住这一点大做离间文章，四处抹黑英国，突出其唯利是图的贪婪本性、对欧陆国家的颐指气使。但是时间一长，这一体系产生的效果越来越小。原因是实现大陆封锁必须欧陆国家严守一致，但凡哪国网开一面或是暗渡陈仓就会使封锁

---

① 刘德斌：《国际关系史》，高等教育出版社2003年版，第95页。

无效。拿破仑组建的封锁体系只是一个松散的联合体，约束不了其他国家，欧洲大陆其他国家阳奉阴违、我行我素，加之英国经济实力强劲，对各国很有吸引力，各国与英国之间的走私十分猖獗。这些潜在威胁最终导致大陆封锁体系失败，法国经济反而雪上加霜。第三，野蛮用兵西班牙导致"西班牙溃疡"。大陆封锁体系建立后，一直存在伊比利亚半岛的"缺口"。为将葡萄牙和西班牙拉入该体系，1807年10月，拿破仑出兵西班牙，野蛮干涉西班牙王室纠纷并将其兄约瑟夫推上西班牙王位，整个西班牙愤怒了。1808年5月，起义在西班牙境内爆发并迅速扩散至全国。民族解放的烈火在西班牙熊熊燃烧，几乎全民皆兵抵抗法国入侵者。拿破仑深陷西班牙起义的汪洋大海，难以抽身。大批法军被牵制在西班牙战场，本已脆弱的大陆封锁体系遭受沉重一击，这成为助推拿破仑帝国"坏死"的"西班牙溃疡"。

三是祸及己身的战争双刃剑。拿破仑的辉煌来自于武力，覆灭也与武力滥用息息相关。连年不休的欧陆征战耗费难以计数的法国财富，靠战争掠夺实现的收益无法弥补巨额财政亏空，不断增长的法国军队员额也在不断掏空民力、丧尽民心。正如恩格斯所言："一个在1/4世纪里连年战争而力量消耗殆尽的国家，已不可能单独抵抗整个武装起来的世界对它的进攻了。"[①]

五、波旁王朝复辟与第二帝国的衰败

1814年的法国波旁王朝复辟并不是完全恢复封建统治，而是贵族与大资产阶级之间妥协的产物。波旁王朝复辟后，虽然恢复了部分封建权力，但更多的是保留资产阶级革命胜利果实。波旁王朝对科学文化领域的管制

---

① 《马克思恩格斯全集》，人民出版社1982年版，第72页。

有所放松,使得摆脱束缚的浪漫主义运动能够影响整个欧洲。所以说复辟的波旁王朝并非彻底的倒退,既不能由此否定法国自1789年大革命以来所取得的一系列成果,也不能说法国社会的前进因此受到阻碍。存在18年之久的路易·波拿巴政权,既有历史进步的一面,也有其消极的一面。

(一)波旁王朝的复辟

波旁王朝复辟并非偶然发生,而是历史的选择,也是法国当时的主要决策人——塔列朗的睿智选择。在历经狂风暴雨的大革命时期与纵横捭阖的拿破仑时代之后,法国似乎早应该远离古老的波旁王朝,但随着拿破仑1812年远征俄国失败,欧洲列强趁机组成第六次反法同盟,大举进攻法国,波旁王朝借此获得复活的生机。

1813年10月,在莱比锡大会战中,拿破仑溃败,反法联军攻入法国并且占领巴黎。战败的法兰西命运如何?当时主要有四种选择:

一是签订和平协议,拿破仑退位,其子罗马王继位,皇后玛丽·路易斯摄政。由于玛丽·路易斯是奥地利公主,这一方案得到奥地利支持,而且也为多数法国人接受。但如果让拿破仑的儿子当皇帝,那么欧洲就不可能实现真正和平。因为就拿破仑的性格而言,他决不会退位赋闲。

二是拥立奥尔良公爵路易·菲利普为法王。沙皇提出这一主张,但对于塔列朗而言,奥尔良公爵只是波旁家族的一个篡位者,此方案不可行。

三是拥立瑞典国王贝尔纳道特为法王。沙皇力荐贝尔纳道特,他曾担任拿破仑的元帅,在协调反法同盟击败拿破仑过程中出了大力。也正基于此,法国人不希望刚抛弃一个军人皇帝,又迎来一个元帅国王。

四是拥戴波旁王朝复辟。塔列朗选择拥戴波旁王朝,是在特定历史环境中的稳妥之举。战败的法兰西面临任人宰割的困境,国家存亡难以预料。只有通过波旁王朝复辟才能让战败后的法国承担最少的战争责任,从而保全法兰西。如果遵循前三种选择，作为战败者他们都将饱受随之而来的欧洲各国的羞辱与蹂躏，因为大革命和拿破仑给这些国家带来灾难与耻辱。不仅法国难以保全，法兰西民族也会陷入新的灾难。尽管波旁王朝复辟在政体上是开历史倒车，但由于其被大革命推翻，更易受到战胜国的宽容。因此，波旁王朝复辟是历史的选择。塔列朗在1815年的维也纳会议上纵横捭阖，不仅恢复了法国与英、俄、奥、普平起平坐的地位，而且成功遏制了俄国和普鲁士对波兰、萨克森的领土要求，并在1815年1月同英奥缔结密约，反对俄、普，最终为法国签订了不割地、不赔款的和平协议，使得法国领土能够以1792年波旁王朝被推翻前为准。这一外交史上的奇迹证明，塔列朗的选择是富含政治智慧的。

（二）复辟王朝时期的政治进步性

拿破仑帝国覆灭后，1814年4月波旁王朝复位。但是，路易十八自己也承认，完全恢复大革命以前的社会和国家制度已无可能。波旁王朝复辟后，"旧制度"主要象征之一的三级会议没有重新召开，"旧制度"时代的封建特权也未彻底恢复，由大革命确立起来的资本主义产权体系并没有被推倒重来。法国旧时代君主制已经向新阶段的资产阶级君主制转变，资本主义生产关系由于资产阶级革命而确立并在拿破仑统治时期得到巩固。

波旁王朝政府的政策是协调贵族与大资产阶级之间的利益，实现二者妥协。1814年6月4日，路易十八签署的《1814年宪章》即是这种妥协的表现。《1814年宪章》的突出特点是旧制度与法国大革命原则的妥协：一方面向大革命成果让步，另一方面又流露出"正统"意识及恢复旧制度的倾向。从《宪章》主要内容可以看出，复辟王朝虽然恢复了某些封建权力，但更多的是保留了资产阶级革命的胜利成果。这既是法国历史发展的必然，也是复辟王朝政治进步性的表现之一。封建制度在法国已经一去不复返，无论复辟王朝君主是否愿意,他们重新戴上的王冠已被牢牢地打上了"资本"的烙印。

(三)波旁王朝复辟时期科学文化的发展

波旁王朝复辟时期,法国文化艺术的发展出现了两大突出特征:一是浪漫主义的兴起与繁荣。波旁王朝复辟后,由于路易十八在意识形态领域的政策相对宽松,被压抑多年的浪漫主义山洪般爆发,形成声势浩大的浪漫主义运动。19世纪初期,以贡斯当等人为代表的自由主义思潮在法国出现。他们极力反对任何来自国家、教会和社会传统势力的专制,追求最大限度的自由竞争,提倡思想、言论、集会和出版自由等。这种思潮于波旁王朝复辟时期达到高潮,此后在不同历史时期又持续获得发展,它给当时正处于发展中的法国资产阶级带来希望,也对法国社会进步与浪漫主义文学发展起过相当大的促进作用。

浪漫主义作家把政治自由原则运用于文学运动,竭力反对古典主义束缚,要求更加充分地实现政治自由和文学自由。浪漫主义并不排斥理性,而是努力将理性和感情融为一体,借此抵制现代工业文明发展造成的人的异化。虽然浪漫主义关注不同时代的不同个体,但大多数浪漫主义作家的理想却代表整个时代和法兰西民族的根本利益。法国浪漫主义文学运动继承、捍卫了法国大革命以来的思想进步传统,深刻而又广泛地反映社会生活,具有强大的思想震撼力,进而发展成影响整个欧洲的运动。从法国乃至整个欧洲浪漫主义运动影响和浪漫主义文学创作实际来考察,其表现出来的强烈战斗性,在人类探寻自身解放、反抗压迫的如歌如泣运动中,在揭露社会黑暗、呈现光明未来的过程中起到了十分积极的进步作用。

二是政府对科学的支持。从复辟王朝时期出版制度来看,路易十八政府起初保留了拿破仑时代的制度。由国王任命的书报审查委员会成立,任何报纸或小册子上的文章未经检查官审核同意均不得刊登或出版。但后来由《1814年宪章》认定的"出版自由"创造了一种被欧洲各国自由派视为典范的出版制度，宪章规定：法律只制止滥用出版自由，但并不事先防止。据此，审查委员会被取消，作者无须等待批准便可发布文章，如若违法犯罪再予追究。法律所禁止的言论行为包括：当众煽动犯罪、亵渎公共和宗教道德、对国王人身或两院施加侮辱以及中伤诽谤他人。这种事实上较为宽松的出版制度间接促使出版业的繁荣以及各种报刊书籍的大量出版发行。王朝复辟时期的科学活动也比较自由，较少限制科学类书籍出版。1816年至1829年期间，法国物理、化学和天文等学科书籍出版迅速增多，并且出版了很多能够反映法国当时较高科学水平的百科全书与期刊。100多个各类科学学会相继成立，其中研究人员与科学活动最集中的地方是法国科学院。

（四）法兰西第二帝国的衰亡

1848年巴黎六月起义被镇压，拿破仑的侄儿路易·波拿巴当选为共和国总统，并于1851年成功发动政变，独揽大权。1852年12月路易·波拿巴自封为皇帝，称拿破仑三世，建立起法兰西第二帝国。

从阶级实质上来说第二帝国是七月王朝的延续，依然由最富有的金融资产阶级和工业巨头占统治地位，政体形式仍为君主立宪制。帝国宪法第一条明确宣布：宪法确认、肯定与保证"1789年宣布的各项伟大原则"。曾被"秩序党"取消的普选权重新恢复，参议院、元老院、立法团三方组成立法机构。宪法赋予总统极大权力，总统控制全部行政大权，并且拥有立法创议权，司法权也以总统名义行使。政变成功后，路易·波拿巴通过掌控宪法权力，操控强大的国家机器，在巴黎和32个省宣布戒严，限制新闻出版和舆论自由，镇压异己，采取专政手段稳定动荡的局势。

1852年至1859年，资产阶级共和派、小资产阶级民主派、社会主义者和工人积极分子受到拿破仑三世暴力手段的强烈打击,这一时期被称为"专制帝国"时期。从1859年开始,拿破仑三世看到国内局势趋于稳定,权力已经巩固,开始逐渐推行一些资产阶级自由主义改革,如大赦政治犯,承认结社权、罢工权,恢复新闻和出版自由,公布有关公共集会的法律,等等。1859年到1868年,拿破仑三世推行的改革给法国社会带来重大变化,政治生活开始活跃。要求继续推进改革的自由派在统治集团内部出现,共和运动、工人运动再次高涨,这些力量汇聚成不可阻挡的改革洪流,主张完全摒弃专制、实行真正意义上的议会制政体。面对这种形势,拿破仑三世于1869年公布元老院法令,修改1852年宪法。1870年公布的新宪法规定,皇帝不再拥有无限权力,他仅享有1/3立法创议权,元老院转化成为两院议会制的上院,大大增加普选产生的立法团的权力,资产阶级议会制基本恢复。经过1859至1868年的"专制帝国"向"自由帝国"的过渡,从1869年开始,法国进入"自由帝国"时期。

政局稳定后,第二帝国颁布一系列有助于资本主义经济发展的政策,为工业革命发展创造了良好环境。如兴建银行,方便资金流通与周转;降低工业税,鼓励建立大公司;保护商业合同,颁布商标法以利商业;兴建铁路,疏浚运河,大力兴修水利等等。由于政局平稳、政策适当,法国工业革命蓬勃兴起。不到20年时间里,法国煤产量增加2倍,生铁产量增长近2倍,钢产量增长将近3倍,钢轨产量增长近5倍。由于铁路运输迅猛发展,全国蒸汽机总动力由6.7万马力增至33.6万马力。工业总产值增长2倍,外贸额增长3倍。法国农村使用化肥、脱粒机、收割机日趋普遍。由于农业劳动生产率不断提高,法国历史上首次出现农村人口低于城市人口的状况。到19世纪60年代后期,伴随重工业、机器制造业的迅速发展,法国完成了工业革命。

第二帝国时期,新型大银行纷纷建立,广泛向社会集资,投资于工矿企业,银行与工商企业的联系空前紧密,法国巴黎由此变成世界上最重要的金融中心之一。1870年的法国已成为14个国家的债主，对外投资额高达120亿法郎。作为一个世界工业大国，法国当时在全世界工业发展中仅次于英国，位居第二。

尽管产生于动荡不安的时代，但拿破仑三世用强力手段实现了第二帝国的社会稳定，而一旦这一历史任务完成，社会需要向前正常发展的时候，集权政治就必须让位于更为自由、更加尊重法制的政权。法国完成工业革命后，工业资本主义的发展要求更加自由的投资环境、更加宽松的政治氛围，而帝国政体、君主专制已落后于时代。1870年颁布的新宪法，已经预示着第二帝国的覆灭。

1870年爆发普法战争，法军因轻敌而大败。1870年9月2日，在色当，拿破仑三世率8万法军投降，这一事件成为引发国内革命的导火索。9月4日，巴黎爆发革命，第二帝国垮台，法兰西第三共和国在民众欢呼声中诞生。1870年后，尽管法国各派政治势力依然存在争斗，各保守派也都拼死恢复君主制，但以强大工商业资产阶级为后盾的法兰西第三共和国没有被摧垮。法国近代政体的频繁更迭至此终于告一段落。

六、第三共和国的最后辉煌

法兰西第三共和国在"二战"期间的迅速崩溃令全世界为之震动。作为第一次世界大战战胜国、老牌殖民国家，法国是当时世界第二大强国，同时也是一个有着悠久历史与文明的资本主义民主国家。托马斯·杰斐逊曾将法国称为"每一个人的第二故乡"。法兰西民族以高贵、勇敢著称，当时拥有300万号称欧洲最强大的军队，以及被称为世界上最坚固的"马其诺防线"。然而，从1940年5月10日德军发起进攻，到6月14日德军攻占巴黎，6月22日法国政府宣布投降，法军在希特勒的法西斯军队面前不堪一击，全世界为之惊愕而迷茫。法兰西第三共和国在不到6周的时间里便完全垮塌。有着光荣历史传统的法兰西民族在德国法西斯的占领和蹂躏下，遭受了有史以来最深重的灾难。法国如此迅速地崩溃发人深省。

（一）政府更迭频繁与羸弱

国家内部团结与长治久安是一个国家强大的基本保证。然而，法兰西第三共和国从建立之初就深陷严重的政治动荡之中，这成为法国致命的弱点。尤其在 20 世纪 30 年代，法国政局更加不稳、内外政策混乱，给法国国力、战争能力造成巨大影响，埋下了失败的种子。

法兰西第三共和国实行议会制的政体，这种政体引发政府更迭频繁，令人头晕目眩，寿命最长的也不过执政两三年。没有哪一届政府能够长期执政，从而制定长远的政策方略，更不用说有哪届政府坚定执行这样的政策。这种政治上的混乱自第三共和国初期便很盛行，到第一次世界大战爆发时，它已经产生了 50 届政府，平均一年一届。第一次世界大战后，法国政府更迭速度提高了一倍，内阁平均寿命只有 6 个月。仅从 1909 年克里孟梭总理下台至 1914 年 8 月一战爆发，第三共和国便更换了 11 届政府，平均一年更换两届；从 1919 年到 1927 年的 8 年中先后组成过 15 届政府；从 1932 年 6 月到 1934 年 2 月的 20 个月的时间里即有 6 届政府更替，平均每届政府的寿命仅为 3 个月。在希特勒成为德国总理的那一天，即 1933 年 1 月 30 日，当时的法国甚至根本就没有政府存在，因为仅维持了 5 个星期的邦库尔内阁已于 1 月 28 日垮台，而由达拉第首次组阁的新政府要到 1 月 31 日才能组成。国外正在发生什么以及它可能对法国产生什么影响，在法国国民议会看来并不十分重要。而 5 年后，当希特勒入侵奥地利之际，法国再次处于无政府状态。频繁更迭的政府使法国无力及时应对德国的侵略行为，客观上纵容了法西斯的嚣张气焰。到 1940 年 5 月 9 日，当德国法西斯集结了有强力空军支援的 136 个师（其中包括 10 个装甲师），即将于拂晓发起进攻时，法国既无政府，也没有武装部队总司令。从希特勒1933年上台到1936年3月希特勒出兵重新占领莱茵非军事区、1938年3月11日吞并奥地利、1938年9月12日吞并捷克苏台德地区——就在德国一步步试探性向外扩张的时候，法国却因自身政治羸弱，从未采取过强硬对抗措施，坐失挫败德国的良机。与法国相反，德国从1933年起一直由希特勒统治，英国也只在7年里更换了三届政府。德国法西斯不断强化自己的国际地位，而法国则由于国内各派争吵不休，国际地位日益削弱，在欧洲持续丧失威望和影响。由此可见，内阁更替频繁、政局不稳是法国迅速崩溃的重要原因之一。

（二）实施消极防御的国防战略

法国统帅部坚持消极防御的国防战略是法国迅速败降的重要原因。法国将军们抱残守缺，一刻也不忘那些在"一战"中给他们带来成功的思想观念。统帅部认为法军"一战"中取胜，得益于完美结合堡垒阵地与步兵火器，并盲目认为未来战争主要形式依然是阵地战。法军总司令部对于防御战和构筑"连贯的防线"近乎痴迷，甚至规定必须静待敌人进攻，并在由坚固堡垒和堑壕组成的防线前遏止敌人。在这种消极防御思想的指导下，法军战前制定的战略是以防守为主的消耗战，投入巨资兴建庞大的防御工事体系，防御工事后的数百万法军士兵坐待敌人有生力量被削弱、武器装备及技术资源消耗殆尽，择机转入反攻并取得"胜利"，耗资数十亿美元的马其诺防线即是这种消极防御战略的象征。第三共和国军民一致相信，如果德国人胆敢再次进犯，必将被马其诺防线的巨炮和堡垒阻拦并击溃。法国军队舒服地被防线所保护，似乎没有丧命之忧，这导致法军斗志消沉、军备松弛、麻痹轻敌、组织散漫。虚假的安全感使法兰西民族沉浸在甜美的和平梦乡中，导致法军在德军的进攻威胁面前完全丧失主动，任人宰割。

法兰西第三共和国迅速崩溃的另一原因是缺乏独立自主的防务。独立自主是一个强国确保生存的基本条件，而法国则在20世纪30年代后逐渐放弃外交政策的独立性，转而在外交方面服从于英国。对外政策上依赖于英美同盟的支持，正是英国接二连三地作出让步，定下向希特勒绥靖的基调，诱使法国紧随其后，对法西斯采取纵容政策，最终伤其自身。

（三）军事思想与军事技术落后

第三共和国迅速崩溃的又一重要原因是军事思想和军事技术的落后保守。法军将领拘泥于一战时所取得的战场经验，忽视科技进步给战争形态带来的巨大变化，对战争给军队组织结构、武器装备、火力、机动能力提出的新要求置若罔闻。

法军从未深入研究现代战争特点，无视德国在军事思想领域的进步及其带来的战略战术新变化。不重视坦克与飞机的作用，未能建立起强大的机械化部队和航空兵部队，而是像撒胡椒面一样将其大部分飞机坦克零散配备给地面部队，无法形成集团打击规模和拳头效应，更不具备多兵种协同作战能力。貌似强大的法国军队在德军"闪电战"攻击下，迅速失败，也就不足为奇。

（四）经济发展滞后经济实力不济

经济落后也是法国迅速崩溃的重要原因之一。从经济结构看，法国在"二战"前仍然是一个农业国家。1926年，法国工业人口才第一次超过农业人口。1931年法国工业人口占人口总数的50%，农业人口则占到40%，直至1939年，这种人口比例也没有发生太大的变化。当德国法西斯撕毁《凡尔赛和约》，疯狂扩军备战，全力加强重化工业发展，大规模制造坦克、飞机等重型武器装备之际，法国却受到落后的农业经济拖累，严重限制其工业能力的发展。法国工业设施设备水平较之其他发达国家差距明显。如1930年，德国工厂机器设备大多较新，使用时间仅为3~4年，而法国工厂机械设备的平均使用时间已达25年。由最新机械设备武装起来的德国工业与使用一战前陈旧机器的法国工业殊死决斗，胜败不言而喻。1929年的世界经济危机更使法国经济雪上加霜，1931年，法国118家银行破产，大量中小企业倒闭。从1931年9月至1932年4月，法国工业生产总量狂跌近70%。其中冶金下降47%，制造业下降42%，建筑业下降55%。[①]法国工业生产总值在1937年已下降为不到德国的一半，1938年进一步降到仅有德国的37.2%。世界经济危机使法国工业能力退至1911年的水平。经济衰退严重影响军事预算，法国军事工业发展受阻，武器装备更新停滞不前。1936年法国每月可生产坦克120辆，但到1937年1月份则仅仅生产了19辆；1937年法国每月仅能生产飞机38架，至1939年平均月产也只有185架，而同期德国飞机生产能力每月已超过1000架。[②]20世纪30年代法国经济的持续恶化，深远影响了对德战争准备，为"二战"初期第三共和国的崩塌埋下了伏笔。

（五）和平麻痹思想的作用

广大军民的思想觉悟、战斗意志是决定战争胜负的关键因素。经历一战创伤后，法兰西民族普遍存在厌战、畏战心理和严重的和平麻痹思想，普通百姓和军人都不希望战争再次爆发，这是第三共和国崩溃的重要思想原因。

"一战"中法国虽然获胜，但代价惨重，法国人民被拖入深重的灾难。

---

① 沈坚：《当代法国》，贵州人民出版社2001年版，第28页。

② ［英］F.A.德波林：《第二次世界大战史》，第3卷，上海译文出版社1978年版，第563页。

战争历时四年三个月零八天，法国本土动员794.8万名18~51岁的成年男子，占本土居民20%。战争期间，法军死亡官兵达131.5万人，占被动员人数16.5%，18~28岁的年轻人当中，每10个人中就有3个人死去；军队伤员427万人，其中150万人终身残疾。[①] 战争的巨大破坏给法国社会和民众造成巨大的心理震荡，法国传统精神出现危机。战争结束后，人们普遍厌恶战争，渴望永久和平，向往和追求19世纪末以来"美好年代"的太平生活。随着"一战"后大批美军的到来，美式生活方式、文明观价值观很快影响了法国人，尤其是年轻人。"达达主义"文学盛行，全面拥抱国外一切艺术潮流，摇摆舞、爵士音乐广泛流传，部分青年精神空虚，痴迷颓废、享乐的生活，有人竟然公开宣扬"在生活中，不要任何拘束！"法国民族的爱国热情被和平主义所侵蚀。1940年5月9日，即德国入侵法国前一天，巴黎人依旧在咖啡馆外沐浴阳光；奥特伊赛马场挤满观看春季赛马的人群，下注如流；人们成群结队前往大展览馆欣赏春季艺术展；电影院和剧院座无虚席。当法军准备与敌人展开战斗之际，老百姓却企图阻止他们，因为战斗会毁坏他们的住宅与商店。安德尔河畔一个村庄里，当地居民熄灭了已被工兵点燃的炸药包的导火索，而这本是用以炸毁桥梁以阻延德军推进的。在普瓦蒂埃，正在构筑防御工事的法军士兵惊讶地看到，市长打着白旗驾车出城，拱手将城市送给德国人。当英国重型轰炸机准备从马赛附近的机场起飞，轰炸意大利时，法国当地官员极力反对，原因是轰炸意大利必然令法国南部遭到报复。法兰西国家和民族面对突如其来的战争，缺乏起码的忧患意识，更不具备顽强抵御外侮的民族意志。当法国人民惊醒的时候，法国已经不在了。

---

① ［法］夏斯特纳：《第三共和国史》，第3卷，商务印书馆1994年版，第161页。

七、戴高乐主义与"第三种力量"

法国在路易十四和拿破仑时代曾雄霸欧洲。直至"一战"结束,法国仍是欧洲大陆霸主。法国的大国地位在"二战"前后日渐丧失。戴高乐重掌政权后,弘扬法兰西民族精神,从国家利益出发,制定独立自主的外交政策,试图恢复法国昔日的大国地位。戴高乐主义成为"二战"后数届法国政府制定政策的重要指导原则。

(一)戴高乐主义及其实践

戴高乐主义,即戴高乐提出的为维护法兰西民族独立和国家主权,恢复法国大国地位的对外政策思想与实践。戴高乐历来主张民族独立与国家主权,反对霸权主义,争取恢复法国的大国地位,建设欧洲人的欧洲。1958年戴高乐重返政坛,创建第五共和国,他的这些思想在法国外交政策中得到淋漓尽致的展现。

第一,捍卫民族独立与尊严,反对美国霸权。戴高乐把"独立"视为法国生存、行动、维护民族利益和在

二战时期的英国首相温斯顿·丘吉尔(左)和法国戴高乐将军(右)。

世界上发挥作用的最重要条件。"独立"意味着不受任何外国指挥和控制。1960年2月13日，法国成功爆炸第一颗原子弹，这成为摆脱美国控制，独立发展法国核力量的重要标志。此后，法国一直坚持自主发展核武器方针，拒绝将其核武装纳入北约核武体系。在1958年提出改革北约领导结构、取得与美国平等地位的要求遭到美国拒绝后，戴高乐逐步将北约防务体系中的法国军事力量撤出，不再听命于美国指挥。1966年，法国退出北约军事一体化组织，并要求美军关闭驻法基地、北约部队和指挥机构一年内撤离法国。美国称法国此举"对准联盟心脏刺了一刀"。从此，法国军事上不再隶属于美国领导的北约，在美苏集团对抗的缝隙中为自己开展独立外交争取了一定空间，强化了自主性。

第二，在法属殖民地推行"从非殖民化到合作的政策"，维护法国海外经济和政治利益。20世纪50年代，法国最大的外交考验是阿尔及利亚问题，第四共和国政府对阿尔及利亚民族解放运动采取强力军事镇压。戴高乐执政后，顺应时代潮流，提出"阿尔及利亚人的阿尔及利亚"，克服重重阻碍，最终通过谈判解决了这一难题，并促成大多数法语系非洲国家于20世纪60年代初获得独立。"非殖民化政策"解决了令法国统治集团头疼的阿尔及利亚问题，令法国甩掉了沉重的殖民包袱，提升了法国国际政治影响力，为法国拓展同第三世界国家友好关系开辟了新路。

第三，积极发展与东方国家的关系。戴高乐不把意识形态作为处理国际关系的唯一准绳，而是把法国国家利益视作决定性因素。他采用"缓和、谅解、合作"的对苏外交政策，代替冷战与对抗，不断增强在美苏对抗夹缝中的外交灵活性。1960年，戴高乐邀请赫鲁晓夫访问法国，展开法苏间最高级别会晤。1966年6月，戴高乐正式访问苏联，发表的法苏联合声明对于缓和东西方敌对气氛具有积极意义。戴高乐访苏意义深远，远超出法苏双边关系范畴，拉开了东西方关系从对抗走向对话与缓和的序幕。

戴高乐积极发展同中国的友好关系。1964年1月27日，法国在外交上承认中华人民共和国，中法同时发布联合公报。这一事件犹如"外交核爆炸"在国际上引起巨大的连锁反应。在法国影响下，一些西方国家纷纷改变孤立中国立场，与华建立外交关系。法国成为与中国建立大使级外交关系的第一个西方大国。这一举措不仅提高了法国的国际战略地位及其国际舞台活动空间，并且强烈冲击了两极格局，助推世界形势向多极化发展。

第四，通过促进西欧联合，实现法国领导欧洲与恢复法国传统大国地位的目的。冷战期间，面对美苏争霸格局，戴高乐认为："如果不建立一个统一的、强大的欧洲，欧洲就将成为美苏窥伺的地方，成为美苏争夺势力范围的战场。"戴高乐一贯主张将包括联邦德国在内的西欧国家联合起来，但不成"联邦"，而是组成"国家间的联盟"，准确地说是"各个国家的欧洲"，即欧洲各国在军事、外交和国防等重大领域保有自己的决定权。戴高乐主张的"各个国家的欧洲"，事实上是以法国为领导、以法德为轴心的"欧洲人的欧洲"。为此，戴高乐积极促成法德合作。法德两国于1963年1月签订《法德合作条约》，实现历史性和解，法国与联邦德国关系发展到新的高度，"法德轴心"由此形成。法德结盟构成了西欧联合的基础，为欧洲共同体的发展提供了强劲动力，而欧共体的建立与发展，有力助推世界政治格局向多极化发展。

戴高乐特别强调联合起来的欧洲应保持必要的独立自主，摆脱美国的控制。戴高乐把与美国保持特殊关系的英国视为美国在欧洲的"特洛伊木马"，先后于1963年和1967年两次否决英国加入欧共体的申请，其主要目的在于防止美国利用英国控制欧洲。

戴高乐主义的核心内容是维护法兰西民族独立，力争大国地位；对待美国既联盟又独立，对苏联既警惕又对话，突破美苏两极格局，推动世界多极化趋势；建立起法国领导的"欧洲人的欧洲"；保持法国独立核力量，树立法国国际事务中的大国形象等。戴高乐主义的实质就是坚持独立自主的外交政策。戴高乐强硬的民族主义外交政策令美国痛恨。美国认为法国的这种政策只有凭借戴高乐个人威望与权威，以及高超的外交技巧才能施行，戴高乐的外交政策和实践，必会随着他的逝世而烟消云散。然而，即使在戴高乐走下政坛后，戴高乐主义仍然盛行不衰。1969年至今，法兰西第五共和国经历了六位总统：蓬皮杜、德斯坦、密特朗、希拉克、萨科齐、奥朗德，他们大体都沿袭了戴高乐独立自主的外交政策，在冷战期间坚持反对美苏两个超级大国统治世界，在冷战结束后致力于塑造法国世界大国形象，提升法国国际地位。

在戴高乐担任法国总统的11年里，其外交政策对法国、整个西欧乃至世界格局都产生了极为深刻的影响。

首先，戴高乐主义开辟了战后法国历史的新篇章。法国秉承独立自主外交政策，使其不仅在第三世界国家中赢得友谊，在西欧国家中赢得领导地位，而且也迫使美苏对法另眼相看。在戴高乐主义的影响下法国不断提高国际声誉和国际地位，国际形象大为改观。

其次，戴高乐主义冲击了美国在西方世界的霸主地位，动摇削弱了美国对西欧的控制，使其西欧盟友对美国的欧洲政策产生严重信任危机。戴高乐主义说出了其他国家想说又不愿说或不便说的话，做了其他国家想做又不愿做或不便做的事，动摇了美国在西方国家中的盟主地位，使美国对其盛气凌人的姿态进行调整，再也不能无视其他国家的存在，独断专行地在国际事务中代表西方做出决策。戴高乐独立外交政策实践，对于其他国家开展反霸斗争，维护本民族独立与主权以及缓和东西方关系起到了积极的推动作用。

最后，戴高乐主义推动世界政治格局由两极向多极化方向发展。戴高乐是西欧国家领导人中挑战两极格局的第一人。他不仅带领法国在复杂国际环境中闯出一条独立发展的新路，而且为多极化世界秩序建立奠定了基础。戴高乐对美苏两个超级大国企图主宰世界进行了猛烈抨击。冷战中，戴高乐对美国既联盟又独立，在联盟中增强独立地位，同时，他注重调整法国与苏联、东欧国家的关系。戴高乐主义不仅激发了大西洋联盟内部的反美倾向,为二十世纪七八十年代欧美关系打下了基础,加速帝国主义阵营的分化;更重要的是,在戴高乐主义推动下,西方国家纷纷开始探索与东方国家的和解道路,这无疑有利于东西方关系缓和,进而推动两极格局瓦解和多极化世界秩序形成。

总之,戴高乐主义使法国在"二战"后的国际事务中一直发挥出超过本国国力的作用与影响。冷战中,位列"中等强国"的法国成功利用美苏矛盾与联合欧洲来强化自身地位,实现"用二等车票乘一等车厢"。冷战结束后,法国坚持不懈推动世界多极化进程,影响和带动世界上大多数国家向美国单边主义和霸权主义说"不",用"软实力"制约美国"硬实力",极大遏制了单边主义势力的恶性膨胀。戴高乐主义对于建立和谐、平衡的国际新秩序起到积极的推动作用。

(二)"舒曼计划"的初步尝试

1950年5月9日,法国外交部长舒曼在记者招待会上发表声明,宣布"法国政府提议将法德两国的煤钢生产置于共同的高级机构的管理之下,这一机构同时向欧洲其他国家开放。煤钢联营能够为经济发展迅速建立共同的基础,这是走向欧洲联合的第一步",此即为"舒曼计划"。舒曼的建议一石激起千层浪,在全球引发巨大反响,令各国政府震撼。有西方学者则称舒曼计划是"欧洲史上划时代的事件",是"西欧经济合作中的里程碑"。它既是法国实现第三种力量战略的重要组成部分和有益尝试,又是促进欧洲联合的重要基础。

舒曼计划的设计者莫内认为,无论是以现代技术手段衡量,还是较之美苏,西欧单个国家力量都显得较为单薄。只有实现欧洲国家联合,才能进一步提升欧洲地区生活水平和实现持久和平。历史上欧洲各国单独行动的日子已经一去不返,应当开启新的时代。莫内设计舒曼计划时较多从政治角度谋划:一个有组织、生机勃勃的欧洲为人类文明做出的贡献,对于维护世界和平而言不可或缺。曾任德国总理的阿登纳明确阐述舒曼计划的目的——法国这一建议首先不在于它的经济价值,而在于它的重大政治意义,即在联合起来的欧洲建立起美苏之外的"第三种政治力量"。此前成立的欧洲经济合作组织是分配美元的工具,欧洲支付同盟只有利于美欧贸易。舒曼计划则拉开西欧国家联合自强、自主行动的序幕。在舒曼计划基础上建立的欧洲经济共同体,强化了各国联系的纽带,为欧洲国家政治联合打下了坚实基础。尽管欧洲领导人在联合方式上尚有分歧,但无论是建立"联邦"还是"邦联"欧洲,他们始终把欧洲再次强大确立为目标。戴高乐提出"从大西洋到乌拉尔的欧洲"、勃兰特实施"新东方政策"等等,都是这一目标的鲜明体现。

  舒曼提出的欧洲煤钢联营计划,开辟了"二战"后欧洲联合之先河,欧洲一体化进程也由此启动。"舒曼计划"倡导的欧洲联合因其可操作性强,很快付诸实践,从煤钢联营、关税同盟到共同农业政策,从欧洲货币体系到欧洲统一大市场进而欧洲单一货币"欧元"诞生,欧洲联合踏入不可逆转的历史轨道:20 世纪 70 年代,欧洲共同体已经成为资本主义世界中的重要一极。欧共体国民生产总值在 1986 年超过美国跃居世界第一;1991年签订的《马斯特里赫特条约》使欧共体升格为欧洲联盟(欧盟);美苏两极格局解体后,欧盟积极倡导多极世界,推行"东扩""南下"战略,一个涵盖欧洲大部分地区的"大欧洲"雏形出现在世人面前;欧盟紧锣密鼓实现"大欧洲"计划,2001 年 2 月 26 日《尼斯条约》签订,为欧盟东扩铺平道路;欧洲全方位一体化不断取得进展,1999 年欧元问世使欧洲经贸联盟实现质的飞跃;欧洲共同外交和安全政策获得长足进展,不断改善"经济巨人,政治侏儒"形象,持续扩大国际政治影响;欧盟内部在内政、司法、选举、就业和生活方面已没有国别之分,伴随恐怖主义、移民跨国犯罪、毒品等问题的日益发展，欧盟各国也在加强相关政策整合。欧盟目前是世界上发展最成熟、一体化程度最高的区域合作组织，"舒曼计划"功不可没，它在战后欧洲联合历史上具有重要的作用和意义。

八、结语

法国有过称雄欧洲的辉煌时代，曾在欧洲大陆上与英国长期争夺霸权。法国身处欧洲大陆列强丛林之中，一直以欧洲大陆霸主自居，在其发展过程中，形成了一条与早期依靠海洋探险和殖民扩张的葡萄牙、西班牙和荷兰不完全相同的崛起之路。法国一直把夺取欧洲主导权视为成就世界强国地位的关键。无论是路易十四欧洲争霸战争，还是拿破仑帝国的东征西伐，无不如此，"二战"后的戴高乐推行的"第三种力量"战略依然把战略重心定位在欧洲。这是法国崛起战略的最大特点。

1789年大革命爆发，虽几经反复，但法国最终取得了资产阶级革命成果。随后，拿破仑走上政治舞台，革弊鼎新，大力发展国内资本主义经济，同时对外持续发动侵略战争，征服荷兰、意大利与德意志诸邦，占有欧洲大片土地。拿破仑帝国的建立，打破了千百年来欧洲形成的传统封建秩序，将法国资产阶级革命的影响拓展到整个欧洲，令老牌欧洲君主专制国家恐惧万分。拿破仑帝国建立在对外征伐侵略基础之上，帝国境内缺乏较为稳固成熟的政治经济制度保障，很快便由盛转衰。第二帝国时期，拿破仑三世带领法国积极投身国际竞争，具有强烈的赶超意识，法国工业化进程迅速推进，法国经济加快融入世界资本主义体系中。普法战争中法国遭受沉重打击，以致此后数十年间，法德矛盾不断激化。法国渴望对德复仇，而德国也时刻择机彻底摧毁法国，法德矛盾到第一次世界大战得到全面爆发。

1870年普法战争失败后，德国实现崛起，日益强大的美国开始走上世界舞台，法国传统强国地位受到挑战。因此，法国的外交重点开始集中于保持大国地位。从拿破仑三世到戴高乐，法国外交政策一直谋求恢复昔日大国荣光。然而，"硬""软"两种国力是维护大国地位不可或缺的两种因素。法国所面临的突出问题是"软国力"有余，而"硬国力"不足。美苏争霸时代，身为"中等强国"的法国曾成功利用美苏矛盾和推行欧洲联合来提升自身国际地位，实现了"用二等车票乘一等车厢"。从20世纪90年代起，法国对外战略目标与其国家实力之间的矛盾开始凸显：当前国际竞争重点聚焦于综合国力，而法国在这方面已落后于德、日；在国际政治领域，法国全球影响力呈某种下降趋势；法国核力量的重要性已大大减弱，以至于不得不与北约达成有关妥协。

　　法国的兴衰历程反映出国家崛起的一般性规律：实现国家崛起，必须在政治上拥有独立自主地位，在国内完成较为全面、系统的制度建设，拥有较高效的经济政治和社会管理体制；其次，一个国家的崛起过程相对曲折漫长，通常需要几十甚至上百年时间，此间发展速度和质量均高于世界其他国家或所在地区国家，形成自己的绝对优势；最后，必须处理好与其他大国关系，努力避免与其他大国发生直接武装冲突或战争。国家崛起的过程即是参与国际竞争的过程。近代以来国际社会的发展从根本上改变了千百年来传统国家的生存状态，打破了过去的封闭、与世隔绝状态，各国之间的联系与合作更加紧密。通过和平方式参与国际竞争和分工所带来的是国际秩序的稳定与发展。穷兵黩武则终究导致国际矛盾、冲突甚至战争。近代法、德大国崛起过程中的殊死较量与此消彼长的利益争夺，给世界带来许多灾难，也给世人提供了沉痛的历史教训。

第六章 欧洲"丛林"中奋起的德国

德国处于欧洲中部,东邻捷克、波兰,西与比利时、荷兰、卢森堡和法国为伴,南接瑞士和奥地利,北和丹麦接壤,是连接东西欧的重要交通枢纽。1871年,德国实现国家统一。这不仅使德国政治、经济和社会发生了深刻变化,还改变了当时欧洲地缘战略格局。之后,为了重新瓜分世界,德国分别发动了两次世界大战,结果以失败告终。1990年,德国再次实现统一,这不仅改变了德国的命运,使其成为当今颇具影响力的世界大国,还推动了冷战格局的终结和雅尔塔体系的瓦解,对后来国际战略格局产生了深刻影响。

一、神圣罗马帝国衰落与普鲁士的崛起

公元前5世纪左右,在北海和波罗的海周边地区,居住着一些部落,古罗马人称他们为日耳曼人。后来,大部分日耳曼人居住在莱茵河以西、多瑙河以北与北海之间的一些地区,这一地区被称为日耳曼尼亚。公元395年,日渐衰落的罗马帝国分为东、西两部分。西罗马帝国于公元476年瓦解,它的皇帝为日耳曼人所废。但罗马人在巴黎地区的统治一直持续到公元486年,当年日耳曼人法兰克族的国王克洛维打败罗马人,建立法兰西

亚，它是法国的前身。到公元 800 年，法兰克王国在加洛林王朝的查理曼大帝的统治之下渐入鼎盛，统一古罗马与今德国大部分的领土，史称"查理曼帝国"。查理大帝于公元 840 年去世，他的帝国也随之衰落。公元 843 年，查理曼大帝的三个孙子订立凡尔登条约，把全国分为三部分。长孙洛塔尔承袭皇帝称号，占有自莱茵河下游以南、经罗讷河流域，至意大利中部地区，被称为中法兰克王国。他的弟弟路易，分得莱茵河以东的地区，被称为东法兰克王国。另一个弟弟查理则领有西部地区，被称为西法兰克王国。这就是后来的意大利、德国和法国三国的雏形。后来通过联姻，路易的三个儿子取得巴伐利亚、萨克森、阿勒曼尼亚的统治权。萨克森公爵亨利一世在公元 919 年当选为东法兰克王国的国王，创立德意志国家，德意志历史从此开始。

（一）"神圣罗马帝国"的衰落

公元 936 年，亨利一世之子奥托一世继位，成为德意志的国王。为了加强王权，他决定利用教会势力牵制大封建主，于是其授予教会很多领地，还把领地内的行政权、司法权和财政权授予教会的领主。根据国王与教会达成的协议，国王有权任免主教与修道院的院长，此事史称"奥托特权"。通过教会的支持，王权得到提高和巩固，国家的实力也得到增强。公元 961 年，奥托派兵进入罗马，让被罗马贵族驱逐的教皇约翰十二世复位。约翰十二世对此十分感恩，第二年，在罗马的圣彼得大教堂加冕奥托一世为皇帝。从此，奥托一世以合法的古罗马帝国皇帝继承人的身份，正式被称为"奥古斯都"，这就是"神圣罗马帝国"的来源。1155 年，腓特烈一世在加冕时，前面加上"神圣"两字。公元 962 年之后，神圣罗马帝国的皇位落到了德意志国王身上。"神圣罗马帝国"不仅是名称上的变化，实际上反映了该国的本质特点，即表明古罗马帝国的复兴。日耳曼人就是这一帝国遗产的继承者。同时，该帝国将其存在的基础放在基督教与教会关系的宗教使命之上，这等于向世人宣告自己是奉基督教与教会的使命而建。神圣罗马帝国也就承担着统治世俗国家和宗教的双重使命，即拥有统治包括东正教在内的所有基督教的权力。奥托一世通过与教会的结盟，不仅加强了王权，还强化了中央集权。实践表明，国家政权与教会组织结合能有效地保证国家的统一性，直到 11 世纪后期，这一结合仍然很有效。通过这种明显的宗教特征，奥托一世及后来的继承者能确保神圣罗马帝国在欧洲的霸主地位。神圣罗马帝国的建立表明，德意志帝国已经与教会结成牢固的同盟关系。一方面树立了皇帝在中世纪欧洲的霸主地位，使它能够与教皇一起，成为主导欧洲事务的中心：如在公元 973 年的圣诞节，来自丹麦、波兰、罗斯、匈牙利、波希米亚、拜占庭、保加利亚及伦巴第人，甚至西班牙科尔多瓦的哈里发使节均来到奥托一世的宫廷；另一方面，随着帝国势力的扩大，教会的势力也在扩大。

但事物总有两面性，导致神圣罗马帝国衰落的重要原因之一，便是教权与皇权的斗争。从 10 世纪开始，教会内部出现强化教皇权力、扩大教会独立性的活动。1073 年，意大利人喜尔德布兰德不通过皇帝的同意就当上教皇，称为格里高利七世。在他的领导下，教廷开始与各国皇帝争夺对国家的最高统治权。1075 年，教皇格里高利七世和皇帝亨利四世的权力争夺演变为公开的冲突。皇帝下达命令，宣布废除教皇，言道："朕亨利，上帝恩宠的国王以及我们主教们全体都对你说，滚下来，滚下来！"但教皇在大封建主的支持下，对皇帝提出了挑战，让亨利四世陷入困境。为了保住皇位，亨利四世最后只能前往教皇住处，赤足披毡，在风雪中站了 3 天，向教皇赎罪。该事件标志着罗马教权达到顶峰。由于皇权与教权激烈的斗争，造成国家政治的持久动荡，从而导致神圣罗马帝国不断衰落。教权与皇权之争，背后代表着大封建主与中央王权的斗争。德意志的大封建主，特别是教会的大封建主们纷纷要求独立。这一斗争的结果是德意志皇权日益衰落了。尽管后来教皇没有实现"教权高于皇权"，但世俗皇帝同样也没能恢复对教皇的控制，双方形成某种均势。原先作为皇帝支柱的教会贵族们，也逐渐减少对世俗皇权的依赖。他们像封建主一样不断扩大自己的独立性，并与封建主拥有越来越多的共同利益。结果是，在国家内部，皇帝已无法维持强有力的统治，难以有效抑制封建主们的分离活动。皇权和教权的争夺消耗了国家的国力，而诸侯的势力和独立性日益增大，帝国的四分五裂不可避免。

导致神圣罗马帝国衰落的第二个原因是其国家内外政策的失衡。对于亨利一世的儿子奥托一世来说，他继承父亲加强中央集权的政策，但却把政策的侧重点放在国外，即放在意大利上。10世纪时，尽管意大利也四分五裂，但它是欧洲经济最富有的地方。奥托一世对意大利进行掠夺性的扩张政策，目的是赢得财物，增长权势和威望。不幸的是，这种持续，对实现德意志统一产生了很大的负面影响。特别是到霍亨斯陶芬王朝的腓特烈一世在位期间，更是把占领意大利当作基本国策。当时的意大利经济发达，占有它，不仅能使国库富有，给国家维持雇佣军提供足够的资金，从而既能避免遭到封建主的"兵援"挟制，又能在教权和皇权的争夺中，有效地打击教皇的权势。但腓特烈一世的意大利政策产生始料不及的严重后果，导致德意志王权的彻底衰败和国家分裂的危险。因为德皇过分看重意大利，从而顾不上本国的内部事务，忽视本民族利益和内政的巩固等重要问题。同时，为了让这种掠夺性的政策在国内得到支持，腓特烈一世只能向国内大封建主们做出多种让步，这又给大封建主放手追逐自己的政治目的，不断扩大自身的独立性提供机会，使封建无政府状态不断继续，并对国家统一产生破坏作用。

第三个原因是城市发展的制约。在封建制度下，城市对于皇权的巩固与否具有重要意义。在封建社会前期，城市是加强中央王权、促进民族融和的重要力量。而到封建社会后期，城市作为新的商品经济关系的载体，推动了自然经济的瓦解、专制王权的形成与民族国家的建立。城市的形成与发展是新发展的社会力量与封建世俗贵族斗争的结果。封建皇权在这一斗争中采取何种态度，不仅关系到城市的发展，还关系到皇权的兴衰。很不幸的是，德意志皇权没有看到这点，反而经常打击和掠夺城市，聚集财富。本来在 15 世纪新航路开辟以前，欧洲有两大国际贸易区，即波罗的海贸易区与地中海贸易区。德意志夹在这两大贸易区之间，是国际贸易的必经之地。这种地理条件的优势，推动德意志的商业发展和城市的繁荣，以市场需求为目标的商品经济不断取代自然经济。但城市的发展既受到德意志内部分裂环境的制约，又受到战乱纷争，甚至强盗抢劫的影响。皇帝所推行的侵占意大利的政策虽能取得短期利益，但对形成一个巩固而统一的德意志帝国是不利的。而发展起来的德意志城市迫切希望实现国家统一以及中央政权的强大。当时的德国封建割据现象严重，它的原因在于日耳曼大部分地区还在实行农村公社制，多数城市分布在国家边境上，并从属于许多诸侯割据势力，他们不是维持王权的支柱。为了弥补因缺少强大的中央皇权而带来的不足，许多城市联合起来，形成城市同盟。但这一同盟因过分强调自己的利益，并未能得到皇权的支持，因此无法持久发挥作用。到 15 世纪初，欧洲的民族国家纷纷崛起。在这些国家的背后，几乎都有强大的中央集权作为支撑，并且对本国的贸易发展和经济繁荣十分支持。相比之下，德意志的城市很弱小。它们不仅无法取得反封建的成果，从而推动社会和经济的发展，相反在封建主势力打压下不断失去活力和存在的价值。

第四，天然的地理环境和多民族的个性。由于德意志处在欧洲的中心地带，它的东西两面都没有天然的屏障，并与多个强国为邻，处于列强"丛林"之中，安全环境十分恶劣。这不仅造成德意志领土易受外敌侵略，而且还使德意志民族形成了对外扩张的战略传统。因而，对于德国的历代统治者来说，避免受到四面的围攻，保卫国家领土安全成为首要任务。正如德国历史学家弗朗茨·施纳贝尔所言:"在欧洲所有的民族当中,德意志人由于他们居住空间上的地理条件,使他们成了一个负担最为沉重的民族,特别是地理上的负担,造就了他们历史上的一种特别有负担的传统。"正因为此,德意志人与欧洲东西部国家之间的冲突和历史恩怨,使德意志问题从一开始就成为"欧洲问题",而欧洲国家尤其是大国从维护自身利益出发,往往反对德意志统一,目的是让德意志永远作为周边各国冲突的缓冲地带与利益追逐的筹码。因为历史上战争不断,不仅造就德意志民族果敢、坚韧和善战的特点,还使德意志的边界和领土经常处于不断变化中。同时,因为历史原因,德意志不是单一民族聚居地,法兰克人、哥特人、汪达尔人、阿勒曼尼人等都生活在这里,再加上北欧的波美拉尼亚人、阿尔卑斯山北的巴伐利亚人、"肃漠"的普鲁士人、西里西亚人和"热情"的莱茵兰人等。他们尽管长期相处,但相互之间的差异性仍对德意志各地区的政治理念、文化艺术、社会思想等产生了重要影响,成为制约德意志实现统一的重要障碍。

(二)普鲁士的崛起

在四分五裂情形下,德意志东部普鲁士邦突然崛起,不仅令德意志皇帝和各路诸侯刮目相看,还使欧洲宫廷惊讶不已。普鲁士的发展预示着德国开始从分裂走上了统一的道路。

普鲁士国家的核心是勃兰登堡与普鲁士。勃兰登堡地处易北河与奥得河之间,是东西方的交界处。自12世纪之后,它成为德意志帝国的殖民地。普鲁士地处波罗的海沿岸,离勃兰登堡较远,因它的居民主要为普鲁士人,因而得此名。当时普鲁士还没有完全独立,而是与波兰保持着宗主关系。应该说,勃兰登堡与普鲁士,在几个世纪内是并行发展的,直至1618年,由于霍亨索伦家族的勃兰登堡选侯继承了普鲁士王位,这两地才连在一起。

霍亨索伦家族是德意志的贵族和王家世系。1417年，德意志国王正式把勃兰登堡和选侯爵位一起授给霍亨索伦家族的腓特烈一世，霍亨索伦家族统治勃兰登堡也就从此开始。他们将勃兰登堡作为自己的安身之所，利用婚姻关系、继承协定等手段精心经营和扩张统治范围。16世纪宗教改革时，勃兰登堡与普鲁士两地的霍亨索伦人均改奉新教，这在一定程度上增加了双方的亲切感。1618年，勃兰登堡—普鲁士公国正式建立。虽然该邦国在地理上不是连成一起的，也并非由一个民族构成，但具有强大的凝聚力，逐步形成后来普鲁士王国的规模。1640年，腓特烈·威廉当选侯位，他是一位具有雄才大略的年轻君主，后来被人们称为"选帝侯"，同时也是将普鲁士真正塑造成强势国家的奠基人。尽管初登王位之时，他面对的国家伤痕累累，而且在本国容克贵族、分离主义势力和国外强权面前，地位不高。为了打破这种局面，形成邦国君主专制政体，使普鲁士成为独立自主的国家，威廉采取了一系列举措。一是在1653年与容克之间达成勃兰登堡邦《议会协定》。"协定"承认容克对农民有专门的特权，作为交换条件，容克必须同意建立一支以选帝侯为最高领导者的常备军，并同意为维持和装备常备军而增加税收。该协定是选帝侯与容克贵族相互妥协的产物。《议会协定》使容克的政治和经济地位在普鲁士得到巩固，同时规定只有容克出身的人才有权担任常备军军官，从而使容克对国家军事产生决定性的影响。容克成为选帝侯统治的阶级基础，同时也成为霍亨索伦家族在德意志的主要支柱以及使德意志普鲁士化的主要力量。官僚集团与军官集团一起，成为普鲁士国家的两大支柱力量。显然，普鲁士的专政体制，不是建立在社会内部资产阶级与封建贵族之间力量均衡基础上的，而是君主与容克贵族相互妥协的重要产物。二是推行重商主义政策，委任官吏，管理好城市的行政事务，并增设税务官员，负责城市的税收。且在农村设立行政公署，在广大平原地区收税。这些人逐步成为一个官僚集团。此外，重商主义经济政策的实施，推动了普鲁士经济的发展。三是采取接收大批移民的政策。

这给普鲁士经济发展带来了巨大好处。1685年，选帝侯在《波茨坦敕令》中规定，准许进入普鲁士的2万余名被法国驱逐的胡格诺派新教徒留下避难。这批新教徒中的绝大部分是有资本、有实力、有技术的人，他们把宝贵的生产经验和资本，从经济上十分发达的法国带入勃兰登堡，在此开办多种工场和工厂，极大地促进了普鲁士经济的发展，最终使该国收入在30年内提高了7倍。

普鲁士国家的不断发展，不仅仅体现在经济上，还表现在军队上。从一定程度上说，普鲁士整个国家就是一支军队。腓特烈·威廉一世，事必躬亲，勤奋工作，一生致力于将普鲁士改造成君主专制和军国主义的国家。同时他还是欧洲史上第一位穿军服的君主。在波茨坦欢乐宫的练兵场上，他拿着棍棒亲自训练士兵，坚持不懈，因此被大家称为"士兵王"。同时，对全国进行军事化管理。为了维持和壮大军队，"士兵王"上台后大大削减了王室的经费，用于军队建设。除了军队，他对钱财十分吝啬。他仅用了2547个银币完成自己的加冕典礼，而他父亲为此花费的则是500万个银币。此外，腓特烈·威廉一世凭借这支强大的军队，打破容克在国内的独立地位。在他的精心经营下，普鲁士军队的人数从3.8万扩为8.3万，他坚决终止了军队给养依赖外国的做法，实行完全自主。在兵役制方面，"士兵王"最初不赞成欧洲某些国家采用的义务兵役制，他认为只有完全与自己有关系的人组建的军队才能放心，尤其是在农民与市民对容克存有依附关系的情况下，雇佣军更为合适。它的雇佣军是靠买和抢的方式组成的，因此这种募兵实际上是一种有组织的人员绑架，结果遭到德意志其他邦国的极力反对，这迫使威廉一世采取新的征兵制。1733年，他发布了"征兵区条例"，规定每一个团划定一定的地区作为征兵范围，此后每一个团可从自己的征兵区里补充兵源。当然，军队中的军官职位仍是保留给贵族与容克的。征兵区条例打破了容克在乡村"一统天下"的局面，依附于容克的农民与市民均有服兵役的义务，除了继承土地的长子以外，其余的容克子弟几乎都能参军。这为实行全民兵役制铺平了道路。同时他还创办贵族士官学校，专门为他的军队培养廉洁、高效且富有自信的军官。这也为他的继任者所仿效。国家规定士兵的服役期为25年。威廉一世训练部队的方法基本是操练加体罚。训练的最高目标是把士兵变成无意志、无思想、对上级的命令盲目服从的工具或武器。维持这样一支和国土面积不成比例的庞大的军队，需要的经费很多。在威廉一世统治末期，国家税收增大到约700万塔勒，而其中的600万塔勒都花费在军队建设上。普鲁士军队不仅处于国家的中心地位，而且是"国中之国"。该军队在贯彻国王的专制统治，打破容克的独立地位，削弱贵族等级对政府事务的干预等方面，取得了极大的成功。威廉一世去世后，腓特烈二世（"士兵王"的次子，因长兄早逝被立为王储）继位。他一生追求"国家利益至上"，并被人称为"腓特烈大帝"。他表面上谦和、热情，但骨子里严峻、冷漠；他要求臣民认真遵守秩序和纪律，凡事要绝对听从他的决断。对他来说，不需要任何借口，仅为了"国家利益"就可破坏任何条约，也可发动任何攻击。他曾对自己的继承人说："要记住，任何一位伟大君主的脑子里都在想扩大自己的统治。"腓特烈二世信奉"强权即公理"的准则，刚一继位就发动对奥地利的战争，目标是掠夺富饶的奥地利省份西里西亚。普鲁士是西里西亚战争的最大获益者，不仅赢得西里西亚的巨大财富和众多人口，还使自己在德意志的地位大大加强，形成普鲁士和奥地利两强并立的局面。为了对外扩张，腓特烈二世进行军事改革，采取强制义务兵役制，且在军队中实行论功行赏、赏罚分明。他在军事艺术上的最大创新就是采用新的战略战术，即以突然的、出敌不意的进攻开始作战，在与数个敌手同时交战时，尽量各个击破。他几乎单独抵挡住奥、法、俄三国的合攻，且保住了富饶的西里西亚，使普鲁士的威望大增，因此，被人们称为"18世纪三大军事天才"之一。1763年后，腓特烈二世通过一系列改革来恢复和发展国力，但这仍是为军队发展服务的。到了1780年，普军人数已上升至24万，平均每32

个居民中就有 1 个士兵。普鲁士变成了名副其实的"兵营",其军国主义色彩日渐浓厚。法国政治家米拉波曾评价道:"其他西方国家有一支军队,普鲁士军队有一个国家。"

二、俾斯麦的"铁血政策"与德国的统一

19 世纪五六十年代,德意志的工业革命和经济发展,成为国家统一的重要推动力。由于德国的资产阶级形成较晚,当它兴盛的时候,德国的无产阶级已十分活跃,但资产阶级惧怕同无产阶级与人民结为同盟。同时,它手中既无有组织的国家力量,又脱离人民大众,因而无力担负起实现国家统一的领导重任。而德国的无产阶级在政治上、组织上不够成熟,还不能让德意志的民族运动变为人民革命,因而马克思和恩格斯所设想的无产阶级革命道路还不能付诸实践。虽然当时的德意志有着实现统一的多种可能途径,但根据当时的实际情况来看,只有普鲁士—俾斯麦的统一道路最有可能成功,后来也为实践所证明。

奥托·冯·俾斯麦(1815 年—1898 年),德国政治家。1815 年出生于普鲁士波美拉尼亚地区兴奥森的容克家庭;1862 年任普鲁士首相兼外交大臣,被称为"铁血宰相";1870 年发动普法战争统一了德意志,成为德意志帝国宰相;1890 年 3 月被威廉二世解职。1898 年逝世于汉堡附近的腓特烈斯鲁庄园。

（一）俾斯麦提出"铁血政策"

1815年4月1日，俾斯麦生于施滕达尔附近的兴奥森庄园，出身容克世家。大学刚毕业，回庄园经营农业。他采取资本主义农场的经营方式，从而成为资产阶级化的容克，政治上属于顽固的保守派，在德意志革命时期，他曾反对德意志统一，亲法、亲俄、亲奥。1851年至1859年，在出任普鲁士联邦议会驻法兰克福的代表后，他政治态度发生剧变，认定德意志统一是大势所趋，要维护普鲁士的君主政体与容克利益，只有普鲁士来掌握统一的领导权。俾斯麦既具有十分强烈的功名心，又是一个重视行动，为达目的不择手段，意志坚强、性情暴烈、干劲儿十足的人。他有过人的才能，具有估量对手的非凡能力，是一流的政治家。

1862年9月，俾斯麦就任普鲁士首相。他当时认定，德国统一是无法阻挡的历史潮流。在此种形势下，由普鲁士掌握统一运动的领导权不仅能阻止"自下而上"的革命威胁，保存普鲁士的君主政体，还能保证容克的特权地位。与此同时，俾斯麦还清楚地认识到，无论是德意志各邦的统治者，还是法、俄两个大国，都不愿看到德国的统一，前者害怕失去自己的政治特权，后者则把保持德国的分裂当作自己在欧洲事务中取得政治优势的一个重要条件。为此，俾斯麦尤其欣赏著名军事理论家克劳塞维茨的观点，认为实现德国统一的途径只有一个，那就是："通过剑，由一个邦支配其余各邦。"他在1862年9月30日普鲁士议会上发表了著名的"铁血演说"："当代的重大问题不是通过演说和多数人的决议所能够解决的，而是要通过铁和血。"正是通过他所指引的方向，德意志发动了三场王朝战争，踏上了实现统一的征程。

（二）三场战争促进德国的统一

德国统一进程与对丹麦、奥地利、法国的战争是分不开的。俾斯麦认为，对三国同时开战，不仅德国没有这一实力，而且也没有必要。俾斯麦巧妙地利用了各国之间的矛盾，采取分化瓦解敌人、予以各个击破的策略，先后对丹麦、奥地利、法国开战，并取得决定性胜利，从而为自己树立了很高的威望，促成了德国内部空前的团结统一，并让反对派闭嘴。

统一德国的第一场战争是1864年对丹麦的战争。它起因于丹麦和德国在石勒苏益格和荷尔施泰因两公国归属问题上的争端。1863年，新即位的丹麦国王在丹麦民族主义者的压力下，批准将自己统治下拥有独立地位的石勒苏益格公国改由丹麦政府直接管辖，这一决定不仅违背了1852年列强达成的《伦敦议定书》关于维持两公国传统特权和独立地位的规定，同时也激起德意志民族主义者的抗议。德意志邦联议会在要求丹麦政府收回法令未果的情况下，派军队开进了荷尔施泰因。两公国争端的出现，为俾斯麦统一德国提供了大好的机遇。他审时度势，预判欧洲各主要列强的态度，积极营造对丹麦战争的有利国际环境。首先，他在1863年坚决支持东邻俄国镇压波兰起义，赢得俄国好感，使其做出了不会出兵攻打普鲁士的保证；其次，他在1863年底口惠而实不至地向西邻法国暗示，可能将莱茵河西岸地区割让给它。加之此时法国正兵陷墨西哥，自顾不暇，因而对可能引发的冲突抱淡漠态度；而对于英国，它虽然威胁说要进行干涉，但没有大陆盟国的配合，仅凭自己的两万陆军难有作为，况且它还想利用普鲁士牵制法俄两国，所以不会全力介入。而德国内部另一大邦奥地利，则肯定不敢违背德意志的民族愿望，反对对丹麦的战争。根据这种有利形势，俾斯麦采取了明智的策略，他打出了维护1852年《伦敦议定书》的旗号，而非德意志民族主义的口号，从而能堂而皇之地抵制英、法、俄等国的干涉，避免"招致与其他强国的紧张关系"。与此同时，与奥地利积极合作，以防止英、法的联合军事干涉，并千方百计地掩盖普鲁士吞并两公国的企图。在列强看来，普奥的共同行动，是防止普鲁士吞并两公国的可靠保证。在保证列强不会介入后，普奥两国于1864年2月初联合进攻石勒苏益格，迅速打败了丹麦军队。由于俄、法、英等国作壁上观，丹麦政府求援无望，被迫于10月30日签订《维也纳和约》，将石勒苏益格—荷尔施泰因公国归还给普奥两国。

统一德国的第二场战争则是1866年的普奥战争。俾斯麦认为，奥地利是普鲁士统一德国的"天敌"，两者之间的对立"不能用执行双雄并立政策这种温和方式来解开，而只能用剑来斩开"。因此，他在结束对丹麦战争后就立即精心布局对奥地利的战争。当时对普、奥两国战争较量具有关键作用的，是德意志的两大强邻法国和俄国的态度。1850年以前，俄国在普奥争霸中抑普助奥，目的是维护奥地利的传统德意志霸主地位。但奥地利在1853年至1856年克里米亚战争中采取了敌视俄国的举动，且与英法一道支持1863年波兰起义，"在复兴波兰中与俄国敌对"，而普鲁士则相反，不仅在克里米亚战争中保持中立，而且还在波兰问题上与俄国积极合作，明确支持俄国镇压波兰起义。这就使俄国态度发生重大改变，在普奥争霸中站到普鲁士一边。而对于法国，俾斯麦则给其以诱饵，他向法国放风，表示将承认法国在世界上一切通行法语的地方扩张（意味着法国能获得比利时和卢森堡）。法皇拿破仑三世想坐视普奥两国的相互残杀，然后借机取得好处，故在会晤俾斯麦时明确表态，不会支持奥地利。在稳住法国后，俾斯麦就努力争取意大利的支持，答应帮助意大利收复奥地利统治下的威尼西亚，以此达到未来作战中能使奥地利腹背受敌的目的。普鲁士和意大利一拍即合。两国在1866年4月签订同盟条约。奥地利在欧洲实际已陷入孤立。在一切准备完成后，俾斯麦立即利用普奥两国共管石勒苏益格—荷尔施泰因出现的矛盾，于1866年6月挑起争端并迅速战胜奥地利。在败局已定的情况下，奥地利请求法国调停。这时俾斯麦洞悉国际形势,放弃普王和将军们进军奥地利首都维也纳的主张,仅以奥地利退出德意志联邦,同意建立以普鲁士为首的北德意志联邦为条件,签订《布拉格和约》。他这样做的原因,一是担心法国可能的干涉会使已经取得的胜利成果失去;二是要为日后对法国的战争留下空间。根据俾斯麦的计划,"在对奥地利战争之后,接踵而来的必然是对法国的战争",因此,"不羞辱奥地利是绝对必要的",以避免日后在普、法作战时奥地利会全力站到法国一边来复仇。

统一德国的第三场战争是1870年至1871年的德法战争。1866年的战争并没有能实现德国统一。因法国的阻挠,美茵河以南的巴伐利亚、符滕堡、巴登和黑森大公国等南德四邦仍处在北德意志联邦之外。法皇拿破仑三世称:"德意志应划分为三块,永远不得统一。"如果俾斯麦"把南德意志诸邦拉进北德意志联邦,我们的大炮就会自动发射"。英、俄也反对普鲁士吞并南德地区。沙皇亚历山大公开反对普鲁士"侵犯"该地区,英国外交大臣克拉林顿也声称:"不能容忍普鲁士以压力政策突破美茵河界线。"因此,普鲁士要实现德国的统一,还必须排除法国的阻挠,并且要让俄、英两国接受。俾斯麦为此开展了许多外交活动,为最终统一德国营造了有利的国际环境。首先,他在对奥战争结束后,加强德意志内部的团结,以宽大和约为交换条件,并利用法国对南德地区的领土要求形成的压力,促使南德四邦和普鲁士缔结抵御法国进攻的秘密同盟。其次,他设计外交陷阱,为孤立法国作准备。普、奥战争结束之后,法国曾要求俾斯麦兑现承诺,提出将比利时并入法国作为自己在普奥战争中保持中立的回报。俾斯麦在让法国大使提出相关书面材料供普王研究的同时,又暗中让俄英两国出面,制止法国的要求。最终的结果是,法国不仅一无所得,而且有关领土野心的证据还落到俾斯麦之手。随后法国又将目光转至驻有普军的卢森堡,但俾斯麦以议会反对将这一"古老的德意志土地"让给法国为由加以拒绝。在1867年5月的伦敦会议上,各大国保证卢森堡为中立国,从而使法国的要求又一次落空。此外，当时欧洲其他大国的态度对普鲁士有利，但对法国不利。英国把法国看作是海上及殖民争霸的强敌，把俄国视为争夺中亚的主要对手，因而"总是欢迎加强中欧以反对其周边两大强国的发展"；俄国则因法国反对俄国肢解土耳其的政策且支持波兰民族运动而十分恼火。相反，俾斯麦奉行与俄国保持友好的政策，他明确提出支持修改俄国在克里米亚战争中失败后被迫于1856年签订的《巴黎条约》，取消黑海中立的条款，恢复俄国在黑海地区的军事设施。因此得到的回报是，俄国答应：一旦普法开战，俄国将陈兵于奥地利边境，以防奥法两国结盟。俾斯麦虽然不想与俄国结盟，但这时已知"俄国是不会参加到法国那一边去的"。奥地利则还没有从1866年战争失败的惊恐中恢复过来，因此，当法国提出结盟建议时，它表示普法开战6周后才能参与作战，这实际上是等法军胜利后来分享胜利成果。意大利对法国结盟要求的回答为，只有法国军队从罗马撤出，才能考虑两国结盟的具体问题。法国在欧洲实际已孤立。欧洲的军事与政治形势对普鲁士有利。从军事上看，法国是欧洲的霸主，拥有40万经过克里米亚战争和墨西哥战争的经验丰富的老兵，而普军只有30万人，而且大多是新兵，力量对比看起来对法军有利。但普鲁士实行的是全民皆兵体制，它除了常备军外，还有40万的预备役军人与50万的民兵，动员后的普军兵力可高达120万人，占有绝对的数量优势。更为重要的是，法军的总体军事部署和战略十分不利。当时法军分散于墨西哥、阿尔及利亚、罗马和印度支那等世界各地。因此，拿破仑三世手中真正拥有的作战兵力只有10万人。从政治上看，普鲁士占有道义优势。法国阻挠德意志统一，这是非正义的，而德国客观上具有实现国家统一的正义性质。在一切准备完成后，俾斯麦利用西班牙王位继承问题上演了"红布引逗高卢牛"的一幕，刺激法国向普鲁士宣战。战争的结果是，通过色当一战普鲁士就俘虏了10万法军，法皇拿破仑三世被迫投降。1871年1月18日，在俾斯麦的推动下，普王威廉一世加冕为德意志皇帝。普鲁士领导下的德国终于实现统一。德意志帝国的建成完全改变了欧洲的力量格局。当时英国保守党领袖迪斯雷利称,德国的统一是影响超过法国大革命的"德国革命",它使欧洲"所有外交传统被一扫而光","均势遭到彻底摧毁"。新统一的德国因其人口、经济等方面巨大的潜能以及强大的军事实力,成为欧洲大陆的未来霸主。

(三)关税同盟奠定德意志统一的基础

为了实现德意志的统一,除了打赢三场战争以外,建立统一国内市场和强有力的中央政权至关重要,为此,必须建立以普鲁士为中心的关税同盟。当时国库空虚和财政赤字是大多数邦国面临的严峻难题。为了消除关税壁垒,实行税制改革,增加税收,促进商品流通与工业发展,必须有一个统一的机构,在邦国内实行统一的税制、税率,以实现互惠互利。于是,以最早实行关税改革的普鲁士1818年的税法为基础,开始制定统一的关税政策。参加同盟的各邦之间从1834年起废除全部关税。在对外贸易上,实行自由贸易,但对从英国进口的呢绒和棉织品等则征收保护性的关税。关税同盟的建立还体现在统一货币、度量衡制度和商业法规等方面。在1838年和1857年签订一些专门协定,开始统一货币与度量衡,统一票据,实施共同的商业章程。关税同盟把德国大部分邦国连结成一个紧密的贸易与经济体。这一同盟的建立促进了19世纪德国产业革命的发展,同时也是德国实现经济与政治统一的重要步骤。它在一定程度上抑制了分裂主义思想,并为德国的政治统一奠定了物质基础。俾斯麦十分重视关税同盟的作用,把它作为实现德国统一的重要基础。他以柏林为中心,把铁路网由此通向各个邦,加强了中央政府与地方的紧密联系,实际上用一张蜘蛛网般的交通网络紧紧把德意志南北连成一起,形成一个密不可分的整体。

三、"世界政策"的推行与德意志帝国的崩溃

进入19世纪90年代后,随着德意志帝国经济和军事实力的不断增强,其扩张野心也逐步膨胀。1890年俾斯麦下台后,德意志帝国调整对外战略,由"大陆政策"向"世界政策"转变。这是由于,统一后的德意志帝国抓住第二次科技革命的契机,经过20多年的跨跃式发展,到20世纪初基本实现工业化,成为欧洲的经济强国。但强大之后的德意志帝国,很快走上滥施国力、扩张争霸的毁灭道路。

威廉二世(1859年—1941年),全称腓特烈·威廉·维克托·艾伯特·冯·霍亨索伦,是德意志末代皇帝和普鲁士国王。

(一)德意志帝国外交战略的变向

1890年至1918年在位的威廉二世不断鼓吹德意志民族沙文主义,推行扩张主义。在德皇威廉二世的授意下,卡普里维政府打出"新路线"的旗帜,在国际战略上开始背离俾斯麦制定的欧洲安全政策。在对俄与对英关系上,卡普里维采取了由俾斯麦时期的联俄政策转而实行亲英疏俄政策。

他觉得俾斯麦制定的同盟体系极为复杂，应进行"清理"。他认为，德俄友好关系与德奥同盟条约的精神相矛盾，同时也妨碍德国与英国的靠近。俾斯麦想通过与俄国保持友好关系来实现阻止法俄接近的目的是不切实际的。在这种情况下，德国采取优先与英国联系的政策，目的是巩固三国的同盟，建立一个力量绝对超过法俄的大国集团。受这种思想的支配，德国政府于1890年3月拒绝俄国提出的延长保证俄在德法战争中中立的《再保险条约》的建议。德国的答复是：自己愿意继续与俄国保持最好的关系，但两国不能缔结协定，不能延长该条约。但对于英国，当时的德国则表现出极大的热情。德、英两国在1890年7月1日签订《赫尔果兰—桑给巴尔条约》。根据该条约，德国把位于东非的苏丹领地维图和索马里海岸的德属部分让给英国，并交给英国桑给巴尔岛及其附属岛屿的保护权。英国把赫尔果兰让给德国作为交换条件，同时也为德属西南非提供一条通往赞比西河的"卡普里威角"通道。此外，该条约还保证英国人免税穿越德属东非。总的来看，《赫尔果兰—桑给巴尔条约》让英国人获得太多利益，根据英国新闻记者史坦莱所言，英国"获得了一件簇新的燕尾服，而付出的代价仅是裤子上的一个纽扣"。因此，《赫尔果兰—桑给巴尔条约》实际上"向俄国表明，即与俄国的友谊相比，德国新政府更偏爱英国的友谊"。因为当时俄国和英国在近东、东亚地区的关系紧张，在巴尔干地区与奥匈的关系也不太好，德国国际战略的转向使俄国在欧洲陷于孤立境地。为了摆脱不利局面，俄国决定与法国接近。俄、法两国1892年8月签署针对德国的军事协定。可见，正是德国外交战略的重大失算导致了法、俄两国的结盟。德国原先希望以通过建立良好的德、英关系来形成三国联盟，但不久因德国在殖民地和扩建海军力量问题上使两国出现裂痕。当时，德国对英友好的另一个重要目的就是通过与世界强国英国搞好关系，在海外谋求发展。这当然为英国所不容。因为德国的所作所为均威胁到英国殖民地事务和世界霸权的地位，最终使英国站到德国的对立面。

(二)德国"世界政策"的推行

1913年,德皇威廉二世即位25周年的庆典声势十分浩大,社会普遍高唱赞歌,其盛况超过以往的德国皇帝。对此,只有少数头脑清醒的人发出了理性的声音。左翼杂志《新观察》曾叹道:"现今的德国人耽于声色,实利主义,而且头脑空空。他们已逐渐变得冷酷而实际,对一切不能立即增强经济力量的活动都抱怀疑态度。"对于诸如此类批评者,威廉二世不屑一顾,称他们为"阴郁的悲观者""绵羊脑袋"。在德皇心中,统治世界的梦想早已膨胀,使德国实现从欧洲强权向世界强权的快速转变。威廉二世的"世界政策"目的在于,满足国内大工业家和大地主把德国从大陆强国变为世界强国的欲望,同时混杂德国思想界对中世纪具有大一统性质的德意志帝国的怀旧情感,它的主要特点是实行殖民主义和军国主义政策。推行"世界政策",主要是为了满足德国工业的快速发展对扩张市场的需要。德国政府大叫"领土太小""缺乏空间",迫切地要求重新瓜分世界。威廉二世曾称:"巨浪在有力地冲击着我们的国门,并且催促着我们作为一个大国维持我们在世界上的地位,换言之,遵循一个世界政策。"同时还表示,"我们不会使自己放弃与其他大国平起平坐的机会——有一段时间德国只是一个地理名词,他不被视作一个大国,今天我们已经成为一个大国了;我们希望在上帝的帮助下,使我们永远是个大国。我们不会取消和限制自己对于建立在理性和思考基础之上的世界政策的要求。"时任国务大臣比洛夫在1897年12月6日帝国议会一次涉及对华政策的演说中对"世界政策"作了解释:"德国占有陆地,让邻居拥有海洋的时代已经过去,我们必须要求德国大使、德国商人、德国货物、德国的旗帜和德国的商船在中国像在其他国家一样受到尊敬——我们不想让任何人都相形见绌。但我们也需要阳光下的地盘。"可见,刚壮大的德意志帝国就急切地踏上争霸世界的征程。"世界政策"的主要内容为:一是大力扩建海军,二是抢占海外殖民地。无论是要成为世界强权还是要抢占海外殖民地，首先必须拥有一支强大的海军，这是德意志帝国热衷于所谓的"舰队政策"的主要动机。提尔皮茨曾表示，建立一支强大的海军，对于保护德国的世界政治和经济利益是必要的。威廉二世对建立一支强大的德国舰队充满兴趣。他提出的"一支强大的舰队对于我们来说极端需要""帝国的力量意味着海上力量"等主张在德国四处传播。他甚至还宣称："我们的命运将在海上决定！"着眼发展海军，德意志帝国议会于1898年通过第一个扩建海军法案后，又分别在1900年、1906年、1908年和1912年连续通过扩建海军法案。德国扩建海军的举动引起海上强国英国的关注。根据提尔皮茨的计划，第一个海军法案只是满足德国控制波罗的海和北海的需要，第二个海军法案则已经包括着要使德国成为海上强国的"思想"。英国害怕动摇自身的海上优势，于是与德国展开了激烈的海军装备竞赛。虽然英国声称要保持对德国的海军优势，但这个实力不断下降的老牌资本主义国家已经感到有些力不从心。到1908年，德国海军已拥有能向英国的海上霸权挑战的世界第二大舰队。这为英国所不能容忍。贝特曼·霍尔维格担任帝国宰相时已认识到发展海军可能与英国的战略冲突，曾试图与英国协议限制海军军备问题，但威廉二世从一开始就反对就"他的舰队"进行谈判。英、德在海上对峙已成定局。这正如英国一位外交官所言："德国在海上的领先地位是同不列颠帝国的生存不相容的。"

德国在扩建海军的同时，对外殖民的步伐也日益加快。它的战略触角伸至远东、中近东、南太平洋和非洲。在非洲，德国企图在俾斯麦创立的殖民帝国的基础上建立西起西南非和西非，东至坦噶尼喀的横断非洲的殖民大帝国。这一计划与正要实施从开普敦至开罗的纵贯非洲大陆的"二 C 计划"的英国发生冲突。德国还在北非地区与法国进行争夺摩洛哥的斗争，并引发了1905年与1911年两次摩洛哥危机。德国推行"世界政策"的重要方向之一就是太平洋地区。它于1898年8月利用英国在南非与布尔人战争即将爆发之际,以支持布尔人为要挟,急切地提出了瓜分萨摩亚群岛问题,迫使英国签订有关协议,赢得萨摩亚群岛中两个大岛屿。在远东地区,德国利用两个德国传教士被杀事件,强占中国胶州湾。中近东地区是连接欧、非、亚三大洲,沟通印度洋和地中海的战略要地,也是德国"世界政策"的重要目标。在这一地区,德国冒着侵入英、俄势力范围而损害与两国关系的风险,试图通过修建柏林—拜占庭—巴格达"三 B 铁路",将土耳其与其邻国纳入自己的势力之下,在波斯湾建立德国战略阵地,并在通往印度的最近的道路上站住脚跟。当时德国政府锋芒毕露的对外扩张战略加剧其与其他列强之间的矛盾,迫使其他列强联合起来共同应对这一重要强敌。结果,德国国际战略空间不仅没有得到扩大,反而受到压缩。它的扩建海军和抢占殖民地的政策,严重威胁到英国的海上霸权与殖民帝国的地位,英德矛盾发展成为帝国主义国家间的主要矛盾。德国与法国在非洲的争夺,使得这两国旧怨未了又添新仇。尤其是德国在中近东地区的势力扩张,引起英、俄、法三国的严重关切。巴格达铁路一旦建成,不仅使德国能深入土耳其和西亚,还将成为威胁英国在伊朗、阿富汗的利益,变为"架在英属印度上面的一把剑"。俄国从黑海海峡的控制权考虑,法国作为土耳其最大的债权国,都不愿意德国在土耳其势力的扩大。因此,修筑巴格达铁路大大加剧英、俄、法三国与德国之间的矛盾。为了共同对付德国咄咄逼人的攻势,这三国终于摈弃前嫌,走到一起。1904 年和 1907 年,英国分别与俄国和法国签订了划分势力范围的协约。这样,欧洲形成以德、奥、意为一方和以英、法、俄为另一方的两大帝国主义军事集团。德国在俾斯麦时期经营的国际战略空间已经不复存在,并且正一步一步走向败亡的道路。

(三)第一次世界大战的爆发与德国的失败

1914 年,欧洲的两大帝国主义集团都在积极备战。而德国则充当了大战挑起者的角色。1914年6月28日发生的萨拉热窝事件成为第一次世界大战的导火索。因德国政府的积极助推，冲突在一个月内就发展成一场波及整个欧洲乃至世界范围的战争。除了极少数的和平主义者和革命左派外，全体德国人基本支持国家的战争决定。大战开始后，虽然各交战国人民都团结在本国的旗帜下，但对战争表现出极其强烈热情的，除了德国之外恐怕没有第二个国家。而德国在一战初期的胜利所渲染出的欢乐气氛，使大多数德国人相信，战争在1914年圣诞节前就会结束。但因军事技术的飞速发展，尤其是机枪、铁路、铁丝网、堑壕在战争中的应用，使得防御一方的力量大大增强，因此战争远没有德国人想象的那样顺利。到了年底，德国在东西两线都陷入了对峙的状态，被迫面临两线作战的不利态势。1915年大战进入第二阶段。东线成为德军进攻的重点，但却未能消灭俄军主力。1916年德军把进攻重点又转到西线，却又遭受"凡尔登绞肉机"的失败，对峙状态一直持续着。战争的旷日持久使德国最高统帅部实际上成为国家的独裁者，他们不但掌握着军事指挥权，还掌握着所有重大的政治决策权。在大部

埃里希·冯·鲁登道夫（1865年至1937年，右），德国陆军元帅，1923年11月参加希特勒发动的"啤酒店暴动"。1924年—1928年任魏玛共和国纳粹党议员，主张恢复德国军事实力、建立法西斯专政。

分时间里，德国的真正统治者是统帅部里那位无情的、顽固的军国主义分子鲁登道夫，而皇帝则退居幕后。到战争结束后，德国领导人才露出真相。1919年7月，魏玛时期的财政部长埃尔茨贝格尔在议会中强调："有4年时间，德国实际上没有政治统治，只有军事独裁，对于这一点，我们现在可以公开讲了。"

从经济、政治和心理上说，德国难以经受一场持久的战争。在历史上，普鲁士军队经常以漂亮而迅速的战斗赢得胜利。"腓特烈大帝"进行的战争，1866年的七周战争，1870年的迅速胜利，都使"一战"中的德国人希望速战速决。当这种希望逐渐破灭时，厌战情绪蔓延开来，国内的党派斗争与人民的反抗随之涌起。1918年11月9日清晨，柏林起义开始。威廉二世高声叫骂着"背叛！背叛！"，仓皇出逃荷兰。德国历史上的霍亨索伦王朝就这样结束了。由于军队宣布对新政府效忠，因此柏林革命是在非暴力和不流血的情况下完成的。但在人们欢呼革命"取得了辉煌的、几乎是不流血的胜利"的同时，却忽视了掩藏在胜利背后的是尚未发生改变的原有基础。兴登堡领导的军队最高统帅部之所以支持革命，完全是因为他们看到反对革命将是徒劳的，而保存军官团和军队作为未来复活民族主义德国的潜在工具，要比效忠君主制度更重要。他们最紧迫的目标是防止协约国军队进入德国，从而对德国军队构成威胁，为此就必须接受革命的现实，与新政府一起做出某种安排。而在对外关系方面，1918年11月8日，德国派代表团到贡比涅森林的雷道火车站，向法国的福煦元帅宣读停战协定，却遭到了后者的拒绝。他要求德国无条件投降，并限72小时内答复。11月11日，德国"新政府"被迫在停战协定上签字，这样德意志帝国在第一次世界大战中彻底失败。

四、第二次世界大战与纳粹德国的覆灭

德国只有重新武装，才能夺取作为战败国失去的一切。事实上，它的重新武装并非开始于希特勒。"一战"结束后，德国统治集团就在暗暗地重整军备。正如列宁所说的："德国是一个帝国主义国家，是一个被打败了的帝国主义国家，如果他感到不公平，他会联合一切力量来反对全世界的帝国主义。"结果，在全世界的一片反对声中，德国不顾一切地重新武装，妄想以复仇来征服全世界。

（一）纳粹德国的疯狂扩军

1921年，德国就秘密地用纸设计一支完备的陆军。如《凡尔赛条约》规定军官团的人数由3万4千人减少到4千人，德国人就用种种方法突破这个界限，一步一步地实施它的重建陆军计划。对于条约规定要撤销的参谋部，形式上虽然已经不复存在，但它的实质架构依然保留。实际上，有好几千名穿便衣的参谋部军官与他们的助手，以研究部、建设部和文化部人员的名义，集中于柏林，对过去与未来世界军事形势进行研究。德国新的训练原则和多种新的训练教程，不是为那10万军队写的，而是为德意志帝国的所有武装力量编订的。希特勒上台后，把发动侵略战争作为征服世界的重要手段，他认为"刀剑能决定一切"，政府对内政策的目标是"铸造刀剑"，对外任务则是保护"铸造刀剑"的工作，加快扩军的步伐。但这受到许多国际条约和国际会议的制约，其中最大的束缚来自《凡尔赛条约》。在世界裁军大会召开之时，德国利用该时机提出要与其他国家军备平等，结果立刻遭到法英等国的反对。1933年10月，德国致电世界裁军会议主席，指出由于拥有大规模武装的国家既不裁军，又不让德国与之军备平等，因此，德国宣布退出世界裁军会议，5天之后又宣布退出国际联盟。德国的退出意味着德国打算不顾任何裁军协定和国际条约公开地重新

武装。1933年12月，德国提出了它的扩军计划，规定建立21个步兵师、3个骑兵师以及一个轻装师和一支装甲部队，陆军和平时期的总兵力为30万人，战时可扩展为63个师。到1934年，德国正规军已达29万人，这还不包括三四十万的党卫队和100多万的冲锋队等。同时，希特勒大幅度地增加了军费，1934至1935年度国家预算中，军事预算比上年底增加了90%。为了解决兵源不足问题，1935年3月16日，希特勒宣布实行征兵制。5月21日颁布兵役法，规定德国公民从18岁到45岁必须服兵役，并再次扩充德军人数，德国陆军和平时期由36个师组成，共50万人。征兵制的推行，是德国重新武装的决定性步骤。在欧洲大陆，德国是人口最多的国家，在10年或不到10年内，人口将比法国多出了一倍。如果德国实行义务兵役制，其将赢得欧洲的军事优势，因为如此庞大的军队是欧洲其他国家无法相比的。1936年8月，德国延长服役年限为2年，这样一来德国陆军可达到100万人，德国的陆军得到重新武装。在空军方面，1933年4月，希特勒确定大规模发展军用飞机的计划，规定在1935年底建成一支拥有600架作战飞机的空军。此后这个计划又不断修改，指标成倍增长，1934年制订"莱茵兰计划"，规定1935年底德国空军的飞机要达至3715架。为此，德国优先供应航空工业原料和物资，从1933年至1935年德国把扩军备战经费的40%用于空军。而在海军方面，希特勒一上台，就马上追加海军预算。为了给海军扩张取得合法性地位，提出反对英德海军军备竞赛的口号，1935年希特勒指出德国要达到英国35%的海军吨位。如果这样的话，德国的海军将与法国相当，英国认为该比例过大，是不可接受的。希特勒认为这是德国最基本的权利，无论"天上人间，没有任何权威能够迫使德国承认法国或意大利舰队的优势地位"。[1]。至此，德国陆海空三军得到重新武装。《凡尔赛条约》中军备限制的条款已不复存在，强大的日耳曼民族

---

[1] 安东尼·艾登：《艾登回忆录》，商务印书馆1977年版，第257页。

和帝国正在变成一个巨大的军火库。德国之所以能够轻而易举地重新武装，与德国民众对第一次世界大战后国际社会的不满密切相关。如希特勒上台后，利用德国民众仇恨《凡尔赛条约》，进行狂热的宣传，认为德国的行为受到和约的束缚，而这一条约是其他国家用强制办法加在德国身上的枷锁。1933年11月12日，希特勒宣布德国退出世界裁军会议时称：我们一定要使这一天在我国人民的历史上成为得救的一天，历史将这样记载：在11月11日德国人民正式丧失了他的荣誉，而在15年后的11月12日，德国人民又恢复了他过去的荣誉。希特勒撕毁和约的每一个日子，都成为德国人的欢庆纪念日。与此同时，德国重新武装的每一个步骤，基本都得到以英国为首的西方国家的反对，但这种反对不仅无法达到目的，反而使德国采取更为激烈的行动。

（二）纳粹德国的大肆备战

1931年1月，希特勒上台后，称霸欧洲乃至世界的欲望极其迫切，他急于拥有一支与欧洲各大国相对抗的军队，为此采取了许多有计划、有步骤的重大举措，加强扩军备战。德国经济在"四年计划"的推动下以惊人的速度靠拢，并采取了一系列措施来调整，强化国家干预，逐渐地向战争经济轨道靠拢，为发动侵略战争打牢经济基础。同时大力发展军工企业。在1933年至1936年里，德国新建投产的军工厂有300多个，其中包括飞机制造厂60个，军用舰船制造厂15个，汽车和装甲坦克制造厂45个，火炮工厂80个，军事化工厂70多个。希特勒曾言，1933年至1938年，德国共花费3900亿以上马克的巨资用来扩军备战，除了直接军费开支和其他军用事业外，主要是生产军工物资，而且其中的大部分用来发展军工企业。另外还大规模地增加军费。建设一支强大的军队，是纳粹德国夺取欧洲和世界霸权的重要手段。希特勒早在1931年秋就说过："如果我现在掌权的话，就把陆军部长叫来，问他：'全面武装要花多少钱？'如果他要求 200 亿、400 亿、600 亿，甚至 1000 亿马克，他一定能得到，那时我们就将武装、武装、武装，直到武装就绪。"①1932 年，德国军费为 6.7 亿马克，约占当年国家预算总支出的 1/10 或国民收入的 1.5%。而 1933 年希特勒上台后，德国的军费不断增加，6 个财政年度内，军费增长了 8.6 倍，总计达 402 亿马克，占同期国家总支出（990 亿马克）的 40.6%。②德国还广泛攫取经济资源。1936 年，希特勒曾指出："德国凭它的经济资源，无法成为世界大国——它必须靠征服来完成。"因此，纳粹德国大力发展军工企业、扩军备战的重要一步，就是掠夺别国经济资源。1937 年 11 月 5 日，希特勒在军政首脑秘密会议上十分露骨地指出："吞并捷克和奥地利意味着可以为 500 万~600 万人获得粮食，这要以迫使 200 万捷克人、100 万奥地利人流亡国外为基础方能实现。这两个国家并入德国，将减轻军政方面的负担。"③1938 年 4 月 11 日，就在兼并奥地利的第二天，奥地利的经济便被纳入德国发展的"四年计划"。

（三）第二次世界大战爆发与德国的失败

1939 年 9 月 1 日晨，德国军队未经宣战就全线越过波兰边界，发起闪电突击战。9 月 3 日，法国和英国都对德国正式宣战，第二次世界大战由此爆发。战争开始阶段，150 万德军分三路攻击波兰。先由一批俯冲轰炸机开路，扩大恐怖气氛和制造混乱局面，尔后由装甲师打开波兰防线上的诸多缺口，侵入纵深，将波兰军队分割包围，最后由摩托化步兵师出击，一举

---

① ［苏］德波林主编：《第二次世界大战史》第一卷，上海译文出版社 1978 年版，第 289 页。

② ［德］卢茨科尔奈尔：《军事与财政》，贝尔纳—格莱弗出版社 1986 年版，第 49 页。

③ 李巨廉、王斯德：《第二次世界大战起源历史文件资料集》，华东师大出版社 1985 年版，第 57 页。

歼灭。波兰军民虽奋勇抗敌，但仍抵挡不住德军的闪电攻击。不到一个月，波兰全部沦陷于纳粹的铁蹄之下。而在此时，苏联从自身利益出发，与德国签订了《友好边界条约》。在德国西线，号称欧洲最强大的法国陆军却一直没有对德发起进攻。波兰沦陷后，法军干脆躲入了马其诺防线的工事里。而英军也同样按兵不动。历史上把这一怪异现象称为"静坐战争"。法、英、苏的消极态度引发了严重的后果。1940年4月9日，德国军队突然进攻，横扫丹麦，入侵挪威，继而又占领中立的比利时、荷兰和卢森堡，并把战火直接引向法国。很快，在不到6个月的时间内，法国就在与德国战车的较量中遭到惨败。此时的希特勒希望英国能伸出媾和之手，好让他专心应对东线那个强大的敌人，但他白等了。1940年5月10日，丘吉尔接替张伯伦当选为英国首相。他在就职演说中向英国人民宣告："我能奉献给你们的只有热血、艰辛、眼泪和汗水。"这是他对希特勒以及法西斯侵略者的最好回答。在英国的顽强抵抗下，德军的战略空袭和潜艇战都没有达成预期目的，很快纵横欧陆的德国战车不得不减慢速度。

在对英作战乏力的情况下，希特勒急于将进攻转向苏联，从而迈出战略决策上极为错误的一步。1941年6月22日，153万德军突入苏联境内。起初，由于苏联准备不足，德军装甲部队得以长驱直入，仅18天时间就向东突进600英里。此后，苏联人民在斯大林领导和指挥下，顽强抵抗，1941年10月2日打响莫斯科保卫战，歼灭德军50万人和1300多辆坦克，粉碎了它不可战胜的神话，极大地鼓舞了苏联和全世界人民反法西斯的斗志。当德国在苏联的军事行动陷入停顿时，希特勒渴望东方盟友——日本打破僵局。1941年12月8日，日本联合舰队偷袭了美国在远东的海军基地——珍珠港，从而招致美、英对日宣战，加速国际反法西斯同盟的形成。日本的错误行动，不仅没给希特勒带来他所期待的形势变化，反而把美国引入欧洲战场，这是令希特勒预想不到的。1942年1月1日，英、美、苏、中等26个国家代表在华盛顿召开会议，与会国代表共同签署了《26国宣

1945年5月7日,在盟军总司令艾森豪威尔的莱姆斯总部,德国阿尔弗雷德·约德尔(中)上将签署德国投降书。

言》,即《联合国家宣言》。该宣言的签署,标志着国际反法西斯同盟的正式成立,从而加速了世界反法西斯战争胜利的进程。以德国为首的法西斯集团失道寡助,渐渐淹没在世界反法西斯的洪流之中。1944年6月6日,经过精心准备,美英盟军发动了代号为"霸王行动"的诺曼底战役,实施两栖登陆作战,一举突破德军的"大西洋壁垒"防线。到1945年3月24日,欧洲基本上已被由东挺进的苏联红军和从西面诺曼底登陆的美英盟军所解放,在东西两线开始了战争的最后阶段:直捣柏林。4月25日,盟军完成了对柏林的包围。1945年5月7日,德国宣布投降。

五、战后德国的分裂与再造

第二次世界大战后,德国之所以被分为两个国家,就其内部因素来说,主要是因为德国法西斯发动了第二次世界大战酿成的后果；就其外部因素而言，则是美、苏、英等大国权力斗争的牺牲品。而强大的民族亲和力最终冲破"柏林墙"，使分裂整整40年的德意志民族再度统一。

（一）第二次世界大战后德国的分裂

第二次世界大战后，德国被分裂为四个占领区，美苏是主要的占领国。因为各自的社会制度、意识形态和根本利益的差异，它们在各自的占领区中对德国实行不同的政策。美国根据自己的利益不断调整德国占领区的政策，从最初压制变为后来扶植。苏联在其占领区中则对德国进行严厉的改造。

尽管德国东西部两占领区在实行非纳粹化、民主化等改革中形成了两个不同的政治经济体，但是两占领当局都没有回避德国统一问题。可是，它们从各自的利益出发，都想把德国作为一个整体放到自己的势力范围内。第二次世界大战后，美国的经济实力大大增强，在资本主义世界经济中占有全面优势。它企图在经济上加强对西欧（包括德国）的控制。为了遏制苏联向欧洲的渗透，美国决定发展德国经济，从经济上实现德国统一。其想凭借自己的经济实力对德国的政治经济发展施加影响。所以，美国就希望建立和控制一个统一的德国。杜鲁门总统指出："我们的目的是要使德国被看成是一个国家，最后由一个政府管理。"[①] 为此，美国对建立德国中央行政机构表现得积极。对于德国的统一问题，苏联也很同意。但是其希望统一后的德国是亲苏的。因为苏联和美国在德国统一上的矛盾不可调和，美国决定谋求西占区的统一。1948年2月23日至3月6日，英、美、法三国与荷兰、比利时、卢森堡一起在伦敦召开会议，讨论成立西德国家的具体方案。开会前，苏联照会英国，谴责三大国的"单独行动"。会议召开时，苏联又发出第二封抗议照会，指责西方国家对德国实行分裂路线。会

---

① 哈里·杜鲁门：《杜鲁门回忆录》，三联书店1974年版，第223~224页。

议结束后不久,即1948年3月9日,苏联驻德军事长官索科洛夫斯基奉命回国,商讨有关措施,从而制订出苏联封锁柏林的计划。1948年3月20日,苏联宣布退出盟国对德国管制委员会。两天后,苏联宣布不再参加协调理事会、委员会和管制委员会,这就使苏联与西方在德国问题上彻底决裂。3月25日,索科洛夫斯基颁布了《关于加强保护和控制德国苏占区分界线的命令》。苏联驻德占领当局的交通局局长受命把客运和英、美、法三国军队的交通运输减少至最低程度。3月27日,索科洛夫斯基又颁布了《关于加强保护和控制柏林外部边界的命令》,强化了对通过大柏林外部边界的人员和货物往来的控制。3月30日,苏联驻柏林军事长官德拉特温致函美占区军事长官克莱,从4月1日起,苏联将对苏占区和美占区之间的交通实行新的管制。将检查通过苏占区的有关美方人员的证件、货运及除私人

柏林危机共有三次,第一次发生于1948年,又称"柏林封锁",是冷战开始后其中一个最早发生的危机,其导火线为1948年6月24日苏联阻塞铁路和到柏林西部的通道,至1949年5月11日苏联宣布解除封锁,停止行动之后,危机缓和。第二次发生于1958年,苏联发出最后通牒,要求英美法六个月内撤出西柏林驻军,后以苏联让步完结。第三次发生于1961年,苏联重新提出西柏林撤军要求,事件以苏联在东柏林筑起柏林墙作结,美苏关系以苏联冻结柏林问题而得以缓和。美国特务机关从西柏林挖了一条地下坑道到东柏林,在坑道里还设立了一所电话偷听站。此电话偷听站在1956年被苏军发现。图为各国新闻记者参观电话偷听站。

行李以外的一切物品。① 4 月 3 日，苏联封锁从西占区的汉堡和巴伐利亚至柏林的交通，要求列车须经赫尔姆斯泰特开往柏林。第一次柏林危机由此产生，并在该地区出现了美苏对抗的紧张形势。

1948 年 6 月 7 日，西方国家公布筹建西德的议定书。6 月 26 日，西占区币制改革生效。苏联在 24 小时之内，切断西德与柏林之间的一切陆上交通，停止向西柏林供电。6 月 22 日，苏联决定在东柏林发行新币，作为整个大柏林的流通货币，以阻止西占区货币在东占区与东柏林地区流通。6 月 23 日，西方宣布，在西方控制的柏林地区和西德使用新币马克。从 6 月 24 日起，苏联又切断西柏林的水上交通，停止从苏占区向西柏林供应物资，开始对柏林进行全面封锁，柏林危机发展到高潮。同一天，苏联与波兰、南斯拉夫、捷克斯洛伐克、罗马尼亚、保加利亚、匈牙利和阿尔巴尼亚共八国外长在华沙召开会议，通过了《关于德国问题的单独决定的声明》。声明谴责美国等西方国家分裂德国和组建西方军事同盟。声明还表示拒绝承认伦敦会议的法律效力。② 封锁加剧了紧张局势，西方国家针对此也采取了相应的措施。6 月 30 日，美国国务卿马歇尔向报界说，杜鲁门总统已决定对柏林实行空运，靠空投救助遭到封锁的西柏林。英、美、法动员当时所能动用的全部空运力量，建立了通往西柏林的"空中桥梁"。在为时 11 个月的封锁中，西方动用飞机达 20 万架次，向西柏林空运物资达 150 万吨。同时美国等还对苏占区与东柏林进行反封锁，阻止向苏占区输送煤炭和钢铁等。6 月 25 日，美英双占区经济委员会决定限制与苏占区的贸易，西占区也禁止苏联车辆通行。在柏林危机中，苏联低估了西方国家空运的能力。到 1949 年春天，美国向西柏林空运物资平均每天达 8000 吨，这与封锁前美、英通过水陆交通运送给西柏林的物品基本持平。英、美的反封锁还对

---

① 哈里·杜鲁门：《杜鲁门回忆录》，生活、读书、新知三联书店 1974 年版，第 140 页。

② 《德国问题文件汇编》，人民出版社 1953 年版，第 45～51 页。

苏占区和东柏林产生严重影响。因为反封锁，苏占区与东柏林无法从西占区和西柏林等得到自己所需要的商品，尤其是煤和钢等重工业原料。苏占区与东柏林的许多企业被迫关闭。由此带来的失业加剧社会局势的动荡和紧张，东柏林居民逃往西柏林的事件频发。1948年12月，柏林分成各自为政的东西两部分，各有自己的立法、行政和货币体系。

1949年5月5日，苏、美、英、法四国达成协议，宣布自5月12日起，取消从1948年4月1日起实施的封锁与反封锁。苏联发动的柏林危机既没有阻止西德国家的建立，亦没能把西方国家赶出柏林，从此德国被分成东西两个国家。

德国的分裂是冷战的产物。一方面，美、苏按照自己的意愿对德国进行改造，美占区被改造成资本主义，而苏占区则被改造成社会主义。德国东西部成为各自独立的政治经济实体。地处欧洲中心具有战略地位的德国成为苏、美争夺的重点。美国"要求德国既不被纳入苏联势力范围的轨道，也不准重建成为苏联政策的政治工具"[1]。美国"为了确立它支配下的稳定繁荣的西方国际经济体系和促进西欧重建，采取复兴德国西占区经济"的一系列措施，不仅"损害了苏联一项根本利益——通过获取德国巨额赔偿来加速本国战后重建，而且使苏联严重担心在美国扶持下德国威胁再起"[2]。尤其是在冷战兴起后，美国决策层认为与苏联合作共同解决德国问题的前景变得渺茫，于是决心分裂德国。

（二）战后联邦德国经济的腾飞

战后初期的联邦德国，人们流离失所，国民财富的一半以上为战火所

---

[1] 刘同舜：《"冷战"、"遏制"和大西洋联盟：1945—1949 美国战略决策资料选编》，复旦大学出版社1993年版，第134页。

[2] 牛军主编：《冷战时期的美苏关系》，北京大学出版社2006版，第9页。

毁，基础设施基本瘫痪，物资奇缺，民不聊生，经济崩溃，政治影响丧失。1949年9月建立的以阿登纳为总理的联邦政府，致力发展国民经济，在全国人民的努力下，联邦德国的国民经济进入高速发展期，20世纪50年代出现了联邦德国的"经济奇迹"。这10年中，联邦德国的工业生产的年平均增长率达11.4%，工业总产值从487亿马克增加到1647亿马克，增长了2.4倍。国民生产总值也从233亿美元增加到726亿美元，增长2.1倍。20世纪60年代的10年中，联邦德国工业生产的年平均增长率仍为5.8%，工业总产值增长1.2倍，国民生产总值以美元计增长1.6倍。其时，联邦德国按人口平均的国民收入为4978美元，相当于美国的87.9%，在资本主义大国中仅次于美国而居第二，联邦德国还有两个世界上投入最大、完备的社会保障计划，1977至1978年度全年社会福利金额达3000亿马克（约合1250亿美元），即居民人均享用社会福利金2015美元。

联邦德国经济之所以能腾飞，有两大原因。从外部环境看，主要有以下几个方面：一是冷战成为德国经济飞速发展的第一推动力。为了适应冷战的需要，在西德建立起抵制共产主义西进的屏障，美国开始改变对德国政策，其标志为1947年的"马歇尔计划"与"修正的工业限制计划"。其实，早在1946年开始，德国西占区就成为马歇尔计划的第17个援助国。西德共获得15亿美元的援助，并在西德开设了"特殊账户——马克对等基金"。这笔基金，主要用于国内投资信贷和财务补贴。通过不断的循环使用，资金越来越大，到1975年，西德利用特殊账户基金提供贷款达110多亿美元。马歇尔计划的实施，为西德经济的发展提供了长期的资金，缓解了生产资金缺乏的矛盾，解决因进口商品的外汇短缺，促进经济的迅速恢复；二是朝鲜战争成为德国经济飞速发展的重要契机。爆发于1950年的朝鲜战争，有效刺激了世界军火市场和战略军备市场的发展，对武器和物资的需求急剧增长，加剧世界市场钢铁、铝、橡胶的短缺。为了解决这一问题，美国放宽对德生产的控制，使西德挣脱限制生产战略物资的限制。西德把数十万吨从毁坏了的桥梁、建筑物中挑拣出来的钢铁，以高价卖给美国，又从美国进口急需的原材料，然后投入到生产战略物资的重工业中，以此带动其他工业物资的生产，并形成良性循环。三是越南战争减轻了与美国竞争的压力。越南战争的爆发，使美国在财力、物力和人力上都受到了很大的损失，以致大大影响经济竞争力，使其失去在西方世界中绝对优势地位。然而，为解决所需战争物资问题，美国又开始向西德进行特需订货。西德抓住机会扩大出口，其在世界贸易和金融地位不断上升，到1971年，西德外汇储备达到186亿多美元，超过美国，成为世界第一。到20世纪80年代，西德进口贸易一度超过美国，成为世界头号贸易大国。四是世界经济繁荣为西德经济发展提供良好的环境。"二战"以后，世界性的经济组织不断产生，它们有效地提高国际经济协调能力。如为了建立新的经济秩序，资本主义国家签订《布雷顿森林体系》，这对稳定汇率、弥补国际清偿能力不足、提高贷款、增加国际贸易以及加强国际间的协调等起到很大作用，从而推动世界经济（包括西德经济）的增长。世界经济发展中，科学技术创新及其在生产中的广泛应用，促进新型支柱产业的发展，如西德的机械设备、汽车、精密仪器等都是在利用新一轮科技革命成果的基础上对传统产业改造发展的结果。不仅如此，创新的科学技术还有效提高生产率，极大地促进了西德工农业的发展。

"二战"后，西德在英、美、法等国的操纵下，废除了法西斯的体制，在新宪法颁布后，西德围绕新宪法制定和修改了许多法律，在经济、政治、社会和文化等领域建立起比较完整、民主的政治制度和法律体系。现行的经济法规主要包括企业法、劳资协议法、反限制竞争法、对外贸易法、德意志联邦银行法、经济稳定和增长法等9种。法治保障经济主体的高度自主性和市场活动的契约性，从而充分发挥主体的积极性和创造性，增强经济运转的活力，使经济发展的规模和实力大为增强。此外，法治保障了市场积极的竞争性，促进了国内市场的统一与国际市场的对接，以此推动世界资源的有效分配。同时，健全的社会保障体系是经济快速发展的安全带。西德，享有"福利国家"之称，它的社会保障体系涉及社会成员生活的各个环节，基本包括一个人生、老、病、死。西德的社会保障制度主要是由社会福利、社会保险和社会救济等组成。社会保障固然取决于经济发展所提供的物质基础，但社会保障有利于防止贫困和保障生活，有利于国民收入的再分配向低收入者倾斜，调节富人与穷人、工作者与失业者、健康人与病人之间的分配。通过保障国民的基本生活、缓解劳资关系，促进生产、刺激经济、稳定社会，从而实现国泰民安。西德经济的快速发展正是上述国内外多种因素共同作用的结果。

（三）东、西德国的统一

冷战期间，联邦德国从未放弃实现德国统一的努力。20世纪60年代末，勃兰特政府一度为实现德国统一进行了巨大努力。20世纪80年代末，东欧剧变导致雅尔塔格局的动摇，从而为德国实现统一提供了机遇。在时任苏共总书记戈尔巴乔夫支持东欧社会主义国家"改革"的"新思维"影响下，以及西方政治势力利用戈氏的"新思维"对东欧进行西化战略，东欧国家的社会主义政权纷纷倒塌。以波兰为首的东欧社会主义国家，从1988年初就先后出现政治剧变，由社会主义政党不断蜕变为民主社会主义党，有的是将自我完善的社会主义改革引入歧途，有的还没有来得及改革就遭反对派推翻。在匈牙利、波兰局势的影响下，从1989年下半年开始，民主德国国内政局出现动荡。其起因为大批民主德国居民经过匈牙利、越过匈奥边界逃到联邦德国，且规模较大。自《基础条约》签订以来，虽然两个德国之间人员的交往不断增多，但两国居民并不能自由往来，"柏林墙"仍起阻碍作用。大量的民主德国公民如潮水般地涌向西方，大大地冲击了东德国内的政治局势。此时，又正值民主德国建国40周年。10月6日，戈尔巴乔夫应邀前来参加民主德国的国庆庆典。他利用这个机会大谈他的"新思维",宣传苏联的"多元化""公开性"和民主、自由,告诫民主德国领导人应推进改革。10月7日,他和昂纳克会晤时说:"谁跟不上形势,谁就会受到现实生活的惩罚。"戈尔巴乔夫的到来,如同给民主德国局势火上浇油。虽然民主德国的经济水平在东欧国家中较高,但仍存在许多问题。人民群众对发扬社会主义民主不够、出国旅游受限制、高级官员中享有特权和改革滞后等意见很大。戈尔巴乔夫访问之后,民主德国国内的政治局势迅速恶化。在公民出走浪潮不断恶化的同时,从莱比锡开始,全国又爆发了游行示威的浪潮。游行群众要求政府发扬社会主义民主,实行社会主义改革与按劳分配,要求"旅游自由""新闻自由""选举自由"。这次游行给民主德国的经济、社会生活造成较大冲击。民主德国统一社会党领导层面对政治动荡,出现很大分歧,昂

1961年,受苏联支持的东德为防止东德人迁往西方,开始建造柏林围墙,成为冷战的重要象征。柏林围墙全长167.8公里,最初以铁丝网和砖石为材料,后期加固为由瞭望塔、混凝土墙、开放地带以及反车辆壕沟组成的边防设施。1989年11月9日东德政府宣布允许公民申请访问西德以及西柏林,当晚柏林墙因故在东德居民的压力下被迫开放。1990年6月东德政府正式决定拆除柏林墙。图为拆剩的柏林墙。

纳克以健康原因辞去领导职务。接替昂纳克的是埃贡·克伦茨，他表示决心在政治和经济体制上进行改革，并公布了改革的行动纲领草案，以及下令取消部分高级官员的特权，宣布赦免所有非法外逃和非法游行的人。但反对派仍继续组织人民群众上街游行。与此同时，由于民主德国重新开放了先前关闭的通往捷克斯洛伐克的边界，导致又一次出现民主德国公民经捷克斯洛伐克出走到联邦德国的浪潮。在这种情况下，民主德国于11月9日晚作出决定：开放"柏林墙"，宣布民主德国公民从即日起经由民主德国边界出国旅行和往返，不要申述特别理由，凭身份证即可去西柏林。至此，民主德国40年来第一次开放了两个德国和东、西柏林之间的边界，打开了两国之间长期封闭的大门。民主德国宣布开放"柏林墙"的时候，联邦德国总理科尔正在波兰访问。当得知这消息后，他意识到"柏林墙"的开放，为德国实现统一提供了机遇，于是立即中断对波兰的访问，回到国内。科尔高兴地说："对我们德国人来说，现在是极其愉快的时刻。"联邦总统里夏德·冯·魏茨泽克也强调："昨晚对我们德国人来说是一个激动人心的时刻。这一时刻的到来意味着战后历史将揭开新的一页。"科尔回国后就迅速召开内阁会议，讨论采取措施以适应两德边界开放后给联邦德国带来的新变化。他及时向联邦议院提出了《消除德国和欧洲分裂的10点计划》，并设想德国的统一通过三个步骤来实现。第一步，接受莫德罗的"条约共同体"的构想，加强两国在经济、科技、交通、环保、卫生和文化等领域的合作，促使民主德国按照联邦德国的模式，实行政治经济体制改革。第二步，按照"条约共同体"，建立两德多方面的共同机构，如在民主德国自由选举之后建立两德联合政府委员会、共同的议会机构等。第三步，发展两德之间的邦联结构，最后建成一个联邦，进而形成一个统一的中央政府，最终实现德国统一。实现这些步骤的前提是民主德国必须有一个"民主合法性的政府"，经济上"必须取消计划经济""建立市场经济条件"，政治上"取消德国统一社会党的垄断统治"。虽然民主德国领导人和戈尔巴乔夫开始对科尔的"10点计划"反应较为冷淡,认为要实现重新统一还为时过早,但随着民主德国局势的急剧变化,以及大多数德国人都渴望统一,苏联与民主德国对德国统一的态度也在不断地发生变化。后来,莫德罗访问莫斯科,戈尔巴乔夫对莫德罗说,德国统一问题"并非出乎意料"。莫德罗在领会戈氏的意图后,回到东柏林就修正对德国统一问题的立场,他提出一项关于《通往德国统一道路的方案》,同意德国统一。西德政界认为莫德罗的方案是一个180度的大转弯。至此,联邦德国和民主德国在统一问题上达成了一致。

六、德意志的文化特质及其嬗变

一个民族的发展不仅受到时代与环境的影响,而且与其民族文化密切相关。德意志民族的发展以及德意志帝国的兴衰,铸造了德国独特的民族精神和民族文化。从普鲁士精神到法西斯主义的异化,再到和平主义的铸造,反映了德国民族精神的嬗变历程。

(一)普鲁士精神的形成

德意志的主要民族是日尔曼人。1138年,霍亨斯陶芬王朝开始统治德意志,王朝的第二个皇帝巴巴洛萨腓特烈一世好大喜功,妄想统治整个世界。于是,他把德意志国家称为"神圣罗马帝国"。德意志帝国不断向外扩张,侵占意大利和西斯拉夫人的许多土地。"十字军"东侵后,条顿骑士团又向东欧侵略,侵占波兰等东欧国家的大片领土,使"神圣罗马帝国"的领土不断扩大。但神圣罗马帝国有很多内部矛盾,到中世纪晚期,神圣罗马帝国开始衰落,分裂为许多邦国和骑士领地,各邦国与皇帝进行争权的斗争。三十年战争结束后,欧洲各国订立了《威斯特伐利亚条约》。该条约结束了神圣罗马帝国皇帝和诸侯的争权斗争,确认神圣罗马帝国的360

个小邦国、一千多个骑士领地的主权。这时的罗马帝国，如同伏尔泰所说，既不神圣，又不罗马，更非帝国，只是一个地理概念。在几百个邦国中，以普鲁士和奥地利最为强大。1806年，拿破仑虽打败普、奥军队，但唤醒了德意志的民族主义意识，德意志人民要求结束国家的分裂局面，实现统一。围绕德国统一问题，出现了以奥地利为领导的大德意志派和以普鲁士为领导的小德意志派。两派进行激烈的斗争，最终普鲁士经过王朝战争，统一了德国。普鲁士的统治者霍亨索伦家族的统辖领土分两部分：一部分是勃兰登堡，位于易北河和奥德河下游一带；另一部分就是条顿骑士团从波兰手中夺取的东普鲁士。后来这两块领土合并为普鲁士王国。普鲁士是靠军事扩张起家的。在这种不断扩张进程中，逐步塑造了普鲁士精神。它首先表现为侵略扩张性，即为军国主义精神。其次，它带有极端狂热性。这主要表现在热爱德意志国家历史，以及国家的土地、家园和其他的一切，并歌颂军国主义等。普鲁士精神在德意志国家有广泛的社会基础，得到民众特别是中、下层民众的赞同。这是因为，德意志国家19世纪处于社会转型期，工业化、城市化带来许多社会问题，两极分化严重，阶级斗争激烈，人民不满情绪日增。许多人希望回到前工业社会田园般的生活中去。工业革命前的生活虽不富有，但却很快乐。这些人主要包括农民、店主、小手工业者、教师、学生、学者和作家等人物。第三，它还带有强烈的种族主义色彩。具有普鲁士精神的思想家大肆鼓吹日尔曼种族优越论，宣扬日尔曼人优于其他民族，有权统治其他民族，尤其是有权统治低等的斯拉夫人和东欧人。普鲁士精神还具有强烈反犹太人的思想，主张排斥、驱赶犹太人。16世纪，犹太人被迫居住在德意志国家的贫民区。到19世纪，因启蒙主义和法国革命的影响，犹太人在欧洲许多国家获得公民权，在法律上享有平等地位。没有土地的犹太人利用这种变化，在城市中谋求发展，并很快成为银行家、企业家、医生、律师、科学家、新闻记者、学者和演员等，变得越来越富有，使许多德国人产生了"红眼病"。实际上，绝大多数欧洲犹太人都是工人、农民和小贩，是普通劳动阶层，但是反犹太分子只看到富有的犹太人，而看不见多数犹太人是穷人的这一客观事实。德意志国家的极端民族主义者越来越仇视犹太人。19世纪末20世纪初，欧洲反犹太主义上升到高潮。随着大批贫穷的俄国犹太人进入德国和奥地利后，日尔曼人的反犹太人情绪更为激烈。他们认为这些种族低劣的人进入德国，不仅会夺走德国人的饭碗，而且还会降低德国人后代的素质。犹太人被视作异教徒、恶棍和阴谋家等，因此，主张驱逐或消灭犹太人。正是这种强烈的种族主义和反犹太人传统，为希特勒法西斯主义的勃兴奠定了思想基础。

（二）法西斯主义的滥觞

德意志民族在抗击拿破仑侵略的战争中，民族主义被唤醒，要求国家统一的呼声越来越高。但在拿破仑帝国灭亡后，法国为了自己的利益，千方百计阻止德国统一。普法战争后，德国实现了统一。但普法战争没有从根本上解决两国之间的矛盾。着眼巩固国家统一成果，俾斯麦执行反对西方传统自由主义的政策，这种政策既封建又保守，同时更强化了德国的民族主义，尤其是传统的普鲁士精神，使之发展成极端民族主义。再从整个欧洲来看，第一次世界大战结束后，欧洲政局不稳、思想混乱、经济凋敝，人们担心俄国布尔什维克革命蔓延。法西斯主义主张反对资产阶级自由主义，要求结束阶级斗争，抛弃马克思主义和自由主义。同时，法西斯主义者还认为，民主是无效率的，需要专制。法西斯主义煽动传统的民众对部落的忠诚，鼓吹神话与迷信。这样法西斯主义者得到了既不满意资本主义、又害怕社会主义的一些人的支持。在西班牙、葡萄牙、比利时和意大利均一度出现法西斯政权。在中欧和东欧新建立的国家中，除了捷克斯洛伐克外，也出现多种形式的法西斯主义政权。在欧洲，法西斯更具普遍性。而在"一战"结束后，德国陷入严重危机之中，金融体系全面崩溃，政治、种族、宗教等矛盾困扰着人们,他们感到极其郁闷和绝望。很多人求助于德国古老的神话、迷信普鲁士精神。这样法西斯主义有了滋生的土壤。后来,希特勒将普鲁士精神与军国主义、沙文主义、扩张主义、排他主义、种族主义和社会达尔文主义等联系在一起,演变为法西斯主义。希特勒在《我的奋斗》中写道:"一个国家的外交政策,它的任务是使他们的民族的繁殖和他们的土地的大小,能够有一种自然和适当的比例,而保证种族的生存。"他在1928年口述的《第二本书》中讲道:"德意志民族自从历史地进入世界历史以来,就一直处于空间危机之中。"① 希特勒还强调,德国祖先获得的土地,是靠奋斗得来的,现在要扩张土地,也只有依

1924年,希特勒与同谋赫尔曼·戈林(左)和司机被关在兰茨贝格监狱,在那里他写了《我的奋斗》一书。

---

① 吴友法:《希特勒夺权备战之路》,解放军出版社1987年版,第169页。

靠武力，向东方，即东欧和苏联夺取"生存空间"。在《我的奋斗》一书中，希特勒提出的第一目标就是：不仅要吞并奥地利，而且要吞并约有300万日尔曼人居住的西捷克地区（即苏台德区），收回在波兰的德意志人居住区。这些目标既得到不满现状的德国人，尤其是得到具有传统的普鲁士精神、充满大国沙文主义思想的德国人的支持，还使欧洲绥靖主义者容忍德国法西斯在"二战"爆发前在欧洲的扩张。于是希特勒法西斯政权建立后，德国被压抑已久的、潜在的军国主义和民族沙文主义的能量得以释放，这是"二战"爆发的直接原因。

（三）和平主义思想的铸造

第二次世界大战，纳粹的恶行给德国带来灭顶之灾，国家分裂为联邦德国和民主德国。在联邦德国的大部分城镇，建筑物遭到破坏，火车站和公共事业设施被毁。粮食供应紧张，燃料缺乏，寒冷和饥饿成为居民的主要威胁。以矜持著称的德国人，甚至会在田野里与野狗争夺一块发霉的马铃薯。不少国家，尤其是周边国家，对德国充满敌意，视其为不可救药者。但联邦德国犹如涅槃的凤凰，不仅很快走出困境，还从20世纪50年代初开始经济快速发展。20世纪90年代，德国再次实现统一，在联合起来的欧洲中发挥举足轻重的作用。德国的重新崛起，得益于各种主客观条件，但文化因素起着巨大作用。

一是联邦德国的忏悔文化既逐步消除了周边国家的敌意，也潜移默化地教育了本国民众。因纳粹政权长期实施文化专制主义，一直大肆宣传"二战"中德方战场上的"辉煌胜利"，不少民众不仅深信不疑，还很难接受当时世界舆论对全体德国人"集体过错"的说法。在这种情况下，联邦德国部分知识分子承担起自我反省和教育的重任。如欧根·科贡在《党卫队国家》中清楚地向读者揭示党卫队的真相；雅斯贝斯在《罪责问题》中提出每个德国人均有道德罪行和抽象罪行,应深刻反思;历史学家迈内克在《德国的灾难》中指出纳粹政权的出现有着历史渊源,德国长期以来未能将精神和权力、民族主义和社会主义和谐地融合在一起,从而导致灾难的发生。1951年9月,阿登纳以政府总理的身份发表声明,向纳粹政权的受害者道歉,并呼吁"德国人民有责任作道德和物质上的补偿"。随着联邦德国经济不断发展,全国许多民众出现"健忘症",即忘记了纳粹时代的暴行。从20世纪60年代起,政府、教育机构和宣传机构开始重视帮助人们开展恢复"战争记忆"的工作,鼓励人们研究和探索有关历史问题,广泛揭露纳粹暴政,吸取有关历史教训。特别是在1970年,时任总理的勃兰特向华沙犹太人殉难者纪念碑下跪,更是把忏悔文化推向高潮。

二是联邦德国的"文化强国"战略,有效提高了国家的综合实力,一定程度上减少了他国对"德国崛起"的不良看法。战后德国的特殊地位,使其必须要寻找一条特殊的强国之路。文化成为一个重要的突破口。即使国家战后急切要恢复经济、提高人民生活水平,但德国人还是把重建文化工作放在突出位置。战后初期,各地的报告厅、小剧场、歌舞厅等就不断涌现,仅柏林就有2000多个,很多没有暖气,饥饿的听众在寒冷中看演出、听报告,感到很愉快。1951年,德国首次在柏林举办国际电影节,向各国伸出友好之手,并展示本国的新影片。为了应对经济困难,图书的出版开始是简装的,甚至是不用装订的。法兰克福取代莱比锡成为国家图书出版中心,1946年在此建造大型国家图书馆,1949年起开始举办一年一度的国际图书交易会。各地图书馆大增,数量在不长时间内翻了一番。1950年至1960年10年间,联邦德国新建的学校,比1945年以前85年内建造的总和还要多。

三是为营造良好的国际发展环境,联邦政府积极参与"欧洲联合"。有神圣罗马帝国的榜样在先,德国人在战后两极对立的格局下积极寻求欧洲联合。尽管困难重重,但联邦政府经受住考验。阿登纳指出:"在当今的欧洲，世仇完全不合时宜了，我决心使德法关系成为我的政策的核心。"自1968年起，欧共体开始执行统一的农业政策，形成统一的农业市场。共同体农业生产者在出口农产品时，享有出口补贴，金额相当于共同体价格和世界市场价格之间的差额。由于德国的出口商品主要集中在工业领域，故基本上享受不到补贴，成为共同体资金的净出方，但为了欧洲的共同利益，德国甘于牺牲自我利益。

四是在融入世界的同时，联邦德国坚持走自己的路，从而获得平稳发展。在神圣罗马帝国初期，德国在欧洲处于领先地位，它的道路成为欧洲的楷模。但进入近代后，法国的启蒙运动领先了，于是德国在思想文化上陷入困境：究竟是紧跟西方，还是坚持走自己的路？纳粹制度的失败，似乎证明德意志独特道路的失败，战后初期西占区的民主化改造，也在力图消除德国的普鲁士主义。但联邦政府没有放弃自己的努力，在政治上推行民主制度和经济上坚持市场原则的同时，坚持"社会市场经济"模式。由于国家实施适度干预，尤其是在其他国家大搞赤字财政时，德国坚持货币的稳定运行政策。当20世纪70年代中期西方国家普遍受困于"滞胀危机"时，德国受到的冲击最小。

七、结语

历史的海浪起伏不定。在欧洲丛林中搏击的德国这艘航船在历史长河中几度崛起又沉沦，最终走上了一条和平发展之路。德国发展的历史经验与教训影响深远，值得我们深深地思考。

16世纪与17世纪交替之际，德意志还没有统一，地方诸侯割据一方，战乱连绵不断。当时，民族国家的概念初露端倪，吹动了邦国割据的德意志这片热土。在德意志诸侯纷争中，以普、奥实力为最强，它们主宰了德国统一的进程。1862年俾斯麦上台，这个德意志统一的领航人，以铁血手腕和高超的外交智慧上演了一场场推进德国统一的大戏。在国内，他极力推进关税同盟的建立，强固中央政权，大力加强军事化建设，为德国统一奠定了坚实的政治经济基础。在外交上，他运筹帷幄，纵横捭阖，极力谋求对德国最有利的欧洲格局。他稳住法、英、俄，使每一场战争都只有一个敌人，特别是在普奥战争中所表现出的谋略与自制力使奥地利在普法战争中保持中立。这在一定程度上保证了普法战争的胜利，为德国统一创造了最有利的外部环境。

从两次世界大战来看，第一次世界大战的起因是德皇威廉二世要取得"阳光下的地盘"；第二次世界大战的起因是纳粹元凶希特勒要争取更多的"生存空间"。他们均妄图以武力征服全世界，战争的最后结果为：对于他们个人，前者客居他乡，后者则自杀身亡；对于德国来说，在第一次世界大战争结束后受到法、英、俄甚至美国、日本的"合纵"制衡，在第二次世界大战结束后依旧受到英、法、俄、美的"合纵"，德国的战争崛起政

德国柏林洪堡大学

策不仅使自己的领土相对于俾斯麦时期大为缩水，还受到法、英、美、俄的联合压制，沦为政治上的二流国家。第二次世界大战后，德国被英、法、美、苏四大国军事占领，战略空间极为紧缩，反而在阿登纳—艾哈德时期创造了"经济奇迹"，德国获得了有史以来最全面的发展。当英、法、俄出现经济衰退时，德国蒸蒸日上。当年威廉一世、希特勒通过战争没有获得的荣耀与福祉，今天的德国通过科技创新与市场竞争反而享受到了。可见，德国既可以当战争狂人的典型，又可以当和平发展的成功范例。1945年11月20日，在纽伦堡国际军事法庭对主要纳粹战犯进行审判，正如有人说的那样："对全世界来说，纽伦堡法庭判决的重要性并不在于它怎样忠实地解释过去，它的价值在于怎样的儆戒未来。"它让世人知道：通过战争手段解决矛盾冲突的道路是行不通的。

尤其要强调的，德国的迅速发展与其固有的一些优良传统是分不开的。一是注重教育事业。还在向拿破仑支付巨额赔款的时候，普鲁士仍然用最后一点儿家底建立洪堡大学。由于穷才要办教育，以便用精神的力量来弥补躯体的损失。全民教育、免费教育为德国培养高素质的国民，大学给德国带来众多的创造与发明，智力成为这个国家最重要的资源。国家保障给教育充分的自由，教育成为国家经济发展的力量。当今世界更是知识竞争的世界，综合国力的较量更重要的是人才的较量。只有重视教育、提高国民的素质，才能成就经济的快速发展。二是求真务实精神。德国人历来以严谨务实著称。就拿对待第二次世界大战历史问题的态度来说，显示了德国人的胸襟和求实精神。1970年，联邦德国总理勃兰特来到华沙犹太人的纪念碑前，悼念"二战"中付出惨痛代价的犹太人，面对死者墓碑跪倒在地，历史停留在那一刻，德国把自己侵略的历史也郑重写进了历史，让世界重新接受了它。德国又回到了欧洲的怀抱。历史不会忘记！1990年勃兰登堡门和平女神又一次见证了历史性的一幕，统一后的德国经济上创造出一个又一个辉煌的奇迹。

第七章　东方资本主义强国——日本

明治维新开启了日本现代化的历史进程，实行"脱亚入欧"政策，确立了君主立宪的政治体制，经济上大力推行工业化，外交上追求欧洲资本主义列强的扩张之路，使日本成为亚洲唯一的资本主义强国，其争霸亚洲的侵略扩张给亚太诸多国家的人民带来了巨大的灾难。第二次世界大战后，日本在战败的基础上，实行经济立国战略，实现了日本的第二次崛起。随着国力的不断增强，当今的日本再次祭起了大国主义的旗帜，谋求实现"正常大国"的战略目标。

一、明治维新与日本的现代化改造

明治维新是一场并不彻底的资产阶级革命，也是日本历史上前所未有的一次翻天覆地的大变革。它使日本成功地由封建社会进入到资本主义发展阶段，走上了富强之路。在不到半个世纪的时间里，日本从一个落后的封建岛国迅速发展成为资本主义强国，并且实现了民族和国家的独立自主，成为亚洲唯一的没有沦为西方列强殖民地的国家。

（一）幕府危机和明治政权的建立

18世纪之后，随着生产力的发展，日本的商品经济快速发展。在商品经济大潮的冲击下，一方面农民大量破产、下层武士贫困化，另一方面通过商品经济富裕起来的豪农富商则要求突破社会等级制度的枷锁，开始表达对幕府统治的不满。到了幕府末期，社会危机不断加深。当历史的车轮驶入19世纪初期，日本封建社会愈加陷入无力自拔的危机之中。在纺织、酿酒、制油、陶瓷和水产加工等部门破土而出的资本主义萌芽，预示着封建社会的终结。[①] 虽然幕府统治集团不断地尝试各种改革，但由于不能从制度层面上解决制约生产力发展的根源问题，因此都以失败而告终。

内忧未解，外患又至。从18世纪末起，不断有西方国家要求日本开国通商，日本以一贯的锁国政策加以抵制。1853年至1854年，美国海军将领佩里先后两次率领军舰来到日本，以强大武力威慑要求开国通商。迫于强大的压力，幕府和美国缔结了《日美亲善条约》（又称《神奈川条约》），此后又相继与英国、俄国、荷兰等国家签订了相关条约。自此，日本长达200年的锁国体制被打破，西方列强争先恐后地侵入日本，签订一项项不平等条约，日本被强行纳入世界资本主义经济体系，国内经济受到严重打击，进一步加剧了幕府的社会危机。

在应对美国开国要求的过程中，穷途末路的幕府不得不改变垄断外交、不容他人涉足的惯例，问计于朝廷和诸藩大名。这一举动产生了重大影响，幕府集权开始弱化，大名分权和雄藩干政的态势日趋增强，更为重要的是，早已被架空权力的天皇又开始参与到政治当中，幕府的一言堂被打破。

虽然幕府的改革在很多方面取得了一定的成果，但始终没能解决内忧外患。同一时期开始进行改革的诸藩却取得了显著的成果，尤其是西南诸

---

① 汤重南、汪淼：《日本帝国的兴亡》上卷，世界知识出版社，2005年版，第18页。

藩的崛起，使得幕府与雄藩的实力对比发生了逆转，幕府开始逐渐失去在大名当中的权威，开始走上灭亡之路。

随着幕府权威的衰落，萨摩藩和长州藩等外样雄藩的地位开始提升。起初这些外样雄藩对幕府的态度各不相同，长州藩较早从"尊王攘夷"转向倒幕维新，因此一开始就和幕府处于敌对关系，而萨摩藩起初是支持"公武合体"和"尊王攘夷"的。其后的萨英战争和四国联合舰队对下关炮台的炮击，使"尊王攘夷"派感到，实行"攘夷"政策不可行，指望幕府改革，实现富国强兵已不可能，而且"尊王攘夷"派也认识到盲目"攘夷"并不可取，逐渐转变为倒幕派，一场推翻幕府的倒幕运动就此发生。1866年1月，萨长同盟建立，奠定了倒幕力量的重要基础，他们决心要建立一个新的、强有力的政权来取代幕府。

1867年，日本孝明天皇去世，明治天皇继位。1868年1月，倒幕派发动宫廷政变，镇压了朝廷内部的"公武合体"派。紧接着又发布了"王政复古大号令"，宣告成立以明治天皇为中心的新政府。当天夜里，新政权召开了"小御所会议"，决定要求幕府将军德川庆喜辞退官职并返还领地，由此双方的矛盾冲突彻底爆发。经过"戊辰战争"的较量，新政府击溃幕府力量，统一了全国。

英、法两国在倒幕运动

明治天皇（1852年—1912年），名睦仁，1867年继位后，大力推行明治维新，使日本成为先进的资本主义国家，继而推动了日本对外侵略扩张。

中也起到了很大的作用。英国起初认为幕府能够代表日本政府，因而采取支持幕府的政策，并且一度支持幕府对攘夷派进行军事打击。但是随着形势的发展，日本国内的攘夷派逐渐式微，同时英国也看到幕府已经不能有效地统治日本全国，而萨摩、长州等雄藩开始采取接近英国的政策，因此反过来希望建立以天皇为中心的雄藩联合政权。法国为了垄断日本的生丝贸易而与英国对抗，转而支持幕府，在财政、军事等方面对幕府进行援助。这样一来，英国和法国围绕日本政权问题所产生的对抗，进一步加剧了雄藩与幕府的对立。

从社会历史发展的层面来看，幕府崩溃的根本原因是它适应不了资本主义经济的发展。资本主义经济在日本的发展摧毁了威胁德川幕府政权的根基。幕府灭亡的本质是封建幕藩体制的终结，是资本主义对封建农耕文明的胜利。

（二）推行全面改革，强化中央集权

取代幕府之后，新政府采取了一系列措施加强以天皇为中心的中央集权，发布《政体书》，构建了新政府的基本框架和制度。随后，明治政府又先后进行了"版籍奉还"和"废藩置县"两大改革。通过这一改革，封建领主的统治权被取消，近代府县制度得以建立。全国行政区经过一系列改革调整后被重新划分为3府72县，由中央政府任命的府、县知事管理。紧接着，明治政府开始推行土地改革，使日本的土地所有制发生了革命性变化，幕藩封建领主的土地所有制被彻底废除，自耕农和新地主成为合法的土地所有者，大体上确立了适应资本主义发展的近代土地所有制。废藩置县和土地改革结束了日本长期以来的封建割据局面，为建立中央集权国家和发展资本主义经济奠定了基础。通过上述一系列改革，日本走向了以天皇为核心的中央集权。

在完成巩固政权的基础性改革之后,明治政府开始考虑建设强大的日本帝国,实现与西方国家并驾齐驱的目的。伊藤博文、大隈重信等建议,先考察欧美国家,然后绘制发展蓝图。1871年11月20日,明治新政府任命外务卿岩仓具视为右大臣兼特命全权大使,木户孝允、大久保利通、伊藤博文、山口尚芳为全权副使,组成了包括明治政府领导层近一半官员的大型使节团出访欧美。岩仓使节团先后访问了美、英、法、比、荷、德、俄、丹麦、瑞典、意、奥和瑞士等12个国家,认真考察了各国政治、外交、法律、军事、经济、文教、风俗习尚等方面的情况。在长达20个月的考察访问中,使团实地接触了西方资本主义各国,眼界大开,认识到发展经济是使国家富强的根本途径,必须发展资本主义工商业,同时必须改革日本的政治体制,健全法制;移风易俗、改革文化教育;学习西方,改革军事体制和制度,并决定从本国国情出发,效法欧美各国的先进文明和成功经验。①

1873年9月,使团成员回国后,明治政府进行了重新改组。由于政府中大量掌握实权的人员都是出访使团的成员,很多人都支持改革,期望通过改革迅速提高日本国力。这部分人形成了内治优先、推行改革的指导思想,决定了日本今后发展的大方向。在此基础上,推行了殖产兴业、文明开化和富国强兵三大政策。

岩仓使节团被西方国家工业革命后各领域发展的先进发达水平所深深震撼,回国后努力促使明治政府以西方为样板,推行各项改革,全力推进日本工业化。1874年5月,大久保利通向政府提出了《关于殖产兴业的建议书》。在这份具有历史意义的文件中,大久保利通写道:"大凡国之强弱系于人民之贫富,人民之贫富系于财产之多寡。物产之多寡,虽依赖于人民致力于工业与否,但寻其根源,无不依赖于政府官员诱导奖励之

---

① 汤重南:《日本百日维新与历史其实》,《中日关系史研究》2012年第2期。

力……"①他认为殖产兴业的关键是要政府发挥积极的作用,要引导、倡导鼓励、奖励日本各种各样的人来投资产业,兴办产业。自此,明治政府开始依靠国家权力,通过各种政策手段、经济改革政策,动用国家资金推进资本原始积累,并以国营军工企业为主导,按照西方的样板,大力扶植资本主义的发展。要殖产兴业,首先要解决资金问题,为此,政府除了进行地税改革来获得大量土地税收之外,还实行货币金融政策,对人民进行双重盘剥,还用发行公债的办法,筹集大量资金;对外则通过向亚洲领国实行侵略掠夺,获取资金,这也是日后日本对外扩张的重要动力。

文明开化主要包括教育改革和一系列社会文化改革。1872年9月,文部省发布《学制》,开始了教育领域的改革。在《公布学制布告》中指出:"学问可称为立身之资本。"制定公布《学制》的目标是:"以期今后一般人民,必使邑无不学之户,家无不学之人。"此后,明治政府又相继发布了《教育令》《帝国大学令》《小学校令》《中学校令》等教育法令,基本确立了近代教育制度,教育普及率以及中学、大学都有极大发展,教育改革成果非常显著。②在社会生活方面,政府也发布了一系列文告和法令,实行各项社会改革,一方面废除了许多封建习俗,一方面鼓励效仿西方的生活方式,在衣食住行等方面进行"欧化"改革,以建立起适应世界潮流和适合日本国情的近代文明体系。如发布《断发脱刀令》,采用阳历纪年,开展以洋房、西装、西餐为代表的生活方式的"欧化"运动,使日本的社会生活面貌发生了很大变化。

富国强兵政策的重点是军制改革。明治五年(1872年)12月28日,明治政府向全国颁布《征兵告谕》,取消了武士垄断军人身份的特权,实行仿效西方的义务兵役制。翌年,明治政府颁布了《征兵令》,仿效法国

---

① 《大久保利通文书》第五卷,转引自冯玮:《日本通史》,2012年4月版,第406页。
② 汤重南:《日本百日维新与历史其实》,《中日关系史研究》2012年第2期。

建立陆军，仿效英国建立海军，建立了近代常备军并建立军校培养军事人才。同时，明治政府还改建和扩建了军事工厂，努力学习西方军事技术，为军队提供新式武器装备。

（三）宪政制度的最终确立

在岩仓使节团访问欧美期间，国内的留守政府成员以西乡隆盛、板垣退助为中心形成了"征韩派"，主张用武力强迫朝鲜开国，以缓解日本国内的政治经济危机，将没落士族对政府的不满转移国外。为了阻止"征韩派"轻举妄动，岩仓具视、大久保利通等使节团成员不得不提前回国。他们认为日本的当务之急是发展国力而不是发动对外战争，坚持内治优先的主张。"内治优先派"与"征韩派"相持不下。1873年10月，"内治优先派"说服天皇下达"整顿国政，富国文明之进步，乃燃眉之课题"的圣旨，否定了"征韩派"的主张。西乡隆盛、副岛种臣、后藤象二郎、板垣退助、江藤新平等"征韩派"被迫辞职下野，史称"明治六年政变"。

江藤新平、西乡隆盛等下野的"征韩派"此后走上了以武力反对新政权的道路，结果或兵败身死，或身败名裂。与西乡隆盛同时辞去政府官职的副岛种臣、后藤象二郎、板垣退助等人走上了宪政运动的道路，他们在1874年初组成了"爱国公党"，提倡"天赋人权"，要求设立民选议院，批判以岩仓具视、大久保利通为中心的政权是"有司专制"，将使国家趋于瓦解。他们宣称只有设立民选议院，给人民以选举权、租税共议权，才是拯救国家之道，由此掀起一场轰轰烈烈的自由民权运动。当时全日本共有200多个民权团体，各地纷纷对宪法草案的民间版本（《私拟宪法》）展开了热烈的探讨，由集体或个人起草的日本宪法草案达数十种。迫于社会的压力，明治政府允诺在1890年开设民选议院以及制定宪法。

1882年3月，日本政府派遣以伊藤博文为首的"宪法考察团"去考察欧洲国家宪法及相关制度。根据考察团的考察成果，明治政府设立宪法取调局，正式开始了制定宪法、设立日本国会的进程。伊藤博文主张，以普鲁士和奥地利的宪法为样板制定日本帝国宪法。大久保利通则希望确立一种"民主政治"与"君主政治"之间的"君民共治制"，这样可以利用天皇的精神权威，巩固新政府中由中下级武士出身的新官僚的统治地位。在日本"不能简单地模仿欧洲各国的君民共和制，当按照我国皇统一系的典例和人民开化程度，斟酌其得失利弊，制定法宪典章"。重点研究欧美各国宪法的木户孝允认为，日本人民的知识水平低，制定宪法

伊藤博文（1841年—1909年），日本近代政治家，明治九元老中的一人，日本第一个内阁首相，第一个枢密院议长，第一个贵族院院长，首任韩国总监，明治宪法之父，立宪政友会的创始人，四次组阁，任期长达七年，任内发动了中日甲午战争，使日本登上了东亚头号强国的地位。

要靠"君主英断"，普鲁士的情况与日本国情相似，因而断言"尤当取者，当以普鲁士为第一"。岩仓具视与木户孝允一样都是皇室贵族利益的保护者，他们都认为普鲁士宪法最适于他们所谓的渐进主义。所以，明治宪法的制定者们采用普鲁士模式时，非常重视传统文化中的国家主义。1889年（明治二十二年）2月11日，《大日本帝国宪法》正式向全体国民公布。这部宪法，通过天皇向黑田清隆首相亲手递交的方式发布，即所谓"钦定宪法"。1889年《大日本帝国宪法》在第一届帝国议会召开当天（11月29日）开始施行。由此，日本成为东亚首个拥有近代宪法的君主立宪制国家。

值得注意的是，在明治宪法体制中，有关军队制度基本上采用普鲁士宪法军政分立的"二元主义"体制。根据明治宪法规定，天皇统率海陆军，并通过军部行使军事大权；军令权由军部控制，内阁不能过问。这种"政权"与"军权"分立的二分结构使日本逐渐滑向了军国主义的深渊，为立宪制度的崩溃埋下了隐患。

二、争霸东亚与东方霸主地位的确立

明治维新之后，日本开始摆脱以中国为中心的东方文明秩序，转向近代西方文明，从政治体制、思想行动上完成了"脱亚入欧"的历史进程。随着思想文化上从信奉自然法转向以"强权政治"为特点的社会达尔文主义，政治体制上从封建幕藩体制转向君主立宪制后，日本开始强调"实力"政策，鼓吹对外侵略，开始走上了跻身世界列强、欺凌亚洲邻国的极端国家主义和扩张主义之路。

（一）明治时期对外扩张思想的发展

日本虽然成功地走上维新变革的道路，并通过政府主导的方式在一定程度上建立起了资本主义体制，但由于明治维新的不彻底性，日本仓促间发展起来的资本主义带有浓厚的封建色彩，加之国内市场狭小、资源匮乏，资本主义经济发展一开始就面临困境。为了摆脱困局，日本将传统武家思想与西方对外扩张思想相结合，形成了日本的对外侵略扩张路线。在国际竞争中依赖军事力量获取资源和扩展市场，进行对外侵略扩张成为近代日本谋求发展的基本国策。

日本的对外侵略思想古已有之。"掩八纮而为宇"的扩张思想可追溯到远古时期。进入中世纪之后，丰臣秀吉曾提出"欲治大明国之志"，并两次入侵朝鲜。到了幕府末期，内忧外患下的日本思想家提出了很多救国强国的思想理论,如福泽谕吉的"脱亚入欧论"、佐藤信渊的"海外雄飞论"以及吉田松阴的"补偿论"等。这些思想都对日后日本的侵略扩张产生了重要的影响。尤其是作为维新运动先驱的吉田松阴,他的学生中很多人都成为明治维新时期的中坚力量,如木户孝允、伊藤博文、山县有朋、井上馨等。吉田松阴提出,日本暂时不能与英法德俄等西方列强抗衡,而应该把朝鲜和中国作为征服对象。"为今之计……开垦虾夷(北海道),夺取满洲(中国东北)、朝鲜,吞并南方,然后挫败美国,制服欧洲,就将无往而不胜。"他强调说,"方今急修武备,一旦军舰大炮大体充实,即可开垦虾夷……乘隙夺取勘察加、鄂霍次克,晓谕琉球……责成朝鲜纳币进贡……北则割据满洲之地,南则占有台湾、吕宋诸岛",乃至占领整个中国及"君临印度"。[①]明治天皇继位时发表的"天皇御笔信"中就明确宣布要"继承列祖列宗的伟业""开拓万里波涛",使"国威布于四方",表达了向外侵略扩张的强烈欲望。

此外,"岩仓使节团"的欧美之行对日本扩张思想影响巨大,不仅促成了明治维新的三大政策,而且影响了日本日后国家发展道路的选择。尤其是德国从小国变成大国的成功经验使日本找到了模仿和学习的对象。在德国考察时,使节团参观了克虏伯工厂和西门子等企业,以及兵营、大学、博物馆等。1873年3月15日,大久保利通出席了德国宰相俾斯麦的招待会,听了俾斯麦讲述自己的经历和从小国普鲁士发展到德意志帝国艰苦的统一过程,对俾斯麦的"铁血政策"非常赞赏。由于具备相似的环境,德国的"铁血政策"在日本生根发芽,并成为推动日本走向对外扩张的重要思想。

日本明治维新后,资本主义经济的不断发展,促使日本在国家政策中明确提出了对外侵略扩张的理论。1890年11月29日首届帝国议会开幕,时任内阁总理大臣的山县有朋在其施政演说中提出了臭名昭著的"主权线"

---

① 汤重南:《日本帝国的兴亡》上卷,世界知识出版社,2005年版,第267页。

和"利益线"理论。他认为要维持一国之独立，仅仅守卫"主权线"是决然不够的，必须保卫"利益线"。对日本来说，"利益线"的范围涵盖朝鲜、中国的东北和台湾。为了保卫所谓的"利益线"，可以动用武力侵犯邻国领土主权。至此，从明治帝国初期开始形成的入侵朝鲜、进而占有中国东北、以至霸占整个中国、最后称霸亚洲和世界的对外扩张理论正式出笼且系统化了，构成了所谓的"大陆政策"。侵略朝鲜和发动对中国的甲午战争正是"大陆政策"的必然发展。

（二）窃取琉球、入侵台湾

在成为一个统一的王国之前，琉球岛上分列着中山、山北、山南等几个小王国，这些小王国在明朝时期就已经开始向中国进贡了。琉球王国成立后，仍然属于以中国为核心的东亚朝贡体系。但是1609年，日本南部的萨摩藩在日本幕府政权的默许下侵占了琉球。碍于距离遥远，萨摩藩并未对琉球实施有效的管辖，而琉球王国也继续向明王朝以及后来的清王朝进贡，接受来自大陆王朝的册封，继续使用明王朝和清王朝的年号，用汉字作为官方记录文字。明治政府建立之后，日本开始计划吞并琉球。

1873年，几十名琉球渔民在漂流至台湾南部时遭到当地原住民杀害。民治政府认为这是一个绝好时机。日本使臣于是向清王朝总理衙门提出交涉，此时内外交困的清王朝不想多生事端，于是不予理会，向日本使臣表明此乃"生蕃"所为。于是日本利用清朝官员对于国际法的无知，在翌年四五月间以琉球是日本属邦为借口大举进攻台湾。清王朝不但没有制止，而且事后还给了日本50万银两的抚恤金，日本则借此向中方明确宣示了对琉球的"主管权"。已经千疮百孔、奄奄一息的清王朝根本无暇顾及。1879年日本出兵琉球，强行将琉球王国改为日本国的冲绳县，清王朝虽然未予认可，却也无可奈何。在明治政府诞生后的10年间，日本先后将虾夷和琉球归入了日本的版图，大大拓展了日本的国土范围。

（三）争夺朝鲜与中日甲午战争

明治维新以后，日本的资本主义工商业发展迅速，同时也越发受到岛国地理条件的制约，所以必须向外争取资源和市场。从日本内部来看，资本主义经济的发展终结了封建时代的武士阶层，许多武士陷于困境，他们不满政府而不断地发动叛乱。为了平息武士的骚动，在明治政府建立之初，一些人认为政府为安定内部，应该转内讧为外征，把士气转向国外，因而产生了"征韩论"风波。不过明治政府最后采取了"内治"优先、暂缓征韩的策略。从日本外部来看，诚如吉田松阴所指出的，日本因走上维新道路不久，综合国力远远无法与英、美、法、俄等国抗衡，只能尾随其后，攫取中华帝国的部分遗产。朝鲜对于日本来说，是迈出国门极其重要的一块跳板，没有朝鲜就无法染指大陆。因此，当日本看到俄国势力南下，企图染指朝鲜的时候，认为有必要在俄国南下之前侵占朝鲜，作为侵略中国的跳板。1879年，日本借废藩置县之名吞并琉球后，着手侵略朝鲜。

1873年，朝鲜的政局发生变动。当年12月，朝鲜王妃闵妃发动宫廷政变，排挤先前的执政者兴宣大院君而掌握政权。兴宣大院君执政的10年间厉行锁国政策，而闵妃外戚集团则倾向于开放国门，这为朝日关系的松动提供了契机。1876年1月8日，日本政府任命黑田清隆为全权办理大臣，井上馨为副全权办理大臣，率领载着1000多名士兵的3艘军舰和4艘运输船前往朝鲜江华岛，准备与朝鲜交涉，追究"云扬号事件"的责任，准备强迫朝鲜签订不平等条约。朝鲜统治阶层由于惧怕日本的武力入侵，于1876年2月25日同日本订立《江华条约》，从此日本以武力打开了朝鲜的大门，同时也加剧了同清王朝对朝鲜的争夺，为中日甲午战争的发生埋下了引线。

中法战争期间，日本乘机在朝鲜炮制了一个傀儡政权，以利用其实现对朝鲜的控制。但随即遭到清军的反击而失败。日本感到不击败清王朝，就难以夺取朝鲜，因此，日本加紧以清王朝为战争对象扩军备战。1887年，日本参谋本部制定了所谓"清国征讨策略"，逐渐演化为以侵略中国为中心的"大陆政策"。其第一步是攻占台湾，第二步是吞并朝鲜，第三步是进军满蒙，第四步是灭亡中国，第五步是征服亚洲，称霸世界，实现所谓的"八纮一宇"。中日甲午战争正是日本实现"大陆政策"前两个步骤的重要环节。

从国际环境来看，当时世界主要资本主义国家逐步向帝国主义过渡，日本在推行对外扩张政策中，充分利用了帝国主义列强之间的矛盾以寻求支持。美国希望日本成为其侵略中国和朝鲜的助手，对其侵略朝鲜未加阻拦；英国则企图利用日本在东北亚的扩张来牵制俄国在远东的势力；为了趁日本侵华之机夺取新的利益，德国和法国也支持日本侵略中国。俄国虽然对中国东北和朝鲜怀有极大的野心，但由于远东地区偏僻遥远，各方面准备尚不充分，因此起初对日本采取不干涉政策。列强默许或纵容的态度，成为日本实施侵略计划的有利条件。

1894年，朝鲜爆发东学党起义。面对起义军的进攻，朝鲜政府节节败退，被迫以属国的名义向清朝乞援。日本认为打击清王朝的时机已至，于是故意诱使清朝出兵朝鲜，同时日本政府以此为借口很快决议出兵朝鲜。在日本企图控制朝鲜的一系列谈判交涉失败后，日本于1894年7月23日突袭汉城王宫，挟持朝鲜国王李熙，解散朝鲜亲华政府，扶植大院君李昰应上台摄政。控制了朝鲜政府后，1894年7月25日，日本不宣而战，在朝鲜半岛海面袭击了增援朝鲜的清军运兵船"济远"号和"广乙"号，引爆了甲午中日战争。

甲午战争以日本的胜利、中国的失败而告终。此次战争对中日两国的近代化进程都产生了重要影响。对于日本来说，从中国获得的战争赔款使日本能大力发展资本主义经济和军事工业，为以后的扩张奠定了物质基础。另一方面，日本以国运相赌，战胜了大清帝国，这种以小搏大的实践，为日本挑战俄国打下了思想基础，更加坚定了日本走对外扩张的道路。

日本从中国获得的战争赔款数额巨大，其中军事赔款银2亿两，利息银1083万两，三国干涉还辽赎银3000万两，威海卫守备偿银150万两，合计银24233万两，相当于日本4年以上的财政收入。正是巨额的战争赔款使日本政府尝到了武力扩张的甜头。为以后对外战争做了强有力的无声动员，日本国民也似乎看到了资源匮乏国家的发展出路。而中国却从此背上了沉重的战争债务，负债使中国愈发贫弱，更激起日本的侵略欲望。

（四）日俄战争与远东霸主的确立

日本通过甲午战争使朝鲜脱离中国的保护，进一步加强了日本对朝鲜的控制，同时企图进一步向中国东北扩张，但由于"三国干涉还辽"而未能实现，自此怀恨在心。甲午战争后，俄国乘中国势力退出朝鲜，日本在朝鲜立足未稳，不断向朝鲜扩张，获得大量利权。同时也在中国东北收取了大量利权，日本的扩张受到抑制。日本从而认识到不击败俄国，就难以夺取朝鲜，亦难以进一步向中国东北扩张。为了备战俄国，日本将甲午战争中中国的赔款大部用于战备方面。日本的国家开支在1893年至1894年为8400万日元，到1897年增至2.4亿多日元，其中军费大幅度增加。甲午战争后，日本通过一项陆海军军备计划和铁路建设计划，所需款项总额达5.16亿日元，这项计划1900年至1901年基本完成。这标志着日本已经作好对俄战争的准备。日本统治集团认为，在俄国的西伯利亚铁路尚未建成之前尽快发动夺取朝鲜和中国东北的战争，对日本最为有利。

在国际上，英国历来把俄国看作同它争夺中国的对手，企图借日本之力阻止俄国南下。因此，一直奉行不结盟政策的英国于1902年1月30日同日本签订英日同盟，矛头直指俄国。美国自1899年提出"门户开放"政策以来，想插足中国东北，都被俄国拒之门外。为了打破俄国对中国东北地区的垄断地位，美国政府站在日本和英国一边。英、美两国给予了日本大量的经济援助，为日本的扩军备战输血打气。

另一方面，法国仍然钟情于俄法同盟，同时把两国军事同盟推广到远东，矛头直指英日同盟。德国则继续执行其推动俄国东进的政策。它希望因俄国占领东北而激化与日本甚至英国的矛盾，迫使俄国调开西部边境的俄军，间接削弱俄法同盟对德国的压力。因此，上述各帝国主义国家在远东问题上形成两大集团：一个是英日同盟，美国支持；另一个是法俄同盟，德国在远东则支持俄国。至此，日本发动日俄战争的国际条件也已成熟。

1904年2月8日夜，日本海军联合舰队偷袭旅顺的俄国太平洋第1分舰队，揭开了日俄战争序幕。此后，日舰队通过不断攻击和封锁旅顺口，限制俄舰队的行动，为陆军在朝鲜和辽东半岛登陆创造了条件。2—3月，日陆军第1集团军先后在仁川和镇南浦登陆，4月末至5月初，渡过鸭绿江，击溃俄东满支队（司令为扎苏利奇中将），占领九连城、凤凰城，前出太子河，威胁辽阳俄军的侧后。5月5日，日第2集团军开始在辽东半岛貔子窝登陆，26日占领金州。29日，日第3集团军在大连登陆，进逼旅顺。6月，第2集团军回师北上，在得利寺击退南下救援旅顺的俄军南满支队，然后乘胜追击，沿铁路向辽阳进攻。5月19日，日军独立第10师在辽东半岛大孤山登陆。6月，占领岫岩。7月，与第2集团军1个师合编为第4集团军，占领析木城，前出海城。至此，日军3个集团军形成了合围辽阳的态势。8月下旬开始，日军集中3个集团军进攻辽阳，为避免被围歼，俄军于9月初下令全线退至沙河，日军乘势占领辽阳。10月初，增兵后的俄军开始向日军反攻，日军积极反击，双方在沙河地区展开激战，形成隔河对峙局面。另一战线上的日军第3集团军于8月19日对旅顺要塞发动总攻，至1905年元旦，俄守军投降。

日军占领旅顺口，使日俄战争发生重大转折。日第 3 集团军所辖第 11 师团得以扩编为鸭绿江集团军，转进奉天东南赛马集，其余各师相继北上，参加奉天之战。1905 年 2 月 20 日，日军全线发起攻击，俄军战败，退守四平一线。

在海上，当俄国太平洋第 1 分舰队部分被歼，其余舰艇被封锁在旅顺口港内时，俄国调波罗的海舰队主力 38 艘舰艇编成太平洋第 2、第 3 分舰队驶往远东增援。1905 年 5 月 27 日，日本联合舰队在对马海峡截击波罗的海舰队，取得对俄海战的胜利，彻底取得制海权。对马海战以后，日朝鲜集团军在朝鲜元山登陆，进取会宁。7 月，日第 13 师在萨哈林岛（库页岛）登陆，8 月 1 日，俄守军投降。8 月 9 日，在美国的调停下，双方在美国朴茨茅斯进行谈判，签订了《朴茨茅斯和约》。自此，日本完全掌控了朝鲜，并且获得了在中国东北地区的大量利益，同时也打开了吞并朝鲜、独霸中国东北的道路。

更为重要的是，日本打败了俄国这一传统强国，震动了西方世界。日本经此一战，一跃而成为远东地区的霸主，加入了帝国主义列强的行列。日本经济则受到剧烈刺激，完成了甲午战争后的工业革命，步入现代国家之列。

三、军国主义扩张和日本帝国主义的败亡

日本军国主义既有深厚的历史渊源，又与明治维新后资本主义对外扩张的现实需要相结合，促使日本迅速走上了军国主义对外扩张的道路。

（一）日本军国主义形成与发展的根源

日本的军国主义源自于中世纪时期的武士集团政权造就的武士道精神。8 世纪至 9 世纪，随着日本封建经济发展和阶级关系的变化，武士阶层逐

渐形成和发展,并于11世纪开始登上政治舞台。1192年武士集团首领源赖朝被大权旁落的天皇"任命"为"征夷大将军",建立镰仓幕府(在镰仓地区建立的大将军府),标志着武士阶级掌握了从地方到中央的各级政权。镰仓幕府是日本第一个武家当政的政权,从此,专事征战杀伐的武士阶级成为统治阶级,武士集团首领掌控国家最高权力长达676年。1336年,足利尊氏建立的室町幕府为第二个武家政权,而德川家康于1603年建立的江户幕府则是第三个也是最后一个武家政权。

在几百年的统治过程中,日本武士阶级逐渐发展和形成了武士道,武士道即武士精神,它既是武士的人生观、世界观,又是武士应尽义务和职责等封建道德规范及行为准则。日本武士道精神糅合了神道、佛教、儒学的部分思想,经历三个阶段即江户时代的新型武士道、明治维新时期的武士道,以及其后转化为近代军人精神的武士道,进而成为近代日本军国主义的重要组成部分。

日本的武士阶级以战争为职业,自然成为军国主义体制和政策的制定者和推行者。早在古代,日本就已有关于神功皇后于公元210年征讨新罗,三次用兵大获全胜的神话传说。这是日本最早的对外征战的传说,后来统治者均大肆宣扬神功皇后开疆拓土之战功,对其推崇有加。到16世纪末,日本实际统治者丰臣秀吉首次提出征讨朝鲜、进占中国、印度,称霸亚洲的狂妄计划,并于1592年和1596年两次出兵侵朝,狂妄叫嚣"将直捣大明国",最后"占领天竺"(印度)。丰臣秀吉的扩张思想和侵略野心之大,集日本统治者之大成,达到空前程度。此后,日本的统治者及许多思想家,以丰臣秀吉为样板不断鼓吹各种对外扩张争霸思想,致使日本对外侵略思想在300多年间延绵不绝且日益猖獗。从18世纪八九十年代起,力倡"海防论""开国论""海外雄飞论"及"攘夷论"的日本经世学家及维新运动的先驱者们,如林子平、本多利明、佐藤信渊、藤田幽谷、会泽安、吉田松阴等代表性人物,都大肆鼓吹对外扩张思想,特别是"明治维新的先驱思想家"吉田松阴，公开提出：失之于欧美，补偿于满鲜（中国东北与朝鲜）的战略，对明治领导人影响极大。这些也都成为近代日本军国主义重要的思想文化源流。①

由于明治维新的不彻底性，政治上掌握统治大权的多是封建武士出身者，武士道精神被继承和发展，一批资产阶级化的"新武士"（士族）活跃在各领域且成为主导力量。1871 年，中央 9 省（部）官吏 87% 是士族，至 1880 年代，中央及地方官吏的 74% 仍是士族。统治集团中的骨干多是武士出身，最著名的"维新三杰"大久保利通、西乡隆盛、木户孝允，以及垄断日本政权近 50 年的伊藤博文、山县有朋、松方正义等均为旧武士出身。到大正时代的首相原敬、加藤高明，昭和时代军部法西斯魁首东条英机、宇垣一成、板垣征四郎等也都是士族出身。②由封建时代的旧武士演化而来的士族及士族成为推动日本军国主义产生发展的主要社会力量。从经济根源来看，走上资本主义道路的日本由于国内市场狭小，导致大批士族无法生存而对明治政权严重不满，统治阶级则将农民、士族的不满情绪引向对外侵略扩张和海外征战，使他们成为日本军国主义的基本社会力量。

日本在效法西方进行了资本主义改革之后，又 "拿来主义"地将欧美盛行的社会达尔文主义移植到日本，并进行新的包装，从而使社会达尔文主义成为近代日本军国主义思想的重要组成部分。日本实现民族独立，摆脱沦为殖民地半殖民地危机，是以对东亚弱小邻国进行领土扩张和武装侵略为重要手段的。正是将自己迅速转化为压迫民族才使得日本迅速崛起。

明治政府推行"富国强兵""殖产兴业"和"文明开化"三大政策，富国强兵是主体，是诸政策之首，是进行改革的总方针、总政策。"富国强兵"路线的推行，使日本工业化的实现即产业革命的完成均与其对外侵

---

① 汤重南：《揭秘日本军国主义的"武力崛起"》，《人民论坛》2007 年第一期。
② 汤重南：《揭秘日本军国主义的"武力崛起"》，《人民论坛》2007 年第一期。

略扩张的甲午战争、日俄战争紧密相联。而在日本发展到向垄断资本主义阶段过渡即日本帝国主义时期,日本的每一步发展就更与侵略战争密不可分了。起步较晚的日本资本主义迅速发展为"军事封建帝国主义"。其本质特征是使日本被纳入军事、战争轨道,进入从战争走向更大战争的恶性循环之中。①

(二)明治维新后日本军国主义的膨胀

从1868年明治政府成立起至西南战争结束的1877年,是日本开始走上军国主义道路的10年。在这10年中,日本确立和巩固了以天皇为中心的中央集权政府,建立起军国主义的经济基础,建立了军国主义的武装和警察、监狱,并开始对外实行侵略扩张,这标志日本近代军国主义初步形成。

日本岩仓使节团在出访欧美期间,进一步接受了西方列强"弱肉强食""强权即公理"的理论观念,为日本军国主义奠定了思想基础。日本"富国强兵"政策的主要措施就是尽力建立和扩充军队。1871年,组建了保卫天皇的名为"亲兵"的近卫军,同时开始创建近代陆军。1873年,颁布《征兵令》,建立了常备军并迅速扩大,但不称国防军而称"皇军",强调其效忠天皇。不久,政府从已下台的幕府和各个雄藩手中接收了军舰,重新组建、扩充了日本海军。1878年陆军卿(国防部长)山县有朋发布《军人训诫》和《参谋本部条例》,1881年建立宪兵制度并发布《军人敕谕》,1889年颁布《大日本帝国宪法》,1890年发布《教育敕语》,1893年建立军部,这一系列举措标志着军国主义在日本国内得到了正式的确认。日本在政治、军事、经济、文化思想各领域确立起了军国主义体制。

日本的军国主义教育是军国主义思想形成过程中一个重要推手。日本

---

① 汤重南:《揭秘日本军国主义的"武力崛起"》,《人民论坛》2007年第一期。

1882年1月4日，日本天皇向陆海军人下赐《军人敕谕》。宣扬忠节、礼义、武勇、信义、质素的五德宗旨，提出了以传统武士道精神与维新理念结合的新思想。

统治集团为了保证其各项军国主义政策能得到完全实施，建立了一整套推行军国主义的教育制度，用以向全体国民灌输军国主义思想。在军队内部，为了强化军国主义思想在军队中的鼓动作用，1878年，以当时陆军卿山县有朋的名义，发布了《军人训诫》，规定忠实、勇敢、服从是军人精神信条之根本。宣扬封建的武士道精神，以杀伐征战，穷兵黩武为无上光荣，主张以武力为立国之基，梦想建立八纮一宇的大日本帝国。1882年，明治政府又以天皇名义发表了《军人敕谕》，即以尽忠节为本分、正礼仪、尚勇武、重信义和以质朴为宗，其实质就是《军人训诫》的翻版。经过对军国主义思想的不断教育灌输，使其成为日本的全民共识，并且从理论走向实践，最终使日本成为法西斯侵略战争的策源地。

形成于明治时期的军部独裁是日本军国主义发展的另一个重要支柱。明治政府建立后不久就开始凭借军事力量对亚洲弱小国家和地区进行武装侵略。1874年，日本入侵中国台湾；1875年，以"江华岛事件"为借口全面入侵朝鲜，并于1876年逼迫朝鲜签订了不平等的《江华条约》。随着扩张野心的不断膨胀，日本又开始向中国和俄国挑战，并接连取得了中日甲午战争和日俄战争的胜利。由于日军在战场上取得连续胜利，国内被胜利冲昏了头脑、盲目的民族主义被彻底煽动。军部在国民中的声誉空前提高，一种对军国主义的盲目崇拜情绪也迅速蔓延，以致发展成畸形的民族优越感。这就为军部巩固其在天皇制政权机构内部的特殊地位，创造了有利条件。

对外战争豪赌的胜利和巨大利益诱惑，坚定了日本统治阶级对军队对外征战的重视和推崇，也使其更容易诱导欺骗日本大量的普通民众。军部借此大大提高了自己在国家政权中的地位和影响力。在国家统治机构中，从上到下都广泛存在着军国主义势力。1907年9月12日颁布的关于军令的规定明确宣布：涉及军队的编制、教育、人事、战时法规等，一律作为陆海军统帅通过天皇敕令所规定的"军令"，在这种军令上只要由负主要责任的陆海军大臣的副署即可，无须总理大臣的签署，独立于国务行政之外。此举显然是对原有的"统帅权独立"的进一步扩大，旨在确保和扩大军部特权的非立宪措施。1908年12月，陆军修改了参谋本部条例，使参谋总长对陆军大臣的地位不仅更加独立，而且处于比陆军大臣甚至政府更优越的地位。根据这一修订，即便在平时，参谋总长也掌握着对驻扎在朝鲜、中国东北及外国的军队的指挥权。这样一来，军部便无形中成为政府外的政府，天皇势力的"军事垄断"更加明目张胆。[①]

对外战争的胜利促使了军部独裁的形成。日俄战争后，日本国防计划的制定几乎完全由军部把持。按通常的立法程序，一个国家的国防计划应当由政府拟定，国会审议通过。但日本的国防计划草案由陆、海军部分别

---

① 刘丽君：《日俄战争对中国、日本的影响》，《闽江学院学报》，2004年第6期。

草拟，经由参谋总长和军令部长直接上奏天皇，接受御裁。经过天皇御裁后的国防计划草案，再由陆军大臣向总理大臣报告，送交内阁会议。由于已通过天皇的御裁，没有人敢说三道四，结果就是内阁会议原封不动地予以通过，形成了实际上的军部独裁。

（三）日本军国主义的法西斯化最终导致国家走向败亡

随着军部制度的建立及其独裁地位的形成，最终推动日本走上了法西斯主义的道路。在第一次世界大战的影响下，日本军部形成了总体战的战略思想。为了保障日本在未来大规模的战争中有充分的物质基础，日本统治阶层开始寻求把中国乃至整个东亚变为日本的殖民地。同时，为了建立高度集中统一的政权，以便在战时能够动员一切力量，军部开始组织以实现总体战战略为目标的军人法西斯组织，以推动国家改造运动。

1919年，日本法西斯鼻祖北一辉发表了《国家改造法案大纲》，主张维护天皇制，建立军事独裁政权，并鼓吹日本"有积极对外开战之权力"，发动侵略战争，夺取他国领土和其他帝国主义的殖民地，称霸亚洲和世界。以此为标志日本的法西斯运动开始兴起。1934年11月军部法西斯出版《国防之本义及其强化》的小册子，公开叫嚣"战争是创造之父，文化之母"，宣称"国防是国家生存发展的基本活力"，确立一切服从战争的"国防国策"，按照法西斯总体战思想建立法西斯极权主义体制。这本小册子是一战后军部法西斯运动的结晶，是军部建立法西斯统治的纲领，它的发表标志着军部法西斯化的完成。

1929至1933年资本主义世界的大危机重创了日本经济，也加快了日本军国主义的法西斯化进程。为了走出经济危机，日本强行与欧美列强重新瓜分世界。1931年，日本军部悍然发动了"九一八"事变，占领中国东北。

在军部法西斯化的过程中，形成了自下而上的皇道派和自上而下的统制派。1936 年"二二六"事件后，统制派获得了主导地位。从此，日本在军部统制派的控制下，实行"国家改造"，开始了自上而下的法西斯化演变。1937 年近卫内阁上台后，采取了更为激进的法西斯政策。7 月，政府发表国民精神动员实施纲要，在"举国一致""尽忠报国""坚忍持久"的口号下，从思想上动员和统制国民。10 月，制定"军机保护法"，实行法西斯恐怖主义统治。1938 年，在军部的主导下制定并通过了"国家总动员法"。从此，军部通过政府掌握了可以不经议会广泛动员国家一切力量的独裁权力，日本法西斯统治已基本上形成。1940 年，成立"大政翼赞会"，全国国民被统一到一个组织里，以便严密控制和充分动员。此外，还通过建立"经济新体制"把全国的经济活动都纳入战时轨道。自此，日本的政治、经济、意识形态都被整齐划一，甚至连国民的个人日常生活都被纳入了法西斯主义的政治生活和战争之中。东条英机上台后，他集首相、陆相、内相、文相、商工相和参谋总长等要职于一身，一上台就发动了太平洋战争，并在全国范围内实行极端血腥恐怖的法西斯独裁统治，日本的法西斯统治达到了顶点。也正是由于太平洋战争，才加速了日本军事扩张走向了终结，日本法西斯最终走向了自我灭亡。

四、战后的经济立国与重新崛起

在第二次世界大战中，日本本土遭受了美军的猛烈轰炸，国民经济遭到了巨大损失。战争结束时，日本国民财富的 45% 以上都被战争耗费和破坏掉了。1946 年，日本的主要生产指标均大大低于战前水平，工业技术水平比美国落后了 30 年，劳动生产率比英、法等国也低得多。但是，战后日本政府利用有利的国内外环境，着力发展经济，从而创造了日本的经济奇迹。1956 年至 1973 年，日本工业生产年平均增长率达 13.6%，国民生产总值占资本主义世界的比重从第六位跃升到第二位,成为仅次于美国的第二经济大国。如果说"二战"之前的日本,在很大程度上是依靠军事扩张来支撑国家发展的话,那么二战之后日本经济的再崛起则是完全走了另外一条截然不同的道路,即经济立国战略,这一道路在很大程度上引领了战后日本经济的高速发展。

(一)战后初期日本经济的恢复

战后前10年,日本经济在一系列有利因素作用下,很快得到恢复。到1956年,日本经济已经超过了战前的最高水平,具备了腾飞的基本条件。在第二次世界大战中,日本本土虽然受到美军轰炸,但是毕竟没有经历大规模"本土作战",所以主要基础设施、重要的工业设备和大量的技术工人及知识分子都得以保全,统治机构建制齐全,重要的生产设施大多完备无损。这是日本战后经济迅速恢复和发展的重要基础。自明治维新以来,日本的资本主义已经得到了相当的发展,具备了相当的水平。日本在东亚的扩张也为它的发展提供了资源和资本原始积累。为了满足战争的需要,日本在战时大力发展了重化学工业。从而为战后经济恢复奠定了一定的基础。

战后的日本在美国占领军的主导之下进行了民主改革,废除了许多阻碍资本主义发展的因素,为资本主义经济的进一步发展扫清了制度障碍。尤其重要的是,随着冷战爆发,日本的战略地位随之提升,美国需要将日本打造成在亚洲的反共前沿基地,以对抗社会主义阵营。为了帮助日本恢复经济发展,美国提供了大量的援助和贷款,并在技术转让方面提供帮助。尤其是在朝鲜战争和越南战争中,日本成了美国的后勤基地,向美国出售了大量的军需物品,极大地刺激了经济的发展。同时,美国也把日本置于其保护之下,使得日本可以保持极低的军费开支,将有限的资源用于经济发展。例如，朝鲜战争爆发后美国将日本变成它的战争物资供应地，对日本提供了大量军需订货，仅此一项累计额就达 22 亿美元。1964 年"东京湾事件"爆发后，美国为扩大侵越战争规模，又向日本提出 40 亿美元的"特需订货"。因此，到 1973 年越南战争结束时，日本外贸出口额比 1964 年增加了近 4 倍，这在很大程度上得益于朝鲜战争和越南战争。外贸的发展，促进和带动了日本其他各个行业的发展。这是日本经济之所以高速发展的不可忽视的外在原因。[①] 另外，美国还给日本大量贷款。从战后到 70 年代末，日本借入外国贷款约 213 亿美元，其中 70% 是美国提供的。

（二）重经济轻军备的发展战略

战后日本政府虽然长期未能从道义上真诚地反省其对外发动侵略战争的历史，但这不意味着在"二战"中遭受如此惨重失败的日本没有在国家战略上吸取教训。应该说，战后日本主要是从战略和策略上看待战争和战败的教训的，按照《读卖新闻》编写的《检证战争责任》一书，日本从战略上总结过去战争的主要教训有："军部与政府误读国际形势，刚愎自用的军部官僚独揽了政策立案，日本帝国议会对军部的妄自行动未加制止而成了追认战争政策的机构，日本政府实施思想统制和扼杀言论自由；日本媒体煽动民族主义并争先恐后地迎合军队等。"[②]

基于上述认识，战后的日本选择了一条在美国军事保护下进行和平发展的道路，这条民主改革与和平建设的道路给日本带来巨大的好处。最突出的就是经济得到快速恢复和发展，创造了经济发展的奇迹。正如有学者指出，在整个西方世界里，高军费开支同工业成就大小之间的关系似乎是

[①] 刘炳峰：《从"侏儒"到"巨人"——战后日本经济高速发展的历史轨迹》，《中国国情国力》2002 年第 4 期。

[②] 步平：《我读"检讨战争责任"》，转引自冯昭奎：《战后日本崛起的前因后果及其启示》，《当代世界》2012 年第 1 期。

成反比的，日本与联邦德国便是很好的例子，它们在过去几十年里军费开支少，而经济则发展较快。

日本战后最有影响力、就任首相长达7年之久的吉田茂，虽然在总的对外战略上坚持加入西方阵营，保持同美国的同盟关系，但一直暗中抵制美国提出的日本重新武装的要求。吉田茂认为，非生产性的军备需花费巨额资金，将会严重推迟日本的经济复兴，而且日本如果重整军备，也许会刺激亚洲邻国，不利于日本对外贸易的开展。吉田茂将发展经济作为头等大事的战略思想便成为日本历届政府奉行的经济发展和对外政策的总方针。吉田茂的政策成功地使日本摆脱了战后的经济困境，因此其后多届政府都实行重经济轻军备发

吉田茂（1878年至1967年），任日本首相期间进行农地改革，制定《日本国宪法》，根据道奇路线调整经济，建立警察预备队，签订《旧金山对日和约》和《日美安全保障条约》。同时配合朝鲜战争，制定《破坏活动防止法》，镇压日本共产党，与蒋介石集团签订《日台条约》，是日本战后最有影响力的政治巨人之一。

展路线，即充分利用日美军事同盟关系，在美军的军事保护下，把本国军费开支压缩在不到国民生产总值1%的水平上，以便腾出更多资金用于经济发展。

（三）"贸易立国"战略的实施

为了制定科学的经济发展政策，日本外务省成立了"特别调查委员会"，广泛地吸收日本优秀的经济学家和经济官员研究成果。1946年3月，"特别调查委员会"发布了《重建日本经济的基本问题》报告书。该报告书指出：日本要把战时的统制经济体制转变成为和平的自由经济体制，实现经济的民主化和技术的高度化，立足国内丰富的劳动力资源，发展具有国际竞争能力的新型出口产业，振兴国际贸易，走加工贸易的道路。[①] 这一报告初步形成了贸易立国的思想。此外，如何重建日本经济的课题也是日本经济学界和一般国民所关心的热点问题。有人主张"开发主义"，即通过引进新技术，仿效30年代的美国大力开发国内资源，以此实现日本经济的自立与工业化。而另一部分人则主张实行"贸易主义"，认为日本人口多、资源少、生活水平低，国内市场有限，必须把日本经济的自立与发展问题放在世界范围内进行解决。因而必须大力发展工业，扩大出口，以作为进口粮食和其他物资的代价。这两种对立的争论引起了日本政府的高度重视，并基本采纳了后者的观点。

1949年9月，日本政府颁布《经济复兴五年计划》，正式确定了贸易立国的经济发展战略。该计划指出："将来经济规模乃至生活水平的高低，最终取决于我国的出口规模。"而出口贸易的关键是发展技术，提高劳动生产率，这样才能增强日本商品的国际竞争力。[②]

在这一战略的指导之下，日本抓住机遇，通过战争赔偿打开对东南亚国家的贸易大门。以菲律宾为例，赔偿协定规定，日本支付菲律宾价值5.5

---

① 冒洁生、费兴旺：《简论日本贸易立国战略及对中国的启迪》，《求是学刊》1998年第1期。

② 冒洁生、费兴旺：《简论日本贸易立国战略及对中国的启迪》，《求是学刊》1998年第1期。

亿美元的"劳役及产品"赔偿，期限为20年，其中前10年每年支付0.25亿美元，后10年每年支付0.3亿美元。根据同时另行签署的经济开发贷款换文，日本还将向菲律宾提供2.5亿美元的贷款。日本赔偿的主要是生产资料，其中机械类（大部分是运输机械、船舶、拖拉机、柴油机等）占全部支付总额的60%以上。而且，20世纪60年代后半期以后，钢材、电信器材等等的原料产品以及装配式住宅、医疗器械、印刷品、照明器械等等的杂品有所增加。但是，机械类的赔偿并未减少，反而在20世纪70年代达到了70%以上。各种机械及其他用于开发的项目和计划达到了80%以上，而所谓"劳役"赔偿最多时则不过2.1%，这种赔偿的支付无疑成为一种机械设备的出口，使东南亚成了日本机械工业的销售市场。①

日本贸易立国战略确立之初的主要内容是振兴出口贸易。1960年《民国收入倍增计划》颁布之后，贸易立国战略得到进一步发展，从振兴出口贸易、促进日本经济自立发展为要以全世界作为日本的原料、燃料供应地和商品销售市场。

贸易立国战略，明确了日本经济的发展方向和目标，对于日本战后经济的高速发展起到了至关重要的作用。一方面，它把日本企业置身于国际竞争的大舞台中，使日本的产业界必须努力和国际市场接轨，极大地增强了日本商品的国际竞争力；另一方面，它刺激了国际市场对日本商品的有效需求，从而使日本的出口产业获得了极大地发展，带动了整个国民经济的起飞，使日本出现了战后几十年经济高速增长的局面。

（四）政府主导型的市场经济体制

日本战后经济的高速发展，与日本政府采取符合国情的、科学高效的经济政策是分不开的。战后日本历届内阁都非常注重根据国内外经济形势，

---

① 张建：《战后日本重返国际经济舞台的历程》，《天津社会科学》1989年第1期。

制定各种经济政策来积极干预经济活动。从 1955 年起，先后制订过 9 个中、长期经济计划。最具有代表性的是 1960 年池田勇人内阁提出的《国民经济倍增计划》，这一计划较为正确地估计了日本经济的发展形势，推动了政府投资尤其是设备投资的高涨。

政府有关省、厅还通过财政金融政策和各种"行政指导"来影响经济的发展。日本政府的政府投资一直占日本国内总投资的 20% 以上，占财政支出的 50%。对电力、铁路、港湾设施等所谓"公共工程"的投资，为经济的发展提供了廉价的电力和交通运输的便利。日本政府运用税收杠杆，扩大企业内部积累，鼓励和促进私人设备投资；采取低利息政策，向企业大量贷款；加强外贸和引进外资的管理，扶植有战略意义的新兴产业，适当保护弱小产业；在每次经济危机爆发时，交替采用紧缩通货政策或者赤字财政政策，千方百计地缓解和缩小危机的破坏程度，促进经济的回升。日本政府制定政策时比较审慎，注意保持政策的一贯性，它对经济活动的干预，可以说，在发达资本主义国家中是最出色的。

日本的经济政策是根据其社会经济发展的需要及国际形势的变化来制定的。为了推进产业合理化，在不同的产业发展阶段，采取了相应的产业政策。在经济复兴时期（1945 年—1950 年）采取扶持重点的产业政策。政府选择钢铁和煤炭这两个基础材料工业作为经济复兴的突破口，通过集中性的资源投入促进这两个部门的增长，以期带动其他的产业的发展。煤炭和钢铁两个基础产业的恢复和发展，解决了经济发展的能源问题，为经济的恢复和后来的高速发展奠定了基础。高速增长时期（1955 年—1973 年）着力发展重化学工业。1963 年，日本政府发表了《关于产业结构的长期展望》，把发展重化学工业、提高产业的竞争能力作为实施产业政策的重要目标。在这一目标的指引下，日本的重化学工业得到了迅速的发展。日本的产业政策是一种柔性的政策，并不强制企业执行，而是采用指导或是诱导型的做法，引导企业沿着政府制定的目标前进。

（五）高度重视教育科技

日本战后经济的高速发展还得益于日本政府高度重视教育，采取了大力提高人口素质的各种政策措施。由于在历史上深受中国儒家思想的影响，日本一直比较重视教育问题。早在明治改革时期，日本政府就重视发展教育事业，效法西方培养大量技术人才。战后日本进一步提高了教育的地位，在1948年就普及了初中教育，以后又普及了高中教育。在日本政府的行政费用中，教育经费占20%以上，在资本主义国家里是比例最高的。

日本战后的教育发展是与经济发展密切结合在一起的，充分发挥了教育和人才对经济发展的支撑作用。日本政府重视科技教育，把科技教育的改革放在了教育改革的突出位置。实行了"产学合作"的教育体制，为经济的发展注入了强大的动力。日本在教育中重视面向本国需要、面向生产实际的需要，使年轻人的进取心能够普遍地扎根于本国的土地，扎根于实际生活，为本国的经济建设服务。特别是大力发展工科教育和职业教育，使之成为向生产第一线输送大量人才的基地。

日本把先进的科学技术和科学的经营管理称为经济高速增长的两个车轮，而把教育视为推动两轮前进的动力。高度重视教育的结果，不仅为工业生产培养了大量技术工人，同时也建立了一支庞大的科技队伍。到20世纪70年代初，日本每一万人中就有21个自然科学专职人员，这在发达资本主义国家中仅次于美国，居第二位，从而为经济发展奠定了雄厚的技术基础。

高度重视教育和科技的结果，首先是培养出大量的熟练技术工人，大大提高了劳动生产率。1951年到1969年工业劳动生产率年平均增长速度，日本达到10%，是资本主义国家最高的，而美国同期仅有3.1%。其次是培养了一大批优秀的科技人才，扩大和提高了科学技术队伍，使日本仅用不到20年的时间，就消除了比欧美发达国家落后的差距，较快地达到了世界先进水平，有力地促进了战后经济的迅速发展。

五、冷战后日本经济与政治的结构转型

冷战结束后，伴随着日本经济的低迷与日本政治的代际更替以及国际环境的急剧变化，日本的政治经济发展出现了结构性转型。

（一）两党执政格局的初步形成

"二战"后，美国对日本进行民主化改造，促进了日本政党政治的发展。革新派的社会党左右两派走向联合，建立社会民主党。相对保守的自由党和民主党也走向统一，建立自由民主党。由于保守派与革新派的政治理念、政策主张等针锋相对，日本政坛逐渐形成了"保革"对立的局面。日本自民党长期一党执政，形成了一党多派轮流执政的局面。从 1955 年至 1993 年，自民党在大选中始终获得半数以上席位，从而执掌国家政权 38 年之久。这一政治格局通常被称为"五五年体制"，也被称为自民党的"一党优位制"。

冷战结束后，东西方对抗的两极格局瓦解使传统的保守与革新的对立失去了意义，在此背景下所形成的以保革对立为特点的战后政治体制和政党结构，也就失去了存在的基础。一方面，西方取得冷战的胜利使社会党一方不可遏制地走向衰落；另一方面，被保革对立所掩盖的自民党内部长期存在的矛盾，也由于政治腐败问题而急速爆发出来。虽然自民党政权从 20 世纪 80 年代末就开始尝试政治改革，但屡屡失败，金权政治愈演愈烈，自民党政治的结构性问题暴露无遗。由此加深了日本国民对现行政治体制和政党政治的普遍失望和强烈不满，全国上下要求政治改革的呼声日益高涨。

1993 年自民党选举失利，此后的日本政坛先后经历了非自民党的联合

执政时期、以自民党为核心的联合执政时期、以民主党为核心的联合执政时期、自民党重新掌握政权联合执政的四个时期。

民主党在 1996 年成立之后迅速发展成为日本第一大在野党。在成立之初，民主党就被赋予了推动形成两大党制的使命。1998 年，民主党进行改组，同时吸纳了多个在野党，提出须将民主党作为政权更迭的核心并发挥其作用。在 1998 年的参议院选举中，民主党成功增加了许多议席。2003 年，民主党与小泽一郎领导的自由党强强联合，增强了其实现政权交替的实力。2003 年众议院选举中，民主党获得巨大胜利，议席数量再度大幅增加，已经成为能和自民党分庭抗礼的一大政治势力。最终，民主党在 2009 年大选中获得胜利，实现政权更迭，实现了政治理想。而在 2012 年 12 月 16 日的选举中，自民党打败民主党重新执掌政权，再次实现政权轮换。至此，日本政治初步形成了两大党轮流执政的格局。

推动日本政党体制发生转变的因素是多方面的。既有国际环境的影响，也有国内环境的推动；既有政治制度改革带来的变化，也有社会阶层分化形成的新意识；既有有识之士大刀阔斧的改革和构想，也有国民政治意识的逐步转变。正是在国内外环境及主客观因素的共同作用下，日本的政党体制不断向前发展，民主政治日渐成熟。

此后，日本各政党之间的联合阵营不断调整变化，历届政府都推出诸多改革措施来试图摆脱困局，实现经济增长和社会繁荣以保持政权稳定。然而却没有一个政党或联合政权能够像"五五年体制"时期的自民党一样连续执政多年。究其原因，还是日本存在的政治经济问题积重难返，加之 2008 年以来的国际金融危机的影响，日本的国家经济仍旧没有起色，国民生活仍旧没有改善，没有一个政党或者政党联合体能够找到帮助日本摆脱困境的良策，这导致了日本走马灯式的政府更替。而日本的执政党，为了维持其执政地位，不断尝试各种新政策，经常与上届政府的基本政策完全背离，导致政策趋于不稳定、不连续，影响政治经济社会的平稳发展。

（二）政治发展日趋"保守化和右倾化"

冷战后日本政治生态的一大发展趋势就是"总体保守化"。这一趋势的形成有着深刻的国内外原因。从国际环境来看，苏东剧变使得日本的革新势力受到了极大影响，势力大不如前，各革新政党为了生存纷纷改变原来坚守的政治纲领与政治信念，并寻求与保守政党的合作，导致革新政党整体衰落。同时，日美具有同盟关系，美国国际战略的调整使得日本保守势力逐渐加强，维护并发展了日本保守派的力量。

从国内环境来看，国内政治经济环境的变化也推动了保守势力的发展。20世纪70年代以后，日本政治经济的发展使得社会结构发生了很大变化，形成了数量庞大的中间阶层，由此而产生了蔓延全社会的"中流意识"，国民更倾向于维持现有状况而不是寻求大的社会变革。与此同时，冷战后日本积极推行政治体制改革，其中非常重要的一项就是以小选区为基本特征的选举制度改革。新选举制度的实施直接关系到各政党在选举中的处境，以小选区为主利于大党的发展，而日本比较大的政党基本都是保守党派，小党为了在选举中获胜，只有改变原有的政策主张，附会大党，才能期望在选举中获得一席之地。革新政党为了迎合选民的意愿，也纷纷走上了保守的路线，这进一步强化了保守党势力，削弱了革新党的力量。此外，经济发展停滞，导致国内社会矛盾激化，保守派利用社会矛盾，祭起民族主义大旗，进一步刺激了日本民主主义的复兴，造成了总体上有利于保守派的政治生态。正是这多种因素的共同作用，促使日本趋于"总体保守化"。

冷战时期经济大国地位的形成使得日本再度萌生了成为世界大国的念头。冷战后国际形势的变化，则给日本提供了成为世界大国的战略机遇，刺激了日本加快向政治、军事大国迈进的步伐，从而导致了日本政治上的激进和右倾化。战后，日本不再对美国亦步亦趋，独立意识越来越强。同时，由于经济实力的增长，不再满足于"经济巨人，政治侏儒"的形象，决心以经济实力和军事实力为后盾,加大在政治上的影响,在国际舞台上扮演举足轻重的角色,在全球范围内发挥作用,及早成为一个政治大国。

与政治上的大国意识相呼应,冷战后全球性民族主义浪潮的兴起激发了日本的民族主义情绪,在日本全国形成了一股右倾化思潮。以石原慎太郎等人撰写的"不"系列三部书为标志,日本社会掀起了一股争当国际大国的旋风。同时,右翼知识分子以各种形式,包括教科书、电影、漫画以及文学作品等形式美化其侵略战争罪行,向日本国民灌输错误的战争史观,掩盖日本侵略者的历史罪行,阻止青少年一代了解事实真相。

在日本政党政治团体中,保守势力占据主导地位。这些保守势力与右翼分子相呼应,在制定对外政策时也日益右倾化。正如日本学者猪口孝所认为的那样:冷战后,日本国民普遍倾向中间偏右的政策,在世界上谋求体面大国地位成为国民的一致认识,只是在实现这一目标的政策选择上存在分歧。日本社会思潮中的保守主义倾向和民族主义上升,既是受冷战后日本国内形势变化的影响,也是日本政府和舆论长期宣传导向的结果,而民间思潮的右倾化又进一步影响了政府、政党的政策,滋长了社会上右倾势力的猖獗。民族主义情绪上升和政坛保守势力的相互呼应,使日本政治进一步向右倾化的方向发展。

(三)由"贸易立国"转向"投资立国"

冷战后,在新的国际国内条件下,日本要想保持其世界经济大国地位,对外经济发展战略必须与时俱进,从贸易立国转向投资立国。投资立国不仅仅是单纯的经济发展模式问题,也是关系到日本民族生存和发展的长期国策。

日本贸易立国战略对其经济的高速增长做出了巨大贡献,同时,也使其对外贸易出现了大量顺差。到20世纪80年代,日本与美国、西欧等发达国家的贸易摩擦进一步升级。1985年9月，在纽约广场饭店，美国、日本、西德、法国、英国等五国财政部长及央行行长举行会议，签署了著名的《广场协议》，其核心是有秩序地使其他主要货币对美元升值，以求减少美国的巨额贸易赤字。《广场协议》达成之后，世界主要货币相对于美元均有一定程度的升值，其中日元升值的幅度最大，传统的出口行业受到重大打击。另一方面，日本经济到上世纪80年代已步入成熟化阶段，经济发展的指导思想由单纯追求经济增长转变为以成为"生活大国"为目标，经济增长方式从出口主导型向内需主导型过渡，产业结构的"高级化"和"国际化"成为日本经济结构调整的主要目标。

20世纪80年代初，日本经济界就提出了"海外投资立国"的口号，认为日本对外经贸关系的指导方针应从沿袭已久的贸易立国转向海外投资立国。这一思想成为各界共识，只不过还没有正式进入日本政府的官方表述当中。由于投资立国战略成效显著，日本企业的海外投资收益大量流回日本国内。2005年，日本所得收支盈余首次超过贸易盈余，成为日本国际收支经常项目中的最大盈余来源。这表明投资立国战略取得明显成效，日本对外经济关系发生了重大变化。

2005年4月19日，日本内阁召开经济财政咨询会议，通过了关于日本未来发展趋势分析的《21世纪展望》，官方首次明确地提出了投资立国的战略。《21世纪展望》指出，今后日本产业虽将继续保持相当强大的国际竞争力，出口贸易也将继续发展，但随着日本国内老龄化、少子化问题的日趋严重和国民储蓄率的下降，进口增长将超过出口增长，贸易收支盈余将趋于减少甚至会出现贸易赤字，因此，日本要充分运用先进技术，依托特有的经营资源，开展全球性投资活动，走向投资立国。2006年6月，日本经济产业省发表《通商白皮书》，副标题便是《充分利用全球化提高生产力和"投资立国"》，呼吁转向投资立国。

为了推进投资立国战略，日本政府采取了促进贸易自由化、提供金融支持、减轻企业税负等一系列措施,推动了日本对外直接投资的迅猛发展,使日本成为举足轻重的世界投资大国。通过实施投资立国战略,日本企业走向海外,不仅降低了企业的生产经营成本,提高了日本产品的国际竞争力,而且企业内部的各道工序和各种职能在全球范围内得以合理分工,优化了资源配置,提高了国际化水平,加速了日本企业的国际化进程。通过对外直接投资,在海外就地产销,减少了从日本国内的直接出口,一定程度上缓解了国际经贸摩擦。除了欧美国家,日本大批传统的制造业企业通过向亚洲等地投资,转移国内失去比较优势的劳动密集型产业,不仅带动了国内相关设备和零部件的出口,而且经由东亚各国,间接扩大了对欧美的出口。

投资立国战略对日本经济发展做出了重大贡献,同时也造成了一定程度的负面效应,这就是日本国内非常担心的产业空洞化问题。对外直接投资引起的产业转移过程,与国内产业结构调整与升级是一个同步的过程。欧美国家通过对外投资,将国内丧失竞争优势的传统产业转移到海外,同时大力发展高新技术产业和新兴服务业,以此填补传统产业转出后留下的空间。而这一阶段日本却相对忽视了由工业化社会向信息化社会转变的趋势,没有有效利用20世纪90年代的新经济浪潮,高新技术产业和新兴服务业的发展相对滞后,没有及时创造出提供足够就业的新岗位,以致国内的产业空洞化问题相当严重。随着投资立国战略的推行,日本国内各界对产业空洞化的担心一直挥之不去,产业空洞化问题成为制约日本对外直接投资发展的重要因素。

六、菊与刀并存的文化特质

作为岛国的日本有着极其独特的民族文化。美国人类学家鲁恩·本尼迪克特在《菊与刀》一书中对其进行了深刻分析。日本民族文化主要特性有如下几个方面。

(一)基于神道思想的等级观念

本尼迪克特在《菊与刀》一书中指出,"日本人是从等级制度的观点……来看待国际关系",他们长期保持了"某些天生的态度,其中最重要的态度之一就是他们对等级制度的信仰和观念"。[①] 而日本文化之所以会形成这种等级观念,是和日本神道思想的发展密不可分的。神道思想认为日本民族是神的后裔,是所谓"天孙民族",天皇是天照大神的后裔并且是其在人间的代表,是活人神,皇统便是神统;日本为神造之国,即为"神国",天皇根据"神敕"对人间进行世袭统治,其他国家则是神创造日本时溅出的泡沫凝聚而成。

神道是日本社会最持久、最普遍的特有信仰,它所追求的国家观与世界观经过长期的宣扬浸润,已经内化为日本民族的基本自我认知。神道教认为,人的生命由神授予,人生在世便具有神赋予的使命,即为创立一种等级化的秩序而奋斗。秩序即意味着对权威的畏服,而天皇则是世间至高无上的权威,在最早的和歌集《万叶集》中的许多和歌里,天皇便被赞颂为神,具有支配自然界与人类社会的一切能力。《古事记》和《日本书纪》更是在皇室贵族的主导下宣扬天皇的神威,根据神道教义,忠君便是敬神,遵循天皇的旨意而献身便是履行神赋的使命。

随着日本古代国家的建立,由神氏族、神部落的观念扩大到神国观念,又由于对自然、祖先和英雄的崇拜而培养起报恩、尽忠、尽孝的道德意识,进而引导到对神国天皇尽忠的观念。神国观念这种非理性的性质,随着日本的迅速崛起被过分地颂扬和渲染。由于神道是以日本神话以及对皇室的崇拜为基础,因此受到日本民族主义者的欢迎,他们把传统文化对"神"

[①] [美]本尼迪克特:《菊与刀》,商务印书馆2009年版,第19页。

的崇拜转化为对"人神"——天皇这一"现世神"的崇拜，使其成为统治者统一团结日本、统治全体国民思想意识和行为的工具。既然日本为神国，是"日所出之国""是天地间最初生成之国""为世界之根本"，万世一系的天皇是天界最高神的后裔和其在人间的代表，那么神的子孙、优秀的日本民族统治其他劣等民族，从而使世界形成以日本为中心的等级秩序则是自然而合理的。神道教的"神国""神皇一体"等观念被近代以后的军国主义者充分利用，国家神道更把"八纮一宇""圣战"等内容作为教义。

随着日本不断发动对外侵略战争，神道思想成了日本最终走向军国主义的重要精神驱动力。20世纪30年代，狂热的军国主义者荒木贞夫在其所著的小册子《向全日本民族呼吁》中说，日本的"真正使命是弘布和宣扬皇道以达于四海"。[①]1940年日本与德、意缔结"三国同盟"时，天皇颁布的诏书也说："宣扬大义于八纮，统一乾坤为一宇，实乃皇祖皇宗之大训，朕夙夜眷眷之所为。"在偷袭珍珠港的同一天，日本使节在递交给美国国务卿的声明中说："万邦各守本分乃日本帝国不可改动之国策……维持现状同万邦各守本分之帝国根本国策完全背道而驰，帝国政府断然不能容忍。"[②]对于日军在中国进行的野蛮屠杀，《远东国际军事法庭判决书》指出，日本军队的首脑认为这场战争是"膺惩"战，因为中国人民不承认日本民族的优越性和领导地位，拒绝与日本合作，所以为惩罚中国人民而作战。可见日本长久以来普遍信仰的神道思想形成的民族优越感在日本军国主义的侵略过程中的恶劣影响。

第二次世界大战日本的战败不仅仅是物质上的，也是文化和心理上的。"二战"中，美国雄厚的国力、庞大的工业生产能力都给日本以心理上的震撼。因此，"二战"后，日本对美国"显示出服从权威者的传统性格"，

---

① ［美］本尼迪克特：《菊与刀》，商务印书馆2009年版，第20页。

② ［美］本尼迪克特：《菊与刀》，商务印书馆2009年版，第38页。

并"认真地以一种坦荡的姿态对待占领军所指示的巨大改革"。[①] 由此可见，在日本文化当中的等级观念和各守本位的思想，在战败的心理冲击下形成了对美国的顺从甚至依赖。在日本的经济进入飞速增长之后，日本专注于经济与贸易的发展，而在军事政治上进一步依赖于美日同盟。不过日本人骨子里的神国思想和民族优越论并未就此消除，反而随着日本经济实力的快速上升转化为一种要求在国际社会上得到承认的"大国意识"。随着20世纪80年代日本首相中曾根提出"战后政治总决算"和"政治大国"口号，此后的历届日本领导人都把"普通国家"和"政治大国"作为战略目标。在此期间，日本积极试图在国际舞台上发挥自己的作用，并努力对美日同盟进行"超越"。但是由于美国仍然是国际体系中的首强，日本的战略文化决定其无法彻底地摆脱对美国的依赖。于是出现了日本一方面继续巩固美日同盟，甘心接受美国压制；另一方面却积极推进"普通国家"，力图借船出海的古怪现象。从长远来看，没有根除神国思想的日本不可能甘心做经济上的大国，政治上的侏儒，必然会不断谋求打破"二战"后形成的国际秩序对日本的束缚。

（二）冷酷无情的武士道精神

武士道精神是日本传统武家的尚武精神与儒学的忠孝名分观念以及禅宗的"死生一如"思想相结合的产物，是武士阶层统治下的社会环境长期陶冶的结果。日本武士是一个极具特色的群体，与欧洲的骑士和中国的习武之人都有很大的不同。他们通过不断的严格训练，能够做到意志坚定、冷酷残忍、专心一意、机敏练达，不受物欲、情欲的困扰，其人生理想往往追求勇敢忠诚、报效主君，在短暂的人生中轰轰烈烈抛洒热血于疆场，

---

① ［日］吉田茂：《激荡的百年史——我们的果断措施和奇迹般的转变》，陕西师范大学出版社2005年版，第72、131页。

如同樱花一般适时灿烂开放,寂寥洒脱,然后很快悲壮凋零,悄然无声。

武士道思想体现了典型的日本"耻感文化",为了面子可以不顾一切甚至无视客观事实,相信"精神长驻,灵魂不灭";为追求名誉可以不择手段。其价值伦理认为,人的双重性格不是"天理"与"人欲""善"与"恶"的对立,而是"柔顺"与"刚猛"两个同属善的范畴构成,前者用于处理与上级、集团内部、敬畏的强者之间的关系,后者用于对手。这种理念造就下的人,在集团内、在和平时代,是忠顺慈孝的良民,在战时尤其在国外,就会成为杀人不眨眼的屠夫。日本国民性中的尚武、施暴、好斗、不怕死、不认输的特征与这种武士文化息息相关。

武士道精神通过长达近 700 年的武士阶层的统治已经渗透到整个社会、民族和文化中,对塑造日本民族精神有重大影响。有人说:"哪怕是思想最先进的日本人,只要揭开他的外衣,就会发现他是一个武士。"因此清除其负面影响也就极为艰难。尽管日本通过明治维新表面上废除了武士阶层,但是废除得却并不彻底,许多武士摇身一变成为士族,社会地位不降反增。更为重要的是封建武士的思想精髓——武士道精神得以保留,并发展转化为日本近代军人的道德伦理乃至全体日本国民的普遍道德及行动准则。武士的精神境界为日本国民广为向往、憧憬,成为理想的人生模式。而这种人生追求在缺乏道义规范的情况下,极易形成施暴冲动与铤而走险的赌徒心理,这也是日本在近代历史上不断发动对外侵略战争的重要思想根源。

(三)日本特色的实用主义

由于日本列岛与世隔绝,其文化发展相对滞后。当高度发达的中国文化传至日本列岛时,日本尚未形成自己的民族文化和思想体系,也就未能根据自己已有的价值理念形成文化筛选机制,因而实用主义、功利主义便很自然地成为文化引进与选择的标准,有用与否便成为日本对外来事物接受与否的选择标准。这种实用主义理念一直延续下来并影响着日本人的价值思想体系。日本普遍信仰的神道思想缺乏一致性的系统经典和戒律也培养了日本人的功利主义处世哲学。这种态度使日本人处理世事的原则不是依据精深宏大的理论思辨,而是从简便易行有效的原则出发,表现出浓厚的功利色彩,从而使得日本人善于适应环境,灵活变化。

日本人绝对不抱顽固态度的实用主义思想,使其很会顺应时代的必然趋势前进,绝对不抱顽固的态度。但也使日本人对外来文化的学习表现为肤浅的表层化与庸俗化现象,始终无法发育出自己的深厚成熟的人道关怀,没有出现类似中国的大同思想和西方基督教的人文传统。即便是宗教祭祀,在日本人那里也只是为祈福攘灾而不是把心灵献给神的忏悔。这样,日本人在对现实功利的追求中便表现出许多矛盾表象,这就是本尼迪克特在《菊与刀》一书中所指出的日本人"既好斗又和善,既尚武又爱美,既蛮横又文雅,既刻板又富有适应性,既顺从又不甘任人摆布,既忠诚不贰又会背信弃义,既勇敢又胆怯,既保守又善于接受新事物,而且这一切相互矛盾的气质都是在最高的程度上表现出来的"。[①] 一个杀人不眨眼的屠夫,转眼便可以成为高唱佛法祈祷和平的善士;昨天还满脸杀气苦练刀剑欲与美军搏杀的"皇民",马上又变成手拿鲜花微笑着真诚地欢迎登陆美军的"和平民众"。这种相互矛盾的现象,都是日本文化中极具特色的实用主义思想的显现。各种相互矛盾的态度与表现,都要依据具体环境对达成目标的限制而确定,也就是说,为了达到功利目标,个人或国家都会因时因事因地而表现出从表面看起来相互矛盾的态度与行为,而这种矛盾在日本人自己看来却是自然合理的,个人或国家不会因为如此举措而受社会成员在道义上的责备。

---

① [美]本尼迪克特:《菊与刀》,商务印书馆 2009 年版,第 2 页。

日本式实用主义还表现为不只用一种价值标准来衡量是非得失，而是用多种价值标准来衡量。他们认为，异质甚至水火不容的多种价值与信仰在应付和解决实际问题中都是有效的，尽管效用的范围与程度不同。他们并不在意各种信仰与价值观之间的矛盾与差异，而是注意其功用。"有利、有用即有价值"的实用主义态度深深渗入日本国民的价值观念当中。在历史上，日本社会神道、佛教、儒学并存，近现代则各种价值伦理共存，皆是这一态度导致的。日本人不会恪守任何绝对的原则，往往能面对现实进行判断抉择，表现在人际关系和国际关系上则呈现为随机应变的实用性特点。日本人在道德观上不存在绝对正义观念，只要利于一时一事达到功利目标便是"正义"，所以其正义感本身也极富功利色彩。因而日本是"一个可以为实现利益而调节正义的极便利的国家"。日本人实际生活中堂而皇之地有所谓"必要恶"的观念，认为善行未必都是需要的，而有些恶举往往不可缺少。因此，需要便是善，有用便是善，在此前提下任何恶行皆可被接受、默许。因此，在外界看来，许多日本人的思维是缺乏严格的道义原则的。正如西方学者桑索姆所说：通观日本历史，日本人似乎在某种程度上缺乏辨认恶的能力，或者说他们不想解决这个恶的问题。当日本全民族作为一个集团处理对外关系时，道义原则根本不可能成为其制定与执行政策的任何制约因素。由此我们也可以洞悉日军在历次侵略战争中大量施暴以及日本民众在战时狂热支持政府侵略政策的思想根源，也可以理解我们基于道义原则要求日本承认"二战"罪行为何如此困难。

纵观日本侵略扩张的历史和日本独特民族文化的发展，可以发现日本军国主义的发展及其侵略扩张有着强烈的民族文化驱动。二战以后，虽然受到了某些清肃，但由于种种原因这种恶性的文化基因仍大量存在并且有的还在发展。随着日本重新崛起成为经济大国，其民族优越感又在逐渐抬头，一些固有的文化基因又在影响整个日本社会的思维模式和价值取向，军国主义等极端思潮呈复活或强化趋势，形成了对于亚太地区和平与稳定的潜在威胁。

七、结语

　　日本是一个特色鲜明的矛盾统一体。在相互对立的两种战略思维中，"大日本主义"思想始终蛰伏在日本的国家战略中。近代以来，日本一直存在着激进与保守两种思潮、"重军备、轻经济"与"重经济、轻军备"两条道路、"大日本主义"与"小日本主义"两种主张、和平主义与对外扩张主义两条路线，它们既相互对立又相互联系。19世纪80年代，日本帝国主义初具规模后，便摒弃英国式的自由贸易战略，确定了德国式"实力外交"路线，确定了以军事实力谋求霸主地位的国际战略。这一战略思想一直持续到日本在"二战"中战败为止。

　　第二次世界大战后，日本形成了新的国家战略，即所谓的吉田主义——"重经济、轻军备"。吉田主义包括两个方面内容：一方面优先发展经济，通过经济改革、贸易立国等手段来增强国力；另一方面形成了防卫渐增的军备计划，从而节省了大量的开支。这种思想为后来的日本历届内阁所继承，经过池田和宫泽的经济合理主义，使日本经济得以在很短时间内从战败的凋敝走向战后的繁荣。

　　如果说"重经济、轻军备"的吉田主义是"小日本主义"，与此相对应的"大日本主义"作为一种暗流，始终蛰伏在日本的国家战略中。自佐藤内阁始，日本国内已产生了要从经济大国走向政治大国的意识。20世纪70年代随着日本经济开始腾飞，日本开始致力于"面向21世纪的综合战略"。冷战结束后，日本大国主义路线再度抬头，一些政治势力企图继续推动日本走向政治大国，进而成为军事大国。从20世纪90年代小泽一郎所提出的"正常国家论"和安倍晋三所倡导的"积极和平主义"，可以看作是"大日本主义"路线在新形势下的延伸和发展。

进入21世纪以来，日本追求"政治大国"的战略目标日渐清晰。一贯被人称为"经济巨人、政治侏儒"的日本，决心在新的世界格局中占据重要一席。经过20世纪八九十年代日本政治家的不断努力和准备，日本国家战略的发展趋势日益明朗，提出并积极推进在构筑国际新秩序的过程中实现其成为世界重要一极的"政治大国"战略。具体目标是：一是要获得与美欧平起平坐的地位。战败国地位使得日本在战后一直处于美国某种程度的控制之下，与美欧国家地位不平等，总是消极地、被动地适应由它们主导的国际政治经济秩序。日本认为自己"必须参与构筑国际新秩序"，并且要提高自身的国际地位，建立一个由"美欧日三极主导"的新秩序。二是在亚太起主导作用。进入20世纪80年代以后，曾以"脱亚入欧"为荣的日本日益重视亚洲，认为亚太地区对于它成为世界政治大国具有重要的经济、政治和战略意义，只有主导亚太，才能走向世界。三是成为联合国安理会常任理事国。日本认为，能否跻身于联合国安理会常任理事国，是大国地位的重要标志，是它所构想的"国际新秩序"能否实现的关键，也是它是否对国际社会拥有重大政治影响的标志和象征。

在政治外交方面，推行"大国外交"，提高其国际政治地位，扩大其国际政治影响。所谓"大国外交"就是改变日本被动、消极的外交态势，保持、改善与世界各大国的关系，并以大国的身份积极参与地区性、国际性事务，向"政治大国"迈进。"大国外交论"已成为指导日本外交的基本原则。强化日美同盟关系，是日本外交的重中之重。从20世纪初期的日英同盟、日俄同盟到二战后的日美同盟，从明治时期的"脱亚入欧"到现在的"归亚傍美"，这些都体现了日本与强者结盟的战略。"二战"前，日本与当时的强大国家——德国和意大利法西斯结成联盟；战后，日本再次改变结盟对象，开始奉行"脱亚入美"战略——全面仿效美国，以美国为目标追赶西方现代文明。"美国领导下（或称管理下）的和平"是日本根深蒂固的国际观，于是将加强与美国的同盟、在亚太地区共谋主导权定为日本对外战略基轴。

在军事安全方面，日本调整了军事战略，从专守防卫型调整为主动进攻型，以服务于其"政治大国"的战略需要。20世纪90年代以后，随着"政治大国"战略的全面推进，日本决策层竭力主张日本应在军事领域做国际贡献，从而引发了日本政府对其军事安全战略的一系列重大调整。主要是提高军事力量在保障国家安全中的地位，确立了军事支柱思想；抛弃"专守防卫"军事战略理论，提出了"动态防卫"这一新的安全理论；调整"战略对象"，中国、朝鲜成了"重点防卫对象"；强行通过安保法案，使日本海外用兵成为可能，迈出了修宪扩军的重要一步。日本政府通过对军事安全战略的一系列重大战略调整使其成为重要的世界军事强国。

在经济方面，日本继续巩固其经济大国地位，企图以经济力量为强大的后盾来谋求政治大国地位。20世纪90年代以来，在新旧国际战略格局转换的过程中，日本将经济实力看成是实现"政治大国"战略的最为重要的方面。日本政府认为："从军事力量控制世界时代进入冷战后以经济、技术和信息占据重要地位的时代，日本能够在国际上发挥作用"。基于这种认识，日本不仅坚持以强大的经济实力作为各个领域的后盾，而且还为在21世纪继续保持、巩固经济大国地位，更好地为"正常政治大国"战略服务，不断调整其经济发展战略。

总之，"政治大国"战略目标是日本极力追求的国家总体战略目标。从目前日本所拥有的经济实力、军事实力和政治实力看，成为世界政治大国似乎只是时间的问题，但关键不在于它是否能成为政治大国，而在于它成为什么样的政治大国。对此，我们必须密切关注。

第八章　横跨欧亚大陆的大国——俄罗斯

横跨欧亚大陆的俄罗斯兴起于莫斯科公国，近代一度成为世界大国之一。列宁领导发动十月革命，建立了世界上第一个社会主义国家。斯大林创造了社会主义的斯大林模式，并在第二次世界大战中领导苏联人民抗击了强大的德国法西斯。冷战对峙中，苏联成为东方阵营的霸主，并一度成为世界第二经济军事强国。在经历苏联解体的沉沦后，普京总统再次高举俄罗斯民族复兴的大旗，并为此进行了不懈的努力。俄罗斯的兴衰历程令人回味无穷。

一、从莫斯科公国到沙皇俄国

莫斯科公国的崛起无疑是俄国历史发展的转折点，它奠定了近现代俄罗斯国家的基础，推动了俄罗斯民族的形成。

（一）罗斯王国的兴衰

俄罗斯是一个年轻的民族，于14至15世纪才形成，祖先是东斯拉夫人，最早出现于公元前1000年左右，活动在维斯瓦河中上游和第聂伯河之间，即今天的波兰东部和乌克兰、白俄罗斯西部一带，是欧洲最大的民族之一。关于斯拉夫人的正式文字记载出现于公元 1 世纪后期。公元 5 至 7 世纪，原始斯拉夫人开始了各部族的大迁徙，其结果是形成了南斯拉夫、东斯拉夫和西斯拉夫。从公元 6 世纪开始，东斯拉夫人由原始公社制直接向封建社会过渡，到 8 世纪这一过渡基本完成；而西斯拉夫人主要活动在易北河、奥得河和下维斯拉河，后来发展成捷克人、斯洛伐克人、摩拉沃人、波兰人等民族。东斯拉夫人定居在第聂伯河、楚德湖、伊尔明湖地区，东至伏尔加河和奥卡河上游地区，后来发展成俄罗斯、乌克兰和白俄罗斯等民族。6 世纪时，东斯拉夫人从事农业、畜牧、捕鱼和狩猎，也会进行各种金属加工。俄罗斯人属东斯拉夫人，是在古代维亚迪奇人、波里安人、克里维奇人、斯洛文人、塞维利安人以及其他一些部族定居和聚居的地域上渐渐形成的。在这一过程中，一些非斯拉夫部族也先后加入进来，形成了最早的俄罗斯民族。"①

基辅罗斯的形成。公元 862 年，诺夫哥罗德居民从瑞典邀请瓦良格人留里克及其亲族和武士前来维持秩序，整顿纲纪。这就给了留里克名正言顺执掌诺夫哥罗德刑柄的机会，留里克王朝也由此开始。当时，瓦良格人还被称作"罗斯人"。后来这个名字逐渐成为整个罗斯公国乃至整个俄罗斯民族的称谓。公元 882 年，继任诺夫哥罗德王公的军事首领奥列格攻占了基辅，而后把罗斯国的首府由诺夫哥罗德迁到基辅，至此罗斯国又称为基辅罗斯。

罗斯接受洗礼。东斯拉夫人曾经长期信奉多神教。公元 980 年继位的基辅大公弗拉基米尔是一位坚定的多神教信徒。在中世纪宗教十分强大的时代，他深知，要把罗斯变成一个繁荣强盛的国家，必须发挥宗教的作用，因而决定利用宗教把各个部落统一起来。宗教改革失败后，他派使臣到各国考察宗教，最终希腊（即拜占庭）教堂给使臣留下了强烈印象。回国后，

---

① 参见百度文库《俄罗斯文化讲义》。

使臣们将这一情况报告给了弗拉基米尔。他听信使臣建议接受希腊教洗礼。公元 988 年,弗拉基米尔王公宣布基督教为基辅罗斯的国教,并下令摧毁多神教诸偶像,强迫基辅市民受洗接受基督教信仰,这就是历史上有名的"罗斯受洗"事件。弗拉基米尔王公结束了这片土地上的多神论信仰,这对罗斯的历史发展起到非常重要的作用。统一的宗教信仰有力地促进了古罗斯民族的形成和国家的统一。通过改革,基辅罗斯巩固了中央政权,提高了国际威望,从此开始进入欧洲基督教国家行列。1037 年至 1054 年间,富丽堂皇的索菲亚大教堂在基辅落成。在俄罗斯悠久漫长的历史长河中,东正教信仰成为俄罗斯文学艺术的重要精神基础。

由鼎盛走向衰落。雅罗斯拉夫时期,基辅罗斯走向鼎盛。他积极发展国际交往和外交,尤其重视同欧洲诸国往来。雅罗斯拉夫为教育和文化的发展做出了突出贡献。在他执政时期,罗斯开办了许多学校,创立了第一批图书馆,修建了大批美丽的教堂。同时,还产生了第一部法律汇编——《罗斯法典》。法典的内容反映了当时的社会结构以及社会不平等的发展。《罗斯法典》表明封建关系已经开始在基辅罗斯建立。11 至 12 世纪,基辅罗斯的农耕业迅速发展。土地的价值不断提高,土地私有制开始出现。当时的基辅罗斯是在王权氏族观念的基础之上形成的,国家统一的体制还很不稳固。雅罗斯拉夫去世后,罗斯内讧频繁,为争夺基辅王位而进行的战争经常发生。同时,游牧民族不仅侵扰罗斯边疆地区,而且对其首都基辅发动进攻。内讧和同游牧民族的激烈斗争耗尽了罗斯的力量。12 世纪中叶,基辅罗斯被分裂成一些独立的小公国。到 13 世纪初,公国数量约有 50 个。这样,俄罗斯历史的第一阶段以统一的古罗斯国家的解体而告终。

(二)莫斯科公国的建立

1206 年,在广袤的蒙古草原上形成了成吉思汗领导的蒙古汗国。蒙古铁骑进一步远征西亚和东欧，最终建立起横跨欧亚大陆的规模空前的帝国。罗斯公国脆弱的军事防御在蒙古铁骑的冲击下土崩瓦解，蒙古人在原基辅罗斯的领土上建立了金帐汗国，都城定在伏尔加河畔的萨莱。为了巩固在罗斯的统治，历代蒙古汗都支持东正教会，他们不要求罗斯人放弃自己的信仰，甚至还免除东正教会的赋税并给予他们特殊的优惠，就这样，蒙古大汗开始了对罗斯长达240多年的统治。

伊凡一世（1304年—1340年，1325年—1340年在位），全名伊凡·达尼洛维奇，莫斯科大公，他对贫困者大方慷慨，因此获得"卡利塔"（钱袋）的外号。

莫斯科公国的形成。莫斯科公国的形成大致分为三个阶段：第一阶段，从1147年莫斯科建城至13世纪末，随着基辅罗斯的分裂，莫斯科成为一个独立的小公国。莫斯科占据优越的地理位置，交通便利，是商品集散地、且不易受到攻击，人口也日益增加。第二阶段，从13世纪末到14世纪中期，伊凡一世奠定了莫斯科公国强盛的基础。1328年，金帐汗册封伊凡·达尼洛维奇为弗拉基米尔大公，并授权他代理收取全罗斯的贡赋。1332年大主教公署从基辅迁至莫斯科，莫斯科成为罗斯信仰和精神中心。第三阶段，14世纪中期到16世纪初，罗斯人在莫斯科公国的领导下，摆脱了蒙古人的统治，建立了以莫斯科公国为核心的统一的俄罗斯国家。自14世纪始，莫斯科公国在罗斯的地位逐渐上升，成为收复罗斯领土的主要力量。伊凡·达尼洛维奇在摆脱汗国统治方面取得了一定成就。1380年,他的孙子德米特里·伊凡诺维奇在库里科沃原野对马麦汗的军事胜利则巩固了这一成就。1480年,伊凡三世率罗斯军队在乌格拉河战役战胜了金帐汗阿合马,最终推翻了鞑靼蒙古和金帐汗的统治。①

莫斯科公国的强盛。1453年,被罗斯视为世界东正教中心的拜占庭为土耳其所灭。为了寻找精神支撑,1472年莫斯科公国大公伊凡三世迎娶拜占庭帝国皇帝侄女索菲亚,进而宣称自己是拜占庭皇帝的继承人、东正教世界的精神领袖,赋予自己以正统性和合法性。为此,伊凡三世还把拜占庭帝国的徽章、王宫建筑样式、宫廷礼仪等都复制到俄罗斯,自此,双头鹰成为俄罗斯的国徽,将其铸在克里姆林宫的大门上。于是,"莫斯科—第三罗马"的思想深深地铭刻在罗斯统治者的头脑中。这一思想促使莫斯科政权试图将莫斯科公国变成"王国",将莫斯科大公变成沙皇(以前只有拜占庭皇帝拥有这一称谓)。业已形成的莫斯科国家虽然也倾向于西方,但其内部结构和政治文化则保留了许多东方特征。

(三)沙皇专制制度的确立

蒙古征服罗斯后,曾将东斯拉夫人编成十户、百户、千户和万户,实行连坐联保,十户长、千户长和万户长必须服从巴思哈(封建军事制度)的管理和指挥。以军事独裁为核心的巴思哈制在客观上加速了俄罗斯专制制度的形成。伊凡三世和瓦西里三世统治时期,莫斯科大公的专制权力进一步扩大。伊凡四世曾经进行内政改革,为了对抗波雅尔贵族的权力,缓和各阶层对立矛盾、进行地方管理机构和地方法庭改革,1549年2月沙皇同都主教下令召开俄国第一次缙绅会议。在会议中,沙皇同都主教和波雅尔贵族达成两项协议:除了杀人和抢劫罪以外,服役贵族不再受各地地方

---

① 参见于沛、戴桂菊:《斯拉夫文明》第二章,中国社会科学出版社,2001年版。

长官审判；1550 年颁布沙皇新法典，以弥补 1497 年伊凡三世颁布的法典中的不足。这些改革标志着等级代表君主制向绝对专制君主制转变。1547 年伊凡四世亲政，开启沙皇俄国时代，推行特辖制、特辖军。沙皇摆脱以前等级代表君主制，拥有最高决策权，权力行使不受缙绅会议制约，从而加强了沙皇专制权力。

1565 年至 1572 年，为摧毁王公和领主的封建割据势力、巩固俄罗斯中央集权，伊凡四世设立了特辖制与特辖军。1564 年立窝尼亚战争的失利和领主的叛变，促使伊凡四世于 1565 年 1 月宣布实行特辖制，将全国领土划分为特辖区和领主辖区两部分。特辖区包括全国经济上和军事上最重要的地区和一部分城市，由沙皇直接管辖；领主辖区由领主杜马管辖。把居住在重要地区并不服从沙皇的贵族迁至领主辖区，为了镇压王公和领主的反抗，沙皇建立了由中小贵族组成的、绝对效忠沙皇的特辖军。在特辖制期间，特辖区内的王公和领主被遣走，他们的世袭领地被分配给特辖军和中小贵族。特辖军到处烧杀掳掠，制造全国恐怖。以至于那段时间，特辖制、特辖军（1565 年至 1572 年）骏马前挂狗头、后挂扫帚，寓意铲除违背沙皇意志的人。1572 年，伊凡四世的反对派势力已基本被消灭，为集中力量继续进行立窝尼亚战争，于是宣布废除特辖制。特辖制摧毁了王公和领主赖以生存的世袭领地，剥夺了他们的政治权利，中小贵族的军功封地逐渐取代领主的世袭领地，巩固了俄罗斯中央集权国家，有一定进步作用。但特辖制的推行，也造成了人口减少，土地荒芜，生产力受到严重破坏等恶劣后果。①

1547 年，伊凡四世在克里姆林宫的圣母升天大教堂接受加冕并开始独立管理国家。随着统一的俄罗斯中央集权制国家的形成，领主杜马转变成国家的最高权力机构（领主杜马作为一个协商管理机构在基辅罗斯时期就

---

① 参见豆丁网《俄罗斯地理与历史》。

存在了）。领主们滥用职权的现象引起了伊凡四世的强烈不满。他很快便开始利用军职分封贵族的力量限制领主特权，试图建立强有力的沙皇特权。此举标志着俄罗斯开始从等级代表君主制向绝对专制君主制转变。

二、彼得大帝西化改革与俄罗斯扩张

彼得大帝对俄罗斯近代发展具有重要影响。他亲赴西欧进行考察，大胆推行西化改革，为俄罗斯成为近代世界强国奠定了重要基础。

（一）彼得大帝的西化改革

直到17世纪末，俄国无论在政治、经济，还是军事技术、科学文化、国民教育上均已严重落后于西欧诸强，国际上，俄罗斯经常遭到波兰、土耳其等强邻的进攻，在这样内忧外患局面下即位的彼得一世，决心改变俄国的面貌。

1697年3月，彼得一世不顾宫中的一片反对，组建"大使团"驶离莫斯科，前往西欧诸国学习访问。彼得扮作一位陆军下士，与使团一同随行。在德国他学习了军事技术，在荷兰和英国学习了造船技术，在奥地利进行了外交谈判并接

彼得一世（1672年—1725年），亦称彼得大帝，俄国罗曼诺夫王朝的第四代沙皇（1682—1725在位）。被认为是俄国最杰出的沙皇，其制定的西方化政策是使俄国变成一个世界大国的主要因素。

触那里的宫廷生活。通过身临其境的观察比较，彼得一世对俄国的极端封闭和经济方面的极端落后有了无比清醒的体悟和认知。此次出行历时一年多，回国后，他便大刀阔斧地推行改革。改革所涉及领域较为广泛，包括社会习俗改革、文化教育改革、军事改革、政治和宗教改革。

　　发展经济无疑是彼得大帝改革的重中之重。彼得大帝采取一系列措施，大力扶植工业尤其是重工业的发展。自18世纪初开始，炼铜、化学和纺织品工业得到快速的发展，俄国还在各地区建立起兵工厂，同时，在乌拉尔建设金属冶炼厂。乌拉尔成为俄国的工业基地，并为陆军提供大炮和其他类型的武器。同时，他还采取措施发展农业和对外贸易，修建连接水路的运河。

　　政府采取有力举措，大力支持经济发展。企业主无偿地获得土地和建设贷款，创业之初还被免除税收。许多企业依靠国家的资金建立起来，而后又以优惠条件转让给私人所有。这样，俄国的工业从一开始就是在国家的扶植下发展起来的。发展生产的劳动力不足，国家强行解决了这一问题：将部分国有农奴拨给各手工工场，迫使其在工场做工。企业主可以将农民连同土地一起买下。这样一来，俄国大型生产的所有部门都以使用农奴劳动为主。在对待教会的态度上，彼得同样把国家利益放在首位，使教会完全服务于国家机构。由圣主教公会取代牧首，管理宗教事务。圣主教公会由国家官员——总监领导。当发现有"威胁国家利益"的情况时，神甫必须向当局报告。还成立了秘密办公厅，以便侦查政治犯罪行为。

　　1721年10月22日，枢密院举行隆重仪式，将彼得一世加衔为"全俄罗斯大帝"。彼得一世统治时期俄国完成了由等级君主制向绝对君主制的过渡。君主权力得到极大加强。

　　彼得一世改革开创了俄国历史的新纪元。彼得一世完成了国家生活与文化的变革，初步改变了俄国经济、政治、文化发展水平远远落后于欧洲其他国家的局面。封闭、保守的俄国转向了欧洲，在很短时间内建立起工业生产、教育以及强大的陆军和海军舰队。俄国文化的发展找到了新方向，"彼得一世成功地唤起了俄罗斯民族压抑已久的民族自尊感和自强意识，在较短时间内动员起全体俄罗斯人抛弃自身的陈腐习俗和落后意识，投身于追赶世界潮流的运动中去。"① 然而，俄国社会的强制性"欧化"也产生了一系列不良后果，出现了更加强硬、更加野蛮的剥削方式，专制政权得到加强。在社会上层，教育事业得到了发展，但是，社会下层的广大人民却失去了自由成为奴隶。俄国文化也相继出现了分裂。它那过于严苛的管理方式和沉重的劳役税收政策也招致了人民的抵触和反抗，不少地区和城市均出现了相当程度的混乱和骚动。

（二）彼得大帝时期的俄罗斯扩张

彼得一世清醒地意识到俄国 17 世纪末所面临的战略任务之一就是寻找出海口。当时的波罗的海被瑞典控制，黑海被土耳其控制，土耳其手中还掌握着黑海北岸和克里木半岛。为了争夺出海口，彼得一世把握国际国内两个大局，与其他欧洲国家联合作战。从土耳其人手中夺回要塞后，彼得便以土耳其战争为起点，开始了自己的外交行动。然而，国际形势的发展很快便迫使他放弃南方的一切战事，急剧转向北方。1699 年，旨在反对瑞典的北方联盟形成，北方战争爆发。俄国毫无准备仓促参战，因此在战争之初便在纳尔瓦惨遭失败。然而得益于彼得一世的成功改革，俄军在 1709 年的波尔塔瓦战役中告捷，击溃了不可战胜的瑞典军人。年轻的俄国海军舰队也参加了同瑞典人的海战。海军舰队的胜利加速了战争的结束。1721 年，俄国同瑞典签订了和约，条约规定：瑞典将芬兰湾沿岸、拉脱维亚、爱沙尼亚和卡累利阿的部分地区让给俄国。俄国获得了便利的港口：里加和塔林，并在波罗的海沿岸地区稳定下来。这样，俄国争夺波罗的海出

---

① 张建华：《俄国史》，人民出版社 2004 年版，第 51 页。

海口的任务最终完成了。俄国在欧洲占据重要的位置,开始成为一个海上强国。

(三)农村公社与国家农奴制

农奴制是落后的经济制度,以农奴主领地为单位的自然经济占统治地位,自给自足,闭关自守,较少同外界联系。农民少地无地,不得不向地主租用小块土地,他们向地主服劳役或缴纳代役租,即每周为地主无偿劳动3~5天。农奴常年被束缚在地主的土地上,地主对农奴实行超经济强制,农奴主在自己的领地上有行政、司法权力,农奴没有人身自由,可以自由买卖、审讯惩罚、抵押交换转让等。公元9世纪,东斯拉夫人社会开始出现封建关系,直到11世纪基辅罗斯的原始土地关系逐渐瓦解。12世纪初,《罗斯法典》颁布,标志着俄国封建农奴制关系最终确立。该法典主要思想是:"一、保护大土地所有制、封建主的人身及财产;二、将村社作为罗斯人政治、经济和社会活动的单位,表明原始以血缘关系为纽带的社会关系发展为地域社会关系;三、规定封建主同契约农、债务农和农奴的关系和彼此的义务。"[①] 到13、14世纪,由于急剧的封建土地兼并进程,俄国农民的农奴化进程进一步加速。不过此时的农民仍有一定程度的迁徙自由,即在偿清所欠封建主的债务和服役后,可迁居或转投其他的封建主。1497年伊凡三世重申:农民在完成一切田间劳作并结清一切账面后,可在每年的尤利耶夫节前后各一星期内脱离原主人、重新选择居住地和劳动地。自1597年至1649年,沙皇政府先后颁布三个禁年法令。其中1649禁年法令指出:被登记在1626年地产册或1646年至1647年人口调查表的农民,无论逃亡时间,携妻、子及财产必须回到原封建主地,永世不得迁移。规定封建主可以无限期追捕逃亡农民,凡私藏逃亡农民的封建主每年向逃亡农

---

① 参见豆丁网文章《尼古拉一世和亚历山大二世时期俄国》。

奴原主人交纳 10 卢布的罚金。该法令颁布后，俄国农民最终完全丧失自由，成为被牢牢地固定在封建主的土地上的农奴，俄国农奴制最终被固定下来。

彼得大帝统治时期，俄国农奴制进一步发展和强化，叶卡捷琳娜统治时期俄国农奴制发展到顶点。农奴制是专制制度产生和发展的最稳定的经济基础，专制制度在政治和法律上保证了农奴制发展的根本条件。农奴制和专制制度是俄国封建制度和封建主义的最主要的内容，同时也极大阻碍了俄国资本主义历程。①

三、叶卡捷琳娜二世的扩疆拓土

以俄罗斯人媳妇身份即位的叶卡捷琳娜二世不仅继续推进彼得大帝的改革，而且对外东征西讨，使俄罗斯的发展进入鼎盛时期。

（一）俄罗斯儿媳继承王位

1725 年 1 月，彼得一世没来得及说出继承人的名字便去世了。于是贵族高层开始了激烈的权力之争。起先是彼得一世的妻子叶卡捷琳娜一世被推上王位，接着是他的孙子彼得二世登基。然而，1730 年，彼得二世在结婚前夕就病逝了。经过一番走马灯式的王位更迭，1741 年 11 月，贵族们将彼得一世的女儿伊丽莎白推上王位。对于那些得到新的优惠和特权的贵族阶层来说，伊丽莎白的执政时间长而平静。她终身未嫁，把外甥彼得三世从德国招来做王位继承人。1745 年，皇室为彼得三世选定了未婚妻——一位并不富裕的德国公主索菲亚。来到俄国后，索菲亚接受了东正教，改名叶卡捷琳娜。叶卡捷琳娜二世与丈夫在性格方面截然不同。彼得三世不爱学习，崇拜普鲁士，鄙视俄国的一切。叶卡捷琳娜则博览群书，努力学习

---

① 参见豆丁网文章《尼古拉一世和亚历山大二世时期俄国》。

俄罗斯语言和俄罗斯文化，竭力博得女皇和俄国人的欢心。她结交了很多朋友，在近卫军圈子里朋友尤其多。

1761年，彼得三世成为皇帝。然而，他的所作所为引起了社会的普遍不满，这种不满情绪很快被叶卡捷琳娜利用。1762年夏，发生了一场宫廷政变——近卫军将新女皇叶卡捷琳娜推上王位。彼得三世被带出宫廷，6天后，他被叶卡捷琳娜的朋友们杀害。

叶卡捷琳娜二世（1729年—1796年），亦称叶卡捷琳娜大帝，俄国女沙皇（1762—1796在位）。

（二）"开明专制"与"贵族解放"

年轻的时候，叶卡捷琳娜二世曾经热衷于法国启蒙思想家伏尔泰、狄德罗和孟德斯鸠的作品，向往制定一部适合所有人的"公允法律"。她竭力效仿那些推行"开明专制"政策的欧洲国家模式。按照她的意图，国家首脑应当是一位"王位上的贤人"、艺术的庇护者和全民族的救星。为了取消较为过时的社会机构，她改组了枢密院，将教会财产收归为国有，改革管理和司法制度，强化官僚机构。

1767年，为了重新审议俄国法律，她组建了法典委员会，开始了法典制定工作。除了农民以外，国民中所有阶层都要派代表参加法典委员会。叶卡捷琳娜亲自为委员会编写了《圣谕》，其中广泛使用了西方先进思想家的思想。然而，各阶层的利益迥然不同，尤其是有关农奴制度问题，无法使他们和解,因此也就没有任何实质进展。作为一名政治家和现实主义者,叶卡捷琳娜二世很快明白,放弃专制和农奴制无异于毁掉自己的政权。于是,她毫不犹豫地转向将全部希望都押在了贵族阶层身上。

1762年,沙皇颁布《赐予俄国整个贵族阶层自由》诏书。贵族被免除为国家服务的义务,获得了自由管理地产、自由出国的权利以及其他特权。如果说以前贵族得到土地是因为为沙皇服务,而他们现在可以直接世袭土地。即便是贵族犯了罪,国家都无权没收这些地产。

叶卡捷琳娜二世事实上给予贵族以处置农民的无限权利。地主可以擅自惩罚农民,把他们放逐到西伯利亚。任何一点对地主的控诉都将被宣布为国家犯罪。买卖农奴现象加剧,不仅允许连同土地买卖农奴,也可以单独买卖,甚至可以让丈夫离开妻子,孩子离开父母。农奴制农民成为真正的奴隶,即"活的物品"。沙皇政府还在帝国的边疆地区——乌克兰和波罗的海沿岸地区强化专制权力。俄国军队摧毁了哥萨克的自由堡垒——扎波罗热营地,农奴制度在乌克兰全面推行。

另一方面,女皇心甘情愿地将国有土地分给自己的宠臣和将军们。如仅赐给参加1762年宫廷政变的奥尔洛夫兄弟的农奴就有5万以上,赏赐给宠臣波将金的农奴近4万。叶卡捷琳娜二世颁布种种法令,扩大贵族权力,采取了一系列措施加强贵族地主对农奴的残酷压迫和剥削。由此,叶卡捷琳娜二世时期被称为贵族阶层的"黄金时代"。这也为后续爆发的农民战争埋下了不安的种子。

(三)对外扩张与疆域拓展

俄国自彼得一世时代起,便倚仗自身强大的军事实力在国际和欧洲事务中奉行积极扩张进取的政策。七年战争期间,俄国军队成功地同普鲁士作战,甚至进入其首都柏林。在整个18世纪,衰弱的波兰成为欧洲列强争夺的对象。俄国试图让波兰成为自己的势力范围，不止一次地派遣军队镇压那里的民族解放运动。叶卡捷琳娜二世执政期间，俄国在黑海沿岸、在那些曾经属于土耳其帝国的土地上完全巩固下来。1768年至1774年和1788年至1791年间，俄国发动了两次俄土战争，结果大获全胜。在这些战争中，陆军统帅亚·苏沃洛夫表现出卓越的军事才能，海军上将费·乌沙科夫指挥的俄国舰队也在黑海沿岸多次取得了对土耳其人的胜利。这些战争的结果是俄国得到了南乌克兰的大片土地和克里木半岛。叶卡捷琳娜的宠臣格·波将金在这些土地的开发方面开展了积极的活动。这里出现了许多新城市：尼古拉耶夫、敖德萨、塞瓦斯托波尔。沙皇政府将"荒野"上的空旷地分给贵族。德国农民也参加了这些土地和伏尔加河流域的开发活动，这些德国农民是经叶卡捷琳娜二世允许移民俄国的。

叶卡捷琳娜二世象彼得一世一样，是个狂妄的霸权主义者。她穷兵黩武，扩军备战，扩大了陆军，使它成为欧洲最强大的军队。继彼得一世建立的波罗的海舰队之后，又建立了俄国海军的第二支舰队——黑海舰队。叶卡捷琳娜二世凭借强大的经济实力和军事实力，到处侵略扩张。她通过俄瑞战争（1788年至1790年），巩固了俄国在波罗的海的霸权地位；通过三次瓜分波兰的战争，使俄国的领土楔入欧洲心脏地带；通过两次俄土战争（1768年至1774年，1787年至1791年），打开了通向西欧的南方门户。她还组织反法同盟，干预法国资产阶级革命，使欧洲的封建君主匍匐于她的脚下，使沙皇俄国开始扮演欧洲宪兵的角色。叶卡捷琳娜二世的开疆拓土，为沙皇俄国争夺欧洲霸权奠定了基础，使俄国成为欧洲举足轻重的国家。作为一个庞大的军事帝国，它的版图从波兰一直延伸至阿拉斯加。俄国宫廷被认为是欧洲最辉煌和最奢华的宫廷之一，与此同时，俄国开始仲裁欧洲国家事务。

四、十月革命与苏联的社会主义建设

第一次世界大战前后，伴随着俄罗斯资本主义的发展，反对农奴制运动的高涨，俄罗斯社会矛盾日益激化。尽管俄罗斯采取了一些改革举措，力图平息国内矛盾，但效果不大。第一次世界大战的爆发加剧了俄罗斯国内矛盾，为十月革命的成功创造了一定的条件。在列宁、斯大林等人领导下，俄罗斯不仅建立了世界上第一个社会主义国家，而且在推进苏联经济政治发展上一度取得了巨大成就，不仅为苏联在"二战"中战胜德国奠定了基础，而且也为"二战"后苏联称霸世界创造了一定的条件。

（一）斯托雷平改革

1907年"六三"政变后，俄国进入斯托雷平的黑暗统治时期，沙皇对革命者和一切进步力量进行了疯狂的迫害，成千上万的人被处死或被流放。对工人进步组织竭力予以摧残，革命刊物严禁发行，黑暗和恐怖气氛笼罩整个俄国。

在工厂，工人阶级不仅遭受沙皇军警的迫害，而且还要受资本家的欺凌，许多勒索敲诈工人的旧制度重新恢复，工厂主任意解雇工人，并向反动当局密报进步工人的"黑名单"。在农村，农民运动惨遭镇压，地主拼命捞回他们在革命时期遭受的"损失"，农民斗争进入低潮。在资产阶级知识分子中，立宪民主党带头对革命思想展开恶毒的攻击和诬蔑，他们公开颂扬反动黑暗统治，出版《路标》文集，诋毁马克思主义。列宁称《路标》为自由主义者叛变行为的"百科全书"。在革命内部，有的人发生动摇和蜕化。修正主义分子以马赫经验批判主义为理论基础，向马克思主义猖狂进攻。当时，整个俄国社会只有以列宁为首的布尔什维克革命派在形势暂时处于低潮时期更加坚定，对革命事业充满信心，对沙皇政府做最坚决的斗争。反动的沙皇政府对革命运动尽管疯狂地进行镇压，但它已经不可能恢复革命前的统治,也需要在一定程度上适应俄国资本主义的发展以获得城乡资产阶级的支持。为此,内阁总理大臣斯托雷平召开了第三届国家杜马,并实行了新的土地政策。

斯托雷平的新土地政策主要是企图通过摧毁村社土地的平均使用,加强富农经济。这一政策并没有达到巩固沙皇统治的目的。如列宁指出的只不过使"旧的危机在新的环境下,在阶级关系更要明确得多的情况下,以新的形式加深起来"。①

(二)二月革命和十月武装起义

1914年第一次世界大战爆发。沙皇俄国站在协约国一边,企图通过战争击败德国,消除德国的威胁,并利用战争局面把国内革命镇压下去。但结果事与愿违,帝国主义战争反而加剧了沙俄帝国的一切固有矛盾,促进了革命形势的发展。

1917年俄国二月革命爆发,担任临时政府首脑的克伦斯基检阅军队。

---

① 列宁:《最后一个门》,《列宁全集》,第18卷,人民出版社1995年版,第244页。

在战争期间，俄罗斯国民经济遭受严重的损害，40%的男人被拉去打仗，大片土地荒芜，粮价飞涨，人民饥寒交迫。战争夺取了数百万人的生命，国内资源消耗殆尽，沙皇军队屡战屡败，激起广大群众的强烈不满。

1917年1月9日，彼得格勒、莫斯科、巴库等城市都爆发了大规模游行示威。2月18至25日，罢工人数超过30万，沙皇下令军队开枪射击示威群众，激起了革命群众的无比愤怒，革命声势越来越大。2月26日清晨，工人起义的武装队伍开始进行街垒战，他们夺取宪警的枪支武装自己。2月27日，彼得格勒的驻军参加起义，工人和士兵的联合作战很快摧毁了军警的巢穴。当晚起义队伍召开了彼得格勒工人代表苏维埃第一次代表大会，正式宣告二月革命取得胜利。首都起义胜利的消息很快传遍全国，各地革命人民一致奋起摧毁沙皇地方政权，纷纷建立起工人代表苏维埃和农民代表苏维埃。至此，统治俄国人民300多年的罗曼诺夫王朝以及长期以来作为欧洲反动堡垒的沙皇专制制度，终于被工农兵的革命洪流所摧毁。

二月革命胜利后，俄国政坛上曾短暂地出现两个政权并存的局面。造成这种局面的原因：一方面是由于无产阶级缺乏经验，布尔什维克的领袖列宁在国外，其他主要领导人多数在服刑和流放；另一方面，当布尔什维克忙于街头领导群众直接战斗的时候，孟什维克和社会革命党利用在全国各地建立工、农、兵代表苏维埃的机会，利用广大群众还难以识破他们伪装革命，实际上充当资产阶级走狗的时机，在苏维埃中占了多数，窃取了主要领导职位，掌握领导权，与资产阶级互相勾结成立临时政府，只代表资产阶级和地主的利益，对工人农民利益漠不关心。

此后，布尔什维克党领导人陆续回国，公开提出了"打倒战争！""土地归农民！""面包属于饥饿者！"等口号，赢得了人民群众的极大支持，威望急剧上升。10月7日（公历10月20日），列宁秘密回到彼得格勒。10月10日，布尔什维克党中央召开紧急会议，讨论起义问题，列宁、季诺维耶夫、加米涅夫、托洛茨基、斯大林、斯维尔德洛夫等参加会议。最后以绝对多数票通过了列宁起草的决议，并成立了彼得格勒革命军事委员会。10月16日，布尔什维克召开扩大会议，通过了关于武装起义的决议。

革命武装力量已经集结完毕，起义的基本武装力量是数目多达20万之众的工人赤卫队，大体上全部由产业工人组成，他们大多数都经历过1905年革命和1917年二月革命的考验。准备参加彼得格勒武装起义的另外两支重要力量是波罗的海舰队和彼得格勒卫戍部队的革命士兵。

与此同时，克伦斯基和资产阶级政府也在手忙脚乱地筹划着镇压即将到来的革命运动。1917年10月24日，临时政府查封布尔什维克的报纸。作为对这一决定的答复，布尔什维克开始行动。当日晚上23时，列宁来到斯莫尔尼宫，亲自指挥起义。到10月25日早晨，起义队伍已基本上掌控整个彼得格勒。临时政府很快被包围，深夜2点，冬宫被攻下，临时政府的部长们被逮捕，首都的起义取得了胜利。当日上午10时左右，临时政府总理克伦斯基男扮女装，爬进插着美国国旗的汽车躲进美国驻俄大使馆，仓皇逃出彼得格勒。当夜，全俄苏维埃第二次全国代表大会通过了建立新的苏维埃政权的决定。当日清晨，当人们醒来，惊讶地在街头看到这样的彼得格勒工兵代表苏维埃军事革命委员会的布告："临时政府已经被推翻。国家政权已经转到彼得格勒工农兵代表苏维埃机关，即领导彼得格勒无产阶级和卫戍部队的革命军事委员会手中。立即提出民主的合约，废除地主土地所有制，实行工人监督生产，成立苏维埃政府，所有一切人民为之奋斗的事业都有了保证。工人、士兵、农民的革命万岁！"[①] 至此，十月革命取得伟大胜利。

---

① 1917年10月25日（公历11月7日），全俄第二次苏维埃代表大会在斯莫尔尼宫开幕。代表大会通过了列宁起草的《告工人、士兵和农民书》，宣告各地全部政权转归苏维埃。

(三) 列宁的社会主义建设思想

由于刚刚诞生的苏维埃政权面临着内外敌人的军事围剿，苏维埃政府不得不实行带有紧急性的战时共产主义政策。政府对粮食进行垄断，并实行余粮征集制，从而对苏联农业发展带来了严重冲击。农民的生活受到巨大压力，引起了农民的不满。再加上频繁的国内战争使国家的经济遭到了严重破坏。多数工厂关闭，消灭一切市场关系的"战时共产主义"政策使国家状况，尤其是农村的状况日益恶化。许多地区发生了农民骚动。1921年至1922年，伏尔加河流域、顿河和乌克兰地区都发生了罕见的旱灾。接踵而来的是可怕的饥荒，数百万人因此丧失生命。"忍饥挨饿的和生活无处着落的农民自发地组织一些暴乱，将暴乱的目标指向苏维埃政权。暴乱的农民占领苏维埃政权机关，切断铁路和公路交通线，抢劫粮食，杀死运粮队人员。仅西伯利亚的伊施姆一县，参加暴乱的农民就达到六万多人。一些农民还打出'要苏维埃，但是不要布尔什维克参加的苏维埃'的口号。"[①] 所有情况都表明，在普通老百姓中间发生了对布尔什维克和苏维埃政权的信任危机。1921年2月28日，同样是素有光荣革命传统的彼得格勒喀琅施塔得爆发了有15,000名水兵参加的军事叛乱，参加暴乱者多数是刚刚穿上军装的农民，他们的口号也是"全部政权归苏维埃，不归布尔什维克"。他们要求改变国家的政治和经济政策。

列宁越来越清醒地意识到必须重新审查党的政策，改变对农民的态度。在1921年3月召开的俄共（布）第十次代表大会上通过了在农村征收粮食税的决定。苏俄开始了向"新经济政策"的转变。

新经济政策允许多种经济成分并存，承认市场的地位和作用，允许自由贸易，允许使用雇佣劳动，个体商店和市场得到恢复。国家将小企业归

---

① 李世安、宋玥《俄国农民与十月革命》，《烟台大学学报（哲学社会科学版）》，第20卷第4期。

还前主人，只保留那些最大的和高效的企业，积极引进吸收外资用于发展工业。同时允许农民自由支配自己的产品，比如在完成粮食税后，有权把产品拿到市场上自由出售。

1921年秋，向市场关系的转变基本完成。商业和小生产活跃起来。20世纪20年代中期，轻工业和食品工业企业基本恢复到战前水平。自1924年起，重工业的状况也开始好转。各种形式的合作社经济迅速发展起来。农民的状况得到改善，农村中的贫农数量越来越少。

列宁多次强调新经济政策的意义。他指出，新经济政策应当"认真地、持久地"推行下去。然而，从1922年5月起，列宁的身体状况不断恶化。他的领导地位逐步被斯大林取代。1922年，斯大林成为党的总书记。列宁去世后，党内就国家的发展道路问题展开了激烈的争论。到1926年工业和农业集体化运动全面展开后，新经济政策才被完全废止。

五、斯大林模式的确立及其成败

斯大林担任苏共总书记后，在他领导下，苏联逐步建立了一套以计划经济和权力高度集中为特征的政治经济体制，人们称之为"斯大林模式"。这一模式曾经帮助苏联迅速发展工农业，为战胜德国法西斯提供重要基础，但随着苏联的发展逐步暴露出一系列弊端。从赫鲁晓夫到戈尔巴乔夫，历任苏联领导人都寻求对它进行改革，但直到苏联解体，苏联也没有找到一条替代它的新道路。

（一）农业全盘集体化

1927年至1928年，苏联发生了严重的粮食收购危机，斯大林认为危机出现的原因是富农阶级的蓄意破坏，其思想根源是对私有经济和个体经济的否定。他主张一方面通过农业全盘集体化来改造个体农民、防止分化、实现平等；另一方面采用特殊手段打击消灭富农，"强迫他们把余粮交给苏维埃政权机关"。1929年11月苏共中央全会通过了全盘推行农业集体化决议，截至1933年底，大约99.8%的农户加入到了集体农庄，基本实现了全盘集体化的目标。同时，在全盘集体化的过程中，对"富农"始终缺乏准确界定标准，部分中农和贫农也被当作富农加以剥夺和改造，"富农"占农户总数比例由开始的3%到最后的6%~8%即是其扩大化的一个表现，结果必然导致社会矛盾的激化。

约瑟夫·维萨里奥诺维奇·斯大林（1878年—1953年），前苏联共产党中央委员会总书记、苏联部长会议主席、苏联大元帅，是在苏联执政时间最长（1924年—1953年）的最高国家领导人。1953年3月5日因脑溢血病逝于莫斯科。

农业全盘集体化为确立斯大林最高领导地位提供了物质基础和政治条件。从粮食收购运动到农业全盘集体化的深入开展，斯大林借机逐步压制打击反对派，确立听命于自己的国家专政机关和地方党政组织。以1929年12月21日《真理报》用八版祝贺斯大林五十诞辰为时间坐标，苏联历史进入斯大林时代。

农业全盘集体化与国家工业化相适应，使苏联的农牧业生产发生了巨大变化。一方面，分散的小生产转变为集中的大生产，农业的经营规模大约扩大了一百倍。（按：1928年苏联有2500多万个体农户，每户约有4~5公顷耕地。1940年苏联有23.7万个集体农庄和4159个国营农场，平均每个农庄有614公顷耕地，每个国营农场有1156公顷耕地。）另一方面，在全盘集体化的基础上，苏联农业开始走上机械化道路，农业机器和化肥的使用，提高了农业生产率，减少了劳动力消耗。农业生产支援工业建设，保证了国家的快速发展和斯大林模式的建成。

但是，苏联农业总体上并未实现现代化，到第二次世界大战前，农业仍是粗放式经营，以人畜力劳动生产为主。农牧业生产力更是遭到巨大破坏，相当一部分有生产经营经验的农民被当作富农消灭掉，影响了农民生产积极性。

（二）"跃进"式工业化

1925年，苏联经济大致恢复到战前水平。在敌对的资本主义世界包围之中，苏联工业远远落后于欧美。实施工业化是联共巩固政权、建立社会主义强国的首要任务。1925年12月，在联共第十四次代表大会上，斯大林代表党中央提出了必须把国家变为经济上不依赖于资本主义国家的工业国的迫切任务，明确了党进行社会主义工业化建设的方针。1928年，斯大林提出高速发展经济的问题和"贡款"理论，主张通过对富农采取非常措施，积累工业化资金来源，高速发展工业。自该年第一个国民经济五年计划开始，苏联废止新经济政策，通过指令性计划着力发展工业，特别是重工业。

1928年至1940年，在实施三个国民经济五年计划（其中，第三个五年计划由于德国入侵被打断）期间，苏联工业化取得重大成果，经济飞跃发展。斯大林说："我们国家由农业国变为工业国一共只花了13年左右的时间。"1940年苏联工业产量跃居世界第二位、欧洲第一位，缩小了与西方发达资本主义国家之间的差距。中央计划经济发挥巨大作用，通过行政命令体制，积累了大量资金人力，投向重点领域，在国家工业化号召下的重工业和军事工业发展成果突出，轻工业也有一定发展，形成了强大的军事和经济实力。

但是，"跃进"式工业化同时存在一些重大问题。在经济建设上，片面重点发展重工业,使与人民生活休戚相关的农业和轻工业长期处于落后状态。重工业的增长速度约为农业的 8 倍,轻工业的 3 倍,经济发展严重失调。单纯强调产值产量,产品种类单一,质量参差不齐,不能满足供需要求。发展模式粗放低效,大量浪费资源,严重破坏环境,生产效益低下。在政治生态上,斯大林确定的路线方针政策逐渐成为唯一正确的、必须服从的命令,工业化政治色彩浓厚,一些问题长期得不到解决,直接导致党内斗争激烈,社会动荡不安。持不同意见的干部受到打击迫害,数百万人死于灾荒,数百万富农被流放处死,无数劳动人民在行政命令和惩罚机制监督下繁重劳动、挣扎求生,缺乏生产活力。苏联经济在短期内获得爆发性增长的同时,也为后来经济的长期停滞带来了严重隐患。

(三)斯大林的民族政策

国内战争结束后,如何建立国家联盟,确立民族管理体制的问题被摆上议程。斯大林认为,民族问题、民族利益应当完全服从阶级要求,服从社会主义的需要。民族平等和民族自决都只能是相对的、有条件的。虽然宪法规定苏联是联邦制国家,每个加盟共和国都有"自由退出联盟的权利",实际上并没有具体执行的法律程序,否定了退出的现实可能性。宪法还规定,各民族可以建立自己的自治实体,但民族区域划分实际上由领导人意志决定,具有很大的主观随意性和片面性,各加盟国内部都有其他民族的聚居地,各加盟国之间边界和资源情况错综复杂,隐患众多。随着中央集权的加强,本来属于民族自治实体的权利包括如何发展民族经济和民族文化的权利也被收回,民族地区领导人只能全力推行中央下达的政策,不能根据本民族情况对中央提出任何不同意见。这些政策的推行,在相当程度上限制了其他民族的自治权利。

六、戈尔巴乔夫改革与苏联解体

斯大林模式存在的种种弊端在他去世之后逐步暴露出来。他的继任者赫鲁晓夫和勃列日涅夫曾先后寻求改革，但收效甚微。直到20世纪80年代中期，戈尔巴乔夫上台后，推行"改革新思维"，从而使苏联变向，走上资本主义道路，结果不但没有拯救苏联，反而把苏联推向了解体的深渊。

（一）赫鲁晓夫和勃列日涅夫的"遗产"

1953年斯大林去世，高度集权的斯大林模式给苏联积累了大量问题，改革势在必行。

赫鲁晓夫执政10年，他以反对"个人崇拜"，平反冤假错案为突破口，实行"解冻"。对内开始改变斯大林的一些政策，如强调集体领导，注意加强农业和轻工业发展，取消干部任期的终身制等。对外设法缓和国际紧张局势，宣传和推行"三和两全"政策，想以此减少军备竞赛压力。从全局看，赫鲁晓夫的改革有着一定的积极意义，尤其是打破了斯大林的个人崇拜，把人民的思想从斯大林主义的桎梏中解放出来。但由于缺乏对斯大林模式的整体认识，改革仅局限于一些局部问题，没有触及到根本的体制问题。在斯大林"建成"社会主义论断的基础上，赫鲁晓夫许诺在20年内进入共产主义，继续同美国进行军备竞赛，继续优先发展重工业和军事工业。他行事鲁莽，缺乏考虑，在执政期间犯了很多错误，甚至在后期也搞起了对自己的个人崇拜。由于干部制度改革直接损害了保守官僚集团的根本利益，一场"宫廷政变"使斯大林主义死灰复燃。

勃列日涅夫执政18年，这一时期苏联局势的特点是安定、保守、停滞。对内推行"新斯大林主义"，主张"重新评价斯大林"，严格管控意识形态，变相压制"异议人士"。恢复干部任职终身制，导致苏联官僚特权阶层不断扩大，在这些"在册权贵"的推动下，苏联从勃列日涅夫开始，出现了连续三代老人病夫治国的罕见政治现象和连续三年每年安葬一位党和国家领导人的世界纪录,苏共党内特权思想泛滥,贪污腐败成风,为苏共亡党和苏联亡国埋下了祸患。对外苏联反对和压制东欧各国的改革,悍然出兵捷克斯洛伐克,致使"社会主义大家庭"的矛盾越积越多。追求世界霸权,继续同美国进行军备竞赛,消耗了大量国力。实行"勃列日涅夫主义",干涉他国内政,兵陷阿富汗。这一时期是斯大林模式的潜力得到最充分发挥的时期。

从赫鲁晓夫到勃列日涅夫,一方面,苏联的农业、工业都有所发展,人口和人民生活水平都有所提升,苏联在世界范围内和美国形成了冷战和抗衡状态;另一方面,苏联的政治体制始终是在斯大林模式基础上"修修补补",体制弊端导致内忧外患不断:政治集权压制创新、滋生腐败,农村贫困,民族问题尖锐,军备负担沉重,苏联错过了拯救社会主义和利用世界科技革命的大好时机。这是赫鲁晓夫和勃列日涅夫留给1985年出任党和国家领导人的戈尔巴乔夫的沉重"遗产"。

(二)戈尔巴乔夫改革的"新思维"

面对苏联政治、经济、民族和意识形态领域的全面危机,1985年上台的戈尔巴乔夫进行改革是必然的,关键在于怎么改?他最初并没有看到改革的根本出路,推行的改革措施不但丝毫没有成效,反而加重了国家财政困难和人民不满,直到1987年苏联才转入经济体制改革。在经济体制改革上,戈尔巴乔夫并没有采取有力措施纠正价格扭曲的问题,没有及时引入市场机制,没有把解决民众日用消费品需求的问题放在重要地位上,继续把大量人力财力投入到传统项目上[①],导致生产下降、物价上涨、商品奇缺、失业率上升,民众长期享受不到改革带来的实际物质利益,大大动摇了对

---

① 左凤荣:《戈尔巴乔夫的改革为何失败了?》,《南风窗》,2011年5月3日。

社会主义的信念。

戈尔巴乔夫热衷于给民众选举权，但忽视对民众的引导，解决不了民众的生活需要。戈尔巴乔夫错误认为不进行政治体制改革就不可能继续经济体制改革，就不能给改革带来不可逆转的保证。在经济改革没有取得任何成就的情况下，他匆忙推行政治改革，先以"公开性"和民主化启动改革进程，加剧了新闻媒介的恶性发展和社会的无政府状态；又主动放弃苏共的行政权和立法权，把党和苏维埃对立起来，把党和党的干部当作改革的主要障碍和对象，不是发展党内民主，实行党政分离，而是单纯进行干部制度改革，导致苏共内部四分五裂，派系林立，分歧严重，使改革整体失去了领导核心和支撑力量，引发社会极度混乱，加剧了苏联的全面危机。

苏联的民族问题由来已久、矛盾深重，改革刺激了苏联各民族的民族意识，戈尔巴乔夫却未能积极应对民族意识的增长，既没有解决好历史遗留问题，也没有解决好现实中出现的新问题，导致民族主义和民族分离主义不断膨胀。他盲目相信人民理性和各民族间的"兄弟情谊"，没有发挥联盟中央的权威作用，及时调整各民族共和国合理的权力与利益关系，没有及时革新联盟。① 当戈尔巴乔夫下定决心革新联盟、制订方案的时候，为时已晚，各民族共和国已纷纷宣布独立或本国主权高于联盟，革新方案对各加盟共和国已经没有约束力和吸引力，苏联瓦解之势已成，戈尔巴乔夫已无力挽狂澜于既倒。

从戈尔巴乔夫个人角度讲，他缺乏作为最高领导人的统筹决断能力和强大意志品质。他一边高喊民主化、批判斯大林主义，一边独揽党和国家大权；他一边大谈集体通过决定、遵守协商原则，一边独断专行、排斥异己；他一边召集人们开会听取意见，一边自行其是、不会识人用人。俄罗斯《独立报》对其有一段意味深长的评述："正是戈尔巴乔夫造成了苏联

---

① 沈志华主编：《一个大国的崛起与崩溃》，社会科学文献出版社2009年版。

的混乱，而混乱毁灭了这个帝国。他在试图消除极权主义时扼杀了共产主义，他在试图将自由引入国家时扼杀了国家，他在试图使社会习惯于民主时破坏了社会，他试图在原有的疆界上放松帝国时，既打破了疆界又打破了帝国。人们不理解，他到底是缺乏领导能力呢，还是原本就想那样做。"①

（三）"8·19事件"与苏联解体

1991年是戈尔巴乔夫改革的第七年，也是苏联历史的最后一年。过去几年的改革，苏联暴露了一系列问题，但改革却什么问题都没有解决。经济上，建立一个什么样的经济体制，是否要以市场经济为导向的问题没有解决。政治上，引入三权分立，实行总统制，但体制很不健全，戈尔巴乔夫本身不是全民选举的总统，权力受到多方制约，如何组织政权形式的问题没有解决。民族问题上，各加盟共和国纷纷要求拥有自己的主权，联盟中央层态度不一，如何改革联盟体制的问题没有解决。苏联的经济、政治和民族危机空前尖锐起来，在日益复杂的形势下，戈尔巴乔夫始终处于动摇和矛盾之中，既控制不了"左"派和右派，也没有采取有力应对措施加强以自己为核心的主流派的力量。苏联的命运实际上取决于各派的斗争结果。1991年6月12日的俄联邦总统选举中，叶利钦在第一轮就取得了胜利，民主派力量增强，他们所倡导的完全的资本主义和完全的主权独立的主张，与戈尔巴乔夫存在根本性对立。戈尔巴乔夫为保住联盟，不得不与叶利钦合作，开始了新奥加廖沃进程，但此举遭到了苏共党内强硬派的反对。强硬派试图"拯救"祖国，发动"8·19事件"，但却事与愿违，加剧了苏联的解体。

"8·19事件"的发生并非偶然，它是苏共党内危机冲突的集中反映。改革所触动的实际利益分配和意识形态斗争导致党内很多人对戈尔巴乔夫越来越不满。从1990年秋开始，苏共党内的保守派就在酝酿实施紧急状态，

---

① 见俄罗斯《独立报》评论。

并进行过多次"预演"。1991年8月戈尔巴乔夫不顾严峻的形势，仍然赴克里米亚休假，为保守派发动事变提供了机会。

1991年8月19日，苏联副总统亚纳耶夫发布命令宣布，戈尔巴乔夫由于健康问题已不能履行总统职责，根据苏联宪法第127条，由他本人代行总统职务。同时宣布成立"苏联国家紧急状态委员会"，行使国家全部权利，在苏联部分地区实行为期6个月的紧急状态。苏联陆军总司令瓦连尼科夫积极负责实施紧急状态，负责戈尔巴乔夫保卫工作的普列汉诺夫执行了软禁戈尔巴乔夫的命令，断绝了他与外界的联系。几乎所有和戈尔巴乔夫并肩工作的高官都参加了政变。紧急状态委员会发布《告苏联人民书》，称戈尔巴乔夫倡导的改革政策已经走入死胡同，国家处于极其危险的严峻时刻。委员会连续发布两道命令，要求各级政权的管理机关无条件实施紧急状态，并暂时只允许《真理报》等9家报纸发行。同日，苏联内阁举行会议，表示支持紧急状态委员会作出的决定。在命令中，委员会除了宣示权利外，并没有号召保卫社会主义，也没有"共产主义""社会主义"之类用词，主要是想通过唤起民众的爱国主义情感，团结所有苏联公民。但民众担心的是已获得的政治自由的丧失和传统的"斯大林模式"的复活。

实际上，在事变开始的第一个上午，莫斯科并没有发生任何变化，人们照常在大街上行走。事变者对自己的行动既没有信心也没有规划。他们没有第一时间逮捕叶利钦，而是忙于同戈尔巴乔夫谈判、开会和喝酒。19日早晨，在阿尔汉格尔斯克别墅，没有被委员会采取任何行动的叶利钦立即召集俄罗斯联邦领导人进行政治反击，在起草传真了俄罗斯领导人《告俄罗斯公民书》后，上午9时30分，叶利钦带领车队从容离开别墅开往"白厅"（俄联邦议会大厦），隐藏在路旁的特种部队阿尔法小组"按兵不动，战士们默默注视着疾驰而过的车队"。11时46分，叶利钦在"白厅"举行记者招待会，宣读了《告俄罗斯公民书》，号召举行政治罢工，抗议紧急状态委员会行动。直到此时，"白厅"的通信依旧如常，叶利钦与西方领导人积极保持联系，争取军方支持，组织保卫"白厅"，并做好了组织流亡政府的准备。在叶利钦的号召下，越来越多的民众走上街头，军队开始在莫斯科市内大规模调动。人们站在路上阻挡坦克前进，在"白厅"周围筑起了"街垒"，表现出不惜生命保护俄联邦政权。被派来包围"白厅"的塔曼师和图拉空降师临阵倒戈，"枪口朝外"，13时，叶利钦在塔曼师110号坦克上发表演讲，呼吁莫斯科人和俄罗斯全体公民进行反击。①

至此，形势进一步倒向对紧急状态委员会不利的局面，直到20日，加盟共和国中仅有中亚一些国家和阿塞拜疆支持紧急状态委员会，但也没有正式承认。西方国家对紧急状态委员会的行动坚决抵制，包括美国、加拿大、日本、欧共体12国、世界银行等国家和组织纷纷宣布中止对苏援助。紧急状态委员会内始终缺乏统一的纲领目标和具体的行动规划，在委员会作出攻占"白厅"，拘捕监禁叶利钦的决定后，居然没有人去执行。21日，戈尔巴乔夫宣布完全控制局势，并恢复与全国的联系，苏联国防部决定撤回部署在实施紧急状态地区的部队，苏联内阁发表声明，表示完全执行总统指示。22日，叶利钦发布命令取消紧急状态委员会的决定，解除紧急状态委员会所有成员的职务，要求追查事变参与者的刑事责任。"8·19事件"作为一场计划不周的闹剧，草草落下帷幕。②

"8·19事件"不仅中断了苏联的改革，而且使苏联解体的进程公开化、不可逆转。苏共、克格勃、军队威信扫地，联盟机构瓦解，克格勃、总检察院、最高法院和其他权力机关陷入瘫痪，内阁全体人员辞职，戈尔巴乔夫失去了作为党和国家领导人的政权力量。就像俄罗斯学者索格林说的那样，"在8月份最后10天这屈指可数的日子里，做完了在过去6年时间都

---

① 左凤荣：《戈尔巴乔夫的改革时期》，《苏联史》丛书第九卷，人民出版社2013年版。

② 左凤荣：《苏联史上最复杂的篇章——〈苏联史〉第九卷〈戈尔巴乔夫改革时期〉的特色》，载《探索与争鸣》，2014年第5期。

不能做到的事,这就是解散苏共,同时摧毁了集权官僚主义国家的基础;把共产党的财产收归国有,取消一党专制的经济基础;摧毁了帝国中央,巩固了波罗的海沿岸各共和国的国家独立……""8·19事件"之后,各加盟共和国纷纷宣布脱离联盟独立。1991年,俄罗斯进行全民公决,宣布独立。至此,持续了70多年的世界上第一个社会主义国家苏联宣告解体。

七、普京的俄罗斯复兴之路

独立后的俄罗斯不仅继承了苏联大部分遗产,而且千方百计力图重振俄罗斯的大国地位。叶利钦时期试图通过经济上的完全私有化和政治民主化、外交上融入西方等政策,重塑俄罗斯大国形象,但俄罗斯却不断沉沦。直到2000年普京上台,才扭转了俄罗斯衰落的颓势。普京上台后开始进行俄罗斯的重建,力图复兴俄罗斯大国地位。

(一)进入"普京时代"

世纪之交,俄罗斯面临复杂的政治、经济、社会问题,形势严峻。政治上,俄罗斯社会各阶层对政府工作严重不满,民众丧失了对叶利钦政权的信心。1998年以后,叶利钦频繁撤换政府总理的做法和8月金融危机的冲击,更是加剧了政权危机。就政治体制而言,宪法权威受到挑战,宪法修正成为俄罗斯政治中的尖锐问题。就国家结构形式而言,地方权力自行其是,中央大权旁落,"俄罗斯面临国家分裂的危机。就国家权力机构而言,立法机构与执行机构矛盾重重、明争暗斗,严重影响了政府执政能力与效率。就政权基础而言,叶利钦依靠'家族'和政治寡头的政治力量,民间积怨极深,腐败问题长期得不到解决。就政治价值观而言,社会思潮澎湃,难以形成凝聚俄罗斯全民族的思想内核。经济上,政治发展的无序与不稳定直接造成俄罗斯经济多年徘徊不前,从经济发展总体态势看,俄罗斯没有建立起保障经济持续发展的制度环境,经济发展中多年沉积的问题得不到解决。1999 年俄罗斯经济暂时制止住了持续近 10 年的下滑趋势,但主要原因在于金融危机后卢布贬值、国际市场能源环境和原材料价格上涨等,距离俄罗斯经济全面复苏还有很大距离。"[1]民族问题上,车臣问题久拖不决,民族分离势力恐怖活动的扩大化与恶性化,严重影响国家安全统一。

在这种严峻形势下,从叶利钦到俄罗斯民众都深刻意识到,需要一个强有力的国家领导人引导俄罗斯走向复兴!在这样的大环境、大背景下,曾经在克格勃任职、任总理时敢于面对棘手问题、勇于承担政治责任、善于独立决策整顿秩序的普京走进人们的视野,并迅速积累民望。即使是叶利钦本人也深信:"普京之所以受欢迎,主要是他赋予了人们希望和信心,让人们感觉到了安宁,感觉到自己深受保护。""普京使俄罗斯摆脱了恐惧,俄罗斯对他报以深深感激。"[2]

1999 年 12 月 31 日晚,叶利钦发表电视讲话宣布辞职,并推举总理普京代理总统职务。2000 年 1 月 1 日 0 时起,普京开始履行代总统职责。"给我 20 年,还你一个奇迹般的俄罗斯"——普京完成了从克格勃到总统的铁血蜕变,俄罗斯自此进入"普京时代"。

(二)第二次车臣战争

久拖不决的车臣问题是缠绕独立后的俄罗斯政府的一个难以摆脱的梦魇。1999 年 8 月 7 日,以巴萨耶夫和哈塔卜为首的车臣武装分离分子先后两次入侵达吉斯坦,企图建立一个独立的伊斯兰原教旨主义国家。面对巴

---

[1] 参见凤凰网文章《普京时代:给我 20 年,还你一个奇迹般的俄罗斯》,2008 年 6 月 18 日。

[2] 参见叶利钦回忆录《午夜日记》,译林出版社,2001 年版,第二十二章。

萨耶夫的进攻，8月10日，刚成为总理的普京就表示了强硬态度，他指出"车臣是一个被匪徒和宗教极端分子占领的地区，是从外部攻击和内部颠覆的前沿阵地"，对车臣分子"如果今天不动手，明天损失会更大"，"不管车臣匪徒藏在何处，俄军都将消灭他们"。在普京的强力推动和亲自筹划下，俄军对盘踞在达吉斯坦的非法武装分子展开了猛烈进攻，车臣非法武装遭到沉重打击。为示报复，车臣武装分子开始实行恐怖主义，准备把战火引向俄罗斯国内。8月31日、9月9日、9月13日，车臣武装分子在莫斯科先后制造了三起针对平民的爆炸事件，激起了俄罗斯社会民众的极大愤慨。普京趁热打铁，寻求议会支持，力主继续严厉打击车臣非法武装，1999年9月14日，俄罗斯国家杜马通过了关于达吉斯坦局势、保障俄罗斯国家安全以及反恐怖活动措施的决议。9月23日，俄罗斯联邦军队开始对车臣非法武装展开大规模围剿。10月1日，俄军进入车臣境内打击车臣非法武装分子。2000年初俄军夺取车臣首府格罗兹尼，实际上终结了车臣伊奇克里亚共和国当时的独立，使俄罗斯联邦政府重新控制了该地区。2009年4月16日，俄罗斯政府官方宣布，车臣的反恐行动正式结束。①

第二次车臣战争的顺利进行为普京担任总统做了很好的铺垫。普京在车臣问题上表现出来的坚强意志和铁腕手段，其亲自驾机前往车臣前线的勇敢举动和"将车臣匪徒溺死在马桶里！"的强硬言论，让他在俄罗斯国内获得了极大的支持和赞赏，一时间普京成为俄罗斯民众心目中领导人的最佳人选。第二次车臣战争在一定程度上转移了俄罗斯国内矛盾，在车臣问题上采取坚决果断行动、面向西方压力采取强硬态度、彻底消灭恐怖主义等方针行动大大改善了政府与民众、国家与社会之间的关系。同时，第二次车臣战争有力捍卫了俄罗斯的领土主权完整，粉碎了民族分裂和边疆

---

① 参见凤凰网文章《普京时代：给我20年，还你一个奇迹般的俄罗斯》，2008年6月18日。

独立的苗头，维护了俄罗斯国家根本利益，为下一步俄罗斯经济和社会发展创造了相对安全稳定的大环境。

（三）"俄罗斯新思想"的布道者

1999 年 12 月 30 日，普京发表了《千年之交的俄罗斯》，首次提出"俄罗斯新思想"概念。以《千年之交的俄罗斯》、2000 年 2 月的《致选民的公开信》和 2000 年 7 月的《国情咨文》等政治文献为理论标志，"俄罗斯新思想"是普京治国理政思想的综合阐述，在此基础上逐渐发展形成了普京特色的"强国战略"。

普京认为，无论是苏联的社会主义实践还是 20 世纪 90 年代的"休克疗法"激进改革，都没有使国家走上繁荣富强之路。只有将市场经济和民主原则与俄罗斯的现实有机结合起来，才能实现俄罗斯的发展。他明确指出"俄罗斯存在的三大主要问题：缺乏完成所开创事业的国家意志和坚定信念，没有严格和公认的规则，对俄罗斯拥有的资源缺乏清醒的认识。"[①] 这些问题阻碍经济和国家的发展，威胁俄罗斯的进一步生存。在整治和改造一个混乱无秩序的俄罗斯问题上，普京把突破口放在了加强法制建设，整顿国家政权体系上，而这一切的思想基础就是"俄罗斯新思想"。

"俄罗斯新思想"批判地继承了俄罗斯传统价值观，并针对性地赋予其新的时代特色。其主要内容可概括为爱国主义、强国意识、国家权威和社会团结四个方面。其中，爱国主义是旗帜，是对民族"历史和成就的自豪感"和建设强大国家的"心愿"；强国意识是核心和支柱，强调俄罗斯过去和将来都是"伟大国家"，"在俄罗斯的整个历史过程中，强大的国家意识一直决定着俄罗斯人的思想倾向和国家政策"；国家权威是手段和

---

① 邢广程：《俄总统普京的治国要略和政策走向（上）》，《新疆人大（汉文）》，2000 年第 9 期。

动力，"拥有强大政权的国家"是"秩序的源泉和保障"，是改革的"倡导者和主要推动力"；社会团结是基石，大多数俄罗斯人"习惯于借助国家和社会的帮助"改善自己的状况。①这四个方面相辅相成、有机结合，实际上是对俄罗斯以往政治思潮的"拨乱反正"和对俄罗斯民族思想和精神的统揽凝聚。

"俄罗斯新思想"填补了20世纪90年代以来俄罗斯意识形态领域的"真空"，为俄罗斯重新树立了衡量社会成就和社会价值的标准，反映了普京对俄罗斯发展道路的初步探索与总结，对普京之后的执政举措有着深远影响。

（四）普京的治国理政之策

回顾普京的政治履历：从1999年8月任俄罗斯联邦政府总理起，开始走向俄罗斯权力巅峰。2000年至2008年任总统执政期间，以"俄罗斯新思想"为基础，全面推动强国战略，实现了俄罗斯从社会动荡到政局稳定的国家治理。2008年至2012年任总理期间，"梅普组合"基本延续了"普京计划"的治国理念及举措，金融危机爆发后，普京进一步提出保守主义现代化，为后续治国理政奠定基础。2012年普京以高支持率（得票率63.75%）就任总统，重回俄罗斯权力巅峰，根据宪法修正案，他本届任期将至2018年。俄罗斯人普遍希望，俄罗斯能在"普京时代"走向复兴。为此，普京推出了一系列治国理政之策。

思想上，普京用"俄罗斯新思想"纠正了20世纪90年代以来在俄罗斯占主导地位的各类政治思潮，建立了社会团结的思想基础。凝聚民族精神，形成大国意识，并进一步发展确立了"主权民主"的主流价值观；政治上，根据本国国情完善和强化新权威主义下的宪政体制，实现了政局稳定、民众支持。努力进行行政改革，改进政府职能，改善国家管理机制；

---

① 尚彩玲：《新思想指导下普京时期的俄罗斯思想政治教育》，《商情》，2009年第4期。

加强政治竞争性,实现致力于变革的政治稳定;坚持以国家为中心的政治转型路线,不断完善总统治理体系,强化全国性政党"统一俄罗斯党"的有效领导;经济上,在继续坚持市场化改革的前提下,通过整顿经济秩序,调整经济政策,走上经济增长轨道,大大改善了民生。持续保持宏观经济的稳定性,完善有利于经济增长的各项制度;通过降低行政障碍,促进经济主体增加投资和开展创新活动的积极性;发展交通、能源和电信基础设施,促进落后地区的发展,培育新的区域经济中心;外交政策逐渐成熟,地缘战略逐渐明确,一扫科索沃战争和第二次车臣战争后对西方世界的外交孤立状态,对世界政治和国际格局影响不断加强。坚持独立自主的发展道路,最大限度地维护俄罗斯的国家利益,但并不全面否认现行国际规则的公正性和有效性;坚持俄罗斯的外交独立性,愿意同尊重俄罗斯利益的西方国家、周边国家和其他国家保持和发展良好伙伴关系。

赶超西方,实现国家现代化,是贯穿俄罗斯发展的一条红线。纵观苏联解体后俄罗斯发展的 20 多年历程,经历了大破大立大动荡的叶利钦时期,调整恢复实现稳定的普京前 8 年,在经历了应对危机深化改革的梅普结合后,目前的俄罗斯正走在普京开启的全面现代化征途上,尽管前途漫漫,但俄罗斯人充满信心。

八、东西文化结合的代表

(一)自然地理环境的孕育

自然地理环境对俄罗斯民族精神的影响是持续的深刻的,也是多层次多角度的。俄学者曾这样表述:"有一个事实,它凌驾在我们的历史运动之上,它像一根红线贯穿着我们全部的历史……它同时是我们政治伟大之重要的因素和我们精神软弱之真正的原因,这一事实,就是地理的事实。"

俄罗斯民族拥有横跨欧亚大陆的广阔国土生存空间，这使俄罗斯民族拥有宽广的胸怀；但是巨大的生存资源和严酷的生存环境，迫使其形成一种强有力的集权管理形态，而这压抑了俄罗斯人自由的天性，限制了个人和集体的首创精神，造成俄罗斯人性格的浮躁性、极端性和一定程度的懒惰性。长冬季、大平原、黑土地，以及由此而生成的村社组织和长期的农奴制，一方面，使俄罗斯的"道德、理想、教育直到自由，都带有奴隶制的标记"；另一方面，也培育了俄罗斯民族许多朴素、直率、真诚，它不习惯于一切做作、一切矫情、一切贵族的傲慢。

地跨欧亚的俄罗斯"一侧倚着中国，另一侧倚着德国"，这种地理位置的特殊性，使俄罗斯"既不属于欧洲，也不属于亚洲"。从起源上讲，俄罗斯认为自己既是一个欧洲国家，也是一个亚洲国家，既是东方的，也是西方的。事实上，亚洲认为俄罗斯应是西方国家，因为它的发源地，它的政治文化中心和领土重心都在欧洲；而西欧更是从来没有把俄罗斯人当成真正的欧洲人，俄罗斯自古以来就是一个"非西方"国家。面对西方，俄罗斯是东方；而面对东方，俄罗斯又成了西方。[1] 值得注意的是，在世界地缘环境下，并非只有俄罗斯一个民族处于文明结合部的民族，但俄罗斯身上非欧非亚、亦东亦西的民族独特性更为典型更加鲜明。除了自然地理环境孕育外，其东西方历史文化交融的发展过程起到了更多决定性作用。

（二）双头鹰的"双重性"和"两极性"

俄罗斯历史文化源溯于东西两方。俄罗斯民族既受到亚洲文化的影响，又受到欧洲文化的影响；既不是纯粹的亚洲民族，也不是纯粹的欧洲民族，而是处于两者之间又兼有两者特性的独特民族。民族精神的"双重性"是东西结合文化的鲜明标志，就像俄罗斯联邦国徽的双头鹰一样，分别雄视着东

---

[1] 欧阳康、陈仕平：《论俄罗斯民族精神的主要特性》，《华中科技大学学报（社会科学版）》，2008年第1期。

西两方,自身又是矛盾统一的东西集合体。这种"双重性"具有明显的不确定性,使俄罗斯民族在历史发展进程中往往表现出大起大落的历史命运。自9世纪下半叶基辅罗斯国家建立以来,在逾千年的漫长历史进程中,三个历史事件影响和决定了俄罗斯民族的独特性。第一,确立东正教为国教。第二,遭受蒙古人的征服统治。第三,彼得一世的改革和叶卡特捷娜的"开明专制"。接受东正教使俄罗斯既接触了当时最先进的欧洲基督教文明,又从处于东西方文化交汇处的拜占庭那里接受了一些东方文化。蒙古人的入侵和统治给俄罗斯民族注入了东方文化的血液,使刚接触了西方基督教文明的俄罗斯又立即转向了东方,却仍保留着自己的语言和宗教。彼得大帝的改革通过强制性的现代化运动,把俄罗斯带进了现代世界的门槛,决定了俄罗斯在以后几个世纪里试图回归欧洲、融入西方文明。叶卡特捷娜二世是彼得大帝改革的继承者,她使俄罗斯在西方化的道路上更向前迈进了一步。尽管俄罗斯文明表面上与西方文明更近亲,但在本质上却又与西方文明的核心拉开了距离。每一次文明发展过渡都会受到外在和自身东西方文化的强烈冲击,形成激烈的思想斗争和发展道路的左右不定。① 俄罗斯民族常常要面对"向东还是向西"的困惑,历史上的斯拉夫派和西欧派之争,就是这种民族意识冲突的集中表现。

15世纪时的莫斯科大公伊凡三世采用"双头鹰"作为俄罗斯的国徽,此图案沿用至今,仍作为俄罗斯的象征。

"俄罗斯民族精神具有鲜明的'两极性'。它具有强烈的爱国主义精

---

① 黎海波:《地理、历史、文化:双头鹰的三重解剖——读宋瑞芝〈俄罗斯精神〉》,《西伯利亚研究》,2005年第6期。

神,但也有民族中心论和民族优越论的极端形式;具有集体主义的价值取向,又易于走向专制集权主义。"① 它可以将坚忍不拔、顽强不屈的品格与粗鄙暴力、懒惰消极的劣根性混为一体,还可以使绝对自由与奴性驯服完美融合。它可能让人充满希望,也可能让人大失所望;它最能激发强烈的热爱,也同样极易激发深重的仇恨。俄哲学家别尔加耶夫指出:"在俄罗斯人身上,各种矛盾的特点奇妙地结合在一起:专制主义、国家至上与无政府主义,自由放纵、残忍、倾向暴力与善良、人道、柔顺,保守的宗教仪式与追求真理,个人主义、强烈的个人意识与无个性的集体主义,民族主义、自吹自擂与普济主义、全人类性,追随上帝与战斗的无神论等等。""在其他国家可以找到一切对立的东西,但唯有在俄罗斯,命题会转为反命题,官僚主义国家机器诞生于无政府主义,奴性诞生于自由,极端民族主义出自超民族主义。"② 在追求一种社会理想时,这个民族不像东方国家的"中庸"也不像西方国家的"民主",彼此之间不善于相互妥协让步,喜欢走向极端,"缺乏必要的过渡,而一旦对某种理想的追求遭受失败,很快转向另一个极端"③。70 年前俄罗斯人曾对社会主义投入了无限的热情,而 70 年后又对其全盘否定,"摧毁一切、彻底决裂、脱胎换骨"。

(三)东正教对俄罗斯民族的深远影响

普京曾经指出,"历史上俄罗斯帝国存在的三大支柱是:专制政体、

---

① 欧阳康、陈仕平:《论俄罗斯民族精神的主要特性》,《华中科技大学学报(社会科学版)》,2008 年 01 期。

② [俄]尼·别尔嘉耶夫:《俄罗斯思想:十九世纪末至二十世纪初俄罗斯思想的主要问题》,雷永生、邱守娟译,生活·读书·新知三联书店,1995 年版,译者前言,第 8 页。

③ 欧阳康、陈仕平:《论俄罗斯民族精神的主要特性》,《华中科技大学学报(社会科学版)》,2008 年第 1 期。

人民性和东正教。俄罗斯文化的基础是东正教价值观。"公元988年,俄罗斯民族在著名的"罗斯受洗"事件之时从犹太教、伊斯兰教、罗马基督教和拜占庭基督教中选择了拜占庭基督教,以之代表东方正统,即"东正教",决定了俄罗斯历史的发展脉络,也奠定了俄罗斯文明的精神支柱。宗教信仰渗透到俄罗斯人精神、心理、价值观念、生活方式的方方面面,并以宗教思想统一体的形式开始形成俄罗斯民族意识的统一体。苏联时期,宗教被视为麻醉人民的精神鸦片,宗教活动范围有限,但宗教影响仍然存在。苏联解体后,宗教迅速复兴,上帝重新成为俄罗斯人的精神信仰,这也证明了东正教对俄罗斯民族的深远影响。这种影响主要体现在两个方面:

一是促进了俄罗斯民族特性的产生与发展。别尔加耶夫曾指出,人性论是俄罗斯文化的主要特征之一,它是俄罗斯思想的最高显现。东正教主张博爱、宽恕和忍耐,俄罗斯人就学习践行"对一切都感谢""不以暴力抗恶"。但又经常陷入病态的献身狂热之中,或表现出英勇豪迈,或表现出凶狠残酷。东正教宣扬苦行主义的自我牺牲和人人得救的群体意识,因而俄罗斯人具有自我牺牲精神和集体主义精神,表现为国家至上,为了国家可以牺牲个人利益,乃至生命。东正教宣扬对人类的终极关怀,俄罗斯人对日常生活常常漫不经心,但对理想世界却充满期待。人们往往把对宗教的皈依当作是自我价值的追求、实现和超越。由此形成的坚忍不拔、顽强不屈、充满幻想的民族特性在社会转折时期表现尤为明显。[①]

二是宗教使命感成为大俄罗斯沙文主义的思想源泉。救世主义宣扬人类利益至上,俄罗斯是神赋的、具有世界性任务的。它在俄罗斯人身上产生了一种特殊的使命感,认为拯救人类是自己的义务。拜占庭帝国灭亡之后,在俄罗斯民众心目中,俄国成为唯一的东正教中心,俄国沙皇成为王

---

① 参见欧阳康、陈仕平:《论俄罗斯民族精神的主要特性》,《华中科技大学学报(社会科学版)》,2008年第1期。

中之王，莫斯科成为"第三罗马"，强烈的优越感激发了更加强烈的责任感。此后的不同历史时期，虽然表现形式不同，但救世主义深深融入了俄罗斯政治文化之中，由此发展的大俄罗斯沙文主义，一方面为俄罗斯大规模向外扩张奠定了理论基础，另一方面也给俄罗斯民族和其他国家带来了深重的民族矛盾和苦难。

普京上台以后，提出的"俄罗斯新思想"及其发展，是当前国家意识形态需要、地缘政治动因与传统宗教思想的统一和延伸。其目的是统一国家民族意志，强调俄罗斯的独特性，以抵制西方主导模式，同时恢复俄罗斯历史的延续性和既有帝国的"使命"，这种民族宗教性还会进一步影响未来俄罗斯的发展。

九、结语

俄罗斯民族和俄罗斯国家的发展史是人类历史的重要组成部分，俄罗斯文化、艺术和科学成就同样是世界文化宝库中的珍贵遗产。自公元9世纪末俄罗斯民族的第一个国家——基辅罗斯建立，俄罗斯民族就走着一条较为独特的发展道路。这里不仅有18世纪彼得一世和叶卡捷琳娜二世时期大规模的西化改革给欧洲历史以至世界历史发展带来的巨大影响，也有19世纪俄国农奴制度废除和资本主义跳跃式发展带来的俄国现代化的历史跃进；这里不仅有十月革命给人类社会发展和世界政治版图造成的巨大冲击，也有苏联70余年社会主义建设所取得的重大成就，历史丰富而渊博、睿智而无声。

俄罗斯是一个伟大的民族，其坚韧不屈、极度忍耐、崇尚英雄的民族性格塑造了独特的民族气质，同时深刻影响着俄罗斯国家的发展进程。波澜起伏的俄罗斯兴衰进程给世人带来诸多思考与启示：

一是坚持走自己的道路。俄罗斯每一个历史兴盛期都有着自己独特的发展道路和发展模式。无论是莫斯科公国摆脱蒙古人统治时期的坚守东正教，还是彼得大帝与叶卡捷琳娜西化改革的成功，都带有俄罗斯自己的民族特色，乃至苏联社会主义建设的伟大成就，以及普京提出的"俄罗斯新思想"，都不是盲目照搬西欧的发展模式，而是结合自己的国情，不断探索适合本国发展需要、符合本国实际的发展道路。

二是注重与时俱进，开拓创新。历史是不断发展的，是社会矛盾运动的结果。时代在发展，人们的思想观念、价值取向在不断变化。从俄罗斯的发展进程看，俄罗斯每次衰落都始于因循守旧，改革滞后。无论是沙皇专制制度的保守落后和残暴引起十月革命，还是苏联斯大林模式最终失去活力，阻碍苏联的发展，都说明没有永久不变的社会制度模式。必须顺应时代发展要求，把握生产力与生产关系矛盾运动，适时进行必要的改革，不断激发国家和社会发展活力，唯有如此，才能确保党和国家长治久安。

三是注重对外战略运筹，战略目标的确定要量力而行。从俄罗斯发展历程来看，作为欧洲列强之一，俄罗斯在兴盛时期多数都采取扩张战略，尽管取得了一时的巨大成功，但总是留下严重隐患。无论是彼得大帝和叶卡捷琳娜二世的扩张，还是苏联时期与美国争夺世界霸权，无不如此，扩张的结果是给自己加上了沉重的包袱，最终因实力不济不得不实行战略上的全面收缩，使自己陷入战略困境。

四是作为社会主义国家执政党必须始终保持先进性和纯洁性。苏联解体尽管原因复杂，但苏共的腐败堕落，特权阶层的形成，是导致苏共脱离人民群众的主要原因所在。因此，全面从严治党，始终保持社会主义国家政党的先进性纯洁性，是保持党的执政地位和国家长治久安的根本所在。

第九章　当今世界唯一超级大国——美国

从建国时国土面积只有 36.9 万平方英里、人口仅 250 万的世界小国，在不到两百年的时间里发展成为世界性的超级大国，美利坚合众国实现了从丑小鸭到白天鹅的华丽蜕变。作为当今世界唯一超级大国，美国不仅因其得天独厚的地缘优势、后起资本主义国家的发展优势，使其崛起历程令人津津乐道，而且至今仍然以其举足轻重的国际影响力，成为世界其他国家研究的重要对象。美国在崛起过程中不仅进行了诸多制度创新、成为资本主义"自由世界"的代言人，而且成为世界第二次科技革命重镇和第三次科技革命的先锋。冷战结束后，美国一度谋求建立单极世界秩序，但在2008 年国际金融危机后，美国世界霸权显得力不从心，开始显示出这一世界超级大国的疲态。

一、独立战争与美利坚合众国的建立

（一）北美早期殖民史

美国历史上曾是英国的移民殖民地，原来荒凉的美洲大陆正是在为数众多的移民的开发利用下逐渐发展起来的。这些移民中大部分是英国人，所以英国算得上是美国的母国。这些英国人移民美国的出发点或动机复杂多样，总的来说大致有经济、宗教和政治三个方面原因：一是追求经济上的利益，"15、16 世纪以后，英国的经济生活发生重大变化，许多人的境况趋于恶化。有些自耕农失去了土地，传统的织布业走向衰落，不少织工衣食无着。严格的长子继承制度使众多富家子弟失去了依靠，而普通之家的父母也苦于无法安排子女的生计。移民公司针对这些情况，在各种宣传品中着力渲染英国人口过剩、失业、犯罪和贫困等社会弊端，以证明前往美洲实属明智的选择"①，西班牙人在南美大陆的成功让很多人产生一种到北美洲淘金的欲望，他们渴望到新大陆寻找到财富，过上一种在英国过不上的幸福生活；二是英国的清教徒逃避本国的宗教迫害，到新大陆追求宗教自由、信仰自由。"1630—1640 年进入新英格兰的移民，据说是为了摆脱英国国教的压制，要在'新大陆'建立一个体现其宗教与社会理想的'山巅之城'。"② 三是出于某种政治原因，比如觉得母国的政治氛围或者专制政治制度不能够接受，在国内受到政治挤压或迫害，被迫移民北美大陆。

"历史上的殖民地有若干种不同的类型。一种完全是由母国人口外迁而形成的海外殖民地，不仅居民和母国人口出自一源，而且在政治治理上也同母国一脉相承，因而是母国领土和主权的一种延伸。另一种是一个国家对其他主权实体实施征服而建立的殖民地，征服者实行直接统治，或者利用被征服者中的上层进行统治，以实现宗主国的利益。这种殖民地往往需要用武力作为后盾。还有一种介乎两者之间的殖民地，既对被征服者实行剥夺和压榨，又从母国输入人口进行拓殖。西属美洲可以说是这种殖民地的典型。"③ 英国在北美建立的殖民地，采用的是第一种模式，所以美

---

① 李剑鸣：《美国的奠基时代》，中国人民大学出版社 2010 年版，第 80 页。

② 李剑鸣：《美国的奠基时代》，中国人民大学出版社 2010 年版，第 80 页。

③ 李剑鸣：《美国的奠基时代》，中国人民大学出版社 2010 年版，第 244-245 页。

洲殖民地的人并没有把自己看作是与英国本土的人不同的人，他们自认为是英国人。这种移民型殖民地同后来英国政府武力侵略扩张征服的殖民地，如印度、南非等，是根本不同的。这些早期移民受英国自由民主文化传统的浸润和影响，因此从一开始在北美殖民地即存在一种自治的传统。"殖民地居民的自治能力在两个方面得到了充分体现：一方面，较之英国本土居民，殖民地普通民众拥有更为广泛的参与政治的权利和渠道；另一方面，殖民地精英积极发挥政治主动性，逐渐在英属北美政治舞台上扮演主角。"[①] 由于存有自治传统，英国人不太注重对于殖民领地的严格监管，只注重商业的控制，这使得北美殖民地能够在英国一定程度的控制之下，形成自己的政府并进行自治，自治使得美洲殖民地人们可以享有独立的权利，参与管理社会，可以对公共事务发表意见，并参与到社会管理之中去。而同期受到西班牙和葡萄牙统治的拉丁美洲人，则享有很小程度上的自治。

（二）独立战争与美国的建立

大英帝国于18世纪中叶进入快速扩张时期，先是打败了拥有无敌舰队的西班牙，又与法国在北美进行了长达7年的战争。连绵不断的战争，使大英帝国的财政赤字居高不下、入不敷出，为了解决财政困难、化解财政危机，英国政府决定在北美殖民地增加税收。正如美国宾夕法尼亚州印第安纳大学历史学教授王希所言："英国人从1763年一直到1773年、1774年，在差不多有10年的时间，每年变换着不同的花样向殖民地征税。那么在征税的过程当中，尤其是1765年开始征收印花税。殖民地对印花税非常反感。"美国布朗大学历史学教授杰克·格林也说道："向北美殖民地征收的印花税是由英国议会通过的，而英国议会中并没有殖民地的代表，这

---

① 李剑鸣：《美国的奠基时代》，中国人民大学出版社2010年版，第258页。

就背离了《五月花号公约》中最根本的原则。"① 因为殖民地人民普遍相信"无代表不得征税"的传统，因此当大英帝国实施一系列损害殖民地人民利益和权利的税收政策、高压政策之后，北美殖民地人民觉得自己享有的自由权利受到了侵犯。之后，英帝国与北美殖民地之间的矛盾开始激化，冲突不断，殖民地抗税事件屡屡发生。随后大量英军被派驻到新大陆，北美殖民地议会也受到了限制。长期以来形成的社会自治传统受到空前挑战，新大陆人认为自己的自由受到了威胁，于是高呼"反对奴役，要求自由"。托马斯·潘恩在其影响深远的《常识》中列举了英王及议会的罪恶及独立带来的种种好处，阐述了自然权利与人民主权思想，论证了英国并非殖民地居民的祖国，以此打消殖民地人民对母国英国的忠诚。潘恩以人类承担捍卫自由的神圣使命来激励殖民地人民谋求独立，建立自己的国家，并赋予独立行动以捍卫自由的崇高使命。

1763 年至 1775 年，英属北美殖民地人民同英国殖民统治的矛盾随着反印花税法、反汤森税法、波士顿倾茶事件和反不可容忍法令的斗争而愈演愈烈。1775 年 4 月 19 日，一支英国军队与北美殖民地马萨诸塞州莱克星顿镇的民兵发生冲突，这一发生在新大陆东北部的"莱克星顿的枪声"揭开了"美国独立战争"的序幕。1776 年 7 月 4 日，英属北美十三个殖民地联合签署了《独立宣言》，正式宣布脱离大英帝国的统治，并以邦联的形式组成美利坚合众国。这份由弗吉尼亚的托马斯·杰斐逊、宾西法尼亚的本杰明·富兰克林、马萨诸塞的约翰·亚当斯、纽约的罗伯特·利文斯顿和康涅狄格殖民地的罗杰·谢尔曼起草的《独立宣言》宣称："我们认为下面这些真理是不言而喻的：人人生而平等，造物者赋予他们若干不可剥夺的权利，其中包括生命权、自由权和追求幸福的权利。为了保障这些权利，人类才在他们之间建立政府，而政府之正当权力，是经被治理者的同意而

---

① 引自网络《大国崛起》系列片解说词，第十集：新国新梦（美国·上）。

产生的。当任何形式的政府对这些目标具破坏作用时，人民便有权力改变或废除它，以建立一个新的政府；其赖以奠基的原则，其组织权力的方式，务使人民认为唯有这样才最可能获得他们的安全和幸福。为了慎重起见，成立多年的政府，是不应当由于轻微和短暂的原因而予以变更的。过去的一切经验也都说明，任何苦难，只要是尚能忍受，人类都宁愿容忍，而无意为了本身的权益便废除他们久已习惯了的政府。但是，当追逐同一目标的一连串滥用职权和强取豪夺发生，证明政府企图把人民置于专制统治之下时，那么人民就有权利，也有义务推翻这个政府，并为他们未来的安全建立新的保障——这就是这些殖民地过去逆来顺受的情况，也是它们现在不得不改变以前政府制度的原因。当今大不列颠国王的历史，是接连不断的伤天害理和强取豪夺的历史，这些暴行的唯一目标，就是想在这些邦建立专制的暴政。"① "我们曾经向他们天生的正义善感和雅量呼吁，我们恳求他们念在同种同宗的份上，弃绝这些掠夺行为，以免影响彼此的关系和往来。但是他们对于这种正义和血缘的呼声，也同样充耳不闻。因此，我们实在不得不宣布和他们脱离，并且以对待世界上其他民族一样的态度对待他们：和我们作战，就是敌人；和我们和好，就是朋友。"②

这份宣言诚如杰斐逊所言："让所有的人都看到了人的权利"，也就是天赋人权，不仅人人生而平等，而且人民还可以通过社会契约组建新政权，通过革命推翻重组政权的权力。天赋人权思想不仅成为美国立国之本，而且成为美国后来进行霸权扩张的重要使命感的精神支撑。

战争初期，双方力量悬殊。英国是当时最强大的殖民帝国，工业发达，

---

① 《杰斐逊集：自传，英属美利坚权利概观，弗吉尼亚纪事，政府文件，演说、咨文和答复，杂集，书信（上）》，[美]彼得森注释编辑；刘祚昌，邓红风译，生活·读书·新知三联书店1993年版，第22—23页。

② 《杰斐逊集：自传，英属美利坚权利概观，弗吉尼亚纪事，政府文件，演说、咨文和答复，杂集，书信（上）》，[美]彼得森注释编辑；刘祚昌，邓红风译，生活·读书·新知三联书店1993年版，第26页。

拥有世界一流海军；驻北美英军约 3 万余人，装备精良，训练有素，且以加拿大为依托；但军队远离本土，不谙当地情况，人力物力补充困难；统治集团内部在战争指导上存在分歧，未形成统一指挥。北美殖民地人口仅 300 万，而且其中约 50 万人为亲英的"效忠派"；因此正规军刚组建时，兵力不足，主要依靠不脱产的民兵和短期服役的志愿兵补充，装备落后，缺乏训练；各殖民地地方主义严重，大陆会议的领导软弱无力；但由于北美殖民地人民进行的是正义战争，为独立自由而战，得到革命人民和国际进步力量的支持，并可利用英国与法、西、荷等国的固有矛盾，争取外援。最终英国在持久的消耗中，渐成强弩之末，不得不放弃了控制南方的努力，并于 1783 年签署美英巴黎和约，正式承认 13 个殖民地独立，同时确立了边界。

得到国内外人民群众的拥护与支持，广大军民的英勇奋战是英属北美十三个殖民地取得独立战争胜利的决定性因素。另外美国执行灵活的外交政策，利用国际矛盾取得法、西、荷等国的援助；在战争中美军战略战术灵活，采取正规战与游击战相结合的作战样式，摒弃传统的线式战斗队形，根据地形地物采用疏开队形作战，不拼消耗，不计一城一地之得失，而着眼于消灭敌人有生力量，等等，都是影响战争结果的重要因素。美国独立战争是世界历史上第一次大规模的殖民地争取民族独立的战争，它为后来的殖民地民族解放战争树立了榜样和范例，对后来法国大革命和拉美民族解放运动均产生了一定的影响。

（三）美国政体的确立

考察美国的政治历史，我们会发现美国有着一条独特的建国道路：首先从分散的殖民地到联合的殖民地，再从联合的殖民地到 13 个自由独立之邦，而后从 13 个自由独立之邦到邦联，此时美利坚合众国正式出现，然后

托马斯·杰斐逊（1743年—1826年），美利坚合众国第三任总统（1801年—1809年），也是《美国独立宣言》主要起草人及美国开国元勋中最具影响力者之一。

再从松散的邦联到紧密的联邦，美国进入联邦时代，从此，美国政治体制再没有发生过重大变化。

邦联时代的美国13个州基本上各自为政、互设关卡，此时虽有一个中央机构，也就是一个一院制的议会，但是要形成一个决议，必须得到13个州的9个以上的同意和批准，所以此时的美国仅仅是一个共同体、一个很容易瓦解的联盟，算不上是一个高度统一的国家。美国真正成为一个高度统一的国家，要归功于1787年制宪会议上通过的联邦宪法。围绕联邦宪法的制定，以汉密尔顿为代表的联邦党人与以杰斐逊为代表的民主派进行了激烈辩论。在力主发展资本主义工商业，统一全国市场的富有资产阶级极力推动下，最终联邦党人获得了胜利。

美国宪法体现了自然权利与人民主权、有限政府和三权分立与制衡的宪政原则，确立了联邦最高法院的司法审查权，并且规定美国实行共和制和联邦制。联邦党人认为："如果人都是天使，就不需要任何政府了。如果是天使进行统治，就不需要对政府有任何外来的或内在的控制了。在组织一个人统治人的政府时，最大困难在于必须首先使政府能管理被统治者，然后再使政府能控制自己"[①]，所以在建构设计美国政体时必须实行分权

---

① [美]汉密尔顿、杰伊、麦迪逊《联邦党人文集》，程逢如、在汉、舒逊译，商务出版社1982年版，第264页。

1787年，北美各州代表在费城独立厅举行制宪会议，起草宪法。与会代表分别有乔治·华盛顿（被推举为会议主席）、本杰明·富兰克林、亚力山大·汉密尔顿、詹姆斯·麦迪逊等。宪法于1788年6月获得九个州通过，第一部联邦宪法诞生，新的政府开始生效。

制衡。在联邦政府与州政府的关系问题上，联邦党人认为联邦和州的权力都来自人民，互不相属，各有一定的活动范围，联邦和州在宪法范围内各自独立行使其权力而不受另一方侵犯。但是规定联邦宪法和联邦国会制定的法律和法令为全国最高法律，由此确立了联邦的最高地位，"联邦宪法的正式批准，意味着联邦党人对反联邦党人的胜利，也即国家主义对州权主义的胜利"[1]。不过各州保留了很多不受联邦剥夺的独立权力，没有通过列举赋予联邦的权力保留给各州，各州在自己权力范围内也是至高无上的，不受联邦的干预。联邦宪法用法律形式巩固了美国独立革命的基本成果，创造了新型政治制度和民主政体，把13州联结成一个统一的现代民族国家，使联邦渡过了危机，标志着美国作为统一的独立主权国家的出现。

---

[1] 黄安年：《美国的崛起》，中国社会科学出版社1992年版，第125页。

二、西进运动与美洲霸主地位的确立

（一）所谓的西部拓荒

始于 18 世纪末，终于 19 世纪末 20 世纪初持续了一个世纪左右的西进运动，是一场美国东部居民向西部地区迁移和进行开发的群众性运动。早在美国独立之前，北美殖民地的早期移民就自发地、零散地向北美大陆西部迁移扩张，但后来大英帝国宣布阿巴拉契亚山脉以西的土地归英国王室所有，并明令禁止北美殖民地人民向阿巴拉契亚山以西移殖，这"既使自由农、契约佣仆和手工业工人为谋求生计、向西部开发土地的希望破灭，也使土地投机者和渴望开辟新地的南方种植园主受打击"①，既然西部土地对北美各阶层人民都有着莫大的吸引力，那么英王室的禁令自然便成为

19 世纪末，美国西进运动的篷车队。

---

① 黄安年：《美国的崛起》，中国社会科学出版社 1992 年版，第 83 页。

促使北美殖民地人民反英的诱因之一。由于受到英国当局禁止西进移民法令的约束,此时的西进运动规模并不大。直到美国取得独立地位,并宣布废除英国政府颁布的禁止移民西进的敕令之后,西进运动才变得更加积极和有计划,而且持续了一个世纪之久。西进过程中,大批移民迁往西部的原因各不相同,资产阶级渴求扩大市场,南部的奴隶主和土地投机者企图从中扩张土地、获取暴利。但人数最多的还是一般贫苦的拓荒者——牧民、矿工、猎人和农民,他们把西部土地作为摆脱压迫、寻求新生活的唯一希望,他们是西部早期移民的主体。根据1783年巴黎和约,美国获得了密西西比河以东至阿巴拉契亚山脉以西的大片土地,这时美国社会开始流行这样一种说法:这些是以北美13州共同用生命和财富换来的土地,理应归人民所有,人民有去开垦、种植和开发的权利。于是在美国独立后,许多来自欧洲的新移民和大批原东部沿海地区民众纷纷越过阿巴拉契亚山脉向西部进军。

(二)西进运动的成就

美国向西部的领土扩张和开发,对美国的经济生活、政治生活和文化生活都产生了难以估量的影响。甚至可以说,如果没有西部的开拓,就没有今日美国,更不用说有后来美国在世界上举足轻重的地位。广袤无垠的西部地区有适宜的气候,既适宜农耕也适宜放牧,有漫长的海岸线和优良的港湾,交通运输极为便利,此外还蕴藏着丰富的森林资源、水利资源和矿产资源。它为美国农业的发展提供了广阔的天地,也给美国的工业化进程提供了广阔的市场前景和优越的资源优势、区位条件。因此美国的西进运动,本质上是一个与工业革命相随、工农业协调发展的经济开发过程,大大促进了美国经济的发展,"推动了粮食经济作物、畜牧业同步发展,农业、工业、交通运输、商业相协调的新局面"[1]，使美国具备了打破英国工业垄断地位的能力。

西进运动是美国人民的自力更生、艰苦创业史。最早到达西部的人们面临的是未经开垦的原始荒野，各种各样的艰难险阻可想而知，但他们必须在这里一代代地生存、发展下去。所以，毫无疑问，西进运动是美国历史上最具冒险与开拓精神的一页，"美利坚民族讲求实际、不尚保守、革新进取的特点是和几代人在不断西进中的多样性、流动性和竞争性分不开的"[2]。正是西进运动，塑造了通过自我奋斗、实现个人梦想的美国精神。

西进运动某种意义上也是美国吞并土地、开拓殖民地的一种侵略行为，美国从当初位于大西洋沿岸的13块殖民地扩展为横跨大西洋与太平洋的北美大国，是西进运动最明显的结果。伴随西进运动的进行，还有对土著印第安人的野蛮屠杀。东部大量人口包括政府和军队纷纷涌入西部，通过欺骗、诱导、劫掠、屠杀印第安人等方式获得土地，这对印第安人而言无疑是灭顶之灾，他们大部分惨遭屠杀，少部分幸存者则被迫迁往偏远、荒凉的"保留地"，因此，印第安人被迫迁徙之路被世人称之为"血泪之路"。

虽然有种族压迫的污点，但西进运动主要还是美国人民开发西部的进程。在200多年中，通过向西部不断的开拓，有数百万平方公里的土地被开发出来，近代化的农业、工业、畜牧业在这片广袤的土地上建立起来了。可以说，没有西进运动，也就没有今天的美国，后来美国成长为世界上头号经济强国，西进运动的影响也是具有决定性的。

（三）美洲霸权的建立

美国在第二次美英战争胜利、巩固国家独立地位后，走上了对外扩张

---

[1] 黄安年：《美国的崛起》，中国社会科学出版社1992年版，第217页。

[2] 黄安年：《美国的崛起》，中国社会科学出版社1992年版，第218页。

的道路。在进行西进运动的同时，美国开始实施称霸美洲的计划。1823年提出的"门罗主义"就是显著的标志。

门罗宣言发表的历史背景是波澜壮阔的拉丁美洲西班牙殖民地独立运动。在西班牙国内起义之际，拉美各国开始展开独立运动并取得了决定性的胜利，美国在世界上率先承认了拉美国家的独立。在面临神圣同盟威胁干预的情况下，时任美国总统的门罗于1823年12月2日在国会咨文中提出"美洲是美洲人的美洲"的口号，

詹姆斯·门罗（1758年—1853年），美国第五位总统（1817年—1825年），1776年辍学参加独立战争，1811年任国务卿，1823年提出美国外交政策方针"门罗主义（门罗宣言）"。

宣称：美国将不干涉欧洲列强的内部事务或它们之间的战争，美国承认并且不干涉欧洲列强在拉丁美洲的殖民地和保护国，欧洲列强不得再在南、北美洲开拓殖民地，欧洲任何列强控制或压迫南北美洲国家的任何企图都将被视为对美国的敌对行为。"其内容大致可归纳为三个基本原则：即不再殖民原则、'不干涉'原则和'美洲体系'原则"[①]，这实质上是美利坚合众国正式宣告：美国不会介入欧洲各国之间的战争，也要求欧洲各国不插手美洲事务，美国不允许欧洲国家在美洲建立新的殖民地。这些观点，被后世历史学家称之为"门罗主义"。门罗主义的提出实际上是宣布拉丁美洲属于美国的势力范围，是美国确立美洲霸权的重要标志。

---

① 唐晋主编：《大国崛起》，人民出版社2006年版，第398页。

门罗宣言发表在美国独立后的第 47 年,就国家综合实力而言,门罗时期的美国不是一个强大的国家。此时的美国,经济上制造业仅相当于英国的 1/5 左右,不到俄国和法国的一半,也比西班牙要低,占世界制造业总产值的比重约 2% 左右。而当时却是一个赤裸裸的强权政治时代,而且各国维护国家利益和争取国际地位最主要的手段是战争,最重要的工具是军队。然而门罗任总统期间,美国的军事力量还相当弱小,1823 年美国海军力量只相当于法国的 1/4,俄国的 1/8,与英国的差距更大。因此在神圣同盟威胁要镇压拉美独立运动的国际大背景下,美国外交的决策者在拉美独立问题上会有怎样的反应,采取什么样的政策,对年轻的美国未来的走向将会产生深远的影响。

门罗宣言宣示的是一个积极的选择,它没有附和英国的建议,撇开当时的"超级大国"的主动邀约发表了自己的独立见解,体现了一个新兴国家的大国气魄和无畏的担当气魄。同时,它又超越列强之间的纷争,不介入列强可能的对立和冲突,门罗宣言不针对特定国家,没有给美国树立敌人,而且迎合了当时拉美普遍存在的"泛美主义"思想的需要,因而也受到了拉美国家的普遍欢迎。

门罗主义在美国独立半个世纪之际,国力依然弱小之时,向世界表明美国已经开始作为一个独立的大国向世界施加自己的影响。门罗主义在此后的一个多世纪里,成为美国外交的重要基础。"门罗主义是对美国传统政策的最大的发展,它包含有美国对美洲的事务拥有合法干涉权的思想,包含有为保护美国的殖民利益而排斥欧洲的殖民扩张的战略原则,因此,门罗主义的提出为美国争夺西半球的霸权提供了最初的完整的理论准备。"[①] 可以说,美国日后的发展、强大乃至全球霸权地位的确立均离不开门罗主义的作用。

---

① 唐晋主编:《大国崛起》,人民出版社 2006 年版,第 400 页。

三、南北战争与工业化的加速推进

（一）南北战争的爆发

南北战争即美国内战，是美国历史上唯一一次内战，参战双方为北方美利坚合众国和南方的美利坚联盟国。美国南北社会自建国之初便有很大差异，这种差异不仅反映在经济基础上，也反映在为经济基础所决定的上层建筑上，双方差异之大可使旁观者认为这就是两种完全不同的文明、两个不同的社会。北方各州以发展工商业为主，在经济形式上实行市场经济，实行自由资本主义制度。鼓励自由企业、自由农场主、工业和城市的发展；在政策上鼓励外来移民、通过高关税保护本国工业；在意识形态上持有的是自由共和的价值观；在道德伦理上持有的是清教价值观；在社会风尚上推崇个人主义和奋斗精神，因此，北方是一个重视机会平等、充满向上流动可能性的充满活力的社会，北方人认为奴隶制是罪恶的，主张在新建州不允许奴隶制的存在或立即废除奴隶制；北方人对南方人的印象是迟钝、野蛮、肮脏、喜欢决斗。南方各州则普遍实行的是种植园经济，以农业经济为主，实行由农场主控制的黑人奴隶制度。严重依赖国外市场，因而在政策上反对高关税，南方社会推崇贵族绅士的价值观，讲究优雅、体面和骑士风度、对荣誉的珍爱，他们认为北方佬吝啬、伪善、功利和喜欢说教，南方社会是一个有着严格的种族差异和等级制度、稳定的社会秩序和停滞的社会；南方种植园主们认为拥有奴隶乃是他们所享有的自由的一部分，是受宪法保护的财产权利，而且奴隶制是仁慈的；主张联邦政府不应该干预奴隶制，并且应该在全国范围内扩展。由于南北双方奉行的政策不同，使得宗教界也出现了严峻的考验，北方的教会对于圣经的理解把握得更加灵活，不断设法通过对圣经的诠释为解放黑奴加以辩护。而在南方的教会领袖使用加尔文宗的思想为奴隶制和南方脱离联邦的行动提供了看似合理的理论依据。因为南北的分歧，使得教会间互不信任、互相抨击，而导致了教会的分裂。长老会早在1837年就已分裂，而卫理公会及浸信会也在这一波风暴中出现了严重分歧。总的来讲，南方的奴隶制与美国人人平等的立国理念格格不入，特别是严重制约了美国的工业化进程，所以，奴隶制存废问题成为南北方争论的焦点，是双方最主要的分歧和矛盾。

这一矛盾得到进一步激化则与美国建国后的西进运动有着密切的关系。美国获得了西部的大片领土，在西部接连成立新的州。每当新州成立之际，该州内就会出现奴隶制是存还是废的斗争。北方资产阶级要求把新州确定为自由州，在新州内禁止奴隶制度；南方奴隶主则力图把奴隶制扩大到西部，主张把新州确定为容许奴隶制存在的州。按照美国宪法规定，每州拥有两个参议院席位，因此新建州是作为自由州还是蓄奴州加入联邦，这关系到是北方资产阶级还是南方种植园主控制参议院的问题。所以正是在西部新开发领土的建州问题上引起了南北双方的激烈冲突。

内战爆发的直接导火索是1860年11月6日反对奴隶制的亚伯拉罕·林肯在总统选举中获胜。林肯主张不干涉目前各州的奴隶制，但反对奴隶制的扩张。南方各州进一步扩大奴隶制的美梦破灭，遂认为林肯是在阴谋干涉南方的生活方式和传统，于是在林肯当选总统之后，南方部分州立刻强烈要求退出联邦国家，最后于1861年2月宣布脱离联邦，组成新政府。同年4月，南方的邦联军攻占萨姆特要塞，主动挑起内战，刚刚成立84年的美利坚合众国走到了分裂的边缘。

从1861年4月12日南部邦联军队炮轰萨姆特要塞开始，到1865年4月9日在弗吉尼亚州的阿波马托克斯，南部军司令罗伯特·李向联邦军队投降，内战持续整整4年。"南部邦联发动这场战争的真正目的，是扩大和永远保存奴隶制度；北方的目的，开始时在于恢复和保持联邦的统一，限制奴隶制的发展。"①林肯也明确指出:"这场战争的最高目标是拯救联邦。"②战争初期北方遭遇一系列失利,这促使林肯政府在1862年加紧推行解放奴隶、实施宅地法、惩治叛乱分子等一系列革命性措施,使战局开始发生有利于北方的变化,最终以拥有经济、人口和道义和价值观优势的联邦政府胜利告终。

"美国内战为400万美国人解除了受奴役的命运,但是奴隶

亚伯拉罕·林肯(1809年—1865年),美国政治家,美国第16任总统(1861年—1865年),也是首位共和党籍总统。

制的废除并没有使那些得到解放的人们享受到真正平等的权利。尽管如此,非洲裔美国人在经济生活中所起的作用正日益增强,内战的结束为美国经济发展创造了一系列有利条件:一是中西部地区与东部地区的经济联系更密切了,二是为美国工业发展扫除了部分障碍。由于内战时期南方各州的国会议员们的退出以及战后他们影响力的降低,旨在促进经济发展的议案很容易在国会通过。三是这场战争解放了黑奴,废除了奴隶制,重新界定了美国自由的含义,使"自由获得了新生",使自由超越了种族界限而变成普遍的权利,在联邦立法范围内赋予了黑人公民权,使黑人成为美利坚共同体的一部分。

此外,这场战争还维护了国家的统一,以武力的方式确立联邦的最高

---

① 黄安年:《美国的崛起》,中国社会科学出版社1992年版,第301页。

② [美]菲利普·斯特恩:《林肯的生平与著作》,第719页,转引自《美国内战与镀金时代:1861—19世纪末》,丁则民编:人民出版社1990年版,第7页。

权威（联邦主权至高无上）和最高忠诚地位，从此美国成为真正拥有单一主权的现代民族国家。对此，美国普林斯顿大学历史学教授詹姆斯·麦佛森的评论可谓深刻透彻："内战之后，美国成为了单一的、联合的、强大的国家，这奠定了美国在20世纪成为世界第一强国的基础。如果美国在19世纪60年代的时候，分裂成了两个或者更多的国家，或者北方没有赢得胜利，这是根本不可能实现的。所以，这场战争对美国的未来产生了深远的影响。"①

（二）工业革命的全面推进

虽然美国从19世纪初期业已开始工业化，但其工业化真正步入成熟阶段则是在美国内战之后。内战结束后，联邦政府内部对于如何重建南部政治经济结构产生了较大分歧，"共和党激进派同约翰逊总统的保守、倒退的重建纲领展开了剧烈斗争，终于取得了对南部重建的领导权，使重建按照北部工业资产阶级的意志，以较为民主的方式在南部进行了一系列政治、经济、社会和文化教育的改革，取得了重要成就。"②

在从内战至第一次世界大战的不到50年时间内，美国凭借着第二次工业革命的东风，实施了各种鼓励工业发展的积极措施，"给工业资本主义在市场、资金、资源、劳动力和技术诸方面创造了比当时其他资本主义国家都要优越的有利条件"③，使美国迅速从一个农业化的共和国变成了城市化的国家。在这个新时代，电力取代蒸汽动力，机器代替了手工，产品大量增加；全国性的铁道网，增进了货品流通；应大众的需要，出现了许多

---

① 引自网络《大国崛起》系列片解说词，第十集：新国新梦（美国·上）。

② 丁则民等：《美国内战与镀金时代：1861—19世纪末》，人民出版社1990年版，前言第1页。

③ 丁则民等：《美国内战与镀金时代：1861—19世纪末》，人民出版社1990年版，第76页。

新发明；银行业提供贷款，促成工商业经营的扩大。

在 19 世纪的大部分时期内，美国工厂生产能力的平均年增长率一直稳定在 0.3% 左右，可到了 1889 年至 1919 年间，增长率跃升到 1.7%，几乎令人不可思议地增加了 6 倍。1870 年至 1900 年的 30 年间，美国经济发展速度超过同期世界平均水平，达 5.8%~6.3%。美国在强大的科技实力推动下，在第二次工业革命中可谓独领风骚。由此不难看出，"工业化的进程、科学技术革命的兴起和经济高速发展有着不可分割的联系。"[①]

美国科学事业之所以会如此繁荣，主要有以下几个原因：首先，在消化欧洲已有的理论基础上，美国善于工商业创新，能够建立科技与工业高度衔接的生产模式；其次，美国有政府强有力的指导政策和灵活的经济体系，对工业快速发展有很大帮助；再次，美国联邦政府有一套成熟的专利保护和知识产权制度，不仅对保护发明人的权益起到了很好的作用，而且对保护和激发整个社会的创造热情也起到了很好的作用；最后还与美国重视学习德国的大学制度有密切关系，第二次工业革命的两个领头羊就是美国和德国。美国的大学从 19 世纪六七十年代起逐步改革，到"一战"前夕改革完成，"19 世纪末美国能够在新技术的突破和推广方面取得如此成效，很重要的因素之一是实行了多轨制的科技研究。政府基本上不插手研究工作，但给予资助和协调，主要由大学、企业集团和民间团体直接从事研究"[②]，这也就是企业—大学—政府三者协调科研的模式和传统。

可以说，南北战争是美国历史上第二次资产阶级革命，为美国资本主义的加速发展扫清了政治上的道路，使得美国这个新兴的工业国家能够在以电气化为标志的第二次工业革命中，迅速赶上并超过老牌强国英、法等，

[①] 黄安年：《美国的崛起》，中国社会科学出版社 1992 年版，第 361 页。

[②] 丁则民等：《美国内战与镀金时代：1861—19 世纪末》，人民出版社 1990 年版，第 79 页。

到 1890 年美国成为第一工业强国，占世界工业总产值的 1/3 弱，打破了英国工业的垄断地位。如果没有南北战争，美国的工业化不会进展得这么迅速、这么顺利，是南北战争为美国跻身于世界强国之列奠定了基础。

四、从"进步运动"到罗斯福新政

（一）镀金时代

1890 年美国成为世界第一工业强国，这是美国工业化最为显著的成果，1894 年美国的工业产值占整个世界工业产值的 1/3，相当于英、法、德三国的总和；1900 年美国的人均收入是法、德的 2 倍，英国的 1.5 倍。此时的美国一派繁荣景象，欣欣向荣。但是，在迅速工业化的进程中，由于美国在建国后的一百多年中，一直秉承英国的自由主义传统，信奉"看不见的手"的优胜劣汰作用，也就是让市场规律不受干扰地支配经济运行，让企业不受干扰地自由发展，任由一些优势企业通过联合、并购、重组等手段扩大生产规模，而政府并不对这些进行干预。因此美国的工业资本迅速集中，出现了大量的垄断企业，如托拉斯、卡特尔、辛迪加和康采恩等，这些垄断企业由于控制生产、价格和市场，所以能攫取高额的垄断利润。托拉斯把工业生产和资本集中到一块儿，这种"集中有利于关闭生产效率低、成本高的工厂，从而集中那些经营效率高的工厂生产成本低的产品；有利于合理布局，减少不必要的运输开支；消除商标和专利权的竞争；有利于生产优质产品，减少管理人员，节省开支，有利于专家管理，增强外贸竞争能力。"但是，"垄断会减少就业机会，会保持垄断价格，使公众受害，还会助长投机和资本掺水现象。"[①] 因此在垄断企业给美国带来表面繁荣的

---

① 黄安年：《美国的崛起》，中国社会科学出版社 1992 年版，第 389-390 页。

风光背后，社会矛盾和危机日益扩大。

　　首先，此时的美国社会达尔文主义思潮盛行。这种思潮宣扬"弱肉强食、自然选择、劣等人要让位于优秀者"①，适合当时美国那种冒险投机和无情竞争的精神。自由竞争是美国这一时期突出的特征。自由竞争必然形成垄断，垄断在集聚大量经济资源的同时，也集聚起大量尖锐的社会问题。垄断阻碍中小企业的自由发展，大批中小企业无法在垄断下生存，纷纷破产倒闭；垄断损害劳动阶级利益和社会公平，国家贫困人口大量增加。"垄断资产阶级同资产阶级其他阶层的急剧分野，是这个时期整个社会结构最主要的变化。"②"垄断组织的发展有利于大富豪阶层的迅速形成和发展，不利于排除在垄断之外的自由企业和尽管参与垄断但不占主导地位的小企业的发展。它扩大了贫富两极分化。"国家财富的60%掌握在占美国人口2%的富人手中，贫富之间的差距越来越大，进而造成社会的动荡。

　　其次，伴随着工业化的迅猛发展，美国城市化也进入了鼎盛时期，由此也带来了一系列新的严重的社会问题，比如形成了财阀政治、金钱政治，造成了严重的政治腐败，各大财团通过商业贿赂实现了资本与权力的结合，也就是说出现了权钱交易。"城市老板实际上是集政党势力、市政势力和大企业利益三位于一体"，城市老板先是结成集团，然后加入党派，最后通过各级党派组织操纵市政竞选、在市政中安插亲信把持市政，"城市老板的普遍存在，使得行贿受贿、假公济私、贪污腐化成为美国城市政府中司空见惯的现象。"③

---

① 丁则民等：《美国内战与镀金时代：1861—19世纪末》，人民出版社1990年版，第356页。

② 丁则民等：《美国内战与镀金时代：1861—19世纪末》，人民出版社1990年版，第98页。

③ 丁则民等：《美国内战与镀金时代：1861—19世纪末》，人民出版社1990年版，第295页。

此外，工业化还造成了食品安全危机、公共卫生恶化、城市犯罪居高不下、环境污染及自然资源浪费等社会问题。社会上童工盛行，工人绝对劳动时间很长，但是与辛苦劳作相伴随的，却是矿难、火灾的不断发生，当时的美国是工业化国家中工伤致死率最高的国家，导致社会上有组织的社会抗议运动非常频繁，影响比较大的就有劳工运动、农场主运动和黑幕揭发者运动等。

（二）"进步时代"

美国经济繁荣的背后存在严重的两极分化、社会不公正和各种罪恶。这让一些有良知的美国人日益重视如何解决社会的公平正义问题，如何能够使大多数普通民众分享国家高速增长的成果。于是，一些旨在消除社会丑恶现象、建立合理市场秩序的抨击财政腐败、企业垄断、食品掺假的文章陆续出现，并在20世纪初逐渐形成了一股汹涌的社会运动，这也即是美国历史上著名的"进步运动"。

当时的进步主义者包括那些专门揭露社会弊端的"扒粪者"、劳工领袖、女权主义者，社会主义者、社会改革家和宗教改革家；市、州、联邦政府主张和实施改革的政治家，部分知识分子等。进步主义者的主要目标是解决政治腐败和效率低下的问题，主张通过扩大公共权力避免私人权力对民主社会的腐蚀，建立负责任的、有效能的政府；规范市

1912年，美国社会活动家莫德·玻灵顿·布斯在一次妇女投票运动中发言。她对美国政治进步运动颇具影响力。

场经济，特别是规范和控制大公司无法无天的行为，向大公司和特殊利益集团宣战；解决城市贫困以及相关问题，关注弱势群体的命运，促进社会正义。他们以美国宪法为依据，强调："我们合众国人民，为建立更完善的联邦，树立正义，保障国内安宁，提供共同防务，促进公共福利，并使我们自己和后代得享自由的幸福。"① 进步主义者相信，依靠理性和教育，通过个人与政府的努力可以消除社会弊病，从而实现社会进步。进步主义运动的实质是解决工业化和社会转型带来的种种社会问题，即应对工业主义的挑战。

来自经济领域的尖锐矛盾和进步人士的质疑，使得美国政府面临着巨大的社会压力。时任美国总统西奥多·罗斯福对此强调主动作为、积极应对。他视自己为社会公民的管家，首先便向垄断资本开战。政府通过宪法确立对垄断进行限制的原则，并先后对40多家公司提起诉讼，解散社会各领域内存在的垄断企业。接着，正式通过反托拉斯法案，并作为美国持久施行的法律。

同时，罗斯福政府着手解决劳资矛盾。不仅联邦政府开始干预劳资关系，州政府也陆续通过了各种保护工人权益的具体法律条文，比如明确了工人的劳动时间、工资和工伤赔偿标准等。此外，西奥多·罗斯福主张大力推进公共工程建设，建立了美国国家公园体系。他在执政时建立了5个野生动物保护区和国家公园，旨在保护自然资源和生态环境；他还积极推动保护消费者立法，通过了《肉类检查法》和《纯洁食品与药品法》等。

进步主义运动的积极作用在于：在经济方面规范了市场经济，规范了生产销售、反垄断，规范了州际商业，征收个人累进所得税；在政治方面扩大了民主，赋予了公民们创制权、复决权和罢免权、妇女的选举权等；

---

① [美]汉密尔顿、杰伊、麦迪逊：《联邦党人文集》，程逢如、在汉、舒逊译，商务出版社1982年版，附录五：合众国宪法，第452页。

在社会方面通过社会立法促进公平正义，保障工人权利，规定女工工时和最低工资标准，禁止童工，改善工作条件；还通过一系列行政改革建立起了有效能的政府。但是它在保障少数族裔权利和调整种族关系上无所作为，这是其不足之处。

进步主义运动更为深远的影响在于，它在美国历史上首次把国家带入经济生活与社会生活，"不再将政府看成是对个人自由的威胁，而是将其视为'解决国家弊病的工具'"①，强调国家在规范市场经济、促进社会正义方面的作用，使国家和政府开始成为"看得见的手"，因此"这场运动的真正核心是将政府当作一个人类福利机构"②。它另一个意义深远的思想遗产就是让人们对政治权利与自由的关系以及对正义的含义都有了新的理解，使人们认识到，"正义"不仅仅是保证机会均等，还包括对弱势群体的保护。这也是美国思想史上的一次重大转变，人们开始对传统自由主义进行反思，新型的自由主义也开始萌芽。传统自由主义在政治上仅保障公民的基本人权；在经济上实行自由放任的政策；在社会问题上则认同社会达尔文主义思潮。而新型自由主义则在经济领域中开始实行国家干预；在社会领域对弱势群体实行保护。国家在社会中扮演积极的角色，特别是保护公民个人免遭大企业和权势阶层的侵害，以确保公民自由的实现。

（三）新政时代

将近20年的进步主义运动促进了美国经济的高速腾飞，但随着它的结束，政府干预经济的力度也逐步减弱。于是自由市场经济又重新抬头，直到1929年资本主义大危机的发生。1929年10月24日，被称为"黑色星期四"。这一天，美国股票由顶巅跌入深渊，从此，美国经济陷入了经济

---

① 张国庆：《进步时代》，中国人民大学出版社2013年，第142页。

② 张国庆：《进步时代》，中国人民大学出版社2013年，第163页。

危机的泥淖，空前的繁荣演变为空前的危机，整个社会都笼罩着普遍的绝望情绪。这场席卷美国的危机，如海啸般对整个西方世界都造成了巨大的损害。这场百年难遇的大危机的原因，至今众说纷纭。但它的出现毫无疑问是对自由市场经济的一次最严峻挑战。美国的企业家和银行家声名狼藉，自由放任的经济制度遭到普遍质疑，美国的自由民主制度面临着法西斯主义和社会主义思潮的严峻挑战。

此时，与资本主义世界陷入经济危机形成鲜明对比的是，新生的社会主义国家苏联却是一派欣欣向荣，他们创造了一种新的经济社会管理模式，人们称之为计划经济。巨大的反差使西方社会对此不得不高度关注，即使深具自由主义传统，倾向于认为政府管得越少越好的美国人，也不得不重新审视政府与经济发展之间的关系，30年前西奥多·罗斯福总统使用政府干预化解社会危机的经验被人们重新关注起来。自由市场经济出现的巨大问题使人们不得不承认市场的失灵，英国经济学家凯恩斯针对市场失灵提出了他的对策主张：必须有政府干预这只"看得见的手"发挥作用，用国家的力量参与国家经济运行。凯恩斯在专门给美国总统富兰克林·罗斯福的信中集中表达了自己的观点，并恳求他拯救经济危机、治理社会弊病。因此，进步主义思潮和改革、"一战"期间对经济的全面干预、苏联的计划经济体制以及凯恩斯主义等，都给予罗斯福很大的启示，它们都是罗斯福新政的重要思想渊源。

1932年，纽约州州长富兰克林·罗斯福以"新政"为竞选口号，赢得广泛支持，击败胡佛，成为美国第32任总统。他的远房叔叔，就是西奥多·罗斯福总统，30年前的进步运动就是由老罗斯福推动的。富兰克林·罗斯福在宣誓就职总统后的第五天，即1933年3月9日，开始了美国有史以来最大规模的政府干预经济的一次行动。顺应当时广大美国民众的呼吁，针对当时美国的实际，罗斯福实施了大刀阔斧的"新政"，采取了一系列克服经济危机的政策措施，其主要内容被概括为"三R"，即复兴（Recovery）、救济（Relief）、改革（Reform）。具体措施包括：整顿银行与金融系统，下令令银行休业整顿；复兴工业或称对工业的调整，通过《国家工业复兴法》与蓝鹰行动来加强政府对美国工商企业生产流通的控制与调节，防止盲目的市场竞争引起生产过剩；调整农业政策，给减耕减

1929年，美国爆发了极其严重的长达4年的经济危机，为摆脱危机，1935年，刚刚上任的罗斯福总统采取了有力措施实行新政，史称"罗斯福新政"，也称"百日新政"。"罗斯福新政"在美国历史上占有极为重要的地位，对西方世界的经济发展也产生重大的影响。图为在实行新政期间被救济的失业者。

产的农户发放经济补贴，提高并稳定农产品价格；大力兴建公共工程，增加就业刺激消费和生产，缓和社会危机和阶级矛盾；推行"以工代赈"，通过大量的公共工程为人们创造数以百万的工作机会，缓解社会压力；政府还建立了社会保障体系，签署了《社会保障法》；建立紧急救助署，给贫困中挣扎的人们发放救济金。

到1936年，通过复兴、救济和改革等三方面的措施，美国经济缓慢地恢复过来，金融危机控制住了，工业恢复到1929年的水平，农业收入增加了，人民的生活得到改善，罗斯福新政取得了明显的成效。新政恢复了美国人对其制度的信心，通过大胆借鉴社会主义国家计划经济的长处，罗斯福开创了国家干预经济新模式，在保存资本主义制度和资产阶级民主的前提下，使"看得见的手"政府干预与"看不见的手"市场规律有效结合起来，从而使资本主义制度得到调整、巩固与发展，避免了法西斯上台，在极权主义日渐得势的情况下保卫了美国的自由民主制度。

新政建立了福利国家的基本框架，确保了经济民主和社会正义，提出了一种新的社会正义观念，并通过政府的行为使这一观念深入人心：对弱势群体的保护体现出一种社会正义，因此新政也是一场社会正义运动。富兰克林·罗斯福在1941年的一次演说中，向公众提出了"四大自由"的观点，宣称真正自由的人，必须以基本的经济社会保障为基础。"我们将只接受忠于言论和表达自由——每个人以其自己的方式信仰上帝的自由——免于匮乏的自由——免于恐惧的自由——的世界"①。罗斯福在"四大自由"中提出的"免于匮乏的自由"，这一自由指出摆脱贫困不仅仅是个人的行为，国家政府也对保障人们免于贫穷负有不可推卸的重大责任，国家政府有责任保障每一个公民过一种有尊严的生活。"检验我们进步的标准，并不在于我们为那些家境富裕的人增添了多少财富，而要看我们是否为那些穷困贫寒的人提供了充足的生活保障。"由此，新政导致美国思想界出现新的分野，从此民主党持新型自由主义的观点，主张大政府，强调国家干预市场，建立福利国家，保护弱势群体，实现社会公平，政府的宏观调控表现在三个层面："抑制垄断，保持公平竞争；实行全面的经济管理，防止大萧条，促使市场经济机制的正常运作；谋求社会公平，确保社会稳定。"②而共和党坚持传统自由主义的思想，重视自由市场与自由企业制度，主张小政府，反对国家干预，反对"劫富济贫"，并且政府应该削减社会福利。因为民主党的社会基础是劳工、黑人和妇女，因此民主党亦被称为"工人党"；而共和党的基础主要是企业家，亦可称之为"富人党"。

新政对美国联邦制产生了很大的影响，美国联邦政府的权力明显增强，使美国由传统的二元联邦制演化成合作联邦制。二元联邦制时的美国联邦

---

① [美]富兰克林·罗斯福：《罗斯福选集》，关在汉编译，商务印书馆1982年版，第300页。

② 中国美国史研究会编：《美国现代化历史经验》，东方出版社1994年版，第203-204页。

与州政府相对独立，分别执行不同职能；而合作联邦制时期的美国联邦政府则深入到原属于州权范围内的领域，比如教育、卫生、社会福利、工业管制、劳资关系等领域。新政对联邦政府的三权分立制度也产生了很大的影响，这一时期总统权力全面扩张，甚至被称之为"帝王般的总统权力"，逐步建立了以总统为中心的三权分立的新格局，使美国政府由以国会为中心转变为以总统为中心。

新政留下了大量防止再次发生大萧条的措施和政策，为美国赢得第二次世界大战及战后的快速崛起奠定了坚实的基础，罗斯福也因此成为自亚伯拉罕·林肯以后最受美国和世界公众欢迎的总统。

五、两次世界大战与"美国世纪"的确立

（一）第一次世界大战时的美国

作为后起的世界资本主义强国，美国一直没有放弃向世界扩张的企图。19世纪末，面对欧洲列强对世界的瓜分，羽翼尚未完全丰满的美国提出了"门户开放"政策，极力扩展美国在中国乃至亚洲的商业利益。美国一些资本家早就喊出了20世纪是"美国的世纪"的口号。第一次世界大战爆发时，美国仍然奉行孤立主义政策，在战争初期宣布保持中立。美国总统威尔逊在1914年8月4日发表了《中立宣言》。美国开国后，孤立主义一直是美国外交政策的重要支柱。华盛顿在离开总统职位时说过："欧洲有一套基本利益，我们则没有，或关系甚疏远。因此欧洲必定经常忙于争执，其起因实际上与我们的利害无关。因此，在我们这方面通过人为的纽带把自己卷入欧洲政治的诡谲风雨，与欧洲进行友谊的结合或敌对的冲突，都是不

明智的。"① 利用优越的地理环境，相对地保持对国际事务的中立，以在和平安宁的环境中致力于发展美国的经济，增强美国的综合国力，这是美国建国以来所奉行的极为明智的孤立主义国策。此外，在1898年美西战争之后，1899年2月—1902年7月，美国继续镇压菲律宾人民的抵抗，对其进行殖民统治。对于美国的这场海外扩张和殖民战争，美国人民表示了强烈的抗议，掀起了声势浩大的反帝国主义运动，在美国社会展开了一场广泛的关于美国外交政策的大辩论，讨论崛起的美国应该奉行什么样的外交政策，是走一条占领殖民地、成为英、法那样的帝国、追求国家的荣耀的欧洲化道路，还是走一条具有美国特色的用美国的原则改造国际秩序（自由贸易、促进民主、国际法和国际道德）的美国化道路。帝国主义者强烈主张推动海外扩张，保留了传统扩张特性；反帝国主义者则反对海外的军事征服和领土扩张，支持走一条经济渗透与和平征服的海外扩张道路。最终的结果，反帝国主义者一定程度上推动美国走上了一条拒绝战争和领土扩张的和平崛起扩张道路。正是由于坚决地贯彻执行这一国策，美国才得以避免过多过深地卷入欧洲事务，才得以避开了历次战乱，从而保证了自己国家的兴旺发展。

　　1917年，在战争态势已经明朗，德国因国内革命倡议议和未果，俄国爆发革命将退出战争的有利时机，为了抑制德国的强劲发展势头，并获得参与战后重新分配世界格局的权利，捍卫美国的荣誉、建立美国领导世界的国际局势，美国以德国的无限制潜艇战与齐莫尔曼电报事件为由，于4月6日参加协约国对德宣战。表面上看，这是违背了孤立主义国策，但这正是美国政治家审时度势，为维护和扩展美国国家利益所作出的高明决断。以最小的牺牲和付出换取最大的国家利益，使自己在战略上处于主动地位。

---

① ［美］乔治·华盛顿：《华盛顿选集》，聂崇信、吕德本、熊希龄译，商务印书馆1983年版，第324页。

（二）第二次世界大战时的美国

1933 年，希特勒领导的国家社会主义工人党在竞选中获胜，纳粹德国很快走上了整军备武、复兴德国的战争道路。由于英法两国政府奉行"不干涉主义"，妄图把祸水引向东方，使得德国在相继并吞奥地利，占领捷克苏台德地区之后，愈发骄纵，终于引发了规模空前的第二次世界大战。

而苏联亦几经斡旋，与德国签订了互不侵犯条约，反让德国兵陈西线。受孤立主义思潮影响，美国在"二战"初期并没有直接参战，通过与英国签订租借法案，将大批军火和战略物资，输送到英伦三岛，以承租和借贷形式，支持英国抵抗。英美当局通过北冰洋给苏联补给了大量坦克、武器、弹药、物资。对于在东方孤军抵抗日寇的中国，在太平洋战争爆发前，美国主要以民间组织的形式，派出以陈纳德为首的飞虎队，支援中国抗战，以大批运输机飞越珠峰航线，运送战略物资给中国，并没有提出任何领土要求。在珍珠港事件爆发后，美国正式向法西斯国家宣战。在太平洋战场上，美国海陆空三军对日军发动一系列大规模攻击，又以原子弹彻底摧毁了日本天皇和国民的斗志。

第二次世界大战成就了美国新的历史转折。这次世界大战，使德、日遭受重创，也使英、法失去了在世界格局中的支配权。而美国却凭借其举世无双的经济实力与军事实力（硬实力），以及作为反法西斯联盟的领袖和"民主国家的兵工厂"的道义影响力，一跃成为世界头号强国。美国在战后的工业总产值占到了世界总量的一半以上，拥有世界黄金储备更是高达 70%，并且在全世界范围内建立了以美元为中心的国际金融体系。独一无二的综合实力，使美国摆脱了第一次世界大战后企图安排世界秩序却无果而终的尴尬，开始按照有利于自己的方式主导国际秩序，"美国世纪"[①]

---

① "美国世纪"源自亨利·卢斯的《美国世纪》一书，用来描述美国在 20 世纪大部分时期里在政治、经济和文化领域的主导地位。

终于到来。

六、战后经济社会改革与华盛顿共识的演进

（一）战后美国的黄金时代

第二次世界大战后，美国的经济实力骤然增长，在资本主义世界经济体系中已经处于压倒性的优势地位。战后，在从战时经济向和平经济转变迅速完成之后，美国经济的优势地位在 20 世纪 50 年代开始得到了进一步的巩固发展。特别是从 1955 年到 1968 年，美国经济增长出现了一个西方经济学家所称的"黄金时代"，当时美国的 GDP 增长速度达到每年 4% 左右。虽然西欧各国和日本在同时期也处于"黄金时代"，其整体 GDP 增长速度也相当高，但由于美国经济基数庞大，所以在相当长的一个时期内美国的优势地位反而有所扩大。

美国战后经济迅速发展的主要原因可归结为美国政府对国民经济的干预。"二战"后美国政府干预经济主要是运用财政和金融手段对社会再生产进行干预，而不是像西欧诸国主要采取国有化的干预形式。战后美国政府干预经济的主要特点一是依靠不断增加国家预算财政支出，二是依靠对企业实行优惠税率和军事订货来刺激产出，扩大社会固定资本投资。美国战后的国有化，不是对已有私有制企业实行国有国营等形式，而是政府对许多现代化公共设施、重大科研项目和新兴的工业部门进行大量投资。比如 1945 年至 1970 年美国政府投资于发展原子能工业的资金，高达 175 亿美元；投资于宇航工业的资金，更是从 1960 年代末起每年多达 50 亿美元以上。美国政府充分认识到科学技术的发展对经济的繁荣有直接的作用，然而，对新兴科技产业的投资风险很高，私人资本很难也不愿承担，必须政府主动出面承担才是。美国政府战后干预经济还表现在采取各种措施维

持高出口水平，一是对某些产品出口实行补贴，二是通过国家购买在"援外"项目下进行出口。据统计，在"援外"项目下的出口在美国总出口中的比重，1949 年高达 46%，1950 年代大部分时间在 30% 以上，1960 年代仍在 20% 左右。最后，美国还采取在全国范围内推行社会保障政策、建立科研和教育机构网络体系等，一方面起到缓和国内阶级矛盾的作用，另一方面起到促进生产力发展的作用。

总之，战后美国政府实行的一系列凯恩斯主义的反危机手段，有效地避免了危机中大量企业的倒闭，控制了失业率，从而抑制了经济危机的烈度和长度，稳定了市场和社会秩序。虽然经济衰退或危机仍然周期性在美国经济中出现，美国并没有从此摆脱市场经济的周期性循环，但是大部分时间经济危机的严重程度和持续时间都大大减少。

（二）20 世纪 70 年代的经济滞胀

由于美国在 20 世纪五六十年代长期实施的扩张性财政及货币政策，以及越南战争导致美国预算支出大为增加，导致 20 世纪 70 年代初爆发了美元危机，1973 年的粮食危机及第一次石油危机，1978 年的第二次石油危机等，美国经济陷入了经济增长停滞和通货膨胀并存的"滞胀"怪圈中。

在 20 世纪 70 年代以前，根据传统的凯恩斯主义理论，人们普遍认为，失业与通货膨胀之间存在着此长彼消的关系，而不会同时并存。宏观经济政策的决策要点，只在于沿着反映通货膨胀率与失业率之间替换关系的"菲利普斯曲线"，寻找一个通货膨胀率和失业率都可以承受的点。但是，"滞胀"的出现即高失业与高通胀的同时出现，使得人们开始怀疑凯恩斯主义的总需求管理政策，认为他们用通胀缓解失业的做法导致了"滞胀"的出现。因为根据凯恩斯的理论，经济增长面临停滞时政府可以采取积极的货币政策或者宽松的货币政策等搭配进行刺激，就是往市场里面注入流动性以带动经济发展走出停滞的局面。但是，由于还面临通货膨胀的问题，这本身就说明经济是过热的，如果再注入流动性资本最后必然会加剧通货膨胀的程度，使通货膨胀必然会危害经济的持续健康发展。

至此，自罗斯福新政一直延续下来的国家干预政策失去作用，凯恩斯主义失灵，政府大规模干预经济的做法受到质疑。"于是现代货币主义、合理预期理论、供给学派等各个流派，在西方经济学舞台上轮番上场，和凯恩斯学说唱起反调，认为凯恩斯对供给创造需求的萨伊法则的否定是错误的，而滞胀正是执行凯恩斯的需求管理政策为基础的国家全面干预经济的政策，充分发挥市场机制的自动调节经济的作用。"①

（三）"里根经济学"② 与华盛顿共识

到1981年里根上台时，美国经济已经陷入衰退，他看到的是高达2位数的通货膨胀、高失业率以及超过20%的高利率。里根政府认为，造成"滞胀"这种经济困局的直接原因既不是由于国际性经济危机的连锁反应，也不是由于市场经济本身的失控，而是由于政府职能的过度膨胀。于是里根政府决意把经济政策彻底向右转，以货币主义和供应学派的学说为理论基础，推出了"里根方案"的基本大纲。1981年2月，里根总统向美国国会提交了《经济复兴计划》这一纲领性文件，其内容主要包括：一是在宏观经济政策领域，加强货币管制，降低税率，压缩政府开支，减少财政赤字。二是在社会福利政策方面"开倒车"，继续推行自尼克松政府以来的"逆向改革"，提出大幅度削减政府社会福利开支的主张。三是在政府管制方面加大力度继续推行自20世纪70年代开始的放松管制改革。

---

① 哈德罗：《凯恩斯传》，刘精香译，商务印书馆1993年版，中译序言第3页。

② 参见中信建投证券：《供给学派空降中国——重温"里根经济学"》，《资本市场》，2013年11月1日。

"里根经济学"的理论根基是新自由主义。新自由主义者将"滞胀"归结为政府开支过大、国家干预过度、人们的理性预期导致政府政策失灵所致,因此新自由主义极力主张反对政府干预,把国家干预上升到了理论的高度,是"对凯恩斯革命的反革命"。伴随着美国总统里根和英国首相撒切尔夫人的上台,新自由主义思想占据了美、英等国主流经济学地位。

经过近百年发展,继承了古典自由主义经济理论的自由经营、自由贸易等思想的新自由主义在理论方面已经走向极端,新自由

罗纳德·威尔逊·里根(1911年至2004年),美国杰出的右翼政治家,曾担任第33任加利福尼亚州州长,第40任(第49-50届)美国总统(1981-1939年)。他是历任总统中唯一一位演员出身的总统。图为里根和夫人南希在电影《多诺万之脑》拍摄场地的合影,电影由南希主演,里根前来探班。

主义的核心内容可以概括为极端鼓吹"三化"和三个"否定"。具体说来,在经济理论和政策方面,极端鼓吹"三化":一是极端鼓吹"自由化",把绝对自由当作效率的前提,"若要让社会裹足不前,最有效的办法莫过于给所有的人都强加一个标准"。二是极端鼓吹"私有化",新自由主义把私有制看作人们"能够以个人的身份来决定我们要做的事情",从而是经济发展的根基。三是极端鼓吹"市场化",新自由主义认为离开了市场经济,就无法有效配置资源,所以反对国家对市场经济任何形式的干预。相应地在政治理论和政策方面,新自由主义极端强调三个"否定":一是极端否定公有制。新自由主义者几乎都一致地坚持,"当集体化的范围扩大了之后,'经济'变得更糟而不是具有更高的'生产率'",所以,要

极力反对公有制。二是极端否定社会主义。新自由主义者认为，社会主义就是对自由的否定，就是集权主义，"集权主义思想的悲剧在于：它把理性推到至高无上的地位，却以毁灭理性而告终，因为它误解了理性成长所依据的那个过程"，他们把社会主义称为是一条"通往奴役之路"。三是极端否定国家干预。在新自由主义者看来，国家干预，无论任何形式，其结果都只能是造成经济效率的损失。①

乔姆斯基在其《新自由主义和全球秩序》一书中提出，新自由主义是基于古典自由主义思想而建立起来的一个理论体系。这个理论体系强调市场经济导向，它主张私有化和价格市场化、贸易自由化等观点，并强调在此基础上建立全球秩序，"华盛顿共识"可视为是其思想理论体系的一个纲领。华盛顿共识是美国政府联合其操纵的世界三大经济组织，即世界贸易组织（现WTO）、世界银行和国际货币基金组织，向发展中国家推销的一揽子新自由主义药方，也就是要求发展中国家或向市场经济转型国家减少政府干预，尽量市场化，提高贸易自由化和金融自由化程度的一系列政策主张。"所谓华盛顿共识，指的是以市场为导向的一系列理论，他们由美国政府及其控制的国际组织所制定，并由他们通过各种方式实施——在经济脆弱的国家，这些理论经常用作严厉的结构调整方案，其基本原则简单地说就是贸易自由化、价格市场化和私有化。"新自由主义"是在凯恩斯主义基础上'倒退''回归'（回归斯密）的现代自由主义"②。按照美国学者约瑟夫·斯蒂格利茨的概括，华盛顿共识的教条是"主张政府的角色最小化、快速私有化和自由化"。③

---

① 参见：《马克思主义研究》2003年12月25日。

② 程恩富、曹雷：《外国学者对新保守主义经济思潮的批判：兼论中国经济改革三大流派》，载《马克思主义研究》2005年第1期。

③ 参见牛约翰：《新自由主义经济思想的本质及其反思》，《商丘师范学院学报》，2009年7月15日。

七、冷战结束与对单极霸权的追求

（一）两超冷战与两极格局的瓦解

第二次世界大战以法西斯的彻底失败宣告结束，德国沦为战败国，国际地位一落千丈；法国元气大伤，英国实力消耗极大，这些称雄已久的欧洲老牌强国在战争中受到严重削弱，沦为二流国家；美国军事经济实力空前膨胀，成了世界头号强国。然而，苏联也在"二战"中壮大了自己的政治军事力量，成为世界上唯一能够与美国抗衡的国家。面对苏联的崛起，美国极为紧张，这个国家无论在经济制度还是在意识形态上都与美国等西方国家格格不入，而且两国在重建战后国际秩序问题上产生了严重的分歧，就像1950年4月美国国家安全委员会第68号文件所说的那样，美苏之间的冲突是"法治政府下的自由思想与克里姆林宫残酷的寡头统治下的奴役思想之间的冲突"："没有任何一个价值体系像苏联的体系那样是与我们的价值体系如此地完全不能调和，在消灭我们价值体系这一目标上如此地毫不留情，利用我们自己社会内最危险的分裂倾向如此巧妙；也没有其他价值体系能如此娴熟地和如此强有力地激起世界各地人性中非理性的成分；也没有其他价值体系获得一个庞大的日益壮大的军事力量中心的支持。""本纲要的成功最终全赖美国政府、美国人民和所有自由国家的人民意识到冷战实际上是一场关系到自由世界存亡的真正的战争。"[①] "二战"的胜利也使美国萌发了"霸气"，杜鲁门总统把美国称作"经济世界的巨人"，要求"全世界应该采取美国制度"，自负地宣称"不管我们喜

---

① 参见1950年4月美国国家安全委员会第68号文件。

欢与否，未来的经济格局将取决于我们"①，美国的霸权主义此时已经完全显现。

战后美国和苏联同为世界上的"超级大国"，美国要独霸世界，而苏联决不退让。美国要让东欧转变成资本主义体系纳入自己的势力范围，而苏联决不容许其插足。美国要在全世界扩张自己的利益，而苏联的利益决不允许侵犯。美国要在全世界推行自己的价值观、意识形态和生活方式，而苏联针锋相对，要在全世界推行无产阶级革命、民族解放等社会主义运动。由于刚刚经历了"二战"，美、苏都要避免直接交战，于是便通过局部代理人战争、科技和军备竞赛、外交竞争等"冷"方式进行，既相互遏制，却又不诉诸武力，因此称之为"冷战"。可见，伴随着全球层面国际权力格局的深刻变革及其向两极体系转变，双方之间在国家利益与意识形态、战略目标、战略构想、战略利益和社会主义、资本主义两种制度上存在着根本的对立，昔日的盟友必然会反目成仇。冷战是不可避免的。②

1946年3月，英国首相丘吉尔在美国富尔顿发表"铁幕演说"，冷战的序幕就此揭开。1947年美国对抗苏联的"冷战"政策的总构想也就是杜鲁门主义出台，冷战正式开始。马歇尔计划是杜鲁门主义在西欧问题上遏制苏联冷战政策的应用和实施，它表面上是一项援助西欧的经济计划，实际上是一项控制西欧的政治计划，其目的是控制西欧遏制苏联。

1955年华沙条约组织的成立标志着两极格局的形成。20世纪50年代，苏联领导人赫鲁晓夫提出一套苏美平起平坐、合作共同主宰世界的基本战略，美、苏两个超级大国争霸的两极格局就此成形。这一两极格局时期又可以分为三个阶段：1950年代中期到1960年代初期为美、苏争霸第一阶段，

---

① 托马斯·帕特森等：《美国外交政策》下册，中国社会科学出版社1989年，第601页；杨生茂主编《美国外交政策史》，人民出版社1992年版，第437页。

② 王立新《美国的冷战意识形态：内容与作用》，《史学集刊》，2011年9月1日。

其间，苏、美互有攻守，并出现局部性缓和。缓和局势的标志性事件有三个，分别是：苏、奥签订和约，苏联结束对奥地利的占领；苏联承认联邦德国；1959年赫鲁晓夫访美。其间局势紧张的标志性事件有两个：修筑"柏林墙"，"古巴导弹危机"。20世纪60年代中期到20世纪70年代末则是美、苏争霸第二阶段，苏联呈攻势，美国呈现出守势。1979年苏联出兵阿富汗标志着苏联扩张达到顶峰。美国对外政策期间则作出重要调整，其标志是美军撤出越南和美中关系正常化。20世纪80年代初至90年代初为两极格局第三阶段，苏联开始全面战略收缩，美国则对苏联采取了强硬的"新遏制战略"，其标志是美国提出针对苏联的"星球大战计划"。1985年戈尔巴乔夫上台执政后在治国理政上实行"新思维改革"，全面改变对美国及西方的政策，谋求融入西方体系。1991年苏联解体，标志着冷战的结束，同时也标志两极格局的终结。美国成了世界上唯一的超级大国。

（二）美国的单边主义

"一些人用'一超多强'来形容冷战后的国际格局，但美国作为世界唯一的超级大国在国际格局中的突出地位犹如'鹤立鸡群'，'一超'与'多强'之间的力量对比十分悬殊。"[①] 由于有着无与伦比的实力，美国在冷战后开始积极谋求单极霸权，建立由美国绝对主导的世界秩序。冷战后，克林顿政府于1994年7月发表了《国家参与和扩展安全战略》，提出了塑造—准备—反应的战略构想。该文件明确提出其战略目标为谋求领导世界，在世界范围内扩展市场经济制度、美国的价值观念和世界自由民主力量。这一战略表明，美国的野心乃是寻求全球霸权，而且要多维度地向他国施压维系自己霸权的稳固，在政治、经济、军事、文化多方面建立美国的统治力和影响力。

---

① 刘小彪：《"美利坚帝国"的盛与衰》，《外滩画报》，2003年9月22日。

具体而言，首先表现在美国对外军事干预有所加强。美国将所有国家分为四类，并对其中的"无赖国家"实施经济封锁、施加政治压力、进行外围封锁和军事打击等。据统计，冷战后美国对外用兵频率较冷战时期高出一倍以上。1998年末美、英未经联合国授权对伊拉克进行70小时空袭，并公开支持伊国内反对派推翻萨达姆政权；1999年3月美国又绕开联合国，以人道主义干预之名，对主权国家南联盟实施长期78天的空袭，并轰炸中国驻南大使馆；2001年美、英等国又以阿富汗塔利班政权拒绝交出涉嫌策划"9·11"恐怖袭击的"基地"组织头号人物本·拉登为由，对阿富汗塔利班政权发动军事打击，对阿富汗实施两个月的轰炸后，导致塔利班政权垮台。2003年以美、英军队为主的联合部队以伊拉克藏有大规模杀伤性武器并暗中支持恐怖分子为由，绕开联合国安理会，单方面对伊拉克实施军事打击，发动"斩首行动"，推翻了萨达姆政权，萨达姆被执行了绞刑。2011年利比亚国内发生武装冲突，联合国安理会通过决议在利比亚设立禁飞区，并且美、法、英等国出动战机和潜艇，对当时的卡扎菲政权的相关目标实施军事打击，不久卡扎菲被俘身亡。

其次，表现在美国无视国际关系基本原则，以世界领导自居。小布什政府公开推行单边全球战略，声称要对可能的对手实施先发制人的军事打击。在国际事务中只从自己的利益立场出发，丝毫不顾忌他国的感受。比如：布什政府上台伊始就宣布将摒弃《京都议定书》，并且表示要单方面放弃1972年美、苏签署的《反弹道导弹条约》；为了确保中东的战略利益，美国还千方百计阻止法国、欧盟以及俄罗斯介入中东和平进程，狼子野心，昭然若揭。

最后还表现在美国对联合国采取能用则用、不能用就抛在一旁的做法，非常情况时视联合国如若无物。因此前联合国秘书长安南说：美国的单边主义和先发制人战略对联合国成立58年来维护世界和平与稳定的原则基础提出了重大挑战。①

"9·11"对美国而言是一把双刃剑,它无疑对美国社会造成了巨大的伤害,但同时也使美国的对外军事干预行动再也不愁师出无名了,自此美国开始以"反恐"为名,担负起它所宣传的"建立人类的自由价值体系与新型的大国关系"的"伟大使命"。"9·11"后,美国总统布什对世界各国政府宣布,要么站在美国一边,要么站在恐怖主义一边,除此之外没有第三种选择。这实际上是"强制性"要求世界各国政府承认美国的"反恐"行动,并在日后的反恐战争中予以合作,否则就会被视为恐怖分子的伙伴,成为美国的"敌人"。美国的"霸道"表现得淋漓尽致。

但美国却自认自己本质上是一个"良性霸权",不会像历史上那些"邪恶霸权"那样滥用自己的力量,且能为国际社会提供彼此受益的公共秩序。因而美国积极在全球有利益回报的地区充当和平维护者和世界警察,并认为维护和平的最好办法是动用军事力量。但是,美国把自己的国家利益和安全与国际战略混同在一起,不顾他国人民和民族的感情肆意干涉别国内政,充当国际警察和宪兵,美国以"人权高于主权"、防止大规模杀伤性武器及相关技术的扩散、打击恐怖主义等为由,强化对外军事干预。这暴露出美国政治中一个令人惊诧的悖论现象:"在国内美国实行的是民主与法制,主张的是权力制衡,美国人无不以此为荣。但在国际关系中,美国却反对受任何制约,蔑视联合国,违背国际法,破坏民主原则,违背世界人民的反战意愿,奉行武力至上,追求单极行动自由,并公开鼓吹对世界实行帝国统治。"②

---

① 参见刘建飞内参文章《冷战后美国全球战略演变及其对中美关系的影响》。参见刘丽云《冷战后美国霸权主义的新发展》,原载《教学与研究》,2001年9月20日。

② 参见人民网记者李学江《美国"单极论"为霸权张目》,国际战略评论,http://jczs.s-na.com.cn,2003年7月28日。

八、金融危机与美国单极霸权的削弱

（一）自由主义引发金融海啸

"随着被视为所有罪恶来源的东方国家社会主义和西方凯恩斯主义的失败和破产，新自由主义思想家获得了话语霸权"[1]。新自由主义的核心主张就是实行国营资产私有化、银行和金融体系自由化。由于经济学家们认为作为一种社会体系的资本主义未能在由政府主导的政策和社会实践中茁壮成长，于是转而赞同某种由私营企业管理的自由市场体系。

随着华盛顿共识的确立，新自由主义逐渐将经济权利集中到了私营资本手中，确切地说，是金融资本手中。《金融帝国》的作者赫德森指出：现在不仅银行、证券和保险是金融部门，而且房地产和私有化的资源行业和垄断的公共服务部门都已经成为金融部门。而世界经济的日益金融化，不仅加大了实体经济的成本，而且毒化了整个世界的经济运营环境。此外，乘着金融化的东风，美国"通过国际货币基金组织和世界银行等工具，创新了它对世界经济的寄生性窃取方式。美国利用军事引起的国际收支逆差，向世界大量输入美元，并吸收外国的物资输出，从而提高了国内消费水平和对国外资产的所有权。"[2] 自此，美国的霸权更多地表现在作为世界货币的美元的霸权地位上，表现在美国对诸如欧元、人民币等任何试图取代美元全球结算地位的主权国家及其货币的打压上。

全球经济向新自由主义转换的不良结果不应令人感到吃惊，其具有毁灭性能力的警示信号早在1989年美国储蓄信贷协会危机中就显现出来了。

---

[1] 格卡伊、福斯卡斯：《美国的衰落：全球断层线和改变的帝国秩序》，贾海译，新华出版社2013年，第82页。

[2] 赫德森：《金融帝国：美国金融霸权的来源和基础》，嵇飞等译，中央编译出版社2008年版，第29页。

随后，借助互联网和全球通信革命的威力，新自由主义对不受监管货币交易的影响像一颗子弹射进全球银行系统，它首先制造了亚洲金融危机，导致美国政府不得不付出极高的代价实施对长期资本管理公司的午夜营救计划，而后又制造了股票市场泡沫和"网络新经济"泡沫。"华盛顿共识一方面要求这些无助的国家实行金融紧缩，另一方面推动美国国内的信贷扩张，制造了真正的房地产和股票市场泡沫，这没有受到日益扩大的美国贸易逆差的任何约束。"① 由新自由主义所催生的不受监管的投机活动的危险性，从这些泡沫的破灭中即可见一斑。

值得注意的并不是过去一段时期以来新自由主义的许多失败，而是资本主义政府没有能力逃脱新自由主义的魔掌。政府不仅没有去限制资本投机的过分行为，反而鼓励更大规模的投机，而这也终于引起 2008 年的经济崩溃。"全球化、自由化、私有化的结果，使大多数政府控制其国内的经济、金融活动的能力被大大削弱了，全球经济的金融泡沫更迅速、更大规模扩展开来。"② 由美国次贷危机引起的全球金融危机，在短短一段时间便由一个地区性的危机演变为全球性的金融危机即是明证。③

（二）权力过度运用导致霸权衰落

2008 年金融危机确实给美国带来了巨大的麻烦，但是是否据此就可以说美国已经衰落了呢？

实事求是地说，美国现在并没有日薄西山，走向衰落，美国的优势仍

---

① 赫德森：《金融帝国：美国金融霸权的来源和基础》，嵇飞等译，中央编译出版社 2008 年版，第 29-30 页。

② 程恩富、曹雷：《外国学者对新保守主义经济思潮的批判：兼论中国经济改革三大流派》，《马克思主义研究》，2005 年第一期。

③ 杨松、宋怡林：《金融危机暴露出的美国金融监管弊症及其本源》，《重庆大学学报（社会科学版）》，2011 年 6 月 15 日。

是史无前例的。这种优势不仅是军事上的,还是经济上的、金融上的、科技上的,甚至是文化上的。美国的 GDP 总量仍然是世界第一,世界上最大、最有活力的公司,目前为止都还集中在美国;在科技方面,现在世界上最顶尖、最突出的领域,如核能、航天、宇宙、生命科学、信息科学、人工智能等,都还是美国占据主导地位。美国仍掌握着由罗斯福总统推动建立的两个世界体系的领导权,一个是政治体系——联合国;一个是贸易体系——关贸总协定,也就是现在的 WTO。赫德森认为:"美帝国经济和金融霸权的支柱就是这四点:在军事和科技实力的基础上,通过国家的力量,维持美元霸权机制,维持对全球资源和粮食的控制权。"① 在未来很长一段时间里,其他国家或者国家的联盟,都不大可能挑战、撼动美国的绝对优势地位。

但是,经过金融危机打击的美国又不同于"二战"刚结束时的美国。美国在战后的工业总产值占到了世界总量的一半以上,更是拥有 74.5% 的世界黄金储备,并且在全世界范围内建立了以美元为中心的国际金融体系。现在美国的 GDP 只占世界的 23%;布雷顿森林体系更是在尼克松时代已宣告瓦解。世界出现了新的发展趋势,区域合作组织发展起来,欧洲、日本的迅速崛起态势和中国、第三世界兴起的上升趋势,俄罗斯虽然丧失了苏联的超级大国地位,但仍不失为世界强国,这些国家与地区集团不约而同地主张世界向多极化方向发展,这便对美国建立单极世界的图谋形成强有力的制约。

查理·A.库普钱认为,世界向多极转化是不可避免的,目前的国际形势实际上是地缘政治大变动之后的暂时平静,欧洲和中国将先后崛起,美国的霸权不会持久。保罗·肯尼迪教授则认为,美国将因"帝国的过度扩

---

① 赫德森:《金融帝国:美国金融霸权的来源和基础》,嵇飞等译,中央编译出版社 2008 年版,第 8 页。

张"而不可避免地衰落,"今天的美国正在重复所有大国曾经的错误——军事安全的需要攫取了过多的国家财富,'过度扩张'将不可避免地使它衰落,这速度可能比苏联还要快。"①法国人埃曼纽·托德在《美帝国的衰落》一书中列举了学术界对"美帝国"人口和文化、工业和货币、价值观念及军事等各方面的研究后认为,全球政治经济格局已经发生了根本改变,如果美国继续以过去的惯性继续采取单边主义路线,继续妄图做世界警察,并且在对外交往中继续不在乎别国乃至盟国的意见,则其必将由于不得人心而失去盟国的支持,最终和历史上流星般的"帝国们"一样,变成世界诸强中普通的一员。②

过去的世界历史和诸多的现实情况告诉我们,美国不会一直强盛下去,早晚有衰落的那一天。然而美国不思修炼内力、提升软实力以延缓衰落之日的降临,反而积极谋求世界霸权,走上对外扩张和军事干预之路,甚至一再充当"热战"的领袖,这些举动事实上也给美国的内政外交带来了沉重的压力和挑战,埋下了美国霸权衰落的祸根。所以可以作出如下判断,虽然美国目前仍保持世界第一强国地位,但其全球霸权主义的衰落与国力的相对下降则是今后发展的基本趋势。

九、结语

保罗·肯尼迪认为:"一个民族国家的力量并不仅仅存在于其武装部队,而且存在于其经济和技术资源,存在于用以指导其外交政策的灵活性、预见能力和果敢性,存在于其社会和政治机构的工作效率。最重要的是,国家力量存在于其国家本身,即存在于民族中;存在于他们的技术、能力、

---

① 保罗·肯尼迪:《大国的兴衰》,王保存等译,中信出版社2013年版,序言第6页。

② 参见刘小彪:《"美利坚帝国"的盛与衰》,原载《外滩画报》,见网络:http://www.sina.com.cn,2003年09月22日。

雄心、纪律、创造性中；存在于他们的信念、神话及其幻想中。进一步讲，还存在于这些因素相互联系的方式中。此外，在考虑国家时，不能只考虑它本身和它的绝对范围，还得顾及其国外的或帝国的义务，还得与其他国家的力量联系起来考虑。"① 以此标准来衡量，美国无疑仍是当今世界一个出类拔萃的民族国家。从建国时国土面积只有36.9万平方英里、人口仅250万的弹丸小国，在不到两百年的时间里摇身一变成为世界性的超级大国，美利坚合众国光辉的崛起历程确实激荡人心。"美国的崛起和发展，有美国的道路模式，这是美国的历史、社会、经济、政治、文化等多种因素综合作用的结果，也是美国的天时、地利、人和的综合效应的产物，也与美国人民的制度创新、艰苦创业密不可分。"② 它不是其中某一个或者两个因素所能够决定的，因此不能出于某种需要而过分强调某一个因素，如此会失之全面和客观。不过美国的某些经验做法确实能给那些正在崛起的国家以很大的启迪。

首先，美国克服了分裂的危险、维护了国家的独立统一才实现了地区大国的崛起。为了减弱南方各州的分裂倾向，林肯总统曾主张实行"一国两制"，即在一个美国的前提下，维持北方工业制度与南方种植园制度并存的局面，但是他的主张并不被南方各州接受和认可。在国家即将分裂之际，林肯总统毫不迟疑地将国家统一摆在首要地位，作出了历史性抉择，积极采取法律与战争手段坚决扭转分裂局面，最终维护了国家统一，为美国迅速崛起为地区大国夯实了基础。美国的经验昭示，没有国家主权的完整统一和政局的稳定，这个国家便没有和平发展的基础条件，也就失去了崛起为世界强国的可能性。因此一些后发国家在其崛起进程中应该借鉴美

---

① ［美］保罗·肯尼迪：《大国的兴衰》，王保存等译，中信出版社2013年版，第211页。

② 张聚国：《黄安年教授对美国崛起的解释——读〈老话题与新挑战〉》，《世界知识》，2010年2月16日。

国崛起的经验，运用多种手段妥善处理好国家分裂与民族分离等问题。

其次，抢占科技与管理两大制高点，始终保持强大创新能力。纵观美国的历史，抓住工业革命的机会，在科技方面领先世界，是其得以崛起的一个重要原因。在19世纪后期的第二次工业革命中，美国在电气化技术与企业管理方面抢占世界领先地位，建立现代企业管理制度和生产方式，遂成为西方第二次工业革命的领头羊，奠定了美国世界强国与二战后的超级大国地位。20世纪70年代之后，美国又率先实现了以信息技术为代表的第三次科技革命，进一步改进科层制管理方式，推动美国向后工业化产业转型，使其又一次在科技、经济与金融创新方面处于世界领先地位。[①]可见始终保持创新与创造力是美国崛起并且维持其世界超强地位最根本的一个原因。

美国成为科技强国也与其广泛招揽科技人才有密切关系。作为一个主要由外来移民组成的国家，美国不仅吸收了世界上许多国家文化、科技和其他工艺，而且获得了许多优秀的科学家和技术人才，尤为注重吸收那些具有高知识、高技术的优秀人才。二战以后，美国越来越重视从亚洲等第三世界国家挖掘人才。"美国的《移民法》规定，凡是著名学者、高级人才和具有某种专业技术的人才，不考虑其所在的国籍、资历和年龄，一律优先允许入境，这实际上是把在世界范围内争夺人才当作了美国的国策。这被联合国称为'一种颠倒的技术转让'，使第三世界国家损失了一大笔宝贵财富。根据联合国的数字，1960年到1987年共有82.5万专业人员移居到北美，其中绝大多数是第三世界的科学家和工程师。"[②]现在情况更加严重。

[①] 参见周敏凯、刘渝梅：《比较现代化视角下的美国崛起的历史经验解读》，原载《社会主义研究》，2011年第4期。

[②] 程贤文、宋斌：《美国崛起的国家人才战略》，《国际人才交流》，2007年第3期。

再次，美国的顺利崛起与其前期正确的对外发展战略密切相关。建国之初，在对于如何处理与当时的世界霸主英国的关系上，美国的政治精英们曾发生过激烈争论，但最终他们达成的共识是应该"韬光养晦"，等待时机，集中力量富国强兵，积累国家财富和力量，逐步达到显赫的地位，在达到这一目标之前可以忍受伦敦有时出现的专横行为，相比较德国正式挑战英国霸权而最终陷入了灾难深渊的结果，美国却从来没有直接挑战英国霸权，而是选择成为英国的盟友伙伴，在英国逐步衰落中渐渐取而代之，最终成为无可争议的世界霸主。由此不难看出美国决策者的高明之处。正如保罗·肯尼迪所说："所有正在崛起的大国都呼吁改变已经固定下来的对旧的、老资格的大国有利的国际秩序。从强权政治的观点看，问题是这种特殊的挑战是否能在不招致太多反对的情况下改变旧的国际秩序。"[①]因此，审慎处理好与美国的关系，避免与超级大国直接对抗，韬光养晦，通过经济的发展和软实力的增强来实现崛起是大国成功崛起的必由之路。

从世界大国崛起的过程看，从昔日的西班牙直至今天的美国，一幕幕大国兴衰更替背后隐藏着一条历史的铁律：没有富国就没有强军，没有强军，富国也难以支撑。保罗·肯尼迪在《大国的兴衰》前言部分说道："任何大国的胜利或崩溃，一般都是其武装部队长期作战的结果；同时，它也是各国在战时能否有效地利用本国可用于生产的经济资源的结果。进一步说，是由于在实际冲突发生以前数十年间，这个国家的经济力量与其他一流国家相比是上升还是下降所致。"[②]保罗·肯尼迪认为，历史上大国的崛起，始于经济和科技的发达，以及随之而来的军事强盛和对外征战扩张；大国的衰落，起于国际生产力中心转移，过度侵略扩张以及由此造成的经济和科技的相对衰退落后。穷兵黩武固然是导致大国衰落的重要原因，但

[①] 保罗·肯尼迪：《大国的兴衰》，王保存等译，中信出版社2013年版，第222页。

[②] 保罗·肯尼迪：《大国的兴衰》，王保存等译，中信出版社2013年版，前言。

是建设强大军队又是大国崛起不可或缺的重要条件。长远来看，任何一个大国经济的兴衰与其作为一个军事大国（或世界性帝国）的兴衰之间，有一种显而易见的联系。原因有二：第一，在国际体系中，财富与力量总是联系在一起的；第二，支持庞大的军队离不开经济资源。没有相匹配的军事实力很难在关键时刻维护好国家利益。

最后，从市场与政府的关系来看，美国的经济指导思想一直在与时俱进，不断随着现实的变化进行灵活的调整。从建国时的古典自由主义，到罗斯福新政时的国家干预主义、凯恩斯主义，再到20世纪八九十年代以来的新自由主义，人们关于政府的地位和作用的看法一直在变。历史上"美国政府对经济的影响主要表现在两次世界大战期间和三次国内经济'改革'时期：发展时代（1901年至1916年），罗斯福新政（1933年至1938年）以及约翰逊总统在20世纪60年代企图创建'伟大社会'时期。"① 现在，由于华盛顿共识的影响，理论界部分学者片面强调市场调节的功能和作用，鼓吹金融自由化、利率市场化、国有企业私有化和贸易自由化，以及放松对外资的监管等，使得政府对经济的监管职能进一步弱化，从而放大了资本市场的投机性，滋生了经济泡沫，进而带来周期性的金融危机，这充分反映出政府的作用依然不可或缺，能够使金融市场免于崩盘的并非市场本身，而是政府的干预。这启示一些后发国家应该实行"国家主导型的多结构市场经济改革观，提出多结构地发展市场体系和发挥市场的基础性配置资源的作用，同时在廉洁、廉价、民主和高效的基础上发挥国家调节的主导型作用。"②

---

① ［美］托马斯·麦克劳：《现代资本主义——三次工业革命中的成功者》，赵文书、肖锁章译，江苏人民出版社1999年版，第375页。

② 程恩富、曹雷：《外国学者对新保守主义经济思潮的批判：兼论中国经济改革三大流派》，《马克思主义研究》，2005年第一期。

参考文献

1. 唐晋. 大国崛起 [M]. 北京：人民出版社，2011.

2. [美] 斯塔夫里阿诺斯. 全球通史 [M]. 吴象婴等译. 北京：北京大学出版社，2006.

3. [瑞士] 戴维·伯明翰. 葡萄牙史 [M]. 周巩固，周文清译. 北京：商务印书馆，2012.

4. 王加丰. 西班牙葡萄牙帝国的兴衰 [M]. 西安：三秦出版社，2005.

5. 顾为民. "以天主和利益的名义"——早期葡萄牙海洋扩张的历史 [M]. 北京：社会科学文献出版社，2013.

6. 中央电视台. 葡萄牙西班牙 [M]. 北京：中国民主法制出版社，2006.

7. [英] 伯明翰. 葡萄牙简史 [M]. 上海：上海外语教育出版社，2006.

8. 张德政. 西班牙简史 [M]. 北京：商务印书馆，1983.

9. 傅蓉珍. 海上霸主的今昔 [M]. 哈尔滨：黑龙江人民出版社，1998.

10. 李景全，田士一. 日不落之梦 [M]. 北京：时事出版社，1989.

11. 《图说天下·世界历史系列》编委会. 大航海时代[M]. 吉林：吉林出版集团有限责任公司，2009.

12. 赵丕，李效东. 大国崛起与国家安全战略选择[M]. 北京：军事科学出版社，2008.

13. 计秋风，冯梁. 英国文化与外交[M]. 北京：世界知识出版社，2002.

14. 李义虎. 均势演变与核时代[M]. 杭州：浙江人民出版社，1989.

15. ［英］肯尼斯摩根. 牛津英国通史[M]. 钟美荪注释. 北京：商务印刷馆，1993.

16. ［法］皮埃尔·米盖尔. 法国史[M]. 蔡鸿滨等译. 北京：商务印书馆，1985.

17. 陈勇. 商品经济与荷兰近代化[M]. 武汉：武汉大学出版社，1990.

18. ［法］布罗代尔. 15至18世纪的物质文明，经济和资本主义：第3卷[M]. 顾良，施康强译. 汕头：三联出版社，1993.

19. ［美］伊曼纽尔·沃勒斯坦. 现代世界体系：1-3卷[M]. 北京：高等教育出版社，1998.

20. ［意］卡洛·M·奇波拉. 欧洲经济史：第2卷[M]. 北京：商务印书馆，1988.

21. 齐世荣，钱乘旦，张宏毅. 15世纪以来世界九强兴衰史[M]. 北京：人民出版社，2009.

22. 中山大学历史系. 世界近代史参考资料选集[M]. 广州：中山大学出版社，1964.

23. 张芝联. 法国通史[M]. 北京：北京大学出版社，1989.

24. 沈坚. 当代法国[M]. 贵阳：贵州人民出版社，2001.

25. 刘德斌. 国际关系史 [M]. 北京：高等教育出版社，2003.

26. 汤重南，汪淼. 日本帝国的兴亡 [M]. 北京：世界知识出版社，2005.

27. [美] 马里乌斯·詹森. 剑桥日本史：第5卷 [M]. 王翔译. 杭州：浙江大学出版社，2014.

28. 孙秀玲. 一口气读完日本史 [M]. 北京：京华出版社，2006.

29. 尹剑翔. 读懂日本战后60年 [M]. 北京：金城出版社，2014.

30. 张卫娣，肖传国. 近代以来日本国家战略的演变 [M]. 北京：时事出版社，2013.

31. 熊彪沛. 近代日本霸权战略 [M]. 北京：社会科学文献出版社，2005.

32. [美] 本尼迪克特. 菊与刀 [M]. 吕万和译. 北京：商务印书馆，2009.

33. 韩铁英. 日本 [M]. 北京：社会科学文献出版社，2011.

34. 徐平. 苦涩的日本 [M]. 北京：北京大学出版社版，2012.

35. 冯玮. 日本通史 [M]. 上海：上海社会科学院出版社，2012.

36. 王新生. 战后日本史 [M]. 南京：江苏人民出版社，2013.

37. [日] 依田憙家. 简明日本通史 [M]. 卞立强等译. 上海：上海远东出版社，2004.

38. 李建民. 日本战略文化与"普通国家化"问题研究 [M]. 北京：人民出版社，2015.

39. 周颂伦，孙志鹏. 战后日本转型真相：对36个问题的思考 [M]. 北京：新华出版社，2014.

40. 步平. 跨越战后 [M]. 北京：社会科学文献出版社，2011.

41. 沈美华. 第二次世界大战后的日本美国关系六十年：1945-2005 [M]. 北京：中国社会科学出版社，2012.

42. 刘江永. 战后日本政治思潮与中日关系［M］. 北京：人民出版社，2013.

43. 周一良. 中外文化交流史［M］. 郑州：河南人民出版社，1987.

44. 吴友法. 希特勒夺权备战之路［M］. 北京：解放军出版社，1987.

45. ［德］阿尔贝特·施佩尔. 第三帝国内幕［M］. 北京：三联书店，1982.

46. 丁建弘，李霞. 普鲁士精神与文化［M］. 上海社会科学院人民出版社，1993.

47. ［美］科佩尔·S·平森. 德国近现代史［M］. 北京：商务印书馆，1987.

48. ［德］卡尔·艾利希·博恩等. 德意志史：第三卷（下册）［M］. 北京：商务印书馆，1991.

49. 黄海峰. 德国循环经济研究［M］. 北京：科学出版社，2012.

50. ［法］福西耶. 剑桥插图中世纪史［M］. 陈志强译. 济南：山东画报出版社，2008.

51. 王绳祖. 国际关系史［M］. 北京：世界知识出版社，1995.

52. 李宏图. 西欧近代民族主义思潮研究［M］. 上海：上海社会科学出版社，1997.

53. 沈坚. 当代法国［M］. 贵阳：贵州人民出版社，2001.

54. 吕一民. 法国通史［M］. 上海：上海社会科学院出版社，2002.

55. ［俄］叶利钦. 午夜日记［M］. 曹缦西，张俊翔 译. 南京：译林出版社，2001.

56. ［俄］尼·别尔嘉耶尔. 俄罗斯思想：十九世纪末至二十世纪初俄罗斯思想的主要问题［M］. 雷永生，邱守娟译. 北京：三联书店，1995.

57. ［俄］恰达耶夫. 俄罗斯思想文集·箴言集［M］. 刘文飞译.

昆明：云南人民出版社，1999．

58．于沛，戴桂菊．斯拉夫文明［M］．北京：中国社会科学出版社，2001．

59．张建华．俄国史［M］．北京：人民出版社，2004．

60．沈志华．一个大国的崛起与崩溃［M］．北京：社会科学文献出版社，2009．

61．左凤荣．戈尔巴乔夫的改革时期［M］．北京：人民出版社，2013．

62．黄苇町．苏共亡党十年祭［M］．南昌：江西高校出版社，2004．

63．［美］基辛格．大外交［M］．顾淑馨，林添贵译．北京：人民出版社，2010．

64．崔毅．一本书读懂英国史［M］．北京：金城出版社，2010．

65．陈雨露，杨栋．世界是部金融史［M］．北京：北京出版社，2011．

66．黄安年．美国的崛起［M］．北京：中国社会科学出版社，1992．

67．李剑鸣．美国的奠基时代［M］．北京：中国人民大学出版社，2010．

68．丁则民．美国内战与镀金时代：1861—19世纪末［M］．北京：人民出版社，1990．

69．张国庆．进步时代［M］．北京：中国人民大学出版社，2013．

70．［英］赫德森．金融帝国：美国金融霸权的来源和基础［M］．嵇飞等译．北京：中央编译出版社，2008．

71．［英］比伦特·格卡伊，［英］瓦西里斯·福斯卡斯．美国的衰落：全球断层线和改变的帝国秩序［M］．贾海译．北京：新华出版社，2013．

72．［英］保罗·肯尼迪．大国的兴衰［M］．王保存等译．北京：中信出版社，2013．

后记

习近平总书记指出:"实现中华民族伟大复兴,就是中华民族近代以来最伟大的梦想。"中国梦的本质是国家富强、民族振兴、人民幸福。中国梦是追求和平的梦,与世界各国人民的美好梦想相通。中国梦不仅造福中国人民,而且造福各国人民。以史为鉴,可以知兴替。在实现中华民族伟大复兴的中国梦进入攻坚阶段的关键时期,研究考察15世纪以来世界主要大国发展历史,认真借鉴其崛起经验和衰落教训,对于向着梦想一步步靠近的中国人来说,是大有裨益的。

本书由朱东来担任主编,李秋发、时刚担任副主编。曹雷、郭秀清、宋文群、黄丹、沈朗、张磊、孙建祥、顾俊、王芳芳、赵亚明同志分别撰写了前言和各章的初稿。

在全书撰写过程中,作者参考了学界大量相关研究成果,在此一并致谢。由于编写组人员学识水平有限,加上时间紧迫,书中疏漏与谬误在所难免,敬请读者批评指正。

本书编写组